国家社科基金
后期资助项目
GUOJIA SHEKE JIJIN HOUQI ZIZHU XIANGMU

南宋龙泉青瓷研究

NANSONG LONGQUAN QINGCI YANJIU

蔡花菲　著

U0330364

中山大学出版社
SUN YAT-SEN UNIVERSITY PRESS

·广州·

图书在版编目（CIP）数据

南宋龙泉青瓷研究／蔡花菲著 . —广州：中山大学出版社，2024. 9
ISBN 978 - 7 - 306 - 07974 - 9

Ⅰ. ①南… Ⅱ. ①蔡… Ⅲ. ①龙泉窑—青瓷（考古）—研究—中国—南宋 Ⅳ. ①K876. 34

中国国家版本馆 CIP 数据核字（2024）第 015982 号

NANSONG LONGQUAN QINGCI YANJIU

出 版 人：王天琪
策划编辑：曾育林
责任编辑：曾育林　梁锐萍
封面设计：林绵华
责任校对：陈　颖
责任技编：靳晓虹
出版发行：中山大学出版社
电　　话：编辑部 020 - 84113349，84110776，84111997，84110779，84110283
　　　　　发行部 020 - 84111998，84111981，84111160
地　　址：广州市新港西路 135 号
邮　　编：510275　　传　　真：020 - 84036565
网　　址：http：//www. zsup. com. cn　E-mail：zdcbs@ mail. sysu. edu. cn
印 刷 者：广东虎彩云印刷有限公司
规　　格：787mm×1092mm　1/16　27.5 印张　401 千字
版次印次：2024 年 9 月第 1 版　2024 年 9 月第 1 次印刷
定　　价：118.00 元

国家社科基金后期资助项目
出版说明

　　后期资助项目是国家社科基金设立的一类重要项目，旨在鼓励广大社科研究者潜心治学，支持基础研究多出优秀成果。它是经过严格评审，从接近完成的科研成果中遴选立项的。为扩大后期资助项目的影响，更好地推动学术发展，促成成果转化，全国哲学社会科学工作办公室按照"统一设计、统一标识、统一版式、形成系列"的总体要求，组织出版国家社科基金后期资助项目成果。

全国哲学社会科学工作办公室

序

中国瓷器是人类造物的重要组成部分，青瓷更是作为"China"的代表率先独步天下。龙泉青瓷作为青瓷艺术的登顶之作，对它的相关研究成果颇丰，但如何立足于设计学科，通过个案研究来探赜器物所承载的审美内涵与设计智慧，博古通今、启迪当下，却是传统艺术的创造性转化和创新性发展进程中有待解决的新问题。我欣喜地看到，蔡花菲的这部专著提供了一个全新的视角，定位在龙泉青瓷艺术特征上，通过色、形、制、义四个维度来展开全方位解读，并透过技术、观念两条路径，引申为表征（现象）、技术（物质）、观念（精神）三者的关系，构建由器物层级、逻辑结构、哲学本质为一体的三维理论模型，期望通过典范性的龙泉青瓷明珠重燃宋代艺术的灼灼光芒，也有利于我们更好地审视中国制瓷技艺对世界瓷林的历史贡献，进一步挖掘宋代美学之于现代设计的重要价值。因此，无论是从设计学科建设与发展的需要还是从陶瓷艺术的发展来看，该著作极具学术价值和现实意义。

陶瓷器物是人类文明的缩影，也是文化传播的重要载体。居于中国艺术巅峰的两宋，文化与艺术的成就正是时代思想巨变的写照、时代审美的凝结。这段追溯古青瓷艺术根脉和源流之旅，放眼古今、承接中外，宛如打开了时光宝盒，让人以略带兴奋的心情感受龙泉青瓷的独特魅力，由它汇通的诗词世界、还原的茶酒场景，抑或对东西域外的审美引领，再现了一段中国瓷文化和瓷艺术推动世界瓷业车轮的珍贵历史画面。宋代龙泉青瓷"尚青""类玉"的瓷色风尚，树立了中国瓷的审美标杆；其古雅端丽、承创并举的仿古礼器，隽秀挺拔、灵巧清逸的陈设之器，龙虎升腾、洗练生动的随葬之器，彰显了传统造器熔铸古今的创意尺度；其雕琢有度、去繁就简的"简雅风范"和浑然天成、抱朴处素的"无饰之饰"，更是将观念影响下的技艺选择，即"不想"而非"不能"尽情演绎，成为华夏造物思想的生动写照。

这部专著，是蔡花菲在其撰写的景德镇陶瓷大学博士学位论文的基础上修订完成的。在师从于我攻读博士之初，她就开始关注"瓷之色"，最终聚焦于以粉青、梅子青闻名于世的龙泉青瓷一脉。无需扬鞭自奋蹄，对待学术研究和专业积累，她是一位十分踏实坚韧、严谨务实的学生，对待问题与挑战，她始终不解不休，有着坐冷板凳、下苦功夫、求真学问的治学精神，她有着敏锐的学术嗅觉和宽广的学术视野，又有着近20年陶瓷艺术创作的经验，因此，她的研究既有理论深度又具实践意义。难能可贵的是，为了对世界青瓷的全貌有一个更清晰的认识，在论文写作期间，她远赴英国考文垂大学人文艺术学院交流研习西方设计与理论，不仅丰富了研究的内容和方法，也为这部专著的形成打下了坚实的基础。

这部400多页的著作，经过攻读博士3年的打磨，又融入了蔡花菲近5年来学术研究过程中的新思考，她吸纳定性与定量相结合等多学科研究方法，在熔裁经史的同时，依傍近2万多幅一手图片，创造性地将诸多学术思考以可视化的图表和理论模型来呈现，使得这部著作散发着浓浓的新意。相信它的问世会在艺术与设计教育、传统文化研究等领域产生相当的影响。在此，衷心祝贺蔡花菲的研究成果顺利付梓。

是为序。

2024年6月于艺术馆

（宁钢教授为景德镇陶瓷大学原校长、国务院学位委员会设计学学科评议组成员、中国工艺美术大师评委、国家社科基金艺术学重大项目首席专家。）

前　言

青瓷历史悠久绵长，在中国瓷器的产生、发展、演进过程中都发挥过重要而不可替代的作用，在中国瓷文化的形成过程中立下过扛鼎之功，在中国瓷器与瓷文化的海内外传播中担当纽带和桥梁的重要角色，甚至在中华文化的发展过程中也都起到了不可忽视的助推作用，因此可以说，青瓷是中国瓷艺术和瓷文化中的重器。

南宋龙泉青瓷又是青瓷这颗艺术皇冠上的明珠。它不仅是中国青瓷艺术长廊中当仁不让的杰出代表和典范，也蕴含着中华瓷文化中诸如形制、礼数、层阶、色尚等核心要素，就像贵金属中的铂金一样，是中国瓷文化中的精华或浓缩品，理所当然地受到后世的珍爱并被仿制，还因其独特的艺术魅力，赢得世界人民的赞誉。在龙泉青瓷传播海外的同时，其承载的极具东方意蕴的"中国样式"和展现大国风范的"中国经验"，也在一定程度上影响了世界制瓷业和设计文化。可以说，南宋龙泉青瓷既是中国青瓷体系的一部分，又自成体系屹立于世界瓷器之林。因此，对南宋龙泉青瓷进行系统、全面、深入的研究无疑具有重要的理论意义和现实意义。

国内外前辈先贤对南宋龙泉青瓷的研究已有不少，概括而言，主要从考古学、历史学、材料学、器物学的角度进行研究。陈万里先生开启史料与实物结合研究之先河；材料学角度的研究上可追溯到明代宋应星的《天工开物》，下可见周仁等的《龙泉历代青瓷烧制工艺的科学总结》，还可见韩国专家对中国青瓷与韩国高丽青瓷的比较研究；郭守龄等研究了青瓷的颜色审美和色彩文化；日本的三上次男、英国的柯玫瑰（Rose Kerr）和孟露夏（Luisa E. Mengoni）、美国的威廉·R. 萨金特（William R. Sargent）等学者则研究了南宋龙泉青瓷在维多利亚时期和现当代的海外传播情况。但是，多层面、多角度地透视南宋龙泉青瓷艺术特征及其成因，尤其是从设计和装饰角度进行的研究还很少见。

本书专题研究南宋龙泉青瓷的艺术特征，从色、形、制、义四个维度展开。本书将南宋龙泉青瓷的成形、发展、成熟、流布放置在中国陶瓷发展史、青瓷文化发展史和社会发展史的大背景下进行考察，运用工艺美术学、设计学、审美心理学、色彩理论、文化学和传播学等理论视角，结合笔者在国内外拍摄的2万余幅青瓷图片和走访的30多个窑业田野个案，对南宋龙泉青瓷的艺术特征及其技术成因、文化成因进行逐层分类、剥笋抽丝式的分析，试图建构起围绕其艺术特征的"色"（色彩、光泽）、"形"（造型、形态）、"制"（形制、技术）、"义"（内涵、含义）的四维动态解码图。本书通过立体、多维度透视南宋龙泉青瓷艺术特征形成过程中工艺技术的承继与创新、文化观念的延续与衍变的深层根源和作用规律，进而探索技术与观念、物质与精神在南宋龙泉青瓷的艺术特征形成中的作用，对蕴含于南宋龙泉青瓷形成与发展过程中作用于其"现象""物质""精神"的技术和文化机制及其相互关系进行深度思考。

本书通过研究发现：从发生学角度看，对经典的模仿与传承是南宋龙泉青瓷艺术风格形成的动因之一，其模仿和传承的对象是古代流传下来的，尤其是北宋时期形成的青瓷制作与应用传统；在文化层面，它的形制、色尚明显体现了两宋时期整体风格上的复古倾向，在造型风格上表现为礼制观念下的"仿古之风""器以藏礼"；在色彩品格上体现了重文轻武风尚下士大夫阶层追求的"尚青""类玉"；在思想观念上渗透了程朱理学的思想观念；在审美理念上，由于还受制于当时的工艺条件，表现为"重色轻饰""通体无纹""以简胜繁"的装饰风格。

通过考察南宋龙泉青瓷艺术特征的技术成因，本书认为：

博采众长、吸纳南北是南宋龙泉青瓷技术革新的内在驱动力。龙泉青瓷在以越窑为代表的南方青瓷窑系的工艺基础上，融汇和吸纳北宋汝、官等青瓷名窑的技艺精华，至南宋中晚期终于成功创烧出绿宝石般色泽的粉青、梅子青瓷，产生了堪比美玉的视觉效果，趋于中国乃至世界最高的青瓷审美境界。

开拓创新、自成一家是南宋龙泉青瓷技术成熟的关键。南宋龙泉青瓷对南北青瓷工艺的"承"与"创"并重，与前朝相比，它的材料配方、施釉方法、制作工艺、烧成气氛、窑炉结构、装烧工艺都有所改良和突破。

通过探究南宋龙泉青瓷艺术特征的文化成因，本书认为：

　　伦理观念、文人情怀、宗教观念、礼数观念、民族审美心理是文化成因的主要方面。在伦理观念作用下，青瓷成为一种人伦和阶级社会等级序列的物质体现。根据瓷器之色、形、制、义不同层面的评判标准与对应阶级的链接，可划分出"祭祀之器—象征之器—赏玩之器—日用之器"的礼仪序列，这成为封建统治集团的政治文化和社会生活的重要反映。

　　宋代文人士子阶级地位的提高，使得青瓷呈现出浓郁的文人气息和高雅的审美品格。文人士子通过诗词歌赋将茶、酒、诗的风雅生活，"以玉比德"的审美观及其蕴含的审美取向进一步推广，促进了南宋龙泉青瓷艺术特征的形成。

　　宋代制瓷业的卓越成就，与统治阶层良好的艺术修养和民族审美密切相关。就这个意义而言，南宋龙泉青瓷反映了以汉族为主体的民族审美趋势。其青葱苍翠之色、温润如玉之质、简约古雅之型，成为华夏儿女观念和精神的典型反映。

　　就文化的确证角度而言，伦理观念、文人情怀、宗教观念、大众审美，都体现了某一群体的身份确证和文化认同。这种文化的确证特征，在中华文脉的传承中融入国人的血脉，世代相传。

　　南宋龙泉青瓷在几百年的海内外流布中产生了世界性影响，因而，即使南宋偏安于江南，却依靠包括瓷器在内的海外贸易成为中国最富庶的朝代之一。龙泉青瓷流布亚洲的东部、南部、西部，欧洲中部，非洲东海岸大部分地区，成为海外陶瓷的直接参照，促进了世界瓷业的发展；南宋龙泉青瓷的审美品格和简雅之风在西方设计文化和现代艺术风格的形成过程中，发挥了不可替代的作用；在中国瓷文化的国际传播、东西交融平台的搭建过程中，南宋龙泉青瓷发挥着"丝路文化使者"的功能。近年出水的"南海一号"等沉船，也反映了南宋经济和文化的繁荣、社会对外开放与交流的程度。

　　经过研究，本书得出以下结论：

　　南宋龙泉青瓷艺术特征的形成，受到多维度综合因素的影响，主要归因于工艺技术和文化观念两个层面的作用。技术革新和工艺创造是南宋龙泉青瓷成功的关键因素，是其在历代众多青瓷中脱颖而出的源动力；而"尚青"观念、文人审美和伦理观念在意识形态上的引导作用也不容小觑。南宋龙泉窑不断创新、敢于自我突破的工匠精神，对现代设计和艺术创作仍然具有借鉴意义。

从技术与观念的关系来看，本书研究认为：技术因素是南宋龙泉青瓷艺术特征形成的必要前提和重要保障，而文化因素则推动和引导了南宋龙泉青瓷的技术革新和工艺创造。总之，文化观念引导了技术革新，技艺的提高反作用于观念的更新，二者相互作用、互相影响，成就了南宋龙泉青瓷艺术的辉煌。

从历史演进的规律来看，总会有某些事物暂时消逝在时间的长河中，但是它们的积淀，会以一种新的面孔传承下来。南、北方青瓷作为一种文化基因，汇集并融入龙泉青瓷的血脉之中，成就了南宋龙泉青瓷个性化的艺术风貌。

目　　录

1 导　　论

1.1　选题原因、研究意义与价值

青瓷历史悠久绵长，在中国瓷器的产生、发展、演进过程中发挥着重要作用。从瓷器色彩发展史来看，青瓷拉开了瓷器向五色斑斓、繁华绚丽转变的序幕，衍生出了白、黑、红、黄等各色瓷器。从文人审美来看，青瓷是文人士子隐喻高雅情怀的良好物质载体，可以实现"以玉比德"的审美观照。从历史维度来看，由文明初始到阶级社会，直至今日，青瓷伴随着人们生产生活的始终，满足人类日用与审美的双重需求。从审美品格而言，青瓷以夏商周原始青瓷为前奏，经过汉代青瓷的肇始、唐代越窑青瓷的辉煌，至南宋龙泉青瓷达到高潮，谱写了一曲极具东方风情的清音雅韵。南宋龙泉青瓷所蕴含的深厚的民族传统、鲜明的地方特色、浓郁的人文底蕴、凝练的设计智慧，使之成为浙江青瓷发展史，乃至中国陶瓷发展史上的一座里程碑。从色彩的外在表现与审美心理的关系来看，南宋龙泉青瓷实现了国人心中理想之青，它汇集文化性、艺术性、思想性为一体的多元特质，融入了华夏儿女的审美与情感，熠熠生辉，永不褪色。

英文中，中国为 China，瓷器为 china，瓷器是中国的世界名片。南宋龙泉青瓷又是青瓷这顶艺术皇冠上的明珠，享誉寰宇。它不仅是我国青瓷艺术长廊中当仁不让的杰出代表和典范，也凝聚着中华瓷文化中诸如形制、礼数、层阶、色尚等核心要素，是我国瓷文化中的精华或浓缩品，理所当然地受到后世的景仰和效仿。龙泉窑系作为我国瓷业史上历时最长、窑口众多的青瓷窑系，在南宋时期达到巅峰。它不仅推动了相对稳定的"南青北白"的瓷色格局的形成与发展，而且建立了青瓷典范，拉开了纯色瓷器的序幕，强化了瓷色伦理观念。龙泉青瓷对东西方制瓷业和设计文化，都产生了深远的影响。从器物表征来看，南宋龙泉的简约之美与现代器物设计风格高度重合，而某些南宋特有的器型和装饰至今都无法被超越。就某种意义而言，古人的设计智慧与造物文化还有很多尚未被揭示的层面，中国瓷文化的宝库亟待进一步深入挖掘。龙泉青瓷以其独特的艺术魅力，在几百年的流布过程中赢得世界人民的赞誉。不晚于唐，瓷器、茶叶、丝绸成为外销的主要产品。南宋龙泉青瓷传播域外、通达四方，不仅给赵宋王朝创造了巨额财富，也传播了中华瓷文化，推动了世界文明的进程。龙泉青瓷传播四海的同时，其承载的极具东方意蕴的"中国样式"和展现大国风范的"中国经验"，也在很大程度上影响了世界制瓷业，并对现代艺术风格的形成产生了一定的影响。可以说，南宋龙泉青瓷既是中国青瓷体系的一部分，又自成体系，屹立于世界瓷器之林。因此，对南宋龙泉青瓷进行系统、全面、深入的研究无疑具有重要的理论意义和现实意义。

本书首次将南宋龙泉青瓷的成形、发展、成熟、流布放置在中国陶瓷发展史、青瓷文化发展史和社会发展史的大背景下进行考察，运用工艺美术学、设计学、审美心理学、色彩理论、文化学和传播学等理论视角，借助笔者在国内外拍摄的2万余幅青瓷图片和走访的30多个田野个案，对南宋龙泉青瓷的艺术特征及其技术成因和文化成因进行逐层分类、剥笋抽丝式的分析，试图建构起围绕其艺术特征的"色"（色彩、光泽）、"形"（造型、形态）、"制"（形制、技术）、"义"（内涵、含义）四个核心板块的研究体系，形成四维动态解码图。通过对南宋龙泉青瓷艺术特征三个主要层面的解析，多维度透视其艺术特征形成过程中工艺技术的承继与创新，以及文化观念的延续与衍变的深层根源和作用规律，进而探索技术与观念、物质与精神在南宋龙泉青瓷的艺术特征形成中的作用，对蕴涵于南宋龙泉青瓷形成与发展过程中影响其现象、物质、精神的技术和文化机制及二者的相互关系进行深度思考。

本研究的理论价值和应用价值主要体现在以下几个方面：

本书尝试构建南宋龙泉青瓷理论体系，将南宋龙泉青瓷视作一个具有特殊意义和独特价值的系统，对其历史价值、艺术价值和文化价值等进行发掘与整理，明确其在社会文化的总体发展中的作用，挖掘其中包含的艺术考古、陶瓷美学、设计艺术等多方面的学术价值。因此，本研究既是对以往相关成果的学习与继承，也是对该研究领域进行全方位开拓与突破的尝试，重新审视文化与技艺双重作用下的青瓷艺术，力图形成一个崭新的较为系统的学术研究成果。

本书以众多的龙泉青瓷史料和一定数量的青瓷图片、田野个案分析为依托，采用立体多元的研究视角，发掘和构建南宋龙泉青瓷体系，系统展示南宋龙泉青瓷对于中国青瓷的发展所做出的重大历史贡献。因此，本书对南宋龙泉青瓷的学术探讨，是将龙泉青瓷置于整体文化发展中进行研究，其成果对于中国陶瓷史、中国青瓷史或相关领域的学术研究都将具有积极的影响和学科建设意义。

本书对南宋龙泉青瓷艺术特征和成因的探索，从一个新的视角揭示龙泉青瓷博大精深的文化内涵，从而在理论上明确和肯定青瓷在中国陶瓷史中的重要地位和历史作用。本书对于认识中国青瓷的历史形成和现代发展，充分开发利用龙泉青瓷的文化优势，继承和弘扬优秀传统文化都具有重要的现实意义。

笔者通过考察南宋龙泉青瓷的技术成因，在此基础上形成分色种的技术参数，绘制分层级的关系图谱，构建融器物层级、逻辑结构、哲学本质为一体的三维理论模型。这些学术研究的成果，可以应用于博物馆和科研院所的器物文化的传播推广项目，如博物馆展示系统、全民美育框架、全域旅游体系中的传统瓷文化板块。相关研究成果及研究方法，可以作为传统文化活态传播路径的参考范例。尤其是可视化图谱的展现方式，能改变对于"高冷古物"的片面认知和隔膜感，将不可触及的文物化为亲切可感、可读可看的图解，亦可应用于博物馆智能交互体系，更便于大众理解与传播。

本研究产出的可视化谱系数据，以及挖掘的造物智慧和设计法则可以应用于文化创意产品的诸多领域。在南宋龙泉青瓷图片集和案例库基础上形成的分色种的技术参数、分层级的关系图谱，对于当代龙泉青瓷研究而言，将产生切实有益的应用价值，也将给中国陶瓷产品的设计、生产、消费、流通、赏鉴、教学、科研等活动带来明显的指导、引领、提升作用。具体而言，可以为陶艺创作提供青瓷色彩参照体系，更重要的是可以从文化和审美的角度，提升陶瓷色彩设计理念的文化内涵，增强陶瓷产品的文化竞争力。

1.2 南宋龙泉青瓷相关研究综述

1.2.1 古代文献中的龙泉窑和龙泉青瓷

龙泉窑专烧青瓷，前后延续一千多年，在学术研究领域颇受关注。古往今来，对龙泉青瓷的研究从未停歇，古代文献如杂记、诗词歌赋中都留下了它的身影。如表1-1所示，宋、元、明、清四朝文献中关于龙泉青瓷的主要记述，粗略勾勒出了龙泉窑的地理坐标和历史发展脉络，但因时间久远和缺乏实物比照、数据记载，龙泉青瓷的具体特征仍然有待进一步挖掘。

表1-1 古代文献中有关龙泉窑和龙泉青瓷的记载

朝代	文献信息	记述内容
宋代	[南宋] 庄绰:《鸡肋编》卷上"龙泉佳树与秘色瓷"条，北京：中华书局，1983年版，第5页	"处州龙泉县多佳树，地名豫章，以木而著也。山中尤多古枫木……又出青瓷器，谓之'秘色'，钱氏所贡，盖取于此。宣和中，禁庭制样须索，益加工巧"
	[南宋] 叶寘:《坦斋笔衡》，见[元] 陶宗仪《南村辍耕录》卷二十九"窑器"条，北京：中华书局，1997年版，第362页	"本朝以定州白磁器有芒，不堪用，遂命汝州造青窑器，故河北唐、邓、耀州悉有之，汝窑为魁。江南则处州龙泉县窑，质颇粗厚"
	[南宋] 赵彦卫:《云麓漫钞》卷十，北京：中华书局，1998年版，第171页	"青瓷器，皆云出自李王，号秘色；又曰出钱王。今处之龙溪出者色粉青，越乃艾色"

续表

朝代	文 献 信 息	记 述 内 容
元代	[元] 汪大渊著，苏继庼校释：《岛夷志略校释》，北京：中华书局，1981 年版。该书为元代民间航海家汪大渊记述海外诸国见闻的著作，共一卷，一百余篇纪略。其中对外销瓷器有较为详尽的记载	书中记载的中国输往各地区的瓷器中，多次明确提到"处州瓷器""处州器""处器""处瓷""处瓷器""青处器"等，记录了元代龙泉青瓷在包括琉球、无枝拔（今马六甲）、麻里鲁（今马尼拉或波利略）、苏禄（今菲律宾苏禄群岛）、旧港（今印度尼西亚苏门答腊东南部巨港）、龙牙门（今新加坡南岸海峡石叻门）、花面（今印度尼西亚苏门答腊岛北部）等地的外销盛况
明代	[明] 宋应星著，潘吉星译注：《天工开物译注》陶埏篇，白瓷附：青瓷，上海：上海古籍出版社，2013 年版，第 148 - 149 页	"浙省处州丽水、龙泉两邑烧造过釉杯碗，青黑如漆，名曰处窑。宋、元时龙泉琉华山下有章氏造窑，出款贵重，古董行所谓哥窑器者即此"
明代	[明] 陆容：《菽园杂记》卷十四，北京：中华书局，1985 年版，第 176 - 177 页。根据《四库全书》总目提要对陆容的记载："容字又量，号式斋，太仓州人，成化丙戌进士，官至浙江右参政事，迹具明史又苑传。"《菽园杂记》所记明代典制、故事，多为《明史》所未详	"青瓷初出于刘田，去县六十里。次则有金村窑，与刘田相去五里余。外则白雁、梧桐、安仁、安福、绿绕等处皆有之。然泥、釉精细，模范端巧，俱不若刘田。泥则取诸窑之近地。其他处皆不及。油则取诸山中，蓄木叶烧炼成灰，并白石末澄取细者，合而为油。大率取泥贵细，合油贵精。匠作先以钧运成器，或模范成形。候泥干，则蘸油涂饰。用泥筒盛之，置诸窑内，端正排定。以柴籍日夜烧变，候火色红焰无烟，即以泥封闭火门。火气绝，而后启。凡绿豆色莹净无瑕者为上。生菜色者次之。然上等价高，皆转货他处，县官未尝见也"
明代	明成化帝于天顺八年（1464 年）正月二十二发布的《即位诏》	"江西饶州府、浙江处州府，见差内官在彼烧造磁器，诏书到日，除已烧完者照数起解，未完者悉皆停止。差去官员即便回京，违者罪之"

续表

朝代	文 献 信 息	记 述 内 容
清代	《乾隆龙泉县志》卷之三《赋役占》，台湾成文出版社影印同治刊本，第212页。"物产"条记录龙泉窑的生产情况	"青瓷窑（小注：一都琉田），瓷窑昔属剑川，自析乡立，庆元县窑地属庆元，去龙邑几二百里。明正统时顾仕成所制者，已不及生二章远甚，化治以后质粗色恶，难充雅玩矣"

根据上表的相关记述，我们可知：

第一，目前已知对龙泉窑最早的记载，出现在南宋庄绰的《鸡肋编》中，其中对"处州龙泉"有较高赞誉。关于"处州龙泉"烧制青瓷的描述，贯穿于对南宋龙泉窑的记载中。由此可以定位龙泉窑址，为今浙江龙泉（古称"处州"）。

第二，龙泉青瓷在南宋达到艺术高峰，不晚于宋，已畅销海外。《鸡肋编》中关于龙泉窑烧制贡瓷的推测，反映了北宋龙泉青瓷的艺术高度，及统治阶层对其审美认可度。元代《岛夷志略》的记述，反映了元代龙泉青瓷的海外流布情况。

第三，《菽园杂记》对龙泉青瓷的记述，在烧制技艺和评价标准上提供了重要信息，但是对制作的具体参数和细节、烧制把控等核心技艺记载不详，亦缺乏实物参照。

总之，这些古文献主要起到参考和佐证的作用，并不能还原龙泉青瓷的全貌，也无法触及深层。正因如此，当今不同研究背景的学者致力于揭开它的神秘面纱。

1.2.2　现代关于南宋龙泉青瓷的研究

1.2.2.1　考古学、历史学角度的宏观研究

20世纪20年代，中国陶瓷考古第一人陈万里先生走出书斋，提倡以史料、考古文物与遗存相结合的方式，相继出版了《瓷器与浙江》[①]《中

----

① 陈万里：《瓷器与浙江》，北京：中华书局，1946年版。

国青瓷史略》① 两部著作，书中结合大量的考古实物考证了浙江青瓷发展史，系统梳理了龙泉青瓷的创烧时间、窑址分布、材料工艺；继之有朱伯谦的《龙泉窑青瓷》②、项坤鹏的《龙泉窑研究综述》③、中国古陶瓷研究所的《龙泉青瓷研究》④、吴越滨和何鸿的《浙江青瓷史》⑤、邓禾颖和方忆的《南宋陶瓷史》⑥ 等几十部著作或论文，从相对宏观的视角对龙泉窑的历史和龙泉青瓷的特征进一步考证、阐释。

近 10 年来的相关研究成果主要结合考古调查和发掘出土的实物及遗迹资料，包括龙泉青瓷的器物数据和形、色、饰特征，以及带有翔实数据的器物线图、高清实物照片。相关成果如浙江省文物考古研究所等编著的《龙泉大窑枫洞岩遗址》、叶挺英的《中国古陶瓷：龙泉窑》、项宏金的《龙泉青瓷装饰纹样》等著作中的相关资料。

过去的 100 年来，先辈们从考古学、历史学角度取得的研究成果颇丰，多关注龙泉窑的历史分期、材料工艺、产品类型等，这些文献、数据和图片资料为本书提供了较为丰富的研究基础；既有研究还厘清了龙泉青瓷的历史脉络及其与相关青瓷窑口的承继关系，勾画出了龙泉青瓷的兴衰历程。虽然学界关于南宋官窑与南宋龙泉窑、哥窑与弟窑（龙泉窑）的关系还存疑待考，但这并不是本书研究的重点。

1.2.2.2　材料学角度的技艺研究

目前关于龙泉青瓷的材料和工艺的研究资料，如散落的珍珠，亟待串联。概论性著作主要有李家治主编的《中国科学技术史·陶瓷卷》⑦，熊寥的《中国古代制瓷工程技术史》⑧，张福康的《中国古陶瓷的科学》⑨，李国桢、郭演仪的《中国名瓷工艺基础》⑩ 等，相关章节记载

① 陈万里：《中国青瓷史略》，上海：上海人民出版社，1957 年版。
② 朱伯谦主编：《龙泉窑青瓷》，台北：艺术家出版社，1998 年版。
③ 项坤鹏：《龙泉窑研究综述》，《东方博物》，2008 年第 3 期，第 38 - 46 页。
④ 中国古陶瓷研究所编著：《龙泉青瓷研究》，北京：故宫出版社，2011 年版。
⑤ 吴越滨、何鸿：《浙江青瓷史》，北京：中国文史出版社，2008 年版。
⑥ 邓禾颖、方忆：《南宋陶瓷史》，上海：上海古籍出版社，2013 年版。
⑦ 李家治主编：《中国科学技术史·陶瓷卷》，北京：科学出版社，1998 年版。
⑧ 熊寥：《中国古代制瓷工程技术史》，太原：山西教育出版社，2014 年版。
⑨ 张福康：《中国古陶瓷的科学》，上海：上海人民美术出版社，2000 年版。
⑩ 李国桢、郭演仪：《中国名瓷工艺基础》，杭州：浙江大学出版社，2012 年版。

了历代龙泉青瓷的胎、釉料配制，施釉技法，烧制工艺，生产窑炉结构等方面的知识。

专题性成果主要集中在以下两方面：

第一，对历代龙泉青瓷胎釉配方、烧成工艺的研究。代表性研究有：浙江省轻工业厅编的《龙泉青瓷研究》①，书中汇集了1949年以后第一代陶瓷科技考古学者周仁、李国桢、张福康、朱伯谦、叶宏明等的9篇论文，为后续研究做了有益铺垫；周仁、张福康、郑永圃的《龙泉历代青瓷烧制工艺的科学总结》②，通过对五代到明代的13件青瓷标本（其中南宋龙泉青瓷标本有7件）进行分析，以 A. Maery 和 M. Rea Paul 编的《色谱字典》（*A Dictionary of Color*）③ 为主要参考，对龙泉青瓷的发展分期及其工艺特征、胎釉配方进行了详尽的科学测试和数据分析，并剖析了粉青、梅子青的瓷色成因；李国桢的《龙泉青瓷釉的研究》④和熊樱菲等的《历代龙泉青瓷釉的初步研究》⑤，在一定程度上解密了龙泉青瓷器的技术配方，还原了烧制场景、烧制条件等工艺流程，为当代龙泉窑的复烧提供了技术参照。随着数字化技术的普及，对传统制瓷工艺的研究出现交叉学科的研究模式，如杨程等的《龙泉青瓷传统烧制技艺数字保护研究》⑥。

第二，韩国高丽青瓷与龙泉青瓷比较研究。如韩国的노형구等的《韩国高丽青瓷与龙泉青瓷比较研究》（고려청자와 중국청자 도편의 Color Spectrum 비료에 관한 연구)⑦ 对中国龙泉窑和韩国出土的高丽青瓷瓷片进行了色度分析，认为中国青瓷的色彩范围更广。高丽青瓷是国外对中国古代青瓷工艺吸收借鉴最具代表性的案例，文章对比分析了中韩两国古代青瓷产生、发展的历程，以及工艺与文化的关系。

---

① 浙江省轻工业厅编：《龙泉青瓷研究》，北京：文物出版社，1989年版。

② 周仁等：《龙泉历代青瓷烧制工艺的科学总结》，《考古学报》，1973年第1期，第131－158页。

③ A. Maery，M. Rea Paul，*A Dictionary of Color*，New York：McCiraw-Hill，1930.

④ 李国桢等：《龙泉青瓷釉的研究》，《硅酸盐学报》，1964年第3卷第1期，第1－15页。

⑤ 熊樱菲等：《历代龙泉青瓷釉的初步研究》，《文物保护与考古科学》，2004年第2期，第45－50页。

⑥ 杨程等：《龙泉青瓷传统烧制技艺数字保护研究》，杭州：浙江大学出版社，2013年版。

⑦ 노형구 et al，"고려청자와 중국청자 도편의 Color Spectrum 비료에 관한 연구"，기초조형학연구，2014，Vol. 15 (4)，p. 109.

纵观国内外材料学领域的南宋龙泉青瓷研究，大都侧重对釉料配方和色谱的分析，力图用大量的实验数据来还原色彩。整体来说，国内对于龙泉青瓷的研究成果更为丰富。

1.2.2.3　器物学角度的文化研究

此类研究上可溯至宋代的金石学体系，常通过对器物本身的研究挖掘文化内涵，或以器物文化切入艺术史的研究。相关研究主要有以下方面：

第一，对器物文化、审美心理、礼仪制度的研究，关注物质文化与造器规律、礼仪文化等，如徐飚的《两宋物质文化引论》①和《北宋考定礼器制度论略》②，徐中舒的《古器物中的古代文化制度》③；第二，对古代瓷器蕴含的造物思想和窑业制度的研究，如王光尧的《中国古代官窑制度》④、朱广宇的《论中国古代陶瓷所体现的造物艺术思想》⑤、肖绚等的《中国陶瓷器物色彩的符号学分析》⑥等，透过瓷器表征审视制器文化的内在规律，探索形之上下的互动关系；第三，对宋瓷审美文化的研究，如唐笑的《两宋陶瓷颜色审美中"素"文化研究》⑦，聚焦两宋转型期陶瓷颜色审美中的"素"文化特征，从文化层面分析影响宋代青瓷色彩的因素。

1.2.2.4　中外交流史角度的外销瓷研究

近20年来，随着全球化的发展趋势和东西互鉴研究的深入，外销瓷成为中外交流史研究的一大热点，主要有以下几个方面的成果。其一，中国陶瓷海外流布的宏观研究，包括理论研究和图册。前者如日本三上次男的《陶瓷之路——东西文明接触点的探索》⑧；后者主

---

①　徐飚：《两宋物质文化引论》，南京：江苏美术出版社，2009年版。
②　徐飚：《北宋考定礼器制度论略》，《新美术》，2003年第3期。
③　徐中舒：《古器物中的古代文化制度》，北京：商务印书馆，2017年版。
④　王光尧：《中国古代官窑制度》，北京：紫禁城出版社，2004年版。
⑤　朱广宇：《论中国古代陶瓷所体现的造物艺术思想》，东南大学博士学位论文，2005年。
⑥　肖绚等：《中国陶瓷器物色彩的符号学分析》，《陶瓷学报》，2012年第2期。
⑦　唐笑：《两宋陶瓷颜色审美中"素"文化研究》，江南大学硕士学位论文，2012年。
⑧　〔日〕三上次男：《陶瓷之路——东西文明接触点的探索》，李锡经、高喜美译，北京：文物出版社，1984年版。

要以海外博物馆藏中国外销瓷为主体，如英国柯玫瑰（Rose Kerr）和
孟露夏（Luisa E. Mengoni）合著的《中国外销瓷》（*Chinese Export
Ceramics*）① （以英国维多利亚与阿尔伯特博物馆馆藏的中国瓷器为
主）、美国威廉·R. 萨金特（William R. Sargent）的《皮博迪·埃塞
克斯博物馆中国外销珍品瓷研究》（*Treasures of Chinese Export Ceramics
from the Peabody Essex Museum*）②。其二，中国瓷器、青瓷和龙泉青瓷
外销的概论性研究。如甘雪莉的《中国外销瓷》③、叶文程的《中国古
外销瓷研究论文集》④、李刚的《中国古代外销青瓷管窥》⑤、何鸿的
《域外浙瓷》⑥、吴越滨的《古龙泉窑的“海上之路”考》⑦。还有针对海外
出水的宋元龙泉青瓷的研究，如송동림 等的《朝鲜半岛出水宋元瓷器研究》
(한반도 근해 출수 송원도자 의)⑧。其三，龙泉青瓷的海外流布与影响专
题性研究，如王拥军的《龙泉青瓷在英国的传播和影响》⑨，以及国外
仿制龙泉青瓷的比较研究，如韩国郑良谟的《高丽青瓷》⑩、韩国노형구
等的《韩国高丽青瓷与龙泉青瓷比较研究》（고려청자와 중국청자 도편의
Color Spectrum 비료에 관한 연구)⑪。

　　总之，囿于文献和实物，国内外学界对中国瓷器海外流布的研究更
多聚焦于明清青花瓷或粉彩、古彩瓷的图像释义，注重透视东西方文化
的“瓷上交融”，却忽略了与景德镇、德化瓷器等共同构成宋元外销瓷
主流的龙泉青瓷。中国古陶瓷的研究已逐步拓展，但对于独具意义的宋
元龙泉青瓷的研究，毕竟不能等同于明清青花和其他彩绘瓷研究的目的
与任务，也不能为古代外销青瓷的内容所涵盖。

---

① Rose Kerr & Luisa E. Mengoni, *Chinese Export Ceramics*, London: V & A Publishing, 2011.

② William R. Sargent, *Treasures of Chinese Export Ceramics from the Peabody Essex Museum*,
New Haven: Yale University Press, 2012.

③ 甘雪莉（Shirley Ganse）：《中国外销瓷》，张关林译，上海：东方出版中心，2008 年版。

④ 叶文程：《中国古外销瓷研究论文集》，北京：紫禁城出版社，1988 年版。

⑤ 李刚：《中国古代外销青瓷管窥》，《东方博物》，2006 年第 4 期，第 25 - 35 页。

⑥ 何鸿：《域外浙瓷》，南昌：江西美术出版社，2009 年版。

⑦ 吴越滨：《古龙泉窑的“海上之路”考》，《美术观察》，2016 年第 10 期，第 111 -
114 页。

⑧ 〔韩〕송동림 et al, 한반도 근해 출수 송원도자 의.

⑨ 王拥军：《龙泉青瓷在英国的传播和影响》，上海：文汇出版社，2019 年版。

⑩ 〔韩〕郑良谟：《高丽青瓷》，金英美译，北京：文物出版社，2000 年版。

⑪ 노형구 et al, "고려청자와 중국청자 도편의 Color Spectrum 비료에 관한 연구，"기초조형학연구, 2014,
Vol. 15 (4), p. 109.

1.2.3 南宋龙泉青瓷相关研究述评

1.2.3.1 研究现状述评

综上，国内外前辈先贤对南宋龙泉青瓷的相关研究曾掀起小热潮。首先，国外研究成果呈"东高西低"之势。东方以日本、韩国为主，对南宋龙泉青瓷艺术特征的挖掘更多，在青瓷设计应用、青瓷与茶文化、东方器物文化与生活方式等方面的传承更为持久；从研究对象和研究方法来看，东方学者常将高丽青瓷与宋代青瓷相比照，研究内容涉及材料工艺和审美风格等层面。西方多以沉船出水和公私收藏的龙泉青瓷为研究对象，或汇编图册，著文录图，或侧重于海上贸易及其对瓷器在海外传播的作用研究，视角相对宏大。

总之，现有龙泉青瓷相关研究主要呈现两个趋向。其一，多侧重对两宋陶瓷艺术风格的整体研究，并未对在南宋特定历史背景下陶瓷艺术的成就及其特色进行系统挖掘。在时间界定上，现有研究常将两宋看作一个整体，或聚焦于承继越窑而来的北宋龙泉窑体系，并未充分考虑南宋的时代背景和社会变迁对龙泉青瓷艺术特征的影响。两宋的社会背景虽有共性，但宋室南迁后，南北地域文化、经济政策、窑业现状仍有差异。就瓷业发展来看，北宋青瓷工匠的南迁以及毗邻都城的地理优势、南宋鼓励外贸的政策导向，都是造就粉青、梅子青瓷器等经典之作不可忽视的因素。其二，多为青瓷艺术的概论性研究，并未充分关注南宋龙泉在青瓷艺术中的代表性和典范性，且未对其艺术特征及成因进行深入挖掘。专题性、系统性研究成果较少，概论性研究和图册资料成果较多，主要聚焦于考古学、材料学、器物学的角度，在历史分期、考古资料整理、图录汇编，以及材料工艺研究、文化传播研究等方面成果丰硕。

但是随着学科体系，尤其是交叉学科属性的设计学升门以来的10年，以及研究方法和学术研究系统深化的趋势下，现有研究的广度和深度仍有较大上升空间。迄今仍然缺乏从设计学的角度对南宋龙泉青瓷进行详细的考察、整理、分析和多层面、多角度、专题性研究，缺乏将其作为一个单独的系统和整体进行多方面、综合性的阐述，更未形成一部较为完整的学术专著，尚未深刻解读南宋龙泉青瓷艺术这一典型的

"中国样式""中国风范"所代表的东方风物在海外市场受到追捧的原因及其影响。因此，这是一个亟待开发和深入挖掘的领域。

1.2.3.2 研究趋势

随着近半个世纪以来海外汉学热和中外瓷器艺术交流史的发展，尤其是近年来海外考古调查等研究工作的全面深入，海外博物馆、艺术馆、民间收藏组织收藏的龙泉青瓷，以及英、法、韩、日等国出土、出水的数千件龙泉青瓷遗存，为本研究提供了最新的宝贵资源，也为本研究从多学科交叉的层面开拓新的学术研究空间提供了基础，使得运用全新的研究路径和视角研究南宋龙泉青瓷成为可能。

21 世纪以来，学界对中国外销瓷器进行了广泛的学术讨论，并开始重新审视中国瓷器在世界文明起源与造物艺术形成进程中的核心地位及主导作用。近 5 年来国家社会科学基金项目中，有关中国瓷器对东亚、西欧制瓷业和设计文化的课题立项率呈增长趋势，这一重要的探索过程与诸多学术成果为本课题提供了更为广阔的文化背景、更为开阔的学术视野以及更为客观与科学的认识方法和理论基础。总之，在东西互鉴的学术视野下，中国瓷器所蕴藏的华夏造物体系与设计智慧亟待全面开发与应用，对传统瓷文化的传承与发展必将是对世界艺术发展的新贡献。

自古以来，中国制瓷技艺始终是西方孜孜以求的"秘方"。精美绝伦的龙泉青瓷始终离不开技术支撑，随着龙泉窑在清代凋零，千年瓷脉就此中断，窑业体系内诸多口口相授的制瓷经验或许永远搁浅在历史的沙滩上。中华人民共和国成立以后，龙泉窑复烧并逐渐壮大，就技艺层面而言，材料配方、工艺技术的系统研究以及仿烧是当代龙泉窑亟待攻破的难关，也是中国陶瓷发展的时代使命。相关研究在国家项目中的立项率逐年攀升，如"景德镇仿龙泉青瓷与龙泉青瓷组成特征研究"等。

综上，南宋龙泉青瓷是艺术与技术融合的产物，反映了历史、文化和科技的多维作用力，现有研究成果的多视角格局注定了很难从单一路径很好地挖掘其艺术价值。作为具有交叉学科属性的设计学，符合本研究的综合属性，本书主要从文化和技术两条核心路径展开研究。

1.3　相关概念界定与研究背景

1.3.1　相关概念界定

1.3.1.1　时间界定

宋代包括北宋（960—1127 年）和南宋（1127—1279 年）两朝，史称"两宋"，因皇帝姓赵，又称"赵宋王朝"。南宋，指北宋灭亡后，宋室南迁（与金对峙，定都浙江临安）直至元朝建立的历史时期。南宋常被视作对北宋的延续与发展。

960 年，宋太祖赵匡胤兵变夺权，建立了以汉族为主体的封建王朝，定都东京（今河南开封），史称"北宋"。北宋结束了安史之乱到五代十国 200 余年的封建割据的格局，但终究难逃战乱纷争的困境，北宋政权长期处于与辽对峙的局面，1127 年遭受北方金人重创而灭亡。"靖康之难"[①] 后，宋室在金人追击下一路南迁，几易都城，先后由河南迁至南京应天府，后辗转定都临安府（今浙江杭州）。风光秀丽、气候宜人、富庶开放的新都临安，并不能守住平安祥和的景象，南宋政权始终与北方金人南北并峙。1214 年，南宋联合蒙古抗金，使日趋衰落的金军士气锐减，1234 年，金灭亡。但南宋却迎来更为强大的铁木真率领的蒙古大军。1279 年，南宋战败而亡。

1.3.1.2　研究对象与范畴界定

青瓷是中国传统瓷器的重要种类。在坯体上施以青釉（以铁元素为着色剂），经还原焰烧制而成。青瓷的色域宽广，缥瓷、千峰翠色、艾色、翠青、粉青等瓷色都隶属于青瓷范畴；烧制青瓷的窑口众多，唐代越窑，宋代龙泉窑、官窑、汝窑、耀州窑等名窑，在中国的南疆北域

---

① "靖康之难"又称"靖康之变"，指北宋靖康元年（1126 年）十一月，金军攻破宋朝都城东京（今河南开封）。靖康二年（1127 年）正月，金军先后把宋徽宗、宋钦宗拘留在金营，二月六日，金主下诏废宋徽宗、宋钦宗为庶人，另立同金朝勾结的原宋朝宰相张邦昌为伪楚皇帝。四月初一，金军俘虏徽、钦二帝和后妃、皇室成员 5000 多人北撤。宋朝皇室的宝玺、舆服、法物、礼器等也被搜罗一空，北宋从此灭亡。

勾勒出了纵横交错的青瓷发展脉络。两汉青瓷拉开了中国瓷器史的序幕，也展开了青瓷艺术生生不息、传承有序的历史图谱。

关于青瓷在古代瓷器色彩发展史中的地位，清代许之衡《饮流斋说瓷》提出的"古瓷尚青"[1] 是宋代钧窑问世之前瓷器色尚的主旋律，其后红色逐渐成为中华瓷器色尚，延续至今。青瓷深受两宋统治阶级和主流审美的青睐，明清红色瓷器主要受到了"五行说"观念的影响和皇家审美的作用，但于文人和大众群体而言，青瓷始终是风雅生活和日常用器的首选。

本书对青瓷之色的理解，来自中国传统色彩[2]对"青"色的界定。传统色彩中的"青"，包括绿、蓝两色，以及介于二者之间的色调。青瓷之"青"涵盖了蓝绿色域中的丰富色彩，最主要有两种瓷色品类："青瓷"之"青"指绿色，它不仅仅包括不同程度的淡绿色调，还包括了灰青、青黄色等瓷色；而青花瓷之"青"指蓝色，主要指呈蓝色的釉下彩绘"青花"，这种蓝色调，与祭蓝、洒蓝等各种颜色釉的蓝色基本一致。

本书的研究对象"南宋龙泉青瓷"隶属于前者——"青瓷"的范畴，不包括蓝色釉瓷与彩绘瓷器。本书聚焦于南宋中晚期浙江龙泉窑生产的釉色莹润、色泽青翠、胎釉俱佳的粉青、梅子青等代表性青瓷制品。

关于龙泉窑的溯源及其与哥窑、官窑的关系，学界依据各自的佐证材料，从不同的视角出发，尚未达成共识。《辞海》中，南宋龙泉窑的瓷器包括两种类型：一种胎质细密洁白者，釉色以粉青、梅子青为代表，有堆塑和贴花纹饰，此种类型即习称的"弟窑"，一般称龙泉窑皆

---

① ［清］许之衡著，叶喆民译注：《〈饮流斋说瓷〉译注》，北京：紫禁城出版社，2005年版，第20页。其中记载："凡绿也、蓝也，皆以青括之。故'缥瓷'入潘岳之赋，'绿瓷'纪邹阳之编。陆羽品茶，青碗为上。东坡吟诗，青碗浮香。柴窑则'雨过天青'，汝窑、哥窑、龙泉、东窑均主青色，此宋以前尚青之明证也。至钧窑始尚红色，元瓷于青中每发紫色。至明宣德'祭红'则为红色之极轨。康熙郎窑递衍递嬗而'豇豆红''胭脂水'尤为时代所尚。故青色以后，红色继兴，至于今益盛。"

② 中国传统色彩，也称为五色。由此衍生的五色观是先秦以来"五行说"哲学体系下是色彩表现，也称作"五方色彩学"，指以五方、五行、五色互为参照的色彩观念及其象征体系，以"正色为尊、间色为下"的色彩等级和象征观念为主要特色。五色之"青"，在五色中色域最为宽广，主要包括青、蓝两大色系。

指此类；另一种类型即习称的"哥窑"。① 哥窑是典型的黑胎青瓷，因黑胎（即紫金土色）含铁量较多，胎体厚重，呈黑褐色，附着青釉的哥窑器，青瓷色彩的通透感和明亮度较低，而呈现出一种幽青肃穆之感，与白胎青瓷的清新明亮迥然不同。

学界普遍认为，龙泉青瓷有白胎和黑胎两大类，目前尚未厘清的主要问题是龙泉黑胎青瓷与哥窑的关系，"章生一，章生二说"是学界的主要观点，嘉靖四十年（1561 年）成书的《浙江通志》中记载：

> 处州……县南七十里曰琉华山……山下即琉田，居民多以陶为业，相传旧有章生一、章生二兄弟二人，未详何时人，主琉田窑造青器，粹美冠绝当世，兄曰哥窑，弟曰生二窑。②

嘉靖四十五年（1566 年）成书的《七修类稿·续稿》进一步写道：

> 哥窑与龙泉窑皆出处州龙泉县，南宋时有章生一、生二弟兄，各主一窑，生一所陶者为哥窑，以兄故也，生二所陶者为龙泉，以地名也。其色皆青，浓淡不一，其足皆铁色，亦浓淡不一。旧闻紫足，今少见焉，惟土脉细薄，釉色纯粹者最贵，哥窑则多断纹，号曰百圾破。龙泉窑至今温、处人称为章窑，闻国初先正章溢乃其裔云。③

本书主要立足于龙泉青瓷为章生二窑所制的观点，从设计学的角度，结合文献和实物资料，研究白胎（灰白胎）龙泉青瓷的艺术特征，暂不考证龙泉黑胎青瓷及其与哥窑的关系。笔者主要从设计学的角度，结合文献和实物资料，从色、形、制、义四个维度，侧重对南宋龙泉青瓷艺术特征及其成因进行拓掘。

---

① 《辞海》（1999 年版缩印本），上海：上海辞书出版社，2000 年版，第 1339 页。

② ［明］薛应旂撰：《浙江通志》卷八（嘉靖四十年刊本），"中国方志丛书"华中地方第 532 号，台北：成文出版社，1983 年版，第 444 页。

③ ［明］郎瑛：《七修类稿·续稿》卷六《事物类》"二窑"条，上海：上海古籍出版社，2001 年版，第 601 页。

1.3.2　研究背景

1.3.2.1　南宋社会背景

两宋虽然政治上倍受外敌威胁，但是精于内治，以一系列有效的中央集权制度使得中华民族"大一统"的思想深入人心。虽然在疆域上，宋朝前不及汉唐，后不如元明清，却是统治时间较长的封建王朝。宋朝实行"重文轻武"的国策，经济、文化、科技和艺术都取得了长足的发展，物质文明和精神文明的发达程度可见一斑。

南宋的都城临安位于今浙江杭州。浙江经济富庶，素有"鱼米之乡"的美誉，自古流传着"苏湖熟，天下足"的谚语。作为政治中心的临安，更是南宋社会繁华与开放的代表。"两浙之富，国用所恃，岁漕都下米百五十万石。其他财赋供馈，不可胜数。"① 宋代两浙的漕米数量为全国之魁，绍兴地区盛行将粮食装入罂瓶陪葬的习俗②，反映了当时粮食盛产的情况，也说明了当地的富足。当时明州民田每亩产谷六七石，绍兴府每亩约产米二石，产量位居全国前列；可以想见南宋时期"耕无废圩，刈无遗垄"的农业盛景。在以农业为主的经济结构中，粮食的产量很大程度上反映出当地的经济水平。江浙人民生活富足，粮食产量大且品种丰富，仅绍兴府大麦、小麦就有七种之多。

如果说漕米反映了浙江经济格局的一个方面，那么茶叶生产则反映了另一个方面。茶叶作为海外贸易的主打产品之一，为中国创造了外汇收入，也是中华文化向世界传播的物质媒介。宁波绍兴一带为丘陵地貌，日照充沛，水草丰茂，气候和土质都适宜茶叶生长，自古盛产草茶。草茶之中又以绍兴地区所产的曾有"江南第一"美誉的"日铸茶"为上。唐至五代期间，两浙的茶业生产发展迅猛。据文献记载，茶叶也是吴越王给后汉的贡品。③ 众所周知，进贡之物通常兼具质量上乘、价格昂贵两个特点，由此可以推测，此期该地区的茶业也是重要的经济支柱。唐代开始盛行饮茶，到宋代，茶深受文人士大夫的喜爱，进一步促

---

① ［宋］苏轼：《苏轼文集》卷五十九奏议。

② 绍兴市文物管理委员会藏有一件青瓷粮罂瓶，器腹刻有"上虞窑匠人项霸造粮罂瓶一个，献上新化亡灵王七郎，咸平元年七月廿日记"。

③ 据《宋史·吴越钱氏世家》记载，950 年，吴越王钱俶曾一次向后汉进贡茶叶达三万五千斤之多。

进了茶业的发展。

宋初因茶业贸易的兴盛，朝廷在两浙设榷货务，实施官营制度，"采茶之民皆隶焉，谓之园户，岁课作茶输租，余则官悉市之"①。崇宁元年（1102 年），北宋政府在上虞、余姚、诸暨等地设置官办茶场。

南宋的许多科技成就居于世界领先地位。英国学者李约瑟指出："每当人们在中国的文献中查找一种具体的科技史料时，往往会发现它的焦点在宋代。"② 南宋科技高度发达，举世闻名的四大发明中有三项出现在宋朝。指南针广泛应用在宋代航海交通上，12 世纪末至 13 世纪传入阿拉伯和欧洲各国，对促进世界经济发展和文化交流发挥了巨大作用，也为欧洲航海家发现美洲和实现环球航行提供了必要条件。不迟于晚唐，火药应用于军事，北宋政府在东京设立专门机构制造火药和火器，南宋发明的管形"突火枪"开启了人类作战史的新阶段。

南宋在数学领域成就斐然。数学家秦九韶《数书九章》中提出的"正负开方术"，早于西方 500 多年；数学家杨辉编撰的《详解九章算法》《杨辉算法》等十余种著作，收录了诸多珍贵的算题和算法，这些成果成为世界数学界的重要组成部分。

南宋宋慈的《洗冤集录》是现存最早的法医学专著，比西方早 350余年，它不仅奠定了中国古代法医学的基础，而且被奉为中国古代"官司检验"的"金科玉律"，并对世界法医学产生了广泛影响。

宋代冶金技术居世界前列，南宋多项相关发明居国际最高水平。在有色金属的开采与冶炼方面，首创了"冶银吹灰法"和"铜合金铁"冶炼法。在煤炭开发利用上，用焦煤炼铁，这成为中国冶金史上意义重大的里程碑，欧洲人在 18 世纪时才以焦煤炼铁。

南宋是中国古代纺织业高度发展的时期，尤其是蚕桑丝绸生产，形成了从栽桑、养蚕到成衣的全套流程，生产工具日趋丰富，染织技术更为精进，为明清丝绸织造的辉煌奠定了基础。南宋时，在天文历法、水利、造船、军器制造、建筑、酿酒、地学等方面，都取得较大的进步。如现存于杭州碑林的石刻《天文图》，是迄今为止所最早的全天星图；绘于南宋绍定二年（1229 年）的石刻《平江图》藏于苏州市博物馆，是目前所见古代中国最完整的城市规划图。

---

① 《宋史》卷一百八十三《食货志·茶》。

② 〔英〕李约瑟：《中国科学技术史·第六卷》，北京：科学出版社，2016 年版，第178 页。

南宋文化事业空前发达，印刷业和造纸业都很兴盛，推动了重文的时代风尚。官家和民间都有专门从事书籍印刷工作的作坊，临安、福建和四川成为当时印刷业的中心，书坊林立。当时临安国子监出版的图书，称"监本"，印刷技术颇高，深受市场欢迎。成都、临安、徽州、池州、平江、建阳都是重要的造纸产地，所造纸张品种更为丰富，质量显著提高。

北宋灭亡以后，由于北方人口大量往淮河、秦岭以南迁移，给中国南方带来了充足的劳动力、先进的技术和丰富的生产经验，从而推动了农业、手工业、商业和海外贸易的显著进步。南宋瓷业在北宋的基础上，达到了新的高度。

1.3.2.2 南宋瓷业背景

唐、宋被誉为中国文化艺术的两大高峰，唐瓷的繁华绚烂和宋瓷的静穆深邃展现了中华瓷艺术中的两种代表性审美品格。瓷器的艺术特征是政治、文化、经济、科技等多方面的反映，映射着时代审美、宗教观念等的发展与变迁。宋代是古代中国文化艺术的高峰，手工技艺高度发达。南宋社会富庶，皇室、官僚和豪富的生活穷奢极侈，靡丽成风。南方的浙江远离战争纷扰，人民安居乐业，对瓷器的需求量增大，鉴瓷赏器的需求也渗入大众文化。

两宋瓷业突飞猛进，为中国瓷器发展的全盛时期，北宋五大名窑、耀州窑、磁州窑，以及南宋官窑、龙泉窑都非常兴盛，窑址遍布南北主要区域。北宋覆灭，政治中心南迁，南宋建都临安（今杭州市），虽偏安江南但励精图治。南宋建立初期浙江已成为全国的政治经济中心，丝绸、纺织、金银、玉器等手工业都很发达，人口激增，商业繁荣，万物汇聚，马可·波罗在游记里称临安为"世界上最美丽华贵的天城"。

在南宋科技极大繁盛、手工技艺高速发展的大背景下，瓷器无论在胎质、釉料、装饰，还是烧制技艺上，都达到了新的高度。毗邻都城杭州的地理优势，给予龙泉窑良好的发展条件。躲避战乱的北方人口大规模涌入南方，一时之间"四方之民，云集二浙，百倍常时"[①]。当时北方瓷窑遭受战火破坏，大量能工巧匠南迁，其青瓷技艺也传入南方。南宋政府"在临安另设官窑——修内司窑和郊坛下官窑，烧制与北宋官窑风格相同的青瓷器。但是新设的官窑规模很小，产量不多，远不能满

---

① ［宋］李心传：《建炎以来系年要录》卷一百五十八"绍兴十八年十二月己巳"条，北京：中华书局，2013年版，第2573页。

足出口外销和统治阶级奢靡生活的需要，因而早有基础的龙泉民窑，在此时扩大生产、改进技术，并接受官方订货，取得与官窑争衡的地位，产品质量比前阶段更加提高，进入了成熟阶段"①。

总之，紧临都城、窑工南迁、官窑产量不足等天时、地利、人和的优势，给予龙泉窑前所未有的发展契机。南宋前期龙泉窑生产的厚胎薄釉刻划花青瓷，已不能适应社会的需要，龙泉窑工融汇了北方青瓷的技艺，又融合了以越窑为首的浙江青瓷的特点，吸纳了南宋官窑的艺术风格和先进技术，因地制宜地采用龙泉优质瓷土，从胎釉配方、施釉方法、造型设计、装饰风格到装窑烧成等工艺流程，都有所突破。南宋龙泉窑生产的黑胎与白胎两类制品，从数量到质量都有较大飞跃。这种釉面润泽、器型轻盈的个性化风格，加之亲民的售价，使其深受市场欢迎。一时间龙泉青瓷声名远扬、供不应求。大窑、金村、溪口等地的窑址数量，从北宋时的 20 多处扩增为南宋时的 40 多处，其中以大窑、金村两处窑址最为密集，质量也最优。南宋龙泉窑作为可以媲美官窑、供奉御器的民窑，其生产的凝汇了皇室审美与市场需求的青瓷雅器，堪称中国文化本色和东方意蕴的典范之作。

1.3.2.3　浙江早期青瓷的发展与龙泉青瓷的兴起

浙江是中国青瓷的发源地，也为龙泉窑茁壮成长提供了丰沃的土壤。早在新石器时期的印纹硬陶和夏商周原始瓷阶段，浙江南部就已经积累了丰富的冶陶制瓷经验，具备良好的物质基础。龙泉窑址沿瓯江沿岸分而布之，它主要承继了越窑的制器经验，还汲取了瓯窑、婺州窑等名窑的青瓷基因，逐渐发展成熟。从青瓷艺术的发展来看，要研究龙泉青瓷便无法忽视东汉以来浙江早期青瓷的发展脉络。

越窑　越窑盛于唐宋，是古代中国著名的青瓷窑系，窑址位于今浙江省余姚市上林湖一带，古代属于越②州，因而得名。越窑历史悠久，从汉至两宋绵延了一千多年，窑址分布广泛。早期（东汉至南朝）窑

---

① 邓白：《略谈古代龙泉青瓷的艺术成就》，见浙江省轻工业厅编《龙泉青瓷研究》，北京：文物出版社，1989 年版，第 94 页。

② 越，是我国周代的诸侯国名，后来成为浙江省东部的别称。相传为姒姓国夏禹后代，汉代赵晔在《吴越春秋》中记载，当年大禹巡行天下，回到大越，登上茅山朝见四方诸侯，封有功，爵有德，死后就葬在这里。至少康时，担心大禹后代香火断绝，便封其庶子于越，号曰"无余"。东晋贺循在《会稽记》中说："少康，其少子号曰于越，越国之称始此。"至迟在夏朝，越国已经建立。西周时期，都城从山东菏泽地区迁至今地苏州吴中一带。

址主要分布在上虞、余姚、慈溪等地，集中于上虞的曹娥江中游地区；唐代越窑以上林湖地区所产的青瓷质量为佳，上林湖为天然湖泊，东西两岸瓷窑密集[1]；唐代中晚期至五代，越窑制瓷技艺迅速提升，产量剧增，窑业扩大到绍兴、诸暨、萧山、鄞城、奉化、镇海等地。根据文献[2]和出土墓志罐底部"官样"款[3]来看，唐、五代上林湖越窑曾承烧宫廷用瓷。北宋晚期至南宋，因受到北方汝窑、官窑，以及南方龙泉窑、景德镇窑的影响，盛极一时的越窑走向衰落。

越窑青瓷久负盛名，技艺精湛，远销海外。越窑青器的"艾色"、篦纹装饰和仿生造型，对龙泉青瓷的色彩、造型、装饰都产生了巨大影响，可以说，龙泉窑吸收了越窑青瓷的精湛技艺，此后代代薪火相传。

秘色瓷　秘色瓷曾像谜一样存在于传说之中，它的真实性直至陕西法门寺地宫出土秘色瓷器才被证实。其因"秘"[4] 字而成为至今未解的千古之谜，近十多年来对秘色瓷含义的理解，有"密色""碧色""香草色"及"神秘色调之简称"等。学界关于"秘色瓷"有两种看法：其一，秘色之瓷是越窑青瓷中的精品。称之为"秘色瓷"，起初可能主要是五代钱氏出于抬高身价的心理，对朝贡瓷器的一种炒作行为。持此观点的代表学者有陈万里先生。[5]　其二，秘色瓷采用一种至今尚未发现的神秘化学配方烧造所得。这种观点源自对"色"的解读，"色"除了作"颜色"解外，还有"配方"之意。笔者综合在浙江上林湖和慈溪等青瓷窑址实地考察所得的越窑瓷片以及当代仿秘色瓷器的实物来看，越窑青瓷与秘色瓷在瓷色、胎釉、原料方面都非常接近，更倾向于第一

---

① 叶喆民：《中国陶瓷史（增订版）》，北京：生活·读书·新知三联书店，2011 年版，第 145 页。

② 《嘉靖余姚县志》记载："秘色瓷，初出上林湖，唐宋时置官监窑，寻废。"

③ 1977 年在上林湖出土了凌倜墓志罐，器呈筒形，罐身刻有铭文："……中和五年（885 年）岁在乙巳三月五日，终于明州慈溪县上林区……光启三年（887 年）岁在丁未二月五日，殡于当宝贡窑之北上。"

④ 陆明华：《唐宋官用越瓷烧造相关问题再议》，载沈琼华主编《2007'中国·越窑高峰论坛论文集》，北京：文物出版社，2008 年版，第 51 页。"秘"，也作"祕"，古汉语中有多重含义，如徐锴《说文解字系传》："秘不可宣也，秘之言闭也。"《史记·陈丞相世家》："其计秘，世莫得闻，一有深奥难知之意。"《文选·张衡·西京赋》："秘舞更奏。"薛综注："秘，言稀见为奇也。含珍奇之义。"《重修广韵》："祕，密也，神也，视也，劳也。又姓，《西秦录》有仆射……"《集韵》："秘，香也，或作秘，通作芯。泌，食气之香。"

⑤ 陈万里：《瓷器与浙江》，上海：中华书局，1946 年版，第 2 页。关于秘色瓷的解释，一改从前《陶说》《陶录》《杭州府志》《余姚县志》的旧说，认为："这一种进御的青色，不能与一般民间所用的相比拟，就给它一个秘色的名称。"

种观点。

不晚于五代，钱氏的"秘色瓷"①已展示出"瓷器外交"的成效，其实用属性升华为象征符号之时，也成为华夏民族对内治理和域外交往不可或缺的"朝贡之物"。

瓯窑（缥瓷）　瓯，本意与陶器有关②，也是古代地名③，位于今浙江省南部温州④一带，此地古属瓯越之地，史称"东瓯"，此地临瓯江之滨，故称瓯窑。⑤瓯窑是我国早期南方青瓷的重要代表之一，也是浙江青瓷的重要分支。瓯窑始于晋，至宋逐渐凋零，是古代中国出现时间早、持续周期较长的窑址之一。瓯窑窑址密集，主要集中在今温州永嘉、乐清、文成、瑞安、泰顺等地，以及瓯江一带、飞云江和楠溪江两岸，现已查明的窑址有 200 多处，部分窑址的堆积层厚。因温州的海运优势⑥，瓯瓷也曾远销海外，其重要性仅次于越窑。

根据潘岳《笙赋》中的"披黄包以授甘，倾缥瓷以酌酃"⑦和杜预《舜赋》中的"器择陶拣，出自东瓯"，容易得出"缥瓷出自东瓯即

① ［宋］曾慥：《高斋漫录·小说家类一》，钦定四库全书，第 4 页。"今人秘色磁器。世言钱氏有国日，越州烧进为供奉之物，不得臣庶用之，故云秘色。尝见陆龟蒙诗集越器云：'九秋风露越窑开，夺得千峰翠色来。'好向中宵盛沆瀣，共嵇中散斗遗杯。乃知唐已有秘色矣。"

② 瓯：（1）盆盂一类的瓦器。《方言》第五："自关而西谓之瓻，其大者谓之瓯。"（2）杯、碗之类的饮具。如南唐李煜《渔父》词："花满渚，酒满瓯。"（3）瓦制打击乐器。

③ 瓯，今温州的别称。在晋朝以前，楠溪江曾名瓯水。南朝宋郑缉之《永嘉郡》载："瓯水，水出永宁山，行三十余里，去郡城五里入江。"

④ 《汉语大词典》编纂委员会：《汉语大词典》第 5 卷 294，上海：上海辞书出版社，2018 年版，第 67490 页。《山海经·海内南经》："瓯居海中。"郭璞注："今临海永宁县，即东瓯，在岐海中也。"袁珂校注："即今浙江省旧温州府地。"《辞海》（1999 年版缩印本），上海：上海辞书出版社，2000 年版，第 2216 页。温州，唐为温州治，宋为瑞安府治，元、明、清为温州路、府治。1949 年由永嘉县析设市，以温峤岭得名。

⑤ 何鸿：《域外浙瓷》，南昌：江西美术出版社，2009 年版，第 8 页。

⑥ 温州东临东海、南接福建、西北面括苍山区，背靠群山、沿水路而建，具有优良的海运交通和燃料优势。温州属于沿海要地，海运发达，宋元（南宋绍元年间）曾在温州置市舶司。瓯窑窑址多燃料丰富，青瓷制品通过船筏运往其他城市销售，水上交通便利。

⑦ ［南朝梁］萧统编：《文选》卷十八。

瓯窑"的推论。这一点在考古学界有肯定①和否定②两种看法,还有学者提出"瓯窑是否存在"的质疑③。本书不聚焦于此,无论如何,瓯窑瓷器及缥瓷是古代浙江青瓷发展过程中的特色产品,其制瓷经验和装饰手法对于南宋龙泉青瓷艺术特征的意义毋庸置疑。

瓯、越两窑同属于中国南方早期青瓷窑系,二者同出一脉,又各有千秋。从胎质看,二者都属灰白胎,前者胎色较浅,后者胎色呈青灰色或青黄色。从瓷色来看,瓯窑青瓷多呈淡青、灰青色,部分青中泛黄或呈青绿色,胎质较为粗糙,釉层偏薄,有积釉现象。缥瓷呈一种淡青瓷色,与越窑青瓷一样是早期青瓷的阶段性成果,略带粉质感的淡青瓷色与透明青釉产生了一种不同的审美趣味。而越器的瓷色较瓯瓷呈偏深的青黄色,俗称"艾色"。二窑产品类型都包括日用器和丧葬器,装饰手法也较为接近,整体风格轻松随意。许多制品素面无饰,而有纹饰者,多以清逸的刻划纹和篦纹为主,图案较为简单,不似耀州窑的浮雕式严谨团花纹饰。

婺州窑　婺州窑位于今浙江中部的金华地区,金华在唐代属婺州,因而得名。婺州窑始烧于汉,盛于唐、宋,元代消亡。在今浙江金华、兰溪、义乌、东阳、永康、武义、衢州、江山等地都发现了遗址。婺州窑是唐宋知名的民窑,产品以青瓷为主,兼烧黑釉、褐釉、花釉、乳浊釉和点彩绘装饰瓷,其青瓷制品独具特色,位列《茶经》中适宜饮茶

---

① 陈万里:《瓷器与浙江》,北京:中华书局,1946 年版,第 2 页。结合在西山窑考古发掘的资料,陈万里认为西山窑就是瓯窑遗址,出土瓷片与缥瓷的特征基本符合,认为缥瓷出自瓯窑。参见邓白《东瓯缥瓷纪实》(载《文物参考资料》,1956 年第 11 期,第 1 – 7、10页),"陈万里先生写的《瓷器与浙江》,报道了永嘉及瑞安附近,出土了大批晋瓷,'青的釉色,要比绍兴九岩窑来得淡而薄'。虽仍不能判断它的年代,但是永嘉发现了古代窑基,却是值得引人注意的事"。邓白以温州郊外西山的护国寺、雪山东面石路附近和"西山窑业厂"三处遗址的考察为依据,认为温州西山窑是晋代缥瓷的窑基。熊寥:《〈"东瓯缥瓷"驳证〉的驳证》(见《中国古陶瓷研究中若干"悬案"的新证》,上海:上海三联书店,2008 年版,第41 – 56 页)一文从版本学的角度和杜预《舜赋》"东瓯窑"的解说,认为东欧窑实为晋代温州窑。

② 张翔:《温州西山窑的时代及其与东瓯窑的关系》,《考古》,1962 年第 10 期,第532 – 533 页。张翔根据浙江省文物管理委员会资料认为:"但无论如何西山窑的烧造年代不会早到六朝,因此,绝不是所谓西晋'东瓯缥瓷'的产地。"他提出:所谓瓯窑本就是越窑的分支,"唐代是瓯江下游青瓷业的繁盛时期,它是越州窑系的一支,产品的工艺制作水平和风格与越州系的相同。五代北宋之际,瓯江下游的传统制瓷工艺在瓯江上游进一步得到发展,即成长为后起的龙泉窑系"。

③ 张翔:《温州西山窑的时代及其与东瓯窑的关系》,《考古》,1962 年第 10 期,第533 – 534 页。

的青瓷茶碗之三，可见其在陶瓷史上不可替代的地位。

婺州窑青瓷的发展反映了浙江早期青瓷的某些共性。三国时期其胎色普遍呈浅灰色，胎质较粗糙，不完全烧结，釉面玻化程度较差，推测此期烧成温度较低；瓷色多呈淡青、青灰或青中泛黄，釉层厚薄不一，有积釉，伴芝麻状点，釉面有冰裂纹，胎釉结合不紧密或釉面开裂处，常有奶白色的结晶体析出，这种自然形成的点成为婺州青瓷的一大特色。西晋以后，部分产品的胎体含铁量增加，胎色较深，呈深灰或紫色，这一特征持续到唐宋。西晋晚期，瓷色多呈青灰或青黄中泛褐色，釉面开片和晶体析出更多。南朝时期，瓷色普遍呈青黄色，釉层易剥落。唐宋时期，婺州窑青瓷呈青黄、青灰或泛紫色，釉面开裂，仍可见星星点点的奶白色晶体。宋代婺州青瓷中不乏色泽青翠者，此类光泽感较强的精品，反映出宋代制瓷技艺逐渐成熟。

就技艺层面而言，初创期的龙泉青瓷在越窑、瓯窑、婺州窑的制瓷基础上逐渐成长起来。南宋龙泉窑青瓷艺术风格质的升华，首先得益于工艺改革：在以越窑为代表的南方青瓷的积淀上，融汇北方汝窑、官窑的胎釉配方、装饰风格与烧制工艺，博采众长而自成一家。

1.3.2.4　龙泉青瓷发展概况与南宋龙泉青瓷的兴盛

龙泉窑始于西晋，历经北宋的发展、南宋的鼎盛、元明的渐衰，至清代衰亡，窑火持续了 1500 年，是中国历代瓷窑中历时最长的窑系之一。龙泉窑因窑址集中在浙江龙泉[①]而得名，龙泉位于重山环绕的浙南山区，有"江浙之巅"[②]之称，交通不便，开化较晚。古代龙泉县几度更名[③]，自宋代以来隶属于处州府（今丽水地区）。唐代已有用州、府的名称来命名瓷窑的传统，古文献中龙泉窑也被称为"处窑""丽水窑"[④]，用"处州瓷器""处瓷""处器"来指代龙泉青瓷。

龙泉青瓷窑址分布范围广，达 400 多处，包括龙泉、庆元、云和、

① 龙泉位于浙江省的南部山区，东与云和，南与庆元，北与遂昌接壤，西南同福建省的浦城县交界。

② 因龙泉山的主峰黄茅尖海拔 1929 米，为江浙第一高峰，而有此美誉。

③ 在晋代建制为龙渊乡，唐朝避讳李渊改名龙泉乡，乾元二年（759 年）升乡为县，始设县。自宋以来，北宋宣和四年（1122 年）更名为剑川县，南宋绍兴元年（1131 年）又改为龙泉县，庆元三年（1197 年）龙泉县的松源乡独立为庆元县。

④ 《景德镇陶录》记载："丽水窑，亦宋所烧。既处州丽水县，亦曰处窑。"又说："处窑，浙之处州府，自明初移章龙泉窑，于此烧造至今，遂呼处器。"

景宁、遂昌、松阳、丽水、缙云、武义、永嘉、泰顺、文成等地，其中龙泉、庆元、丽水和云和的窑址最为著名①。龙泉和庆元、丽水和云和瓷窑分布最为集中（如图1-1、图1-2）②，主要沿瓯江两岸密集分布，可以想见当时生产与运输和谐运转的盛况。北宋后期龙泉窑一脉逐步壮大，至南宋中晚期达到鼎盛，创烧的粉青瓷、梅子青瓷闻名于世，畅销海外。入元后，龙泉窑的豆青瓷仍延续梅子青瓷青中泛绿的色彩特征，但是灵动之性与神韵已荡然无存。虽然元代龙泉青瓷艺术特征和审美品格发生了转变，但是龙泉窑系的兴盛之势一直延续到了元末明初。

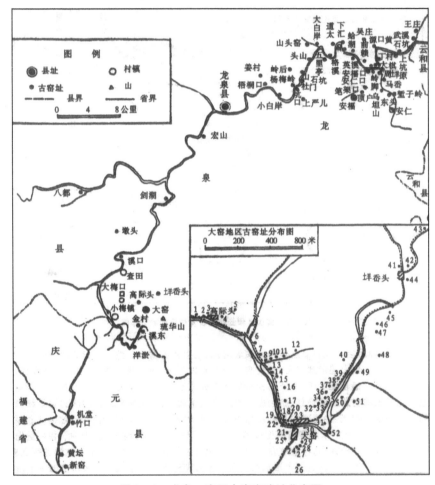

图1-1 龙泉、庆元古瓷窑遗址分布图

① 李家治主编：《中国科学技术史·陶瓷卷》，北京：科学出版社，1998年版，第286页。
② 正文插图来源信息，详见书末"插图来源及索引"。

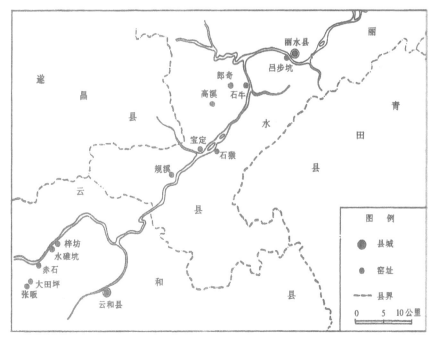

图 1-2　丽水、云和古瓷窑遗址分布图

总览龙泉青瓷的发展，大致经历了三个主要阶段。

第一阶段：龙泉青瓷的发展期——北宋到南宋早期。

北宋早期窑址集中分布在金村一带。[①] 随着龙泉窑的壮大，内供和外销需求增加，窑址有所扩增。因为地理位置的开阔和水路运输的便利，金村和刘田两地，即大窑，逐渐成为龙泉青瓷两大集中产地。

北宋中晚期是龙泉窑发展的重要阶段。如果说北宋中期以前，龙泉窑受到越窑、瓯窑、婺州窑等浙江青瓷窑系技艺影响，其风格与越窑青器最为接近，那么至北宋中晚期，龙泉青瓷则逐渐脱离了越窑青瓷的影响，更多地吸纳北方汝窑、官窑青瓷的特点，而自成一家。将北宋早期和中晚期龙泉青瓷的胎骨釉色比照可见，前者胎骨薄，胎色较白，呈淡青瓷色；后者胎骨较为厚重，胎色呈灰或浅灰色，瓷色由淡青色转为青

---

① 〔明〕陆容《菽园杂记》记载："青瓷初出于刘田，去县六十里。次则有金村窑，与刘田相去五里余。外则白雁、梧桐、安仁、安福、绿绕等处皆有之，然泥油精细，模范端巧，俱不若刘田。"据考证，"刘田"也叫"琉田"，也就是今天所说的大窑，是古代龙泉窑的中心。

黄色。

北宋龙泉青瓷底足露胎处不施釉，受氧化气氛影响，常出现赭褐色窑红，这成为一大断代特征。此期龙泉青瓷制作工整，造型多为碗、盘、杯、瓶、壶、罐等生活器具；保持了越窑青瓷自由奔放的装饰风格，越窑代表性的刻花、划花和篦纹工艺手法日趋娴熟，图案以简练的花鸟鱼虫和婴戏图为主，盘、碗内底常线刻团花纹和波浪纹，花团形状内用篦纹装饰，外壁通常随意刻划篦纹或直线；瓶、罐、执壶等器的外腹部常装饰牡丹纹样，典雅庄重。

回顾宋代青瓷发展的起承转合，越窑、瓯窑、婺州窑三者的衰落期，恰好是龙泉青瓷一跃而上、取而代之的时期，所以，很多学者认为，北宋龙泉窑的迅猛发展对前三者产生了巨大的冲击，甚至导致了它们的衰败。

第二阶段：龙泉青瓷的成熟期——南宋中晚期的兴盛。

南宋时期无论是宫廷用瓷还是民间日用瓷的需求量都非常巨大，江南富庶的经济条件和南下的制瓷工人，使得南宋中期龙泉窑获得空前的发展，青瓷艺术进入鼎盛时期。大窑、金村、溪口等地的窑址数量，从北宋时的20多处扩增为南宋时的40多处，其中以大窑、金村两处窑址最为密集，产品质量也最佳。随着龙泉青瓷的发展，曾在唐、五代盛极一时的越窑在这一阶段已近凋零，瓯窑、婺州窑也濒临衰亡。

从龙泉青瓷艺术风格的延续来看，南宋早期处于风格的形成期，与北宋越窑更为接近；到南宋中晚期，随着薄胎厚釉，多次烧成、多次施釉的工艺突破，龙泉青瓷的质与量都显著提高，驰名中外的粉青、梅子青釉瓷堪称青瓷艺术的巅峰。南宋龙泉青瓷以瓷色取胜，石灰碱质的乳浊厚釉不适宜刻绘装饰，北宋盛极一时的刻划手法在南宋已无立足之地。有无纹饰成为两宋龙泉青瓷艺术风貌的典型区别。

第三阶段：龙泉青瓷的延续期——元明清的流变与衰亡。

入元后，在蒙元文化传入的背景下，社会风尚呈大众化和世俗化趋势，景德镇青花瓷、釉里红瓷等瓷器最为讨喜。元瓷整体风格呈图案式、具象化、色彩化。元朝建立初期，政府大力发展势头正旺、烧造稳定的龙泉青瓷。因此，龙泉青瓷品种增多，产量激增。元代龙泉窑达到空前的规模，比宋时扩大了数倍，窑址分布往瓯江和松溪两岸拓展，顺流而下，经温州和泉州输送到欧洲、非洲、东南亚等地。在宋代良好的水陆交通情况下，继续保持较高的出口量。

受草原民族审美文化和饮食习惯的影响，元代龙泉青瓷多为胎质厚重、器形粗犷的大件器物，制作水平和精细程度不及南宋。胎体多呈灰白色或淡黄色；瓷色由南宋的蓝绿色转为偏黄绿的豆青色，虽然就色相而言，葱翠凝重的豆青与梅子青极为接近，但是元代豆青色远没有南宋梅子青的灵秀之美；釉层变薄，普遍仅施一次釉，釉质由乳浊转为半透明状，更为丰厚滋润，釉平如镜，光泽感强。龙泉青瓷在南宋的无饰之风和简约风格，到元代又回归具象刻绘的表现层面，不同于越窑的率性阴刻手法，而以浮雕感的塑造为主，刻画花、贴花、堆塑等繁缛装饰层出不穷。元代龙泉青瓷的艺术表征和文化气韵，已与南宋龙泉青瓷不可同日而语。

综上可见，龙泉窑在北宋时期逐渐超越并替代了越窑、瓯窑和婺州窑，龙泉青瓷至南宋中期以其高雅的艺术风貌和精湛的工艺水准，迅速成为浙江乃至全国青瓷的主要代表。本书将聚焦龙泉青瓷鼎盛时期典型器物的典型特征，抽丝剥茧地剖析古代龙泉窑巅峰之作的形成与原因。

1.4 研究方法与创新之处

1.4.1 研究方法

第一，跨学科的研究方法。

本书把南宋龙泉青瓷的形成、发展、成熟、流布放置在中国陶瓷发展史、青瓷文化发展史和社会发展史的大背景下进行考察，运用设计学、工艺美术学、审美心理学、色彩理论、传播学、社会学、文化人类学的研究视角和方法，试图打破现有研究单层面、分散式、片段式的局限，建构起围绕其艺术特征的"色"（色彩、光泽）、"形"（造型、形态）、"制"（形制、技术）、"义"（内涵、含义）的四维动态解码图。

第二，个案研究与综合研究交织的方法。

本书借助笔者在国内外实地拍摄的 2 万余幅青瓷图片和走访的 30 多个窑业田野个案，对南宋龙泉青瓷的艺术特征及其技术成因、文化成因进行逐层分类、抽丝剥笋式的分析，针对造型、纹饰、色彩的个案分析，厘清隐于表象之下的制器规律、装饰法则和设计智慧，并观照南宋龙泉窑青瓷与越窑青瓷、秘色瓷等的个性与共性，进而完成对南宋龙泉青瓷艺术特征及其成因的深层、多维度解读。

第三，定性与定量研究相结合的方法。

国内外的色彩研究客观存在着显著的差异。其一，从色彩表现来看，东方色彩表现性和意向性的特征，很难从科学性和准确性的角度找到毫无偏差的对应坐标，而西方色彩体系以客观精准为基调，色立体坐标轴可以实现一一对照。其二，从色彩衡量的方式来看，瓷色和东方色彩强调的是一种色域区间的对应，是指在一定的色阶范围内，以经验体系为参照的观念色彩框架，东方色名或瓷色名以某一颜色词来链接外在色彩特征与内在意蕴或审美联想，这种链接并非直接、准确的对应，而呈现出一种模糊的、有一定弹性的特征。东方色彩的表述和再现方式，并不会影响人们对色彩的理解和认知，这与西方从科学出发，以 RGB 值、数据参数等定量指标的 XYZ 色立体坐标轴不同，两者分别属于完全不同的度量方式。

综观西方与东方的色彩理论体系，前者建立在自然科学的视角下，重视光与色的关系以及光的变化所产生的色彩值的改变，侧重于数据分析；后者具有文化性、思想性、意象性的特征，需要在观念色彩体系中阐释，缺乏可供参照的色彩坐标。

概言之，以南宋龙泉青瓷瓷色为代表的东方色彩，难以与西方色彩体系逐一对应。瓷色与中国传统色彩有着共同的文化源头，瓷文化作为中华文明的重要分支，二者都源自中国古老的传统文化。本书以中国传统色彩理论为基础，综合采用定性研究与定量分析相结合的方法，部分研究内容依托西方色彩学的方法。

1.4.2　创新之处

1.4.2.1　研究内容的深度、广度的创新

本研究没有停留在对南宋龙泉青瓷艺术特征本身的挖掘上，而是拓展到南宋龙泉青瓷所能关联的工艺技术空间和社会文化空间，通过形、色、制、义四维动态解码图来深度解析艺术特征的成因。尤其是在文化成因的逐层解剖中，本书侧重于探讨艺术特征的形成与五行说、尚礼观

念、伦理观念、文人生活与审美、民族审美心理的影响及各因素之间的综合作用。通过个案分析与知识图谱绘制，挖掘中国传统器物的制器范式与设计智慧，通过器物研究层面理论模型的建构，透析现象、物质、精神三者在哲学层面的思辨关系。这种研究深度与广度的拓展本身就具有一定的创新性与突破性，因为南宋龙泉青瓷的艺术特征是立体多维的，它的形成必然受到全方位、多层面的因素的合力。

1.4.2.2 学术概念的创新

本书按照建构的"色"（色彩、光泽）、"形"（造型、形态）、"制"（形制、技术）、"义"（内涵、含义）四大核心板块，提出了两个新的学术概念和观点。

第一，在"色"的研究板块，提出"瓷色"的概念。

长期以来，学界以"釉色"来统称瓷器之色。客观而言，"釉色"概念更多地关注釉在瓷色呈现方面的作用，而对釉层之下的胎色有所忽略。从胎和釉在瓷色呈现中的关系来看，二者本就是不可分割的重要组成部分。"平时我们看到的釉色，不仅包含釉本身的色调，同时也包含胎的色调。"① 古往今来，瓷器色彩莫不由胎色和釉色透叠实现。釉包裹在胎体之上，胎依附在釉层之下，二者叠加、调和，共同构成了人们视觉所见的瓷色，而半透明青釉的胎色对瓷色的影响最为显著。胎色在瓷色呈现中的作用被陶瓷匠人巧妙利用，形成了各窑口釉色独特的风貌。以龙泉青瓷为例，白胎和黑胎色调的深浅衬托，对釉的色调及质感有一定的影响。② 由此可见，如果用"釉色"来代替"瓷色"概念，恐怕难以清晰地指明胎和釉在整体瓷色呈现中各自的作用。因而，本书提出"瓷色"的概念，按照"胎色＋釉色＝瓷色"的逻辑，来全面审视瓷色特征与构成因素，客观审视南宋龙泉紫金土颜色作为釉之底色的作用。从文化审美的角度来看，瓷器设计与生产因地制宜的地域性特征，如釉色等，未尝不是一种由"地域基因"构成的"瓷业生态"。

① 张福康：《中国古陶瓷的科学》，上海：上海人民美术出版社，2000年版，第46页。
② 李家治主编：《中国科学技术史·陶瓷卷》，北京：科学出版社，1998年版，第301页。

第二，在"义"的研究板块中，提出"瓷器伦理"概念。

瓷器对应社会等级的观念在原始瓷时期就已见端倪，器用之度与法令制度一样，具有伦理等级属性。本书通过研究认为，瓷器伦理制度有如下特点。

其一，瓷器使用制度受所在群体伦理观念的制约，也会随着社会主流伦理观念的变化而变化，但伦理制度之变相对于观念而言具有明显的滞后性。其二，青瓷伦理制度一方面会约束和规范社会活动中涉及色彩的制作、区分、应用等所有环节，同时又作用于诸如青瓷设计、生产与制作、产品的交流与应用等活动。其三，伦理制度从制定到应用具有弥散性和消减性。换言之，从中心地区到边缘地带，其内容的规范性与约束性在应用中会相应地逐渐递减。

本书认为，"瓷器伦理"能很好地阐释青瓷在阶级社会的伦理功能和身份象征意味。在封建社会背景下，各朝新创的瓷器都属珍稀之物，首先服务于占据政治军事话语权的统治阶级，非普通民众可以问津。青瓷乃至白瓷在首创期的器物归属原则，体现的不仅是经济实力，更多的是与物体系相对应的人伦，象征拥有者的权力、身份与社会等级。随着青瓷制作技艺的成熟和物体系的完备，青瓷的伦理框架逐步细化，可以辐射社会绝大多数阶层。进一步而言，一方面，南宋龙泉青瓷艺术特征的形成，得益于工艺技术的突破，另一方面，"尚青"的观念和对"类玉"的追求承载着超越使用功能的审美和文化需求，亦是封建社会礼制观念的产物。

本研究对于阐释以南宋龙泉青瓷为代表的中华优秀器物文化的根脉具有一定的推动力量，也是探寻中国器物与传统文化关系的一次尝试，对于探源中华文明、完善"中国样式""中国风范"的基因库具有一定的现实意义。

总之，在这种建立于物质文化之上的瓷器伦理体系中，瓷器成为一种序列人伦的物化载体，瓷器序列人伦的物体系，体现了浓郁的等级特征。通过色、形、制、义四维动态解码图，南宋龙泉青瓷可划分出"祭祀之器—象征之器—赏玩之器—日用之器"的伦理序列（如图1-3），代表了封建统治集团政治文化和社会生活的重要方面。

图 1－3　瓷器伦理礼仪序列结构图

1.5　研究流程与论述框架

本书聚集于南宋龙泉青瓷的艺术特征，并透过表征之象剖析其形成之因。整体研究思路以陶瓷发展史和工艺理论为基础，以设计学理论为推手，以审美心理学、色彩理论为依托，将南宋龙泉青瓷的形成、发展、成熟、流布放置在中国陶瓷发展史、青瓷文化发展史和社会发展史的大背景下进行考察，对南宋龙泉青瓷的艺术特征及其技术成因、文化成因逐层分析，试图建构起围绕其艺术特征的“形”（造型、形态）、“制”（形制、技术）、“色”（色彩、光泽）、“义”（内涵、含义）的四维动态解码图（如图 1－4）。四维动态解码图与文章整体框架的逻辑结构、对应关系如下：“色”与“形”对应艺术特征，“制”侧重技术成因，“义”关注文化成因。

全文分为 6 章，第 1 章为导论，第 6 章为结语，核心为第 2 章到第 5 章。

第 1 章，导论。

本书主要从南宋龙泉青瓷研究的现状和不足出发，探寻研究立足点和研究方法。初步研究认为：龙泉青瓷相关研究积淀深厚，不过目前还没有从

图 1－4　本书核心板块逻辑结构图

设计学角度系统研究南宋龙泉青瓷艺术特征及其成因的成果，本研究具有一定的理论价值和现实意义。此部分对全书的相关概念、背景、研究范畴进行了勾勒和梳理。

第2章，南宋龙泉青瓷的艺术特征。

本章是全书的重点部分，通过深度挖掘和提炼总结南宋龙泉青瓷色彩特征、造型特征、装饰特征，立体地审视其多维度的艺术表现和语言特色。本章认为：青瓷"尚青""类玉"的色彩理想在南宋龙泉窑基本实现，粉青、梅子青瓷色较好地吻合了国人心中之青，也成为手工业史上以低等材质模仿高等材质的典型案例，这是南宋龙泉青瓷备受追捧的主要原因之一。同时，南宋龙泉窑将上古礼器之型合理地"瓷化"，超越了对本体的具象模仿，形成了一种融合时代审美和瓷艺特征的古雅之风。重色轻饰、以简胜繁、无饰之饰的装饰风格与灵动清逸、挺拔俊朗的造型风格，彰显出龙泉青瓷"出色而本色"的艺术品格，体现了南宋理学精神的影响。

第3章，南宋龙泉青瓷艺术特征的技术成因。

本章主要从技术层面探究其形成原因，通过对胎釉配方和施釉方法、烧成温度和烧成气氛、窑炉结构和装烧工艺等进行分析，解析南宋龙泉青瓷艺术风貌。研究表明，"兼容并蓄"又"自成一家"是南宋龙泉青瓷工艺突破的内因。具体来说，北宋龙泉窑已成功掌握了浙江青瓷技艺的精髓，至南宋中期，龙泉瓷工融汇了北方汝官瓷窑的制瓷经验，通过薄胎厚釉和多次施釉、多次烧成的工艺手法，实现了"乳浊失透"的亚光色泽，创烧了独具风韵的粉青、梅子青等龙泉窑经典之器。

第4章，南宋龙泉青瓷艺术特征的文化成因。

本章主要从伦理观念、文人情怀和民族文化三个层面考察南宋龙泉青瓷艺术特征的形成。首先，解读了瓷色伦理的观念与影响机制、礼仪秩序之间的相互关系，具体主要表现为五色观、尚礼观念的引导。其次，探讨了在南宋抑武兴文背景下，文人"以玉比德"、风流雅集的风气对青瓷色尚、品鉴的影响，及其对南宋龙泉青瓷艺术特征形成产生了审美引导的作用。最后，阐述了南宋龙泉青瓷是几千年华夏文脉承继的结果，更是宗教观念、民族审美心理的凝聚和表现，这是中华瓷文化有别于他国的根本所在。

第5章，南宋龙泉青瓷的历史地位及影响。

　　本章主要从世界范畴来审视南宋龙泉青瓷的地位与影响，通过研究其在中国陶瓷史上的里程碑意义，在东西方域外传播中的价值，对世界制瓷业和后世青瓷发展的影响，探赜其对人类文明进程中的作用，揭橥宋瓷蕴含的审美品格和设计智慧对设计文化的贡献。从整体而言，以南宋龙泉青瓷为代表的中国青瓷，直接影响并促进了朝鲜半岛、日本的青瓷生产，推动了世界瓷业文明的进程。关于南宋龙泉青瓷的海外流布研究，尚有较大的研究空间，留待后续进一步研究。

　　本书核心部分为：第2章，南宋龙泉青瓷的艺术特征；第3章，南宋龙泉青瓷艺术特征的技术成因；第4章，南宋龙泉青瓷艺术特征的文化成因。三个章节之间逻辑关系紧扣，艺术特征由技术和文化共同作用而成，同时，艺术特征的呈现形式也会在一定程度上作用于技术和文化。从色、形、制、义四个层面解码龙泉青瓷艺术特征的视角，可以引申为器物研究的一种方法尝试，而从技术与文化两条路径去探究艺术特征的逻辑结构，也是设计学科溯源设计智慧与设计方法的可行之路。艺术特征与技术成因、文化成因之间相互影响及相互作用的关系可以引申为表征（现象）、技术（物质）、观念（精神）三者的关系，这也是本书在哲学本质层面的思考。三者如何互动与影响，其中任一方面的变化会带来怎样的影响，是本书重点讨论的内容。

　　通过对南宋龙泉青瓷艺术特征在器物层级、逻辑结构、哲学本质三个主要层面的解析，多维度透视其中工艺技术的承继与创新、文化观念的延续与衍进的深层根源与作用规律，进而探索技术与观念、物质与精神在艺术特征形成中的作用，深度探究"现象""物质""精神"的相互关系及运行机制，逻辑关系及理论结构模型如图1-5到图1-7所示。需要说明的是，色、形、制、义是瓷器研究的不同侧面，四者不可割裂，上述三个研究层面的对照并非独立的路径，不能简单化地、非此即彼地来理解三者的层级以及相互关系。理论模型的核心发散出来的螺旋式结构，处于一种阴阳转化、相互蕴含的关系之中，是一种在观念层面高度抽象的内在互动关系。

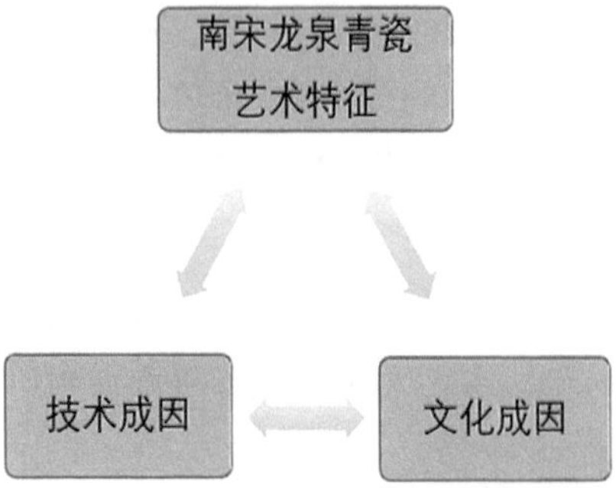

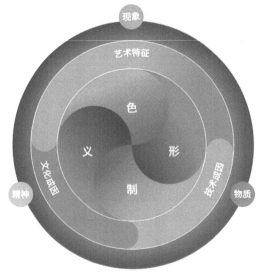

图1-5　本书核心章节的逻辑关系图 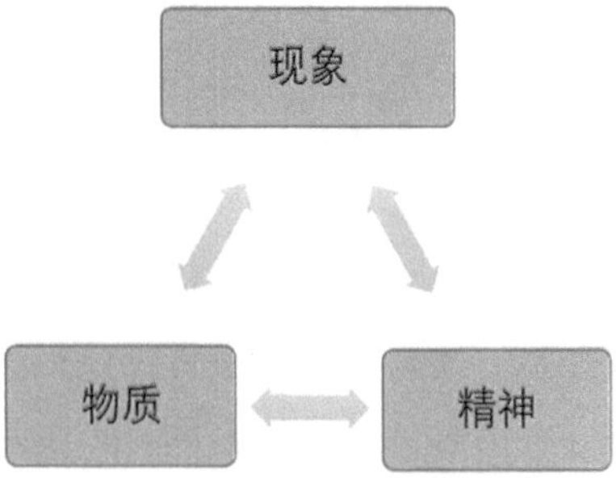　　图1-6　本书核心章节逻辑关系的本质

图1-7　本书理论模型图

从技术与文化两个方面来看，二者在某一种艺术特征形成过程中的作用大小、先后顺序很难清晰地予以界定。就辩证的角度而言，技术与文化对艺术的影响，体现了物质与精神两个层面不同的力量，二者在漫长的瓷业进程中，以不同的形式发挥着作用。世界范围内关于物质与精神在艺术形态形成与发展过程中的作用，西方更侧重于物质第一性论，这与西方科学、客观的认识论和世界观密切相关；而以中国为代表的东方世界，则更倾向于精神第一性论，强调观念的作用，这根源于中国古代哲学思想体系的特色。因此，东西方艺术呈现出截然不同的审美风格，南宋龙泉青瓷的艺术特征从属于中国传统艺术的整体风貌。就这个

意义而言，本研究通过个案的形式，解剖中国艺术特征的某一个侧面，从而有助于更好地理解中国艺术。

从技术与观念的关系来看，本书认为：技术与观念是艺术风格形成的两条交织路径，工艺技术是南宋龙泉青瓷艺术特征形成的必要前提和重要保障，而文化因素在意识形态上推动和引导其技术革新和工艺创造；工艺成熟后，龙泉青瓷更多地反映了南宋的审美观念和文化习俗。宋代科技的高度发达是陶瓷技艺突破的内因，就物质与精神的相互关系而言，技艺突破是观念和精神引领的结果。南宋龙泉窑的革新并非一蹴而就，而是几代人前赴后继，经过数百年的量变积累才取得质变。不得不说，南宋龙泉青瓷工艺不仅促进了南宋相关领域进步的速度，也推动了人类文明的进程，鼓舞了人们的创新精神和坚韧意志。总之，文化观念引导了技术革新，技艺的提高反作用于观念的更新，二者互相作用、互相影响，成就了南宋龙泉青瓷艺术的辉煌。

2 南宋龙泉青瓷的艺术特征

2.1 色彩特征

纵观中国青瓷史，可以说是一部青瓷色彩的演进史。历代瓷业匠师以"类玉""尚青"作为青瓷艺术的审美标杆，通过持续性的工艺技术改革和突破，促使青瓷艺术推陈出新、焕发风采。南宋中期，龙泉窑的粉青、梅子青瓷独步一时，其色彩日趋接近理想中的青玉，达到了中国青瓷发展的巅峰。青瓷之美享誉海外，各国人民对青瓷的理解各有侧重，对其称谓各异。阿拉伯人称之为"海洋绿"；日本人将其视为"秋季的天空和静静的蓝色的大海"；西方人称为"雪拉同"（celadon）[①]；摩洛哥人在游记中称之为"真世界最佳者"。这些饱含各国人民喜爱之情的称谓，流露出他们心中极致美好的向往，他们都不约而同地关注到青瓷的色之美、光之韵，"海洋绿""大海"或者"绿色丝绸"无一例外都暗合青瓷特有的温润釉面、莹澈光泽。这些名称虽然极尽描绘之能事，且较为准确地概括了青瓷的色彩，但仍显得达意不足。面对这苍翠清幽、洁净莹泽、澄澈纯净的青瓷，感受其静谧祥和的雅润光芒，观者与器物之间相距咫尺，却又恍若远隔天涯，有着千年时光的阻隔与疏离，远非单纯的物理距离可以度量。我们不禁想问：古代到底有多远？南宋龙泉青瓷色彩风貌的形成，究竟经历了怎样的坎坷与执着？其中蕴藏着怎样的秘密和故事？

[①] 在英语词汇中，有一个单词 celadon，专门指称中国青瓷。其词源来自法语"雪拉同"。而"雪拉同"原是著名舞剧《牧羊女亚司泰来》中男主人公的名字。"十六世纪末期，法国一位小说家的书中描述牧羊人 Celadon 与牧羊女的恋爱，后来小说搬上舞台。饰演牧羊人的演员穿着美丽的青色戏服，只有刚传入法国的龙泉青瓷可媲美，于是，中国的青瓷便以小说主人翁命名，源自一种与绿色丝绸光泽接近的色彩。"参见叶喆民《中国陶瓷史（增订版）》，北京：生活·读书·新知三联书店，2011 年版，第 54 页。

在宋代文人审美观的主导下，青瓷色彩逐渐脱离青瓷的本体而成为一种独立于表象而存在的精神载体和文化象征。它就像一个永恒之谜，我们竭尽全力审视、思考、研究，也只能揭示部分它的面纱。首先，青瓷色彩所具有的含蓄性、丰富性和变化性的意涵，很难用文字清楚、透彻地表述；其次，观者的解读因个人经历和文化背景而不尽相同；再次，瓷色经高温烧制呈现的工艺属性注定了其差异性与多样性。每一件青瓷的瓷色各有千秋，就像自然界自由生长的树叶，不会雷同。青瓷之色不同于绘画、服饰、建筑的色彩有标准化的应用，目前尚没有成熟的瓷器色彩参照坐标。这种含蓄深邃、意境深幽的色彩意蕴，无尽的探索空间，造就了青瓷极富东方魅力的色彩语言和审美特质，使其得到了世界范围内的广泛赞誉和极力追捧。

2.1.1 瓷色风尚："尚青""类玉"为目标

2.1.1.1 "尚青"

（1）"青"瓷色彩之辨

中国传统色彩体系即由"五行说"衍生而来的"五行五方五色体系"。这一观念体系构成了古代中国色彩文化的话语空间，也是上至皇家下到民间色彩应用的主要依据，品官服色、建筑设色、瓷器用色之度概莫能外。商周以来，凡器物日用都遵守五色伦理体系，古人信奉阴阳五行相生相克的观念，礼祭典礼中的色用更是需要恪守典章，不容丝毫逾越。

汉代许慎《说文解字》载："青，东方色也。木生火，丹生丹，丹青之信言象然。"① 当我们追溯"青"的色彩原型时，会发现"青"是五色之中最晚出现的色彩词。根据国内外相关研究成果来看，在商代甲骨文和金文中没有"青"；西周之前的黑色包括了黑、青（蓝绿）；至汉代，"青"从"黑"中分离出来，独立成为一色，可与"五方"框架相对应。上述"黑"色的衍进轨迹及其与五行体系相匹配的设置，超越了传统色彩自然发展的维度，体现了中国传统宇宙观作用下五色与五行、五方相匹配的思维方式，观念之色的属性日渐凸显。色彩的观念

---

① ［东汉］许慎撰，［北宋］徐铉校定：《说文解字》第五，四部丛刊景刊北宋本，第1页。

性、对照性、象征性的特质成为构建中国传统色彩文化的根本，也成为解读中国传统艺术的重要密码。不晚于西周，以"青"指蓝绿两色的认识已经形成。据徐灏《说文解字注笺》"青"字笺："丹砂、石青之类，凡产于石者，皆谓之丹。"① 根据对绘画颜料"青"色的矿物名考察来看："青"色矿石为共生的蓝铜矿（石青）和孔雀石（石绿），这一物质属性决定了其丰富的色彩内涵。徐朝华综合中国科技史和矿物学方面的研究认为：共生的蓝铜矿和孔雀石是古代冶炼青铜的重要原料，同时二者又可用于制作蓝色、绿色的绘画颜料，按照不同比例混合可以获得变化丰富的各种蓝绿色彩。总之，虽然根据现有文献资料，学界尚未明确青的色彩原型和产生时间，但是五色之"青"包括蓝、绿两种色彩，已成为学界的共识。

对五色之"青"的理解，成为界定青瓷色彩和色域的前提。庞大的绿、蓝两大青瓷色系，涵盖了介于蓝绿之间诸多差异性的色调。第一类，以青瓷为代表的"青"指"绿色"，它不仅包括不同程度的淡绿色调，还包括了灰青、青黄等瓷色。第二类，以青花瓷为代表的"青"指"蓝色"，主要指呈蓝色的釉下彩绘"青花"，这种蓝色调与祭蓝、洒蓝等各种蓝色釉基本一致。清代许之衡的《饮流斋说瓷》与五色之"青"的色度范畴基本一致，将青蓝两色纳入青瓷系，列举了青瓷色共34种。②

"青"较赤、黄、白、黑四色而言，色域更为宽广。古人将青、苍③、翠④都用以形容自然界草木的颜色，对青瓷色相和色域的理解也从淡绿的青草之色拓宽到包括青正色（蓝色）、青间色（绿色）在内的宏富的瓷色体系。深植于人们观念层面的色域认知，使得正色与间色之"青"在五色体系中得以灵活对应。青瓷的瓷名常以自然之物的色彩来

---

① ［清］徐灏：《说文解字注笺》，上海：中原书局石印本，第5页。

② ［清］许之衡著，叶喆民译注：《〈饮流斋说瓷〉译注》，北京：紫禁城出版社，2005年版，第65页。书中载："青（附蓝绿）：天青、东青、豆青、豆彩、梨青、蛋青、蟹甲青、虾青、毡包青、影青、青花夹紫、新橘、瓜皮绿、哥绿、果绿、孔雀绿、翠羽、子母绿、菠菜绿、鹦哥绿、秋葵绿、松花绿、葡萄水、西湖水、积蓝、洒蓝、宝石蓝、玻璃蓝、鱼子蓝、抹蓝、海鼠色、鳖裙、褐绿、粉子褐。"

③ 《周礼·春官·巾车》："藻车，藻蔽。"郑玄注："藻，水草，苍色。以苍土垩为车，以苍缯为蔽也。"

④ 《小雅·释器》："青谓之葱。"

比拟，用以区分所指。如青（绿）瓷系有天青、东青、豆青、瓜皮绿、哥绿、果绿、孔雀绿；蓝色瓷系有积蓝、洒蓝、宝石蓝、玻璃蓝。不晚于清朝，瓷色的分类使得绿、蓝两大瓷色的界限日渐明晰，青瓷专指呈淡绿色、类似青玉的瓷器，"蓝"出现在瓷名中时则指代蓝釉，蓝彩不在此列。即便如此，青色的宽广色域和长期以来蓝绿不分的观念，使得人们对"青"瓷色彩的理解仍然存在一定的不确定性和模糊性。

如果说五色之青的丰富性造就了青瓷之色的弹性空间，那么瓷器的工艺属性则进一步加剧了人们对瓷色认知的模糊性。受材料和烧成因素的影响，莹澈清幽、苍翠厚润的理想粉青瓷和梅子青瓷堪称青瓷翘楚，实际烧成的青瓷质量参差不齐，更常见的是发色不均、寡淡、轻薄的淡青色、灰青色、深灰绿，以及偏黄绿、黄色、褐色的瓷器。将青灰、深灰等偏青、淡蓝的瓷色纳入青瓷系，遵循了往相近色彩靠拢的主观命名规律；就本质而言，发色明显不同的偏"黄"色瓷纳入青瓷系，体现出瓷器是以烧成前的理想之色来命名的规则。

从陶瓷色彩文化的角度来看，以"青瓷系"囊括青、绿之瓷，将介于蓝绿之间、有一定色差的各种瓷色纳入序列化的瓷色体系，具有高度抽象的特点，体现了中国传统造物的哲学智慧。青色的宽广色域赋予青瓷色彩弹性的变动空间，二者共同植根于中国传统色彩理论。青瓷分类体系和命名标准，以及现代色彩学理论的偏差，体现了中国传统色彩与现代色彩学标准的不一致，中国瓷器色彩难以以现代色彩学理论为参照，瓷色研究需要遵循专门化和体系化的理论和方法。就审美文化与美学而言，国人的色彩心理和审美文化相交融的特征，使得青瓷色彩审美活动达到"眼中之竹"和"心中之竹"的统一。心中之青源自美玉之色，此处的"色"是一种观念化的色彩，并没有具体坐标和参数可供对照，就像传说中"神"的形象一样存在于臆想空间和虚幻的维度里；"眼中之青"虽然相对固定不变，却会因时节、气候的变化而产生变化，二者相互链接、调适匹配，在观念维度里建立一种稳定的、合乎情理的色彩关系。在这一色彩认知和应用的过程中，色彩的客观性和青瓷审美的象征性在融合与转换中得以统一。

（2）瓷器"尚青"之解

清代许之衡的《饮流斋说瓷》以五色之"青"的理论作为青瓷系陶瓷的分类依据，关于瓷器"尚青"的特征有如下描述：

古瓷尚青，凡绿也、蓝也，皆以青括之。故"缥瓷"入潘岳之赋，"绿瓷"纪邹阳之编。陆羽品茶，青碗为上。东坡吟诗，青碗浮香。柴窑则"雨过天青"，汝窑、哥窑、龙泉、东窑均主青色，此宋以前尚青之明证也。至钧窑始尚红色，元瓷于青中每发紫色。至明宣德"祭红"则为红色之极轨。康熙郎窑递衍递嬗而"豇豆红""胭脂水"尤为时代所尚。故青色以后，红色继兴，至于今益盛。①

"五色五章"繁杂纷论，穷极变化。而细为寻绎，又似有系统之可言。通称五色，青、黄、赤、白、黑而已。递衍递嬗，迅至不可名状。则"红"之一色，不下百余种。其次为"青"，青衍而为绿与蓝三者，一系不下数十种也。"黄"者较少，著名者亦十余种。黄与绿之范围时有出入。"黑"者最少，仅数种耳。盖黑者为最难变化之色也，而白亦有数种。②

上文在介绍五色瓷器发展概况的同时，梳理了绿、蓝两种瓷色演进的脉络，指出"尚青"观念在古代中国蕴含的重要的文化价值和艺术价值。"尚青"成为宋代以前瓷器色彩审美的主导，瓷之色的丰富性在青瓷系中展现得最为完整。泥做火烧的工艺属性决定了瓷器色彩呈现的变化性，即使同一窑口、同种色釉的瓷色也难以统一；而各青瓷生产地因泥、釉、料、烧的差异，出现了各窑口制品地域特色浓郁、表现手法灵活多样、百花竞放的局面。

陈万里先生在《瓷器与浙江》"陶说杂编"，写道：

自古陶重青品。晋曰缥瓷，唐曰千峰翠色，柴周曰雨过天青，吴越曰秘色，其后宋器虽具诸色，而汝瓷在宋烧者清青色，官窑哥窑以粉青为上，东窑龙泉其色皆青，至明而秘色始绝。（爱日堂抄）③

---

① ［清］许之衡著，叶喆民译注：《〈饮流斋说瓷〉译注》，北京：紫禁城出版社，2005年版，第65页。

② ［清］许之衡著，叶喆民译注：《〈饮流斋说瓷〉译注》，北京：紫禁城出版社，2005年版，第61页。

③ 陈万里：《瓷器与浙江》，北京：中华书局，1946年版，第19页。

南北窑口的青瓷各有风姿。"类玉"体现的是对瓷器釉质的追求，"尚青"则成为青瓷的色彩追求。在二者共同影响下，模仿青玉成为青瓷瓷色发展的内在推动因素。当珍稀的青圭制作材料缺乏，难供祭器之需的时候，以青瓷模仿它、替代它便是历史的必然。当先民掌握了一定的制瓷技艺和釉料工艺之后，就有意识地仿效青玉之色与质，这体现了人类的造物智慧以及以低等材料仿高等材料的造物方式。在漫长的青瓷工艺和色彩演进历程中，稀薄的原始瓷釉朦胧、含蓄，逐渐发展为淡绿色的缥瓷、艾色的越器，再过渡到日趋青翠的秘色瓷、柴窑青瓷、宋代官汝哥青瓷，直至像绿宝石般浓郁青翠的南宋龙泉窑粉青、梅子青瓷，历经了近2000年的传承发展，闪耀着先民勤劳智慧的光芒。

长期以来，文人墨客对青瓷的赞美之辞侧重于对青色的描绘。从陆羽的《茶经》来看，人们对青瓷之色的理解有一定的包容度。越窑青器呈青黄色，即艾色，虽然陆羽称赞它"如冰似玉"，但实际上和美玉有一定距离。这是特定阶段青瓷品鉴"尚质"的反映，也是彼时文人审美情感的流露。对瓷色的审美作为一种精神追求的体现，是一种极具联想特征的艺术活动。

古代一开始并没有"青瓷"这一称谓，现有文献中出现较早的瓷色描述见于晋潘岳的《笙赋》：

披黄包以授甘，倾缥瓷以酌酃。①

此处"缥瓷"指浅青色酒瓶。关于"缥"，《汉语大字典》的解释为：淡青色，通常称碧，可以形容石头的颜色。②"缥"也指一种青白色的柔和淡雅的色调，用于形容酒的澄净③。《说文解字》中，"缥"是一种淡青色，用来形容丝绸的色彩。"缥"入瓷名，凝练地描述了青瓷的淡青之色和类似丝绸光泽的质感。汉代邹阳的《酒赋》中写道："醪醴既成，绿瓷既启。"

---

① ［南朝梁］萧统编：《文选》卷十八。

② 《汉语大词典》编辑委员会：《汉语大词典》，上海：上海辞书出版社，2018年版，第3670页。

③ ［南唐］李煜《子夜歌·寻春须是先春早》："寻春须是先春早，看花莫待花枝老。缥色玉柔擎，醅浮盏面清。"

瓷以"色"美，色彩是瓷器的典型特征，也成为早期瓷名的主要依据。"缥"和"绿"形容不同浓度的青瓷瓷色，唐代诗人季南金有诗云："听得松风并涧水，急呼缥色绿瓷杯。"早期青瓷普遍呈绿色，如越窑的艾色、龙泉窑的梅子青。缥瓷呈稀薄、若有似无的淡青釉色，上文中"缥瓷"和"绿瓷"主要以色彩词对应的色相为命名依据，这一点与丝绸颜色、服色的命名方法相似，都属于对视觉经验的现实描述，如豆青、瓜皮绿、孔雀绿、菠菜绿等。

青瓷呈色的工艺属性也在一定程度上彰显了各窑口胎、釉等原料和装烧方式的地域特色。两汉魏晋以降，制瓷技艺逐渐发展，至五代、唐、宋日趋成熟，各地青瓷自成一派、独树一帜，南北各大窑口青瓷的色彩和造型风貌呈现出明显的地域文化基因，越窑、瓯窑、龙泉窑、耀州窑所出青瓷百花齐放、风姿各异，强化了"南青北白"的瓷色地理格局。为了满足多元审美和市场需求，各窑口兼烧多种色彩、风格之器，对此，人们通常采用"窑口＋瓷色"的命名方式，如耀州窑青瓷、龙泉窑青瓷、定窑白瓷等。

作为贡器的秘色瓷"因色而贵"，成为五代青瓷之冠。秘色之器通过瓷色营造神秘感和等级感，彰显了天子之尊，为器用的极高等级。《景德镇陶歌》评论道："缥色何如秘色瓷。"秘色之贵可见一二。据《册府元龟·纳贡献》《宋史·吴越钱氏世家》[①] 记载，吴越时秘色瓷与黄金、象牙、玳瑁同为钱氏珍贵的贡品，还有"金扣越器"[②] 采用极尽奢华的贵重金属镶嵌工艺，其华贵身份无与伦比，帝王对秘色瓷的喜爱程度可见一斑。《宋代宫闱史》记载，"越州所造磁器为秘色窑"，"屡烧屡毁，费耗财力，以亿万计"。[③] 由此可见，在"尚青"观念的影响下，不晚于五代，"青之度"已经成为评定青瓷优劣的标准，"尚

---

① 《宋史·吴越钱氏世家》记载："（太平兴国三年三月，钱）俶贡白金五万两、钱万万……越器五万事……金扣器百五十事……"

② "金扣越器"中的"金扣"是一种黄金装饰工艺。"扣"是以金银材质在器物口沿、边棱装饰的手法，应用在瓷器上时，与"棱"是同一种工艺。"扣"是一种极度奢侈的装饰手法，具体工艺有很多种类。

③ 《宋代宫闱史》第三十七回记载："于越州制窑，烧造磁器，屡烧屡毁，费耗财力，以亿万计，烧成之后，专作供奉之物，禁止臣庶擅用，故民间称越州所造磁器为秘色窑，以其专作宫内供奉，人民无见磁器之颜色者，所以有这个名目。元璎又喜各种玩物，珍珠古玩，画图玉器，罗列宫中，光怪陆离，触目生辉。"

青"成为后世青瓷典范和审美标杆，"瓷因色贵"的观念逐渐形成并固定下来。此处，秘色青瓷转化成为一种身份象征之器，具有"序列人伦"的社会属性，也成为瓷器色彩伦理的思想来源之一。

总之，"色"是瓷器的典型表征，也是瓷器分类、瓷色命名的主要依据。宋代之前，制瓷技艺不够成熟，各窑口以更好地彰显瓷色的表现力和艺术感染力为整体目标。纵览东汉至清代的瓷色发展史，青瓷之色作为先驱，奏响了国人"尚青""类玉"的瓷色审美序曲。回望东汉至清代1800余年的青瓷色彩演进之路，从汉代稀薄的淡青色，到唐、五代越窑青瓷的艾色和秘色瓷的湖水绿，再到南宋龙泉窑青瓷的粉青、梅子青，元明清的豆青、蓝色……瓷色渐进的轨迹与工艺进阶之路高度重合，即便从单一的青瓷之色，发展到明清时期纷繁多姿的局面，青瓷始终是人们观念中最为崇高的雅器的代表。从瓷之色尚来看，宋代为历史转折点，瓷色审美由一枝独秀转为分庭抗礼，从"尚青"衍变为青红二色"各美其美"，而明清颜色釉和彩瓷的发展，进一步强化了瓷色审美的多元格局。这一瓷器色尚的变化规律，从侧面反映出中国古代瓷色审美的时代性和多元性。

2.1.1.2 "类玉"

宋应星《天工开物·陶埏》中写道：

> 陶成雅器，有素肌、玉骨之象焉。[1]

青瓷诞生之初，表面光洁、色淡青、有光泽且触之微凉，这些视觉、触觉特征与"青玉"极为相似。从陶器发展到原始瓷，再到真正的瓷器，是人类文明进程中的重要事件，从目前发现最早的原始瓷迄今，中国已有4000多年绵延不绝的冶陶制瓷历史。瓷器成为人类的伟大发明之一，很大程度上是因为瓷实现了材料化学性能的质变，以及完成了低等材质对高等材质的模仿。在生产力水平极为低下的新石器时期直至汉代，"陶冶成器、琢泥成瓷"，即通过土与水的混合、火的高温

---

① ［明］宋应星著，潘吉星译注：《天工开物译注》，上海：上海古籍出版社，2013年版，第140页。

煅烧来制成陶瓷，制作过程化腐朽为神奇，瓷器被原始先民赋予了"魔力"就不足为怪了。

青瓷因类青玉而身价倍增。虽然根据文献，直至唐代《茶经》才流露出"类玉"的审美标准，但早期青瓷已见"类玉"端倪。从东汉青瓷发展到南宋龙泉青瓷，南北各窑口的青瓷似乎都在追求"玉"的质感，文献记载也以"类玉"为判断瓷器优劣的标准之一。陆羽赞赏唐代越窑青瓷"类玉类冰"[①]，为品茶器之魁；蒋祈称宋代景德镇青白瓷为"饶玉""假玉器"[②]，为宫廷贡瓷；景德镇名匠霍仲初烧制的瓷器"莹缜如玉"，一时被传为佳话……各青瓷窑口因地制宜，以本土化"语言"诠释了多样的类玉之美。华夏先民变土为"玉"的创举成为人类的财富，汉代青瓷的发明和普遍推广，提高了生活器用的品质，也提升了中国作为"瓷之国"的国际声誉。

青瓷类玉的特征受到国内、国外学界的关注，如英国学者认为青瓷（celadon）的色彩是出于对宝石的模仿。巴尔（A. W. Bahr）在《中国古老的陶瓷与艺术品》（*Old Chinese Porcelain and Works of Art in China*）中写道：

> 青瓷，指一种如海水样碧绿色的单色釉物品，而为当时尝试模仿名贵绿玉的陶瓷。[③]

笔者认为，此处"模仿名贵绿玉的陶瓷"指的是晶莹透彻、温润青翠的南宋龙泉梅子青瓷：薄胎覆盖以肥润厚釉，在紫金土胎的映衬下更显沉稳浓郁、葱翠欲滴，与绿色翡翠非常接近。邓白先生评论道：

> 人造美玉。青瓷的釉是绿的，最美的绿色无过于美玉，故历代

---

① ［唐］陆羽《茶经·四之器》："碗，越州上，鼎州次，婺州次，岳州次，寿州、洪州次。或者以邢州处越州上，殊为不然。若邢瓷类银，越瓷类玉，邢不如越一也；若邢瓷类雪，则越瓷类冰，邢不如越二也；邢瓷白而茶色丹，越瓷青而茶色绿，邢不如越三也。"

② 蒋祈《陶记》："埏埴之器，洁白不疵，故鬻于他所，皆有饶玉之称。"［宋］洪迈《容斋随笔》卷四"浮梁陶器"载，《彭器资尚书文集》有送许屯田诗："浮梁巧烧瓷，颜色比琼玖。"琼，指赤玉。

③ 转引自陈万里《陈万里陶瓷考古文集》，北京：紫禁城出版社，1997年版，第44页。

制瓷匠师都竭力追求玉的美感。①

《说文解字》载："玉，石之美者，色晶莹。"② 玉，有着天然色泽，被赋予坚毅品质，自古被奉为重器；玉，是一种珍贵的自然材质，被视作吉祥、美好和幸福的象征。历代青瓷名窑中，"数真如绿玉，唯有南宋龙泉的粉青和梅子青杰作，可以当之无愧。它实现了历代陶瓷匠师们梦寐以求的青瓷之美，成为中国陶瓷史上不朽的里程碑"③。作为美玉的代表，"青玉"成为青瓷的直接参照对象。根据"青圭礼东方"④ 的文献记载，青圭与五方之东、五色之青相对应，成为承担祭祀使命的重要法器，在古代社会意义非凡。

南宋龙泉窑创烧的粉青、梅子青实现了青色和玉质的完美统一。从艺术起源的模仿说来看，国内⑤、国外⑥部分学者认为，模仿是艺术产生的根源和动力。如果说青瓷是有意地模仿青玉，那么众青瓷中以南宋龙泉窑青瓷为最，它实现了由模仿而超越的进阶。它不仅实现了翡翠般的光泽、细腻的玉质感，还拓展出多元化的造型。伴随着以"瓷"仿"玉"的质变，青瓷逐渐替代青圭成为祭祀活动和皇家礼仪中的重器，而文化层面"以玉比德"的审美观，美玉隐含的品质及其审美和文化功能，也在青瓷这一载体上得以承继。

从青瓷类玉的渐进历程来看，北宋汝窑青瓷已接近青玉色泽，"袭京师旧制"的导向下，南宋官窑受北宋制瓷尚质之风的影响，南宋龙泉青瓷上承汝窑，同期仿南宋官窑，可媲美青圭。如彩图1至彩图3所示，两宋青瓷与青玉在色彩、光泽上有着高度的相似性。陈万里先生在《中国青瓷史略》中写到，北宋官窑釉色与汝窑釉色酷似，最标准的釉

---

① 邓白：《中国龙泉青瓷·序》，杭州：浙江摄影出版社，1998年版，第3页。

② ［东汉］许慎撰，［北宋］徐铉校定：《说文解字》卷第一，四部丛刊景刊北宋本，第10页。

③ 邓白：《中国龙泉青瓷·序》，杭州：浙江摄影出版社，1998年版，第3页。

④ 《周礼·春官·大宗伯》记载："以青圭礼东方，以赤璋礼南方，以白琥礼西方，以玄璜礼北方，皆有牲币，各放其器之色。"

⑤ 参见邓福星《艺术前的艺术——史前艺术研究》，济南：山东文艺出版社，1986年版，第134–135页。他认为："摹仿对于史前艺术及其形式的意义和作用，远远超过了对于文明人艺术及其形式的意义和作用。"

⑥ 西方关于艺术起源理论主要有巫术说、游戏说、模仿说等。

色为粉青。① 在"类玉""尚青"的观念影响下，汝窑所奠定的以"粉青"为上的标准，成为宋代主流的审美标准。这一标准与唐、五代青瓷"类冰"审美最大的区别，在于人们不再停留在想象中的色彩，而以现实瓷色为标杆。诚然，这一标准并无明确的参照坐标，深浅不一的乳浊感淡青色都可被称为粉青，但相对于唐代"类玉类冰"的类比性描述更容易找到方向。南宋龙泉窑的粉青在色泽上趋同于汝窑、官窑青瓷的哑光色泽和厚润效果。

聚焦于龙泉青瓷色彩发展的关键节点，可以发现，南宋中期龙泉青器一改轻薄透明、甜嫩葱翠的南方风格，日趋接近北方青瓷古雅风韵、幽静深邃、含蓄内敛的特点。这种"华夷光暗滋"的瓷色风貌，成为南宋龙泉瓷器的经典，也是两宋含蓄低调、厚积薄发精神实质的外在反映。

清代梁同书《古窑器考》中龙泉窑部分记载：

> 古龙泉窑，土细质厚，色甚葱翠，妙者与官、哥争艳，但少纹片，紫骨铁足耳。……若用白土造器，外涂釉水，翠浅影，露白痕，即章生二所陶者。时以哥名兄窑，弟仍龙泉之旧，亦曰龙泉窑，又号章窑。土脉细且薄，翠青色者贵。又有粉青色者，较龙泉制度更觉细巧精致。②

《春风堂随笔》记载：

> 弟所陶青器，纯粹如美玉，为世所贵。③

南宋龙泉窑具有薄胎厚釉的工艺特征，釉层通常比胎体厚，从部分瓷片剖面看，有些釉层厚度甚至达到胎体两倍之多。肥厚润泽、乳浊失透的釉层在高倍放大镜下一览无余，特有的石灰碱釉由层层叠加的多个釉层组成，釉层之间有肉眼可见的分界线；每层釉面均匀分布着大小不

---

① 陈万里：《中国青瓷史略》，上海：上海人民出版社，1957 年版，第 39 页。

② ［清］梁同书：《古窑器考》，载熊寥等《中国陶瓷古籍集成》，上海：上海文化出版社，2006 年版，第 266 页。

③ ［清］朱琰：《陶说》，天津：天津古籍出版社，1988 年版，第 22－23 页。

一、圆形细小的釉料气泡，这些玻璃珠般透明状的气泡自由地重叠、交错、挤压，静静地簇拥在釉层之中，仿佛沉浸在青色海水里的半透明珍珠，泛着青幽的光芒。在光线和视觉的作用下，这些半透明的气泡与四周的青釉调和成半乳浊的淡绿色调；而层层釉面的色彩叠加，加强了单层青釉的呈色效果，形成一种浓稠厚重的青色。这是龙泉窑中后期青瓷有别于其他窑口青瓷色彩的重要差异。

从瓷色的光泽度来看，典型的南宋龙泉青瓷光而不耀，它远不及越窑青瓷光亮、通透，又比北宋汝窑、官窑青瓷清澈，像是调和二者所得的中间产物。南宋龙泉青瓷在北宋官窑、汝窑青瓷内敛含蓄的鼎彝古韵中注入了灵动透润的通透感和光泽感，展现出一种美玉般的高雅、含蓄、内敛。这与中国传统的审美心理相符，恰如宗白华先生所说，"中国向来把'玉'作为美的理想。玉的美，即'绚烂之极归于平淡'的美。可以说，一切艺术的美，以至于人格的美，都趋向玉的美：内部有光彩，但是含蓄的光彩，这种光彩是极绚烂，又极平淡。"① 这也是宋代文化与审美的集中表现。

光泽，指光彩、光华。唐代封演《封氏闻见记·文宣王庙树》："亦有取为笏者，色紫而甚光泽。"又有《尔雅·释器》："绝泽谓之铣。"② 晋郭璞注："铣即美金，言最有光泽也。《国语》曰'珗之以金铣者'，谓此也。"③ 铣是一种金属，泛着光泽。可见材质的光泽属性作为一种显性特征，不晚于晋就受到人们的关注。

瓷器釉面的玻璃质感及其光泽，成为瓷器优于陶器的显著特征。釉是人类历史上一项重大的科技发明，是漫长的材料改进的结果，在很大程度上推动了器物文化的发展。从打制石器发展到磨制石器，器物造型的精准性、使用的契合度大大提升，这不仅是造物方式的跨越，也反映了先民对器物表面的要求——光滑。光滑意味着触感舒适、易于清洁等，同时成为人类对早期造物的共同审美追求。在器物成型后，工匠通常会对器物进行打磨、抛光、刻绘等精细加工和装饰（除非艺术创作需要保留拙味），那些表面粗糙的作品总会被视作尚未完成的半成品。

---

① 宗白华：《美学散步》，上海：上海人民出版社，1981 年版，第 37 页。
② ［唐］封演撰：《封氏闻见记》卷八《文宣王庙树》，四库全书本，第 4－5 页。
③ ［晋］郭璞注：《尔雅》卷中之"释器第六"，四库丛刊景宋本，第 4 页。

新石器时代极富韵律、酣畅淋漓的彩陶纹饰，是用简易的软性工具绘制的，彩绘需要在相对光滑的器面上完成，否则线条容易顿挫停滞；龙山文化的黑皮陶油黑铮亮、光可鉴人。彩陶绘饰、黑陶磨光的工艺手法展现了材料加工和工艺衍进，也反映出原始先民因材施饰的器物设计智慧，浅色陶器以色线绘饰，黑陶则表面磨光，注重造型和薄胎工艺。当打磨抛光成为一种装饰手段，当滑润光洁之器成为一种追求，那么偶然发现的釉——这种高温烧制后光亮、触之如玉的材质，势必会被人们有意识地掌握、使用、推广。

商代文献记载已经出现了"油"，但是将釉与瓷的视觉特征建立固定联系还在几百年之后。唐代张戬在《考声切韵》中写道："瓷，瓦类也，加以药面而泽光也。"①《说文》将"瓷"解释为"瓦器"。这些记载体现了早期先民对陶和瓷认知与界定的模糊，"陶""瓷"不分的现象持续了一段时间。釉的发明和广泛使用，改变了人们对器物的视觉感受和使用体验，釉也逐渐成为区分陶、瓷的一大标准。瓷釉的光泽感成为原始青瓷的显性特征，慢慢地将陶、瓷二器区分开来。宋代丁度《集韵》最早收录了"釉"字，其中写道："釉，物有光也，通作油。"②明代张自烈在《正字通》中写道："釉，磁器、漆器光泽曰釉。"③二者都不约而同地关注到釉的光泽。从文字含义来看，"釉"指一种具有泛光感的物质。纵观青瓷的发展历程，当偶然的窑汗产生瓷色，呈现光洁的玻璃质感后，釉的技术逐渐被了解和掌握，开始被有意识地应用于原始青瓷的烧造之中。尽管混沌初开的原始青瓷仅在器物上、中部出现非常轻薄的釉层，其色泽之淡甚至不易被察觉，但这一开端对于陶瓷色彩发展史具有里程碑式的意义，南北方青瓷釉都经历了从稀薄而渐浓的进程。

无独有偶，将"光泽"作为瓷器特征之一，是东西文化的某种共识。西方称瓷器为"porcelain""china"等。"porcelain"在英语中有"美如贝壳"的意思，《马可·波罗》的英译者马斯丁（Marsden）认为

---

① ［唐］张戬：《考声切韵》，载叶喆民：《中国陶瓷史（第3版）》，北京：生活·读书·新知三联书店，2022年版，第214页。

② ［宋］丁度：《集韵》卷八。

③ ［明］张自烈，［清］廖文英编：《正字通》，北京：中国工人出版社，1996年版，第1188页。

它由意大利语 Porco Porcellana 转化而成；"porcelain"有真珠母、贝壳或玛瑙、玉髓之类物质的含义，此类物品表面都泛着特殊的光泽，其后"porcelain"演化为瓷器的专称。由此可见，瓷器的光泽成为它与其他材质器物的显著区别，以青瓷为代表的瓷器色彩与绘画、石器、木器材质相比，具有光泽上的优越性。"光泽"成为瓷器的独特特征。宏观而言，物的视觉呈现无外乎色彩和光泽，即色与质两个部分。关于这一点，古人早已形成一套认知体系，《旧唐书》中记载：

> 天道贵质，故藉用藁秸，樽以瓦甒。[1]

上文肯定了光泽在区分材质优劣方面的作用，相对来说，有光泽之物更显高档、贵重。在人们的固有观念中，器物有无光泽与价值的贵贱之间似乎有某种联系，材料本身有光泽感，可能意味着其珍稀、难得。就"陶"与"瓷"而言，虽然部分陶器表面也有釉，不过人们普遍认为釉是瓷的专属，釉的光泽感也成为瓷优于陶的表面特征之一。相对于粗糙、有颗粒感的陶器表面，外层附着的釉使瓷器具有经过精细加工的完备性、先进性、精致感。釉还可以使瓷器具备诸多优点，例如：瓷器的渗水率远低于陶，更便于液体食物的贮存；釉面质地光亮洁净，使用时较陶器更安全，更易于清洗；在某种程度上，光可鉴人、滑润透亮的釉面与人们对器物表面光滑如镜的追求不谋而合，符合材料进化史的轨迹。从审美文化的角度来看，光泽感给观者带来的审美体验，以及色与质相交融的青瓷色彩文化，在一定维度上打通了依据物性来实现人类的审美层级的某种渠道。

人类材料进化史上，光泽历来备受重视。究其原因，或许是古人重质观念的影响。人们常将色与质作为评判材质优劣的标准，在某些情况下，质比色更为关键，光泽是质的外在表征之一。人类在长期生产生活中发现，自然万物的光泽与其生命状态密切相关：生长茂盛的植物叶片在日光下泛着透亮的光感，而衰弱枯萎的树叶则暗淡无光；动物光亮的毛发传递出健康的信息；人类光亮、红润的皮肤透露出良好的体能和精神状态。有光泽感的器物更有存在感，并给人以光明、希望之感。青瓷

---

[1] 《旧唐书》卷二十一《礼仪志》。

倍受珍爱，很大程度上在于其内敛含蓄的光泽魅力，光泽在器物审美和评价体系中的意义不证自明。

人们以"精光内蕴"赞誉润泽美玉，也用以形容瓷器佳品，反映出光泽隐喻着器物的品质内涵。就服装而言，光泽感意味着材质优越并给人审美愉悦，泛着珍珠般光泽的丝绸价格远超棉布、麻布，贵族穿绫罗绸缎、享山珍海味，而平民着粗衣麻布、食粗茶淡饭。就漆器与木器而言，首先，漆（一种天然树脂）对于木有防腐保护作用，漆器成为中国对世界的一项重要发明创造。其次，因漆器的光泽和装饰效果在实用和审美上的优势，其价格高出木器数十倍之多。玉取自山野石地，被发掘和打磨而成的玉器温润莹透，其价格也非普通石块可以匹敌……可见，材料的光泽成为影响其价值的要素之一，不同材料制成的物品也对应服务于不同的社会层级。同时，光泽与更艰辛、更复杂、更高难的劳动付出即人力价值相关联，成为其"身价"提升的另一因素。例如，用蚕丝织成的丝绸耗财费工，但是其柔软舒适、亲肤透气的布料属性居各类织物之首，其淡雅独特的光感总能彰显着富贵气息；再如，玉石器物经过反复的打磨，其表面的粗陋被慢慢剥去，内里的美好展露出来。这种尚质之美不同于金银的奢靡、一些织物上的繁纹缛饰，而是以含蓄内蕴的自然流露体现高贵。

在国外，青瓷独特的光泽感成为它备受关注、闻名于世的重要因素。龙泉青瓷流传到欧洲并引起轰动，法国人民极其喜爱龙泉青瓷，却苦于没有合适的称谓。恰巧戏剧中牧羊人的饰演者 Celadon 身上的青色丝光绒戏服的颜色恰似龙泉青瓷之色，因而龙泉青瓷得名"celadon"。源自法语的 celadon（雪拉同）后专指中国青瓷，不限于龙泉青瓷，在英语中沿用至今。在欧洲人对青瓷的命名过程中，他们重点关注色彩与光泽融为一体的特征。当发现绿色丝光绒的色与质契合龙泉梅子青时，法国人终于传达出难以准确言表、意味深长、层次丰富的青瓷瓷色，用celadon 巧妙概括出了龙泉青瓷光而不耀、青润雅秀的特点。

综上，有光泽是瓷器的重要特征之一，色彩与光泽相互映衬的瓷釉，产生了不同于其他材质的视觉美感，立体的器物表面在光线和角度作用下呈现出丰富变化的光泽，观赏时可以获得持续不断的新的审美体验。青瓷色彩依托胎、釉两个物质层面的因素，胎色铺就了瓷釉的底色，釉是一种覆盖在胎之上的玻璃质，位于瓷器的最表层，是瓷色呈现的关键所在，二者融为一体，赋予青瓷色彩独特的风格。

概而之，"类玉""尚青"是青瓷不可分割的审美追求，是引导青瓷发展的内在驱动之一。"尚青"更多指向青瓷的色彩倾向，"类玉"则更侧重于质感和光泽感的角度。玉作为天然之石，有多种色彩，包括玛瑙、黄玉等，青瓷以青色玉器为模仿对象，这也是五色"尚青"观念引导下的结果。南宋龙泉窑经典的粉青、梅子青瓷色实现了对青的"色彩"和玉的"光泽"两个方面的统一，构成了青瓷色彩多维的审美特征，也是它达到青瓷艺术巅峰的重要因素之一。

2.1.2　瓷色表现：丰富性与典范性并存

2.1.2.1　丰富性：呈色敏感的青釉与庞大的青瓷系

青瓷发端于中国南方的浙江瓷区，根深叶茂、底蕴深厚。纵观庞大青瓷窑系的演进轨迹，从原始青瓷的缥色（淡青色），到魏晋瓯窑青瓷的青黄色、青灰色、黄褐色，发展到五代、唐宋越窑青瓷的艾色（青黄色），南宋龙泉青瓷的粉青（淡青）、梅子青（青绿色），元代龙泉青瓷的豆青、翠青色，各具风貌。这些丰富变化的青瓷色彩，充分体现了中国瓷业就地取材、因地制宜的造器特征。

"古代龙泉青瓷的釉色，各各不一，很少见到有完全相同的色调，且上品者不多。"[①] 南宋龙泉窑"窑室构造不够完善，一切都靠手工操作，火候控制不匀，釉色很难稳定，粉青、梅子青、炒米黄、茶褐、墨绿等釉色同时并存，餐具、茶具，釉色无法配套。而且成品率低，变形、开裂、缩釉、粘釉、气饱、串烟等现象，仍相当普遍"[②]。这种良莠不齐的情况并非仅存在于南宋龙泉窑，而是制瓷业的普遍现象。面对宏富而庞杂的青瓷色彩体系，瓷色分类的科学性和系统性是首要的问题，清代许之衡《饮流斋说瓷》参照五色之青的分类标准，将青蓝两

---

① 周仁等：《龙泉历代青瓷烧制工艺的科学总结》，《考古学报》，1973 年第 1 期，第155 页。

② 邓白：《略谈古代龙泉青瓷的艺术成就》，见浙江省轻工业厅编《龙泉青瓷研究》，北京：文物出版社，1989 年版，第 101 页。

色纳入青瓷系，列举了34种瓷色[①]：

> 青（附蓝绿）：天青、东青、豆青、豆彩、梨青、蛋青、蟹甲青、虾青、毡包青、影青、青花夹紫、新橘、瓜皮绿、哥绿、果绿、孔雀绿、翠羽、子母绿、菠菜绿、鹦哥绿、秋葵绿、松花绿、葡萄水、西湖水、积蓝、洒蓝、宝石蓝、玻璃蓝、鱼子蓝、抹蓝、海鼠色、鳖裙、褐绿、粉子褐。

青瓷色名与青色名一脉相传，这些生动形象的色名反映出二者在文化内涵上的相通性，也展露了古代青瓷色彩的诗性特质。这种充满诗性、意象特征的表达凝聚了东方审美的特色，成为中华瓷文化的独特风景线，屹立于世界瓷业之林。就某种意义而言，色域宽广之"青"是庞大青瓷系的理论基石。青瓷之色在五色瓷器中最为丰富，陈万里先生的《瓷器与浙江》对不同窑口的青瓷特征解读如下：

> 同一青瓷也，而柴窑汝窑云青，其青则近浅蓝色；官窑、内窑、哥窑、东窑、湘窑等云青，其青则近浅碧色；龙泉章窑云青，其青则近翠色；越窑、岳窑云青，则近缥色；古人志陶但通称青色耳。[②]

宋时青瓷品类繁多，邓白先生对南宋龙泉白胎青瓷情有独钟：

> 瓯窑的缥瓷则釉薄而色淡，青中闪白；婺州，寿州、岳州、鼎州等青瓷，釉多黄褐，且斑驳不纯；北方的耀州窑、临汝窑釉薄胎厚，以黄绿色居多；北宋汝窑，制作很精，但釉色闪蓝呈天蓝色，另具一格，汴京官窑和南宋郊坛下官窑，都有极美的粉青釉，但都有开片，尚存在胎釉间膨胀系数不一致的缺点。只有南宋龙泉白胎青瓷，釉层晶莹如玉，无论在工艺上、艺术上，均可称第一。[③]

---

① ［清］许之衡著，叶喆民译注：《〈饮流斋说瓷〉译注》，北京：紫禁城出版社，2005年版，第64页。
② 陈万里：《瓷器与浙江》，北京：中华书局，1946年版，第20页。
③ 邓白：《中国龙泉青瓷·序》，杭州：浙江摄影出版社，1998年版，第4页。

关于龙泉青瓷的丰富性，学界泰斗周仁先生指出：

> 古代龙泉青瓷的釉色，各各不一，很少见到有完全相同的色调，且上品者不多。[1]

在薄胎厚釉、多次施釉、多次素烧的工艺前提下，同时满足烧成温度的恰到好处和还原气氛的足够强烈，方可呈现理想之瓷色，其难度之高和成功率之低可想而知。龙泉青瓷精品需要耗费无法用金钱衡量的人力、物力，同时也意味着粉青、梅子青那样的龙泉"标准色"乃是瓷中翘楚，一器难求。

工艺性呈色方式，成为瓷器与其他材质的艺术门类存在差异的原因之一。绘画、服饰、建筑之色可以用染料或颜料附着，直接呈现；瓷色则必须通过高温煅烧才能幻化而成，青釉发色的铁元素对温度和气氛极其敏感，导致了瓷色的丰富性和不确定性。南宋时期的龙窑体量庞大，一窑制品达数万件之众，往往每窑精品寥寥。烧造过程中，窑位的不同、温度的些微差距、气氛的浓淡差异，都会反映在瓷色上，产生多种烧成效果，如施同一种青釉的同种造型之器，烧成后呈深浅不一的各种青色、黄色、褐色，甚至还会出现发色不均、半深半浅、过烧失色等难以想见的情况。这种工艺不可控、理想之色与现实之色相差万里的情况在民窑极为常见，所以坊间不仅会在窑炉点火前举行祭窑仪式，还对"把桩"[2] 师傅尤为尊重。瓷业的工艺壁垒是历代窑工必须面对的现实，即使是技术成熟的明清景德镇御窑也没有完全掌握烧成技术，窑变佳器偶有出现，频频出现的是不达预期的次色、次品瓷器。坊间素有"十窑九不成、十窑得一窑"之说，甚至流传着为烧"郎红"纵身火海祭窑的传说。面对众多不达标的瓷器，民窑和官窑采用不同的处理方法。民窑常按价销售，质优色佳者标重金售卖，其余则按色估价流入各层级的市场；官窑则悉数就地砸碎、掩埋，绝不外流。历代官窑遗址的堆积层犹如被时光定格的化石，为古陶瓷研究提供了重要实物依据。南宋官

---

① 周仁等：《龙泉历代青瓷烧制工艺的科学总结》，《考古学报》，1973 年第 1 期，第 155 页。

② "把桩"是景德镇对烧窑师傅的俗称，因其负责炼制，事关瓷器烧成效果这一关键而尤为重要。

窑、龙泉窑遗址丰厚的堆积层，反映了古代瓷器烧造产量巨大而"一器难求"的尴尬情形。在古代，或许正是这种难以解决的技术瓶颈赋予美瓷佳器超越审美的价值，在先人的观念中，于窑火中磨砺或许还带有一种神秘色彩。

如果说泥做火烧的工艺属性注定了瓷色呈现的丰富性，那么龙泉窑系庞大的体量，星罗棋布的窑口以及每个窑口材料工艺、烧制方式的差异，使得青瓷之色愈发变化多端。从文献资料推测，龙泉窑曾承接官用瓷器的烧制任务，或许因为没有官窑身份的约束，毗邻繁华的临安，面向海内外市场，龙泉窑匠师才能够更为自由地吸纳南北窑口的特色，以市场需求为驱动导向，最大限度地发挥主观能动性。龙泉窑直至南宋中晚期才终于炼制出理想之瓷色，创造出的粉青、梅子青瓷器成为南宋文化审美和工艺技术的典范性代表，其艺术成就可以与汝窑、官窑、哥窑瓷器比肩，亦裨益后世瓷业发展。

2.1.2.2　典范性：龙泉粉青、梅子青瓷色辨析

华夏制瓷技艺的持续突破，使得青瓷呈色的丰富性与典范性并存，这是全面理解南宋龙泉青器瓷色的前提。宋代龙泉窑创烧的典范性粉青瓷和梅子青瓷堪比翡翠美玉[1]，凝聚了历代龙泉窑的工艺技术创新与设计智慧。综合传世南宋龙泉青瓷器物和历代文献记载、图片资料来看，呈色大致彩图4所示。这两类瓷色烧制要求极高、成功率极低，在色与质上比其他青瓷更胜一筹，诸如虾青、豆青、炒米黄等色都不及粉青和梅子青呈现的如古雅翠玉般的质感。[2] 后世青瓷莫不以二色为范：

> 但在昔，色以不同，有粉青、深青、淡青之别，今则上品仅有葱色，余尽油青色矣，制亦愈下。有等用白土造器，外涂泑水翠浅，影露白痕，此较龙泉制度，更觉细巧精致。[3]

---

① Vandiver P B, Kingery R D, 1986, "Song Dynasty Celadon Glazes from DAYAO near Languan", in *Scientific and Technological Insights on Ancient Chinese Pottery and Porcelain*, Beijing: Science Press, 1986, p 187.

② 李家治主编：《中国科学技术史·陶瓷卷》，北京：科学出版社，1998年版，第302页。

③ ［明］高濂：《遵生八笺》卷十四之"论诸品窑器"条，成都：巴蜀书社，1992年版。

以上所引一方面肯定了宋代龙泉青瓷之美，反映出明代龙泉青瓷之色与宋之"妙者"有所不同，突显了粉青瓷色在宋代的丰富层次，并指出粉青与梅子青（葱翠）都是宋时佳色；另一方面从具体工艺层面，肯定了翠色釉层下"露白痕"（即"出筋"）的呈色特征。综合这两方面的信息来看，描述的对象应为南宋中晚期龙泉窑厚釉制品。

南宋龙泉青瓷色彩的典范性是建立在丰富性基础之上的，二者是一与多的关系，典范之色是在对比中胜出的。诚然，以中国传统色彩为理论基础的瓷色研究需要克服一定的障碍，因为缺乏与西方色彩学相似的参照坐标，实际的瓷色对照和指代上存在一定的难度。一方面，如前所述，鉴于青瓷呈色的工艺属性，几乎没有两种瓷色一模一样的青瓷。无论是梅子青还是粉青，所指的都是一类瓷色，而非一个特定瓷色，更无法严格对照色标。也就是说，粉青类和梅子青类瓷色中，有着深浅不一、浓淡各异的诸多色彩。实际上，每一件青器总会略有差异，瓷色分类主要遵循整体色彩倾向相近的原则。另一方面，南宋龙泉青瓷的精品散落在国内外各大博物馆中和民间群体、私人收藏家手中，难以比照实物；而进行图片比较研究时，因拍摄和印刷过程中，光线、色温、设备条件等的不同，其色彩显示和色彩还原难免存在一定程度的误差，这些都可能导致难以绝对精准地对瓷色进行辨别和标示，这也就必然使得瓷色谱系的建立存在较大的困难。

鉴于种种原因，国内外现有瓷色专项研究成果不多。以中国传统色彩观为参照来研究龙泉青瓷的成果更为鲜见，本书尚属理论创新的尝试，存在较大的上升空间。总之，瓷色研究的相对薄弱、青瓷之色域的宽广以及瓷色研究的客观难度，导致人们至今对南宋龙泉经典的粉青瓷、梅子青瓷的认知还存在一定的模糊性。

清代佚名《南窑笔记》中记载：

> 龙泉窑出宋处州，即名处州青。……其土质坚白，釉色葱翠，所谓"粉骨龙泉是也"。盖龙泉由来久矣。……龙泉釉色有梅子青、冬青色者，可与观窑争艳。间有纹片者，俱堪珍贵。又有吉州窑一种。

下面采用对比、分析、梳理、归纳的方法，对粉青与梅子青的色彩进行辨析。

第一，釉的通透性与是否"开片"。从瓷釉的通透性来看，粉青乳浊失透，肥厚润泽，几乎不见透明釉的光亮感，呈明显的厚润哑光质感；梅子青呈半乳浊状，较粉青有更强的通透性和光泽感，呈现出一种介于汝窑和越窑青瓷之间瓷色的状态。"南宋龙泉窑粉青釉外观滋润肥厚，色泽纯正淡雅、呈失透状，光泽柔和、玉质感强。"粉青的"粉"有色彩的纯度降低、对比削弱、融为一体的意思，贴切地描述了其粉润柔和的瓷色特征。南宋粉青瓷釉颇具北宋汝瓷的遗风，也深受南宋官窑青瓷审美的影响，瓷色淡雅悠远，展现出一种与青玉意韵相似的高冷风范。通透性较高的薄透青瓷常有开裂现象，主要因为胎和釉的收缩率不一致，加之透明玻璃质釉面容易受到环境和温度影响，"梅子青釉清澈透明，色泽青绿有如翡翠。现在见到的北宋时期的龙泉青瓷，其釉面常有开裂"[①]。整体而言，越器和南宋中期以前的龙泉青瓷的釉层几乎都伴有开片，南宋中晚期经典的呈乳浊或半乳浊釉面青瓷则基本无开片。

第二，色彩属性与审美风格之别。从二者的色相来看，梅子青较粉青偏蓝，粉青较梅子青偏绿。从二者的明度来看，如彩图4所示，部分呈淡青色的粉青明度较梅子青高，而部分呈灰青色的粉青明度较梅子青低；从二者的纯度来看，梅子青的纯度整体上比粉青高。就色彩感觉而言，如果说梅子青的青翠之色略有甜嫩之感，那么粉青则更具阳刚之美，冷峻沉稳。从赵宋文人审美对象来看，粉青比梅子青更多出现在文人雅事之中，明代儒生赏鉴、清代仿古青瓷，多以粉青器为对象。部分粉青制品其色之淡雅以至近乎月白，凸显的是厚润失透的玉质感，较色彩倾向更明显的梅子青更符合文人对恬淡天趣之美的追求，体现了宋代艺术追求的简约理性、自然无华的审美品格。

第三，工艺标准的差异。从二者呈现的工艺标准来看，梅子青、粉青需要经过1360摄氏度左右的高温煅烧，二者色与质的差异，主要受到烧成温度范围的影响。梅子青的烧成温度接近温度范围的最上值，而粉青则接近烧成温度范围的最低值。[②] 在釉面熔融的高温烧制阶段，因窑位的不同而产生的温度差异会影响瓷色的呈现。这种差之毫厘、谬以

---

①　张福康：《中国古陶瓷的科学》，上海：上海人民美术出版社，2000年版，第50页。

②　李家治主编：《中国科学技术史·陶瓷卷》，北京：科学出版社，1998年版，第301页。

千里的工艺属性很难把控，即便经验丰富的老窑工也仅能通过反复比照和总结，方可根据瓷器烧成前后的状态建立某种经验联系。但是，每一窑的燃料、气氛、胎釉料不可能完全一致，因此这种烧制经验也无法确保烧制效果。理想的粉青和梅子青瓷色的实现，既是经验技艺的结晶，也必然伴有很多偶然因素和运气成分，这也是它们备受青睐的原因之一。这两种经典青瓷深受王侯将相、达官显贵的青睐，也广受市场的认可，为赵宋王朝创造了巨额外汇财富。

2.1.3　瓷色命名：观物取象与意象风格

2.1.3.1　命名依据：理想之色

如前所述，青灰色纳入青瓷系体现了青之宽广色域，由五色之青的认知体系承继而来，早在宋代之前，或许是"尚青"观念的作用，人们在指代此类呈淡绿、青色、青黄色瓷器的时候，产生了诸多以"××青"的形式来命名青瓷色名，后统称为"青瓷系"。而偏黄色的青黄色、黄褐色、琥珀色等明显归属于黄色系的瓷器也被称为青瓷，则颇为令人费解。尽管其中不乏釉面滋润，如堆脂、精光显露者，但毕竟其色彩与人们对"青色"的认知不符。

青瓷品类的划分依据是按照烧成后的现实瓷色还是烧制前的预期瓷色，是首先需要明确的问题。如前所述，鉴于青瓷色域的弹性和烧成工艺的难度而产生了丰富的瓷色，"青瓷系"具有意向性特征，并不力求将瓷名与现实瓷色一一对照。古老的青瓷更多依据胎釉原料的化学属性，即预期的理想瓷色来归类，诚如清代《饮流斋说瓷》"说色彩第四"的红（附紫）色中，将苹果绿和苹果青纳入红色，并解释道："二色皆红色所变，故不入绿类而入红类。"[①] 此处充分考虑了烧成气氛导致的瓷色变化，以理想之色而非烧成后的现实瓷色作为命名的依据。这个命名原则或可解释为何诸多青黄、黄褐、黄色等器都被纳入青瓷系。这些呈不同黄色的瓷器，烧成前的制作材料、釉料配方与青瓷完全一

---

① ［清］许之衡著，叶喆民译注：《〈饮流斋说瓷〉译注》，北京：紫禁城出版社，2005年版，第61页。在烧制"桃花片"红釉瓷器时，由于窑火温度与气氛的变化偶然出现大片绿色，少部分微泛粉红色。如果不用还原焰而始终用氧化焰焙烧，只能变作通体一样的浅绿色。

致，不过是在窑火幻化后因窑位、气氛等综合因素而展现出迥异的瓷色。

要深究将黄色倾向的瓷器纳入青瓷系的原因，或许我们还可以用封建社会对黄色的避讳来解释，即对有皇权意味的黄色往往采取回避策略，"黄"不宜用于广泛的瓷色命名。此处展现了瓷器色彩的体系与五色分类并不完全一致的特点，亦体现了青瓷色彩的特殊性。

这种观念先行的方式，是青瓷色彩命名的主要法则，也是瓷器工艺属性的产物。青瓷以理想之色而非现实之色为命名依据，植根于人们固有认识中的青色维度，是瓷名与现实瓷色建立固定联系的关键所在，也是瓷名与现实瓷色不相符时，人们在观念层面仍能欣然接受的前提。

2.1.3.2 "观物取象"的哲学智慧

"观物取象"是古代先哲认知、建构世界的一种行为方法和思维模式。《周易·系辞下》载：

> 古者包牺氏之王天下也，仰则观象于天，俯则观法于地，观鸟兽之文与地之宜，近取诸身，远取诸物，于是始作八卦，以通神明之德，以类万物之情。①

物象之纹是八卦之源，也是通神、类情、近取诸身的主要象征符号。"近取诸身，远取诸物"是先贤获取与自然物象之间联系的途径，先哲希望建立一套普适性的抽象物体系，将自然万物甚至宇宙囊括其中，并以一套相互关联、互为牵绊、严谨有序的内在逻辑框架运行其中。这种"观物取象"的原始信仰以通达物、人、神的感知体系为宗旨，具有典型的隐喻、象征的意味，反映了早期人类构建物质与精神内在关联的某种思维模式。这种以物体系为基础的感知思维模式，是中国文化的一大特色，铺就了近万年的华夏文脉的底色，也是他国理解中国艺术的难点之一。这一植根于中华文化之源的思维惯性也作用于传统瓷器色彩的命名之中。

青瓷命名常以自然界的植物、动物的名称和色彩为依据，如豆青、

---

① 林之满主编：《周易全解》，黑龙江科学技术出版社，2013年版，第132–134页。

虾青、天青、梅子青等瓷釉名称，体现了传统文化"观物取象"① 的哲学智慧。原始社会时期，自然物是与先民生产生活密不可分的重要基础和组成部分，衣食住行、吃穿住用都离不开苍天大地的恩赐。在原始先民的意识里，自然万物是满足果腹、保暖等生存需求的物质前提，也是生产劳作、繁衍后代的力量源泉，这是由中国早期先民逐水草而居的农牧生活方式决定的。近万年的人类进化历程中，人们不仅学会了与自然相互融合、共同生长，也日渐掌握了地域性自然作物生长规律和与之相适应的生活方式，即所谓"靠山吃山、靠海吃海"。从宇宙循环的世界观来看，天地、自然为先民生活提供物质保障，阳光和雨水给予大地勃然生机，水草丰茂有助于蓄养牲畜、农耕生产。先哲早已建立与自然和谐共处的"生态观"，并总结出智慧的生态哲学理论，即不能为了谋取短期利益而破坏自然生命持续性发展，所谓"弋不射宿""不违农时"，正是这个道理。《礼记·王制》记载：

> 獭祭鱼，然后虞人入泽梁。豺祭兽，然后田猎，鸠化为鹰，然后设罻罗。草木零落，然后入山林，昆虫未蛰，不以火田。不麛不卵，不杀胎，不殀夭，不覆巢。
>
> 五谷时，果实不熟，不粥于市。木不中伐，不粥于市。禽兽鱼鳖不中杀，不粥于市。②

这种以自然万物的生长规律和人性关怀为出发点的生态观，是中国传统文化仁爱观念的生动写照，这种不因谋求短期利益而阻碍长期发展的远见卓识，闪耀着智者的光芒。未成熟的果实、没有长成的树木、未足时的家禽和海鲜等都不允许在市面上销售。这种细致、全面的观念，无疑是对生产销售伦理的正面引导和管理。而一旦这种观念成为一种约定俗成的规范，需要全民遵守的时候，道德教化的作用也就愈发凸显。先贤把这种生态哲学作为一种与礼孝文化相联系的社会规范和道德准

---

① "观物取象"是《易传》的哲学、美学观点。意谓模仿自然界和社会生活中具体事物的感性形象，确立具有象征意义的卦象。《周易·系辞下》指明了八卦等由观物取象而成的过程和方法。

② 《礼记·王制》，见秦川主编《四书五经》，北京：北京燕山出版社，2007年版，第1048页。

则，在他们看来，不合时节、不到时令地从自然获取物质资源，与竭泽而渔、杀鸡取卵一样，都是一种为圣人君子所不齿的有违天道、人道的行为，诚如曾子所说：

> 树木以时伐焉，禽兽以时杀焉。
>
> 夫子曰："断一树，杀一兽，不以其时，非孝也。"①

于先民而言，神秘、伟大、万能的自然，是保障生存与发展的物质来源。在农业文明的格局下，人民生活的富足很大程度上取决于天时。自然界的雨水与日照直接影响农作物的生长情况，四季更替决定了种植与收获的规律，唯有顺应和遵循"天意"，才可获得丰富的回馈。敬天地、顺四时的先民学会了与自然和谐共存，他们种植五谷杂粮、圈养家畜、结网捕鱼，得以生息繁衍，安居乐业。传统文化中"天人合一"的理念，体现了人与天道自然和谐统一的观念，也反映了人们朴素的生态观和审美观。人们乐于以满足生活所需的自然之物来装点居所环境、美化个人形象，从早期用剖开的植物果壳盛装食物，将玉石、蚌壳加工成项链佩戴于颈项，发展到以泥土、矿物原料冶陶制器等，这些物与人相互交错的场景体现了自然物与早期人类生活密切的关系。在此背景下，先民习惯以自然比拟生活，包括以自然界的色名作为瓷色命名的主要参照，当源于自然的颜色名称宣之于口的时候，仿佛熟悉的自然物仍然围居身畔。先贤睿智的目光，总是善于发现万物的关系和规律，并以此作为智慧之"道"来指引人生，正如老子所说："道法自然。"看似自然而然的寻常花木草树都遵循其"道"，天地间的万千物象蕴藏着深奥的哲学事理，宇宙之道的法则深藏其中。瓷色命名也遵循此"道"。

《饮流斋说瓷》辑录的五大瓷色命名是对前朝瓷名的总述，体现了"近取诸身，远取诸物"的哲学智慧。如"青瓷系"的瓜皮绿、孔雀绿、菠菜绿、鹦哥绿、秋葵绿、宝石蓝等34种色名，几乎都出自人们身边的日常物象，青色或浓或淡，层次丰富且万千变化，但总能在自然物象的色彩世界找到对照。当以自然物象入瓷之色名时，人们在思维认

---

① 《礼记·祭义》，见秦川主编《四书五经》，北京：北京燕山出版社，2007年版，第1251页。

知上产生自然之物与日用瓷名的某种相互照应，进而逐渐形成一种思维模式。南宋龙泉青瓷命名直接类比植物，如梅了青，让使用者在器用过程中能观照自然田园，获得"物我两忘"的审美感受。北宋天青瓷和南宋梅子青瓷都属于"青瓷系"，前者以宇宙最广大的天为参照对象，以天空的广阔维度来囊括"天青"之色的丰富变化；后者是指一种以植物之色彩，与青色所指的草木本源之色更为接近。由此可见，青瓷瓷色名比拟的物象广博而宏大，天地、植物、自然现象兼而有之，不拘一格。

　　青瓷名取法自然之美还表现在对自然痕迹的因势利导，如因胎釉裂痕而得名的"开片"，瓷器并没有因为"缺陷"而被抛弃，反而以裂为美，使"开片"之称变得无可替代。南北窑工发挥各产区胎釉不同而产生"裂痕"特色，根据其细微变化而冠以趣味性的称呼，如汝窑的"蟹爪纹"、哥窑的"金丝铁线"、钧窑的"蚯蚓走泥纹"，都别具意蕴、巧思独运。最耐人寻味的还属两宋哥窑青瓷，似冬季湖泊的冰裂之美，亦宛如一池春水皱开。在以残缺为美的审美语境下，原本偶然出现的釉面裂纹瑕疵被视为艺术特色，甚至转变为一种有意为之的审美取向。哥窑之名虽然没有提示其冰裂特征，但是冰裂纹早已成为哥窑器的标志。这种裂纹瓷釉的产生和流传体现了人类对自然现象的比拟心态和热爱之情。南宋中期之前的龙泉青瓷以及浙江早期青瓷釉面都有细碎裂痕，这是瓷器最初的共同面貌，这种现象也存在于其他国家瓷器的发展过程中，如欧洲的原始瓷器——梅第契瓷（Medici）表面也呈现冰裂纹。[①] 龙泉青釉表面的自然之纹也成为一大审美特色，法国人赞赏龙泉窑有冰裂纹的瓷器为"特鲁依蒂"（Tnuitee）；波斯、阿拉伯人称无冰裂纹的龙泉青瓷为"麻他巴尼"（Nartabani）。[②] 北宋汝窑、官窑以及南宋官窑、龙泉窑瓷器的厚润青釉，如凝脂附着，几乎无开片现象。

　　综上所述，以青瓷为代表的瓷色命名体现了"天人合一"的生态观，展现了"道法自然""观物取向""随宜尚象"的哲学智慧，体现

---

① 〔英〕简·迪维斯：《欧洲瓷器史》，熊寥译，杭州：浙江美术出版社，1991年版，第23页。佛罗伦萨大公爵弗拉西斯科·马里奥·德·梅第契（Fracesco Mario de Medici），精通炼金术，他建立了一个陶器厂，乌尔比诺的花饰陶器制造者弗拉米诺·冯达那（Flaminio Fontana）和伯纳多·邦达勒梯（Bernado Buonta Lenti）在那里研究瓷器生产问题，并生产了一些据说是在欧洲制成的第一批原始瓷器，今天被称为梅第契（Medici）瓷器。

② 叶文程、芮国耀：《宋元时期龙泉青瓷的外销及其有关问题的探讨》，《海交史研究》，1987年第2期，第3页。

了宋人崇尚自然造化之美、醉心于瓷器不似人工雕琢的天地之大美。从五代周世宗的"雨过天青"，到北宋汝窑的"天青""东青"等，这些彰显"自然之美"的瓷名又有人为痕迹，具有概括性的特点。青瓷色名称结构通常为在"青"之前加一个限定词，这成为命名范式。南宋龙泉青瓷在北宋汝窑、官窑、哥窑青瓷蓬勃发展的基础上，进一步深化了尚纯、尚简、尚雅的装饰风格，谱绘了宋代青瓷乃至中国青瓷史的独特篇章。

2.1.3.3　意象风格

青瓷色彩命名体现了"观物取象"的哲学智慧，古人以中国传统色彩入瓷名的同时，也将意象特征注入了瓷色审美。如前文所揭示，在古人将青灰色、琥珀色、土黄色瓷器称作青瓷时，想象力发挥了至关重要的作用，色彩意象以想象力为桥梁，搭建起了宽阔的青瓷色彩空间，给予现实瓷色极大的匹配范畴。青瓷色彩意象维度一旦拓宽，人们后续还会适应、接受这种色彩链接的模式，并逐渐习以为常，丝毫不会觉得牵强、紊乱、无序。

青、赤、黄、白、黑五色瓷器之中，属青瓷的意象特征最为典型。五色之"青"被赋予更多诗性的意境，如烟波绿、寒烟翠等极具画面感、渲染力的色名体现了中国传统文化的意蕴和品味，也显示了以颜色词命名的意象特征。以颜色词为基础的青瓷命名方式，很大程度上延续了传统色彩的意象风格。在中国传统文化和瓷业习俗积淀尚浅者，初读青瓷名称时可能会不知所云，如子母绿、葡萄水、西湖水、海鼠色等，并没有具体物象所指，使人无从知晓每种色彩的面貌，也无法把握它们之间的区别。这些青瓷色名既融合了传统色彩的意象语言，又与明清景德镇窑坊间行话密切相关。

古人对青瓷的色彩命名体现了依托联想获得意象领悟的特点，这种含蓄、深邃的审美品质也是中西方艺术的差异所在。这种差异性体现在对色彩的理解和应用、对艺术的感悟和对世界物象的认知等诸多层面，其根源在于东西艺术文化产生、发展的背景，具体表现为艺术语言的本土风格。以绘画艺术为例，西方注重客观描绘物象，讲求比例、结构、透视等的科学性。写实题材如风景油画，客观表现自然风光的万千姿态和自然色彩，写实人物画甚至堪比照片的真实还原；而东方的山水画，尤其是两宋文人画，绘者用写意的笔调，以黑白两色勾画心中的山川河流，以抒发胸中逸气。东方绘画并不拘泥于自然物象的真实性，在构图、造型、色彩表现上，客观物象仅仅是一种素材，需要重新组合运用。画中的万里山川、河流丘壑可以传递不便言说的情怀、生活中难以抒发和实现的豪情壮志。纵观东西方艺术的话语特征，西方倾向于具象再现，侧重对自然物象的客观表现，讲求直抒胸臆，从"模仿说"开始，对物象的模仿奠定了西方艺术写实、客观的基石；而东方更重视意象空间的表现，崇尚画外之象、言外之意，创作者通常融合自身的理解和感悟，以隐喻和象征的方式表现艺术之外更深层的内涵，创作者往往不使用说教式、输入式的表达，而采用一种含蓄的自我抒发方式，如获共鸣则视其为知己，是谓"高山流水遇知音"。当然，这种共情、共鸣的发生与观者的文化背景、人生经历、性别差异等个体因素密切相关，现实情况往往是只见"伯牙鼓琴"，而闻"海水澎湃、群鸟悲鸣之音"者寥寥，正所谓"知音其难哉！音实难知，知实难逢，逢其知音，千载其一乎"①。无论得意或失意，文人在画作、诗篇中都习惯展现一种理想情怀。这些因素促成了中国艺术含蓄和隐喻的精神内核。墨客文人赞咏青瓷的唐宋诗词数量众多，从一个侧面反映出，青瓷的审美品格能寄托文人的雅趣，青瓷的意象语义和诗性情怀能更好地实现审美观照。

南宋龙泉青瓷经典的"梅子青""粉青"之名，本身就具有一定的意象特征。将自然界的"梅子青"引入青瓷瓷色命名，首先是因为客观上二者的色彩极度接近。梅子是一种江浙盛产的夏季时令水果，青梅尚未熟透时，酸甜开胃，清新解腻。梅子青瓷那青绿柔嫩的釉色，令人似乎身临其境，看到了饱含露珠的梅子被采摘之时轻微颤抖之样态，鼻尖仿佛能嗅到枝头梅子散发出的酸而清新的气息。"梅子"素来是文人雅士关注的对象，文人有"青梅煮酒"的之雅，亦吟咏梅子成熟时通透的金黄色或琥珀色②，古人对自然的观照可见一斑。这种由色彩激发的文化观照，具有浓郁的东方语言特征。人们对"梅子青"的命名采用的是"可指"而非"所指"的手法，"梅子"不同生长状态的呈色

---

① ［南朝梁］刘勰：《文心雕龙》卷十《知音》。
② ［宋］范成大《四时田园杂兴》言："梅子金黄杏子肥，麦花雪白菜花稀。日长篱落无人过，唯有蜻蜓蛱蝶飞。"

区间，都囊括其中，因此，"梅子青"指代的是某种区域之色而非特指某个颜色。人们品鉴使用"梅子青"雅器时，观其形、赏其色、品其味，可能联想到青葱草地、无边原野、池塘野畔的场景，以及梅子微酸的气息，甚至可能会回忆起在蛙声呱噪的夏日午后，品尝的一杯甘茗。就"粉青"之名而言，"粉"有装饰的意味，有"粉饰"之称。如古代女性所用的胭脂水粉，恰好与粉青厚釉能够遮盖胎底之色的特征相合。"粉"有着与光亮相反的意思，贴切描述出淡青瓷色所呈现的哑光质感、乳浊失透的视觉效果。"粉"也指白色粉末，本就含有一种减弱纯度的意味，当今称白色水粉颜料为"白粉"（可以降低色彩纯度，减弱对比）。在瓷色中，粉青较梅子青寡淡、宁静，可以理解为调和了白色的青釉。粉青瓷色因含"粉"量的多少，呈现出浓淡不一的效果。就这个意义而言，"粉青"瓷名也为其色域提供了合理的弹性空间。部分粉青瓷色几乎接近白色，展现出一种极致高雅、淡泊澄澈之美，与简约洗练的南宋器型相得益彰。

取法自然的含蓄色名给予人们宽阔无垠的联想空间，将瓷色审美观照和意象体悟的活动延展到更大的范围。无论是宇宙星空、蓝天大地、动物植物、自然现象都处于变化和发展的状态中。将瓷色固定为某一特定色彩，以之为对照标准，这一做法不具备操作性和合理性，这一点与西方色彩学一一对应的参照坐标具有本质的不同。客观而言，自然物象之色因时因境瞬息万变，汝窑的天青色对照"天"的阴晴莫测，梅子青远非一种固定颜色，哥窑更是打造了一种无法复制、变化多端的天然裂纹。自然界的天空、植物、纹饰都存在细微的色彩、质地之变。"此天空"非"彼天空"，"此梅子"非"彼梅子"。自然物象因个体差异而生动多姿、绝不雷同，就像世界上无法找到两片相同的树叶。这种物象式、类别化、不限于某一色彩的意象瓷名，无疑赋予了瓷色弹性的色域空间。这些瓷色名是一种存在于人们观念之中的色彩。

青瓷色名植根于中国传统色彩（即五色）理论。五色观不同于西方色彩体系的具象标准，这是瓷色具有意象性的原因之一。如果说，西方的色彩学建立了一套科学严谨、丰富庞大的色彩体系，可供选择、应用和参照，西方色彩学以明确对照为目标，那么中国传统的色彩观念体系则是以人们日积月累的色彩经验、世代承袭而来的色彩认知为基础，构建于国人的观念层面，具有典型的意象性特征。这种意象色彩最大的特征就是弹性色域和联想空间，青瓷色名与自然物象相互匹配，形成互动式的反映链，成为中华文明生生不息、薪火相传的色彩体系的重要组成部分。这种意象特征体现了中国瓷色不同于西方色标的准确性、唯一性，是文人情怀、智者诗性的反映。南宋龙泉窑粉青、梅子青等浑然天成、质朴无纹的色彩风貌，体现的正是墨客雅士所推崇的简约玄淡、超然脱俗的哲学之美，反映了以文人士子为代表的中国主流审美倡导的高雅脱俗之风，注重对境界、品格的追求，崇尚自然天成的审美格调。诗词歌赋、书画艺术莫不如此。

　　青色之意象风格与中国艺术的意象美有异曲同工之妙。东方山水画常为散点式构图，这意味着画面不止一个视点，而呈现出多个视点在画面中游弋的情况。观画之时，人产生在画中游的感受。这种散点式构图在西方透视学理论中，是不符合客观现实的，甚至是有误的，却绘出了文人士子孜孜以求的"可游可居"的理想之境，描绘出不拘一格、归隐田园的"游"和"居"，挣脱了身心的束缚，可以通往心灵的自由之路。在色彩表达方面，中国画同样体现了意象语系的概括性、写意性和再现性特征。如青绿、浅绛山水画设色时，画家不拘于山水的真实色彩绘出的细微变化，而用青绿括之，辅以墨线或点、染、皴、擦之技法来塑造山石的结构和层次。所谓"随类赋彩"，是指设色时以物体的类别即观念中的色彩印象为设色的依据，并非以"真实"还原为标准。"以简胜繁"的宋代文人画以墨之五色替代青绿之韵，以极简的黑白两色、灵活的写意笔触来展现高雅、古朴的山水情怀。逸笔草草已写尽万千气象，浓墨淡染只为勾画心境。这种意向风格的语言特质，植根于中国艺术不求逼真、但求神似的审美追求，作者对所观之物，有感于心，而融汇于笔尖纸上，形成了中国艺术的语言特色。

　　这种东方意象语系在南宋龙泉青瓷中得到了极好的展示。纵览历代青瓷，南宋龙泉青瓷浑然一体、宛若天成的艺术品格，突破了其他青瓷具象线绘的窠臼，也洗去了北宋汝官的鼎彝之气，展现出一种别样的返璞归真、本色之美，与宋代文人逸气颇有共同之处。梅子青瓷色翡翠般的天作韵味，通体无饰的纯粹青绿之色给人无限的想象空间。而粉青瓷色所展现的淡泊悠远的审美境界深受文人雅士的青睐，其无味而耐品、虚静至无极的意象品格给予澄怀观道的审美空间，体现了"出色而本色"的逸品，与魏晋风尚的玄澹、空灵意象相通。总之，龙泉青瓷以简、少、朴为尚，打造了一种以审美观照为主体的艺术欣赏活动，最大限度地实现了审美的自由，彰显了中国艺术"素""逸"的品格，达到澄怀味象的境界。

总之，"色"成为南宋龙泉青瓷艺术特征中最为主要的方面。无论是融合了仿古礼器的敦厚造型与薄胎厚釉的挺拔灵秀的造型风范，还是将"尚青""类玉"发挥到极致的通体无纹的装饰风格，仿青玉的色彩和礼器造型的特征，成为南宋龙泉青瓷艺术特征形成的主导性因素。

2.2　造型特征

形，即形态、造型，是器物最直观、最显著的外部表征之一。器物轮廓和结构的线条走向展露出其或敦厚、或轻盈、或婉转、或激昂的姿态，造就了别具韵味的时代风貌。器型恰如人的体态，环肥燕瘦，各有千秋。华夏器物造型充分展现了造物文化的差异性、丰富性，纵览古代造物史上的器型发展，仍可窥见某些规律：历代器型都不同程度对前朝之制进行"承"与"创"，时代审美作用下，古人自觉地丰富着造物体系。龙泉窑青瓷一脉作为集青瓷之大成者，器型丰富。北宋的执壶、五管瓶，南宋的凤耳瓶、莲瓣碗、鬲式炉，元代的凤尾尊、牡丹纹大瓶、各式香炉，凝聚了时代审美的器型样式，垂范后世。

明代高濂《遵生八笺》①中有对龙泉青瓷造型较为详尽的描述：

> 古龙泉窑器……其制若瓶、若觚、若菖草方瓶、若鬲炉、桶炉、有耳束腰小炉。菖蒲盆底有圆者、八角者、葵花菱花花者。各样酒罃骰盆，其冰盘之式，有百棱者，有大圆径二尺者，外此与菖蒲盆式相同。有深腹单边盥盆，有大乳钵，有葫芦瓶，有酒海，有大小药瓶，上有凸起花纹，甚精。有坐鼓高墩，有大兽盖香炉、烛台、花瓶，并立地插梅大瓶，诸窑所无，但制不甚雅，仅可适用。种种器具，制不法古，而工匠亦拙。

---

① ［明］高濂：《遵生八笺》卷十四之"论诸品窑器"条，成都：巴蜀书社，1992年版，第534页。

综合文献资料、考古发掘资料、传世器物来看，南宋龙泉青瓷主要有三大造型来源，三者或有交叉。其一，从唐、北宋承继而来的碗、盘、碟、杯、盏、盅、壶等生活用器，这类器物整体造型与前朝差异不大，颇具特色的是融入花卉元素的葵口日用器型，如各式葵瓣撇口卧足碗、斗笠碗、葵口盘、葵口洗、莲瓣式碗等，它们融入千家万户的日常，悄无声息地美化生活。其二，由北宋汝窑、官窑器发展而来的仿古铜、古玉造型的瓶、炉以及雕像等，如各式觚式瓶、觯式瓶、琮式瓶、贯耳瓶、鬲式炉、鼎式炉、奁式炉等，主要用于满足宫廷贵族的祭祀或陈设之需。脱胎于魏晋魂瓶的南宋龙虎瓶，则供民间丧葬、家庭祭祀之用。其三，南宋一朝新创器型，"如优美的凤耳瓶、鱼耳瓶，端巧的石榴瓶，灵逸的龙虎瓶，形式新奇的大吉瓶、塔式瓶，富于变化的贴花双鱼洗、双鱼盘，轻盈精致的荷叶碗、莲蓬碗，设计巧妙的桃式洗、琮式壶，浑厚庄重的内折口莲瓣钵，小巧玲珑的各式鸟食罐，实用美观的莲瓣盖罐"[1]，体现了南宋龙泉窑的创新精神。

"摹古""尚古"堪称两宋造物最核心的追求，刘勰所说的"贵古贱今"的审美鉴赏倾向不仅表现在诗歌创作领域，也同样盛行于器物文化之中。无论是生活日用之器，还是庙堂祭祀之器、陈设审美之器，龙泉青瓷在"承继"与"创新"中调适，体现了宋代文化艺术的审美高度和造物智慧。

2.2.1　古雅端丽、承创并举的仿古礼器

"古"，是一个与"今"相对的概念，也象征着古代建立起来的传统样式与正统规范。按照巫鸿教授的观点，"古"包含了三个层次。[2] 仿古，则指模仿古器物或古艺术品。[3] 本书关注的仿古器物更多的是对

①　邓白：《略谈古代龙泉青瓷的艺术成就》，见浙江省轻工业厅编《龙泉青瓷研究》，北京：文物出版社，1989年版，第99-100页。
②　〔美〕巫鸿：《时空中的美术》，北京：生活·读书·新知三联书店，2021年版，第3页。巫鸿根据英文翻译中对"复古"的解释，解读"作为自觉回归目的地"的"古"的某个方面——三种理解中的"古"的内涵依次是某些历史或神话人物，中国早期文明中的某个"黄金时代"，以及某种文学或艺术风格的体现。
③　《汉语大词典》编辑委员会：《汉语大词典》第一卷，上海：上海辞书出版社，2018年版，第1213页。

于史上"黄金时代"具有特殊含义的艺术风格的模仿与重塑。瓷器仿古包括对前代器型、装饰的承袭和仿效，南宋瓷器造型延续北宋徽宗确立的仿古路径，重点仿夏商周三代礼器。南宋是一个沉浮动荡的时代，社会长期处于南北分裂、兵戈扰攘的状态。"仿古"对于南宋的意义，绝不限于追求王国维所说的"古雅之美"的层面，更是赵宋王朝保障其血脉纯正性、证明两宋政权延续性的重要途径之一。"敬古"堪称南宋文学艺术的时代主旋律，诗词歌赋、书法字画都秉承"以古为范"的观念，或许古风传承能够在精神维度实现赵宋王朝完整性的慰藉，正所谓"艺之至，未始不与精神通"①。事关礼制的器物文化远效三代之风、近仿北宋之制，同时又受到以南宋都城杭州为代表的南方地域文化潜移默化的影响。将目光放远，南宋仿古之风的表象之下隐含着对华夏文明千年"古制"的继承，亦是以圣人君子为引领的器物形制、审美标准和道德法度的遵循。器物古制以"尚礼"为主要表现内容，色、形、制、义等方面的规制被载入典章制度，辐射到各个社会阶层。古代器物的礼法制度之中以造型最为突出，主要表现为以形附义。

2.2.1.1　古器材料之变

就某种意义而言，国家祭礼重器的制作举国之力，通常具备以下两方面的共性。一方面是材料稀缺、工艺高难。如玉器、鼎彝重器、瓷器都是汇集时代精华的技艺和珍稀材料制作而成。从材料演进的角度而言，社会发展和科技进步推动着材料科学不断前进，国家礼器的选材往往是当朝技术和工艺的前沿产品。制作成为国家重器的陶、铜、玉都是人类生产生活中的伟大创造，它们伴随着人类从原始蒙昧走向文明，见证了中华民族文明发展的进程。另一方面是垄断生产、不惜成本。宫廷礼祭之器的设计与加工，通常由专人管理和执行。从材料获取到加工制作，都不惜人力、财力成本，这注定了垄断性生产和使用的局面。从祭祀心理的角度而言，宫廷礼器是倾国之力对天地神灵、祖宗先辈的"贡品"，以此展现祭祀主体的虔诚、尊崇、敬畏之心，以求获得祭祀对象的认可。从宗教文化的角度而言，祭祀之器由色、形、制、义交织而成的象征体系内涵丰富。诚如巫鸿所言："这些工艺品对于制作材料

_____

① ［宋］姜夔：《续书谱》。

和装饰主题的精心选择。说明它们都是'特殊'的物品，而不是一般的日用品。对具有象征意义材料的使用是中国古代礼器艺术最重要的特征之一。"①

关于历代礼器材料的演变，难以完全还原历史的原貌。从皇室、贵族墓葬出土情况来看，同一墓穴中器物种类繁杂、器型多样，玉器、陶器、青铜器、瓷器、金银器、钱币等常同时出现。综合文献、实物资料大致可以厘清木、玉、陶、青铜、瓷五种礼器材料更替与并行的脉络（如图2-1）。因古木质器具易受腐蚀，完整的遗存物稀少，所幸其衍生品——髹饰而成的漆器让后世在感受到华夏精湛技艺的同时，也意识到木在材料发展史上不可或缺的地位。从盘古开天地到逐水草而居，木非常容易获取，这种就地取材的天然材料，自然会成为原始先民造器的首选。木器与陶器都曾伴随人们的生产生活，也用作礼器。宋应星《天工开物·陶埏》写道：

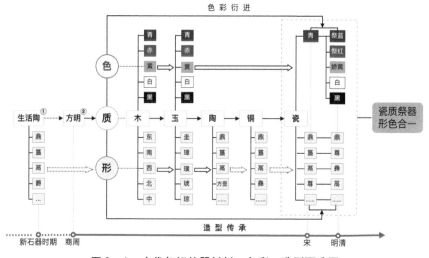

图2-1 古代祭祀礼器材料、色彩、造型更迭图

　　　商周之际，俎豆以木为之，毋以质重之思耶。后世方土效灵，
　　人工表异，陶成雅器，有素肌、玉骨之象焉。②

————————

①〔美〕巫鸿：《时空中的美术》，北京：生活·读书·新知三联书店，2021年版，第14页。

②〔明〕宋应星著，潘吉星译注：《天工开物译注》，上海：上海古籍出版社，2013年版，第140页。

朱琰《陶说》引《礼图》对木、陶礼器的用度和规范：

> 《礼图》：祭天用瓦瓾……礼器有木簠，又有瓦簠；有木豆，
> 又有瓦豆。疏家谓祭天地之器尚质，若宗庙则以木为之。是凡礼器
> 之从瓦者，或皆在瓦瓾之列也。[①]

可见，商周时期，祭天时已使用由木、陶制成的簠、豆等礼器。庙堂之内的佛像、祖先像、神位等信仰体系中的祭拜物，都由木、泥制成，这主要是由当时的材料和工艺决定的，同时体现了原始礼器祭器物同根同源的特征和上古造物的体系化和观念性。

以上引文还反映出商周礼器文化的三点规律。其一，祭祀之仪在商周备受重视，器物已成为礼祭文化的重要载体，器以藏礼的思维模式已体现在造物法则之中。其二，不晚于商周，以最优的材料和工艺制作祭礼之器已经成为一种思维惯性。技术的进步，助推了材料和技艺的升华，后世的能人巧士争献奇技，使得技术日新月异，陶和铜逐渐取代木材，成为汉以前祭祀之器的主材。其三，礼器材料择替的标准、图像与造型的文化寓意，以及礼器样式由官向民传播的模式及其教化功能，注定了华夏造物形饰互鉴的发展趋势。木的硬度较低，便于加工，但是在抗腐蚀、经久耐用等方面的缺陷，使它必然被其他材质取代。陶瓷和木质之豆、之簠，其造型和装饰形制基本相似，体现了材料更换而形饰保留的造物原则。

玉，是天然的优质石材，主要用作礼器，也曾作为兵器[②]。周代天子祭礼中，玉制礼器与"方明"法器搭配使用，结合形状和色彩来表示对应的祭祀方位。《仪礼·觐礼》记载：

> 方明者，木也；方四尺，设六色：东方青，南方赤，西方白，
> 北方黑，上玄，下黄。设六玉，上圭，下璧，南方璋，西方琥，北
> 方璜，东方圭。[③]

---

① ［清］朱琰著，杜斌校注：《陶说》，济南：山东画报出版社，2010年版，第109页。
② 《越绝书》载："轩辕、神农、赫胥之时，以石为兵……至黄帝之时，以玉为兵。"
③ 《仪礼注疏》卷二十七，见《十三经注疏》。

《周礼·春秋·大宗伯》载：

> 以玉作六器，以礼天地四方。以苍璧礼天，以黄琮礼地，以青圭礼东方，以赤璋礼南方，以白琥礼西方，以玄璜礼北方。皆有牲币，各放其器之色。①

　　玉质六器的"苍璧""黄琮"分别与"天""地"相配，这种形、色相合的祭器形制，拓宽了以五方、五色为核心的古代礼祭体系"赋义"的维度。清宫梦仁《读书纪数略》对六器造型的寓意阐释道："苍璧（圆形，象天也），黄琮（琮方，象地也），青圭（圭形说，象出震生物也），赤璋（半圭曰璋，象相见乎离也），白琥（为虎形，象猛兽也），玄璜（半璧曰璜，象物藏于黄泉宫也）。"曲直相合的"六玉"瑞兽，似乎含化了"天圆"和"地方"的造型法则和象征符号。玉，饱含着原始巫术的色彩，部分学者将甲骨文中的"巫"解读为双手持玉交错的通天之人。②《山海经·海外西经》："大乐之野，夏后启于此儛九代，乘两龙，云盖三层，左手操翳，右手操环，佩玉璜。"玉的"通灵"特点是古人的一种共识，天赐神玉与祭礼文化在宗教意涵上的重合，注定了玉器作为国家祭祀重器的历史必然。

　　如果说玉质礼器被赋予了神性的光芒，那么青铜礼器则延续并强化了早期礼仪文化的宗教色彩。青铜是一种重金属材料，青铜器的敦实凝重象征着至高的皇权威严、贵重官阶，其器用法度将纹饰、形状、数量与官阶、位分相对应。青铜重器上华丽繁缛的饕餮、魑龙等神兽组合纹样散发着神秘的宗教气息；不晚于商周，青铜礼器就已体现着"天圆地方"的理念；青铜器数目与等级相关，如周代按照"天子九鼎，诸侯七，卿大夫五，元士三"的制度来执行，天子所用的祭祀铜器采用九鼎八簋的形制，秩序森严、不容僭越。周公与孔子建立的礼制规范，为后世参照。宋代以古为尚，古礼古制为宋人所推崇，士大夫关注古铜礼器的礼制，将其造型尺度、装饰样式、礼用法度等一一记录下来，并

---

　　①　［清］孙诒让撰，汪少华点校：《周礼正义》卷35，北京：中华书局，2015年版，第1389–1390页。

　　②　陈来：《古代宗教与伦理》，北京：北京大学出版社，2017年版，第40页。

重建礼制。从文献记载来看，青铜器烧制后"炼色如金"①，其光泽灿然若黄，不同于我们今日在博物馆所见历经千年氧化的斑驳青褐色泽。按照"天子饰以黄金，诸侯以白金，大夫以铜，士以铁"的材料等级规制，黄金般色泽的青铜器在礼祭场合能彰显等级、标榜身份。这或许可成为我们理解青铜作为礼器的另一个视角。

总之，礼器材料的演变与历史发展、社会环境、宗教伦理、时代科技密不可分。无论是陶、铜礼器并行，还是由陶至铜，再由铜转为瓷，礼器材质的传衍呈螺旋循环状。从文明进程来看，作为泥火之艺的陶器，是人类进化的关键因素之一。"陶器的制造都是由于在编制的或木制的容器上涂上黏土使之能够耐火而产生的。在这样做时，人们不久便发现，成型的黏土不要内部的容器，同样可以使用。"② 考古发掘表明，旧石器时期已有原始陶器，其出现时间早于磨制成型的玉器和锻铸而成的铜器。根据宗教文化的普遍性规律来看，陶器应该早于铜质、玉质礼器出现在祭祀舞台。陶器自古就是祭祀中不可或缺的物品，这一点在古籍文献中可以得到佐证，《礼记·郊特牲》记载：

> 器用陶匏③，以象天地之性也。
> 器用陶匏，尚礼然也。三王作牢④，用陶匏。⑤

诚如文中记载，陶质的礼器、葫芦剖开制成的匏器，象征着宇宙天地的本质。早期社会实用器物的选择标准，体现了中国哲学崇尚天地乾坤，以纯真质朴的样态相呼应的特征。宋人叶寘的《坦斋笔衡》中记载：

> 陶器自舜时便有，三代迄于秦汉，所谓甓器之也。今土中得者

---

① ［宋］王黼：《宣和博古图》卷一，上海：上海书店出版社，2017年版，第1页。
② 〔德〕恩格斯：《家庭、私有制和国家的起源》，中共中央马克思恩格斯列宁斯大林著作编译局编译，北京：人民出版社，2009年版，第21页。
③ 陶匏，即陶制的尊、簋、俎豆和壶等器皿。
④ 牢，共牢之礼。
⑤ ［元］吴澄撰：《仪礼逸经》卷二《昏义》，四库全书本，第3-6页。

其质浑厚，不务色泽，末俗尚靡，不贵金玉，而铜磁遂有。①

上述引文说明不晚于舜帝时期，陶器质朴天然的属性已经能够与天地本性相比照，这使得陶器成为郊庙祭祀中祭天礼地的神圣之物。陶器用于祭祀的习俗由来已久，陶器由土烧制而成的浑厚质地，符合甄选祭器时"纯真免俗，不以金玉为贵"的标准，这一标准也是铜、陶器物风靡的原因之一。

陶，具有规范、培育的寓意，正所谓"陶铸性情"。从制作工艺而言，陶器与青铜在制作上有相似之处。东汉王充《论衡物势》言：

今夫陶冶者，初埏埴作器，必模范为形，故作之也。②

陶器、铜器都经过高温煅烧而成，商周青铜器制作已经采用模印法，内、外范常用陶土制成，陶器的制作吸纳了青铜模制法，可见二者工艺的相似。二器成型的差异在于：青铜器由火热流淌的青铜熔液灌注而成，待熔液固化后敲除陶制外模，获得模具内的青铜器，这种"一模一器"的成型工艺无形中提升了成本；而陶器通过注浆、压模等工艺成型，内、外模可以重复使用，实现批量化生产。对比铜、瓷器制作材料，从山川河流取得瓷泥和清水远比获取青铜材料便利，诚如马未都先生所言，"与冶炼术相比，商周青瓷远达不到商周青铜的水平，但价格低廉，取之不竭的瓷土是青铜原材料的劲敌。以最便宜的材料获得生活上的最大方便，继而获得商业上的最大利益，在这一点上，青铜又远比不了青瓷。当青铜器退出历史舞台千年之后，青瓷器仍挥舞着旌旗高歌而行"③。较之青铜器烦琐的工艺和高昂的制作成本，"变土为金"之瓷器发明堪称人类材料发展史上以低等材质模仿高等材质的成功范例，瓷器造型和纹饰通过模具一次成型、反复生产、成本较低。从材质属性来看，青铜易腐蚀，而瓷器永不变质，历久弥新；青铜沉重笨拙，而青瓷轻便易携。总之，瓷质礼器较玉、青铜礼器的优越性和先进性非常显

---

① ［宋］叶寘：《坦斋笔衡》，见熊寥等《中国陶瓷古籍集成》，南昌：江西科学技术出版社，2000年版，第24页。

② ［汉］王充：《论衡》，陈浦清点校，长沙：岳麓书社，2006年版，第41页。

③ 马未都：《瓷之色》，北京：紫禁城出版社，2011年版，第61页。

著，青瓷仿青圭，承继陶、青铜、玉制礼器造型而成为礼祭专属器物，是生产力发展和社会进步的必然趋势。

华夏宇宙观统率天地万物，五行五方理论构建的体系成为天下礼制的参照。如果说，玉器和瓷器对应"方明"的五色体系，实现色彩与祭祀文化的链接，那么陶器、青铜器则主要通过造型赋义来呼应祭祀文化。从"形"的传承路径来看，周代方明模型中，"六器"以"形"对照色彩、方位，瓷质仿古礼器以造型呼应方位，逐步回归到"五行说"以形赋义的逻辑框架；从"色"的衍进路径来看，周代建构伦理观念影响着瓷器色彩的发展，历经千年青瓷礼器的发展，至明清时期瓷器色彩终于与五色伦理框架吻合。

官家典礼仪式中，受限于客观条件而以他物"替代"的观念由来已久。玉是石之精品，色泽优美、品质无瑕，体量巨大的天然玉石珍贵难觅。虽有瑕不掩瑜之说，但是以外在表征为礼仪符号的场合，视觉维度的"色"与"形"仍是礼仪法器对照于观念体系的首要因素。在现实操作中，因为理想玉石的稀缺，采用同色的其他材质来代替的方法已成为约定俗成的原则，甚至连装饰天子冠冕的玉石都允许替代，如《晋书》载：

> 后汉以来，天子之冕，前后旒用真白玉珠。魏明帝好妇人之饰，改以珊瑚珠。晋初仍旧不改。及过江，服章多阙而冕饰以翡翠珊瑚杂珠。侍中顾和奏："旧礼，冕十二旒，用白玉珠。今美玉难得，不能备，可用白璇珠"。从之。①

当这种"可替代"的观念发生于皇家品冠制作过程，并载入典章制度之时，这种观念逐渐固化并影响礼器材料的选择和使用。青瓷替代玉器、青铜器进入祭礼舞台，并成为主要的礼器，与社会文化、经济发展相关。此外，材料和工艺的因素也不容忽视。从材质来看，玉是一种天然珍稀的石材，其色彩注定难以达到完美，玉沁、玉裂等司空见惯。石之美者为玉，选材对玉器制作至关重要，能工巧匠常根据"俏色"与"巧形"因材制器，发掘其隐含的美感，达到"人力"与"天工"

---

① ［唐］房玄龄等：《晋书》卷一，长春：吉林人民出版社，1995年版，第432页。

浑然天成的艺术效果。现实之中的玉料往往是半石半玉，杂质较多者十有八九，甄选出"无瑕"美玉可谓是万中选一，而体量适宜、色质俱佳的玉料愈加难觅；即使体量达标，但通体色匀者更少，雕琢加工会减少原石的体量，因此玉难出大器，和氏璧贵可敌国的典故佐证了玉器作为稀世之珍的历史。从工艺流程与制作难度来看，玉器以雕琢（即"减法"，只能刻除而不能添加）的方式来实现理想的纹饰、造型，被切削之后的玉石不能复原，不同于泥塑所用的"加法"，可以反复修改，也不及拉坯、模具手法便于操作。相比于琢玉为器的青圭，泥做火烧的青瓷，在材料选择和制作工艺上都更具优势，材料更容易获得。

因工艺和材料限制，青圭与五色之"青"的对应难度较大，故常以其他材质作为替代，这种做法即便在国家祭典上也时有出现。勤劳智慧的古人在劳动生产中发现了火和发明了工具，埏埴为器的历程与人类进化同步。根据考古出土实物和文献史料来看，晋代青瓷常作为陪葬、祭祀用品，在日用器中较为少见，推测早期珍贵的青瓷主要作"养器"。古代礼制的施行中的替代原则在唐、宋、金时期仍属常见，往往采取"如或以玉难办，宁小其制度，以取其真""量玉大小，不必皆从古制"等权宜之计。随着制瓷技艺的成熟，青瓷替代青圭用作国家礼祭重器成为不争的事实。

从"形""色"体系的建构逻辑来看，"色类玉、形仿铜"两条脉络，实现了青瓷与祭祀象征框架的匹配。两汉以来，瓷器凭借造型的可塑性以及色彩的丰富性，逐渐取代铜、玉礼器。南宋龙泉青瓷结合了青铜之型和玉质之尚，将青铜器的沉稳敦厚转换为清丽高雅的瓷器之美，堪称"理想之器"。在一件件仿古南宋龙泉青瓷器之上，色彩成就了造型，造型彰显了色彩，二者融为一体，呈现出一种新的审美格局。

2.2.1.2　仿古造型溯源

在人们的普遍观念中，古代礼器①多为铜器、玉器，尤其是敦厚威仪的青铜重器。作为我国早期器物文化的主要载体，陶、铜礼器具有很多相通性，二器整体造型、附饰结构、装饰手法基本一致（如彩图5

---

① 礼器，是古代中国贵族在举行祭祀、宴飨、征伐及丧葬等礼仪活动中使用的器物。用来表明使用者的身份、等级与权力。礼器是在原始社会晚期随着氏族贵族的出现而产生的。

所示）：无论是极为接近的腹部与底足的比例关系、线条走势、口沿弧度，还是相似的底部三足形制，以兽形入器的象生手法，抑或是器身与附饰繁简相间，都如出一辙。陶器、铜器形态互鉴、功能互通的特征，也反映出传统造物文化中造型、纹饰、制作工艺互为参照的普遍规律。例如：商周青铜器典型的饕餮纹大量出现在商代白陶、黑陶上（如彩图6所示）；20世纪70年代大汶口文化遗址出土的刻纹陶尊，其上刻绘的日、月、山组合图像，与早期玉器的"鸟—日"形象都具有某种宗教象征意味，显示了陶器脱离日用器具的身份而作为专门制作的礼器而存在①。这一图案与美国弗利尔美术馆收藏的玉璧的纹饰有相似之处，二者很可能同属于早期文明中与祭坛题材有关的一个共同母题②。大约在新石器时期到商，与玉器同期出现的礼器还有精雕细刻的象牙制品，部分作品有着共同的装饰范式，即"鸟、日、山"组合而成的神秘图腾式题材③。这些纹饰繁缛之器，体现了宗教文化的内涵和祭祀礼仪的象征意味。这种极具宗教色彩的动物、植物装饰母题的反复出现，反映了早期社会的某种心理需求，承载了古人祭祀文化中祈求庇护的期许。

商周时期，陶、铜二器并行发展，同为礼器应用于相应的场域。诚然，有学者留意到"青铜礼器和乐器仿自陶器，几乎都是基于先前已存在的旧造型之上"，"大部分青铜形制都能在陶器和石器中寻找到各自的祖型"④，并明确指出"夏代酒醴之盛当由陶礼器和漆礼器等发展而来，二里头一期和二期所出均为陶、漆礼器，三期以后才出现铜礼器，且不出陶、漆礼器之种类范围"⑤。但是人们追溯仿古器具的造型之源时，更关注于鼎彝礼器，容易忽略陶器早于铜、玉之器用作礼器的

---

① 〔美〕巫鸿：《从地形变化和地理分布观察山东地区古文化的发展》，见苏秉琦编《考古学文化论集（一）》，北京：文物出版社，1987年版，第165－180页。

② 〔美〕巫鸿：《时空中的美术》，梅玫等译，北京：生活·读书·新知三联书店，2021年版，第17－18页。

③ 〔美〕巫鸿：《礼仪中的美术》，郑岩等译，北京：生活·读书·新知三联书店，2021年版，第17－21页。

④ 李立新：《中国设计艺术史论》，天津：天津人民出版社，2011年版，第219－221页。

⑤ 张辛：《礼与礼器——中国古代礼器研究札记之一》，见《考古学研究》，北京：科学出版社，2003年版，第900－901页。

这段史实。商周时期陶器与铜器型饰互鉴的现象非常普遍，极具时代特色的三足鼎、尊、炉形制在陶铜礼器上各展风采，而碗、盘等日用器具和随葬品陶铜互鉴的例子更是不胜枚举。

陶器作为造器之初的代表，自古承载着超乎物象的哲学思辨与文化寓意，从老子《道德经》中的"埏埴以为器，当其无，有器之用"所关注的"有无之用"，到"埏埴为器，工不造奇巧，世不宝不可衣食之物，各安其居"① 侧重的"实用与奇巧"之辨，以器言道的传统由来已久。《埏埴图》第五写道：

> 埏者，和也，埴者，土也。经曰：埏埴以为器，当其无，有器之用。为，和土为内外之器。内者，鼎器也，非凡用之器鼎也。乃受神汞之鼎器也。故《阴符经》曰：爰有奇器，是生万象，八卦甲子，神机鬼藏。②

上文中，埏埴而成之器赋予的鼎器意味已然清晰陈述，并且指出奇器蕴藏着象征天地之道的八卦神机，可见古人对于造器之事的重视。从某种意义而言，古器形制构建了中国礼仪文化以"隐喻"与"象征"为特质的语言风格体系。先哲以器寓道的造物之思，应该发生在实用陶器在社会广泛流通的基础上。早在商代，制作简易、成本低廉的陶器广泛应用于生产生活和礼仪祭祀，从陶器到青铜器均有沿袭，由"日用器"到"礼器"的发展路径反映出传统造物设计的基本规律。如："鼎"本为烹煮器物，后来演化为身份象征，青铜"九鼎"的传说将鼎神化为象征王权、天命的圣物，只有国家政权的掌控者才能拥有传国重器"九鼎"③。商周时期鼎成为礼仪活动的重要见证者，正式宴请需要"列鼎而食"④，平常器用也需要依据身份来决定用鼎数量。官方和民间社会生活中的鼎礼规范，进一步强化了鼎象征财富、地位的作用。垂范后世的三足两耳之鼎、直身兽足之卣、方体卦纹之琮、腹足相连之鬲等

---

① ［汉］桓宽：《盐铁论》，四部丛刊景长沙叶氏观古堂藏明刊本。
② ［宋］张君房：《云笈七笺》，四部丛刊景正统道藏本。
③ 〔美〕巫鸿：《九鼎传说与中国古代的"纪念碑性"》，《美术研究》，2002 年第 1 期，第 21 - 25 页。
④ 《孔子家语·致思》："从车百乘，积粟万钟，累茵而坐，列鼎而食。"

礼器形制，是商周青铜礼器造型的内在延续，并成为后世仿古器型之源。

根据出土器物来看，早期铜豆、陶豆的造型相似。豆是一种高足器具，不晚于周代已作为盛器使用①。《说文》："豐，行礼之器也，从豆，象形。""笾豆"用作礼器并纳入礼仪规范，相关记述在《诗经·小雅》《礼记》②中大量出现。商周时期常以"豆"之数来表示使用者的身份等级，这种"物数"与"人伦"相匹配的观念，与青铜器数用等制的逻辑一致。早期陶豆多为高足（足部通常高10厘米以上），考证汉字"豆"的字形字义，可以发现豆与礼密切相关，李砚祖③、熊嫕④对礼字的解读体现了"豆"在"礼"的造字衍进历程中的作用，或许古人端坐的姿态也被视作"礼"的重要表现和标准，反映出了古代文化中器物造型与"礼"的内涵相通。如果说高足形制是席地而坐的产物，那么随着先民烹煮、坐立等生活方式的演变，平底、圈足类的碗和盏因轻便而成为用具首选，高足陶鼎逐渐固定为专用礼器。豆，这种古代祭祀、宴会时盛肉类等食品的器皿，后成为祭天礼器，引申为奉礼之意，郑玄《诗笺》载：

祀天用瓦豆，陶器质也。⑤

随着历史的发展，宴饮之豆衍变为灯具，部分传世陶瓷高足豆内底仍可见残留的黑色灯芯。豆经历了由食器发展为礼器的过程，而灯具功

① 《礼记·王制》，见秦川主编《四书五经》，北京：北京燕山出版社，2007年版，第1044页。其中载："天子诸侯，无事，则岁三田：一为干豆，二为宾客，三为充君之庖。"干豆，盛干肉的器皿。豆，古时候盛肉之器。

② 参见秦川主编《四书五经》，北京：北京燕山出版社，2007年版。《诗经·小雅》：傧尔笾豆，饮酒之饫。（第795页）《礼记·郊特牲》："鼎俎奇而笾豆偶，阴阳之义也。笾豆之实，水土之品也。不敢用亵味而贵多品，所以交于旦明之义也。"（第1127页）《礼记·礼运》："是谓合莫，然后退而合亨，体其犬豕牛羊，实其簠、簋、笾、豆、铏羹，祝以孝告，嘏以慈告。是谓大祥。此礼之大成也。"（第1104页）《礼记·礼器》："天子之豆二十有六，诸公十有六，诸侯十有二，上大夫八，下大夫六。"（第1115页）

③ 李砚祖：《装饰之道》，北京：中国人民大学出版社，1993年版，第115页。

④ 熊嫕：《器以藏礼：中国古代设计制度研究》，南京：东南大学出版社，2016，第92页。

⑤ ［西汉］毛亨著，［东汉］郑玄著，［唐］陆德明著：《诗经》毛诗卷第十七"生民之什诂训传第二十四"，四部丛刊景宋本，第4页。

能的拓展，反映出器物实用功能与文化功能的交织和互动。豆作为灯具或许与其器型结构有关，宽大浑圆的底足稳固性好，抬高的圆托盘适宜存放灯油，增加光照的面积。上古时期，以豆为代表，一器多用的情况较为常见，反映了早期器物以实用为先的特征。这种功用为先的器用特点，为传统造物体系的丰富性和器物功能的多样性提供了可能，也为陶器、青铜器、玉器、漆器等多种门类的造型互鉴、纹饰共享埋下了伏笔。

至此，数千年礼器演变脉络渐而厘清，从造型发展来看，陶瓷器见证着古代祭祀礼仪的制度演变与祭器发展，源自史前炊煮陶器的高足在三代的陶器、玉器、铜器型上延续发展，三者型饰互鉴，相互交融，形成了一种以沉稳敦厚、附丽铭饰、兽形高足为鲜明特征的礼器风尚，并传承后世。本书关注的南宋龙泉仿古礼器可以视作对铜、玉礼器的效仿，更是对陶瓷器自新石器时期以来造型基因的继承。仿古器物溯源至新石器时期的陶器，能更好地挖掘"古礼"之源流，梳理"古器"之全貌，具有正本清源的意义，同时有助于建立完整的仿古器的历史坐标，更为准确地审视南宋龙泉礼器的创新力度、作用与贡献，为现代设计的推陈出新创造更多可能。

陶器作为礼祭器物祖型的身份隐匿于历史长河之中，与政治文化、科技等诸多因素有关，从器物文化的角度来看，主要可从以下四方面来解读。

首先，文字记载的起点和考古实物的源头，奠定了商周青铜为古器之源的观念。史学家们溯源可信的文字史料时，新石器时期甚至更久远的文明痕迹已无从考证，殷商甲骨文、商周青铜铭文等出土资料，逐渐确定了中华文脉始于夏的观念。《周礼》《仪礼》成为后世礼文化的重要理论基石，周礼确立的时期，恰好与青铜器的鼎盛时期相重合，典章制度中关于青铜祭天礼地的规范，奠定了中华礼制文化的基调；以夏为起点的古器史料记载，促成了宋代礼制以三代为端的观念。宋代金石学著录将古礼典器之用和上古器物文化分类而述，所绘录的图谱主要以青铜礼器为模本，进一步深化了青铜重器作为古器之源的程式化印象，宋朝复古潮流下的礼制典籍都以商周为参照。数量众多的皇室贵族墓穴考古发掘，进一步反映了青铜器作为墓葬器物的史实。例如出土于西周王畿地区的庄白1号窖藏的四组祭礼铜器①，其形制、铭纹、纹饰等均与西周史实的记载相吻合；而现存最为完整的商代王室墓葬出土的礼器，除了755件玉饰，数量更多的则是青铜礼器②。

其次，材料工艺的难度区分了器用等级及使用者的社会身份，三代国家重器问鼎青铜。古代社会认为祭祀事关国运，在此观念作用下，国家祭祀之器总是选用当时最为珍稀贵重的材质，以最高难的工艺制作而成，陶质、铜质、瓷质礼器都是这一标准下的产物。从制作工艺而言，三者超越了切凿磨绘等物理加工层面，上升到改变物体性质的化学加工。对比陶器、铜器的材质属性，制陶泥土易得，陶器易破损，常被视作平常之物。青铜器由铜和锡的合金制成，呈青灰色或灰黄色，硬度高，质地坚硬，抗压抗摔性优于陶器，始终居贵器之列。商周是我国青铜工艺发展的黄金时期，史称"青铜时代"，其工艺的精细复杂程度远超同期陶器，为人类文明留下了后母戊大方鼎、四羊方尊等传世之作。在采用"模范＋失蜡工艺"铸造而成的国家礼器上，繁缛细密的饕餮纹、蜿蜒缠绕的夔龙纹狞厉诡异，震慑寰宇，令人心生敬畏。这些庄严肃穆、厚重敦实、雄浑大气之作，彰显国家重器的气度，数十人都难以搬运。就材料的社会属性而言，青铜不仅用作礼器，还可制成铜镜以鉴容，浇铸成钱币在贸易中流通。毋庸置疑，这种与金银货币同等的价值属性，势必会进一步增强青铜在价值体系中的优越性，加深人们观念体系中青铜礼器与皇家身份相匹配的意识。

再次，陶器日用的普遍性和青铜器礼用的专属性，决定了青铜礼器身份的惯性认知。纵然陶器兼具宗庙之器和日用之器的功能，但是陶器创烧之初的实用身份以及在社会生活中的功能定位，削弱了人们对陶器作为礼器的认知。尽管商周青铜、陶制礼器沿用了新石器时期陶器的尊、爵、炉等造型元素和装饰手法，甚至商周时期陶铜礼器如出一辙，两宋礼器造型中的三足、附饰等元素，都可见新石器陶制礼器的遗风，但是日用器物即"燕器"的地位次于礼器的观念根深蒂固，如三足陶鼎诞生时用作炊煮器，以及用于储水、运水、贮存和盛放食物，《礼

① 〔美〕巫鸿：《时空中的美术》，北京：生活·读书·新知三联书店，2021年版，第4页。

② 〔美〕巫鸿：《时空中的美术》，北京：生活·读书·新知三联书店，2021年版，第10页。

记·王制》记载：

> 大夫祭器不假。祭器未成，不造燕器。[①]

这些三足陶鼎在很长一段时期内，主要满足先民定居生活的实际需求。虽然陶器的造型和装饰建立以物序人的礼仪序列，但是陶器作为日常器物的身份更为司空见惯。陶器和青铜容器"在仪式上的作用是建筑在它们在饮食的用途上的"[②]，当陶器的饮食器物标识凸显并固化时，青铜器却因实用和制作因素退出饮食器的历史舞台。在汉时，随着青铜礼器产量减少，专供礼器。此外，因为成本低廉和操作便捷，陶器的日用化和简化趋势与青铜器的礼仪化和程式化风格，也促成了二者用器与养器两条分支发展。瓷器同样如此，纵然"臣庶不可用"的秘色瓷被隔离在大众生活之外，但日用青瓷仍以杯、盏、碗、盘等造型服务于日常生活；唐代邢窑白瓷以巨大产量和低廉售价，占据了民间寻常生活用器的市场。陶瓷器在饮食文化中的普及，以及缺乏距离感和疏远感的特征，进一步冲淡了其属性。反观青铜器，纵然也有酒具、餐具之用，但是作为贵金属用器，仅供奴隶主和贵族使用，青铜礼器则只有"九五之尊"的帝王可以企及，用于赏赐时也需要遵守等制，不容僭越，其礼制等次与陶器已不可相提并论。

青铜礼器以高居庙堂的、国之重器的形象出现，这种与皇权威严关联的观念根深蒂固，弱化了陶制礼器对后世的内在延续。因此，纵然陶制礼器出现时间早于铜玉礼器，陶器与青铜器造型纹饰互鉴，但是多数人提起鼎、尊等礼器，首先想到的是青铜器而非陶器。在三代器物价值体系中，陶的分量远不及铜玉之器。

最后，青铜作为国家礼器的教化功能，影响了以其礼器造型为圭臬的思维模式。不晚于新石器时期，陶制礼器就已应用于最高祭礼。按照器物文化发展规律，后世常沿袭前朝形制，商代早期青铜礼器的形制明显有前朝陶器的痕迹，随着青铜工艺的日趋成熟，铜器渐而取代陶器的

---

① 《礼记·王制》，见秦川主编《四书五经》，北京：北京燕山出版社，2007年版，第1050页。假，借也。燕器，指普通日用器物。

② 张光直：《中国青铜时代》，北京：生活·读书·新知三联书店，2014年版，第337页。

礼器角色，并发展出愈发专门化的礼器器型和繁缛纹饰，拉大了其作为礼器与其他日用器物之间的距离，强化了国家重器的身份标识。

礼用之器的赋义属性是一种本体的造物倾向，中国文化"隐喻"与"象征"的语言风格在青铜重器的造物体系中上升到教化的高度。《左传》记载：

> 在德，不在鼎。昔夏之方有德也，远方图物，贡金九牧，铸鼎象物，百物而为之备，使民知神奸。故民入川泽山林，不逢不若。螭魅罔两，莫能逢之。用能协于上下，以承天休。①

以上王孙满的对话，既阐释了"铸鼎象物"的造型来源，又明确了礼器造型拟形之物选择的标准和意义——明辨神奸，引申为对善恶的评判取决于内在本质——德的修为。同时，青铜重器"鼎"也象征着诚信无欺的品质，即所谓"一言九鼎"。而关于国家重器的"重"与"轻"，同样以德行为重要的评估指标，《左传》载：

> 德之休明，虽小，重也。其奸回昏乱，虽大，轻也。天祚明德，有所底止。成王定鼎于郏鄏，卜世三十，卜年七百，天所命也。周德虽衰，天命未改。鼎之轻重，未可问也。②

青铜器物的重量与礼器威仪相匹配，此处以"德"寓意器物在人们心中之重，体现了政治教化目的。礼器的肃穆庄严是实现礼仪程序、达到礼化效果的途径，而使参礼、观礼之人将礼仪内化为思想上的尊崇，则体现了礼器设置的初衷。从这个意义来看，上升到道德层面的器物之象、"贡金九牧"的材质象征，注定陶器与青铜器在礼器地位上无法等同。周代建立的以德、礼为核心的礼祭秩序，至宋代衍进为以儒学为主，兼容释、道的理学精神，其本质都在于维护皇权统治的礼仪秩序，实现和道德教化的功能。

---

① ［宋］章冲：《春秋左传事类始末》卷二《宣公》，四库全书本，第1-2页。

② ［明］王升，［明］吴骙校：《读春秋左氏赘言》之七《宣公》，万历十六刊本，第5-6页。

在商周漫长的礼器更迭过程中，陶、铜二器造型、纹饰、工艺互鉴，共用和混用的情况非常普遍。在封建社会以物序代表等级的观念作用下，二器服务于社会不同等级。陶器的工艺壁垒突破之后，品类多样、形态繁多的陶屋、谷仓、魂瓶等陶器多出现在民间祭祀场合，被用作家族祭礼或陪葬明器，渐而形成了青铜国家礼器与陶质民间礼器两条分支。商周到唐，青铜礼器独占皇室礼仪盛宠，这种局面直至唐代禁铜令的颁布才暂时被打破。随着唐代金银器在皇室的推广以及铜产量的下降，瓷器替代贵金属器具而广泛应用。唐宋之间，瓷质礼器复兴，并逐步替代了青铜礼器，成为社会主流，并一直延续到清代。历史车轮辗转千回，古制礼器造型由陶器开始，经青铜器的发展，又回归到瓷器。早在商周时期已浸润在人们观念中的器物等制，并不会因为贵金属材料从器用领域消失而消亡，器物伦理在礼器领域中代代相承。

本书认为，不晚于三代，青铜器作为国之重器的观念已成为人们深层的文化记忆。礼祭器物的形与饰遵循礼制规范，体现礼仪秩序，所谓"藏礼于器"。三代青铜礼器成为后世仿古之瓷的主要参照，那些威严的鼎、尊、鬲、炉、洗造型和神兽祥瑞等装饰纹样一脉相承，成为宋元明清瓷质礼器的造型粉本和装饰母题。聚焦瓷质仿古礼器的滥觞，北宋汝窑、官窑之器沉稳敦实，奠定了瓷质礼器造型的基调，这一古器脉络自陶器而铜器、瓷器，生生不息，薪火相传。南宋龙泉窑仿古瓷器造型远效三代陶铜之尚，近仿北宋汝官之制，并与同期各窑口造型相融合，也是陶瓷领域自新石器时期礼器造型的传承。数千年的器物演进过程中，材料几经更迭，但造型样式和装饰风格在历史的冲刷下，衍进为亘古不变的礼器范式，流传千古。

2.2.1.3 南宋龙泉青瓷仿古礼器造型解读

在对自然界充满未知的原始社会，祭祀是一种人类自发的行为，也是原始先民重要的精神活动。"国之大事，在祀与戎。"① 自古以来，宗庙之祭与军权国事一样，关系到国家政权与社会的稳定。郊祀或明堂大礼，是中国古代最重要的国家祭礼活动。孔子和周公之礼，将儒家礼教与祭祀文化融为一体，礼也成为规范人伦纲常、管理社会关系的有效手

———————

① ［唐］孔颖达：《春秋左传正义》，《十三经注疏》，北京：北京大学出版社，1999 年版。

段，深受统治阶级的重视。《礼记·礼运》记载：

> 是故，礼者君之大柄也，所以别嫌明微，傧鬼神，考制度，别
> 仁义，所以治政安君也。故政不正，则君位危；君位危，则大臣
> 倍，小臣窃。刑肃而俗敝，则法无常；法无常，而礼无列；礼无
> 列，则士不事也。刑肃而俗敝，则民弗归也，是谓疵国。①

壶有柄有流，由柄来掌控流，以把握器物操作和使用的节奏。柄有
权柄之意，执柄意味着掌握了事物的关键要害。从儒家社会治理的角度
而言，人君统治之柄就是礼。《礼记》将礼喻为国君的大柄，君主执之
以治国。政府通过对国家祭礼的法度和规制的确立，可以自上而下地建
立起一套有序不紊、行之有效的礼仪秩序，可以增强国家、民族的凝聚
力和向心力，更重要的是可以在国家祭礼中强化礼制观念，以外化为
"礼"的形式实现从思想到行为的规范。

赵宋王朝结束了五代十国诸侯战乱的局面，建国之初，百废待兴。
宋朝尚文重礼，徽宗朝已设立议礼局、宣和殿等集古、赏古的机构，广
泛搜求民间古器②。诸多专门研究金石学的著作问世，这些著作包括叙
录和图录两大类，代表性叙录有宋代欧阳修的《集古录》、李公麟的
《古器图》、吕大临的《考古图》等，图录类有宋代王黼撰修的《重修
宣和博古图》、官修的《宣和殿博古图》、清代允禄等的《皇朝礼器图
式》。这些著录不仅成为重要的史料，也成为礼器造型设计的主要来源
和重要参照。成书于北宋熙宁、元丰年间的《郊庙奉祀礼文》记载：

> 庆历七年，礼院奏准修制郊庙祭器所状……臣等参详古者祭
> 天，器皆尚质，盖以极天下之物……今伏见新修祭器改用匏爵、瓦

---

① 《礼记·礼运》，见秦川主编《四书五经》，北京：北京燕山出版社，2007年版，第
1104页。

② 徽宗时期所建的宣和殿专用于储存保管古物。为了遵循古制，真正恢复唐以前的礼
制、乐制，朝廷还曾经多次下诏求索古器，尤以徽宗朝为盛。徽宗大观初，诏令搜求天下古
器，诸如尊、爵、鼎、彝等礼器，磬石、古尺、律管等乐器，均在搜求之列。［元］脱脱：
《宋史》卷九十八，北京：中华书局，1997年版，第2423页。其中载："初，议礼局之置也，
诏求天下古器，更制尊、爵、鼎、彝之属。其后，又置礼制局于编类御笔所。于是郊庙礼祀
之器，多更其旧。"

登、瓦罍之类，盖亦追用古制……故扫地而祭，器用陶匏，席以稿秸，因天地自然之性。①

　　可见北宋在礼法规范和礼器用度上都遵照古制，这也奠定了瓷礼器的仿古风格取向。《武林旧事·卷九·进奉盘合》记载：

　　　　古器：龙文鼎一、商彝二、高足商彝一、商父彝一、周盘一、周敦二、周举罍一、有盖兽耳周罍一。汝窑：酒瓶一对、洗一、香炉一、香合一、香球一、盏四只、盂子二、出香一对、大奁一、小奁一。②

　　宋代尚古热潮下，复古之风席卷了两宋文化、艺术诸多领域，这一时期的绘画、书法、诗词歌赋等诸多领域都力求古风古韵，进一步推动了瓷器复古摹古的倾向，将古雅器韵发挥到了极致。宋代艺术居中国古代的最高峰，其中宋徽宗的作用不容小觑。除在书画领域颇有造诣外，他还直接干预瓷业生产，在都城附近设立官窑，管理、指导仿古瓷的设计与生产。五代隋唐瓷器上式微的古器风格，在宋瓷上蔚然风行。以徽宗为代表的宋代高雅审美品位不仅成就了五大名窑的历史功绩，也将器物审美推向更高的层次。汝窑、官窑经典仿古礼器的造型和附饰处理，保留了国家礼器端庄沉稳、巍峨的造物风格，又比上古的鼎、尊、炉、洗等陶制礼器更为精细优美、清逸灵巧。从瓷器造型与审美风格的时代趋同性来看，北宋汝窑、官窑，以及南宋官窑、南宋龙泉窑青瓷有相似之处。自古官哥不分③，《春风堂随笔》记载："弟所陶青器，纯粹如美玉，即官窑之类。"④ 南宋政权主要通过南宋官窑来获得瓷礼器，从官窑对民窑的影响来看，无论是出于"民仿官"的瓷业规律还是市场导

　　① ［宋］陈襄撰，［宋］陈绍夫编：《古灵集》卷九《不设黄褥绯褥》，四库全书本，第3－5页。
　　② ［宋］周密：《武林旧事》，北京：光明日报出版社，2014年版，第167页。
　　③ 关于南宋官窑与南宋龙泉窑的关系，历来众说纷纭，学界有一类观点认为：哥窑，即南宋龙泉黑胎青瓷就是模仿官窑青瓷而产生的，经过科学检测，二者的胎釉性能、施釉方法等都极其接近。二者从地理位置来说都属浙江南部，有相近的原料与燃料，具有仿制的物质基础和工艺条件。
　　④ ［清］蓝浦：《景德镇陶录》卷六，光绪十七年京都业堂刊本，第5－6页。

向，南宋龙泉窑模仿南宋官窑器是一种必然。两宋瓷窑诞生了大量的簠、簋、尊、豆、登、罍等造型的礼器，这些色泽沉稳、金光内蕴、古朴大方的仿古器型，颇具商彝周鼎遗风，构成了一个极具辨识度的宋瓷仿古造型体系，成为元明清瓷业仿效的模板。

北宋瓷业的摹古崇古之风反映了赵宋王朝最典型的社会风尚，南宋社会变迁和时代需求则给予南宋礼器绝佳的发展机遇。宋室南迁，北宋的宫廷礼器毁于兵燹①，在重建礼制的政治背景下，急需生产大量礼器以满足宫廷祭祀之用。南宋朝廷国力衰微、财政吃紧、铜材稀缺，南宋高宗绍兴十三年（1143 年）下圣旨："祭器应用铜玉者，权以陶木。"此后的祭典活动已开始用陶瓷器、木器替代铜器，这种社会背景助推了南宋瓷礼器的兴盛。宋仁宗、神宗时期有专人研习古器②，效仿古铜古玉礼器风范，清代朱琰的《陶说》记载："《三礼图》《博古图》《古玉图》，画法略备，钟鼎款识，具载于薛尚功之书，能仿古为之，当辍定轹汝，驰官骤哥，而与尊彝并重矣。"③ 较三代之礼，以瓷为祭器，成为南宋的一种革新。

北宋洗练厚重的器身与兽足组合而成的瓷质礼器形制，至龙泉窑则更多地融入了隽秀清丽之美。南宋龙泉青瓷瓷色多呈含蓄内敛的哑光釉面，胎骨较为厚重，胎色多为紫黑等色，常伴有紫口铁足的特征，更能彰显器物沉稳敦厚、雄浑气魄的风度；其仿古炉、尊、奁等器足，常沿用三代的三足造型，高足长度缩短，长直状高足被与器身融为一体的精练兽足取代；瓶、罐类仿古器多有附饰，通常增加对称的贯耳或凤凰、鱼、灵芝等形态的附耳，刚劲挺拔的器身与精巧雕琢的附饰相得益彰，呈现一种强弱有序的节奏韵律。

南宋龙泉窑衍生出了丰富多样的琮式瓶、鬲式炉、鼎式炉、奁式洗等仿古器物。

---

① 赵宋帝王主要经历了两次金军的武力重创：北宋靖康元年（1126 年）的"靖康之变"，都城东京被攻破；建炎三年（1129 年），高宗赵构在扬州受袭，礼器乃至祖宗神像、牌位被"悉委弃之"。

② 马端临：《文献通考》卷七十四。其中引用国子监承王普的话："自刘敞著《先秦古器记》，欧阳修著《集古录》，李公麟著《古器图》，吕大临著《考古图》，乃亲得三代之器，验其款识，可以为据。"

③ ［清］朱琰：《陶说》，济南：山东画报出版社，2010 年版，第 25 页。

（1）琮式瓶解析

琮，是我国古代重要礼器造型。① 关于琮之形态，《周礼·考工记·玉人》记载："大琮十有二寸，射四寸，厚寸。"② 郑玄补注："琮，八方象地。"③ 《白虎通·文质篇》曰："圆中牙身方外曰琮。"④ 南唐徐锴："状外八角而中圆。"⑤ 南宋时称之为"镇圭"。纵然各朝对古玉琮形制尚无定论，不过"外圆内方"的筒形玉器成为共识。周代祭礼体系中，玉质"六器"在法器"方明"的"指引"下承担着国家礼器的功能。具体而言，"以黄琮礼地"通过黄之色和琮之形两个层面，与五行五色伦理框架中"礼地"的标准相匹配，同时黄色对应的五方之本位——中，也象征着国家根基。原始先祖遵循以礼器造型对应天地之形的思维模式，确立了圆器礼天、方器礼地的基本准则，玉琮之形对应"天圆地方"的宇宙观念体系，成为国之重器。"天圆地方"的象征框架根源古人对宇宙形态的固化认知，在古人的观念里，天是圆形，地为四方形，二者相合构成了整个世界。《周易》以阴阳变化之道解读世界的相生相长，即所谓"圆以象乎阳，方以象乎阴"。按照万事万物循环往复的核心逻辑，玉琮外方内圆的关系蕴含着方与圆相互转换，以及与祭天礼地体系的对应。琮由四个方形立面围合而成，象征着东南西北四个方位，玉琮内部圆形的空心柱体，匹配"天圆"的概念，方圆之间有一定厚度的器壁，岿然而立。

根据清代吴大澂编撰的《古玉图考》⑥ 来看，主要有大琮、组琮两种造型样式（如彩图7所示），前者为竖直的长方体，后者为低矮的扁方体，后者常成组使用。宋代琮式瓷瓶主要模仿大琮之形。"外圆内方"是玉琮最显著的造型特征，综合古籍图录和传世器物来看，部分低矮的祖琮呈"外圆内圆"状。玉琮"外圆内方"的经典样式也在历

---

① 最早的玉琮见于安徽潜山薛家岗第三期文化，距今约5100年。

② ［宋］王昭禹撰：《周礼详解》卷三十八，四库全书本，第7页。

③ ［汉］郑玄注，［唐］陆德明音义：《周礼》卷第五"春官宗伯第三"，四部丛刊本，第10 – 19页。

④ ［汉］班固撰：《白虎通德论》卷第七"文质"，四部丛刊景元大德覆宋监本，第1 – 3页。

⑤ ［五代］徐锴撰：《说文解字系传》通释卷第一"系传一"，四部丛刊景述古堂景宋钞本，第11 – 14页。

⑥ ［清］吴大澂：《古玉图考》，北京：中华书局，2013年版，第4页。

史进程中不断衍变发展，主要表现为器型高低、横纵向比例不同所形成的气势、体量之别。玉琮之饰集中在外壁，装饰元素以八卦纹为主，乳钉纹、弦纹为辅，这些点状和线状元素组合传递出不同的艺术语言表达。质感坚硬的玉琮上重复而规律的纹刻，营造出神秘威仪的敬畏感。方形、硬朗、刚劲的器型营造出纪念碑式的庄重感，符合礼器通天地的形象特征。这种带有强烈的制度化造型符号，深化了琮式瓶在人们的视觉心理和观念维度中的礼器身份。

琮式瓷瓶通常为"圆口、短颈，方柱形长身，口、足大小相若，有带器身四面由凸起的横线装饰。最早的瓷质琮式瓶见于南宋官窑与龙泉窑器"。[1] 琮式瓶竖直坚挺的造型风格与宋代时代风尚相合，其蔚然风行是一种文化的传衍和历史的必然。这些浑然一色、威严矗立的琮式瓷瓶，散发着浓厚的宗教气息，似乎深藏着神秘的力量。南宋龙泉琮式瓶整体造型与大琮基本一致，保留了玉琮"外方内圆"的造型法则，又与瓷瓶以口、肩、腹、足为构成单元的形制糅合，产生了一种以玉琮为外形，以瓷瓶为内核的造型样式。在外圆内方的造型准则下，衍化出一种圆口侈颈四方琮式瓷瓶，圆形瓶口外侈与方形瓶身相连，底部圆足与口部呼应。为适应瓷器制作规范和烧成工艺，玉琮丰厚的器壁变为0.8厘米左右厚度的方形瓷胎，内圆结构与琮式瓶的圆口相对应，方形瓶胎较等大的玉琮器型增加了器物的内部空间，也便于稳固插入的物体。琮式瓶以大琮而不是组琮为母形，很可能是出于瓷器底部不宜中空的考虑，以便储物。这一器型演变轨迹反映了陶瓷器型实用性与陈设性相结合的原则，也反映了传统造物适时而变、因材而异的设计智慧。

从烧制层面而言，琮式瓶等方形器对制瓷工艺有极大挑战，比起辘轳拉坯—次成型的圆器，方形器物需要借助模具注浆或者以泥板拼接、手工成型，后者在业内被称为"镶器"。手工成型的方形器物的粘接步骤增加了高温烧制时的风险，成功率低，坊间常有"一方顶四圆"的说法。如果琮式瓷瓶照搬玉琮的厚壁规制，那么不仅在泥质坯体干燥的过程中容易出现变形、开裂的工艺缺陷，而且在烧制环节中，过厚的器壁会在胎体升温和釉面熔融的过程中出现气泡，甚至炸裂、破损，成功率较低；同时，厚壁会不可避免地增加瓷器烧至1300多摄氏度所需的燃料和时间

---

① 冯先铭：《中国古陶瓷图典》，北京：文物出版社，1998年版，第139页。

成本，也会增加器身自重，不符合便携需求。根据对宋代制瓷成型的手段和对琮式瓷瓶的实物考察，笔者判断这些传世器物多数为模具成型所得，瓷瓶体量轻巧、装饰均衡，反映了宋代模具成型工艺的成熟。

宋代仿古琮式瓷瓶的设计智慧不仅体现在造型的适应性改造方面，还表现为器壁装饰的合理简化改良。南宋龙泉琮式瓶外壁模仿玉琮八卦纹①装饰样式，将玉琮四壁阴线刻划的八卦纹，转变为瓷瓶表面颇具节奏感的凸起的八卦纹路。琮式瓷瓶竖直的四个方形器壁都被两条纵向凸线等分为三，左右两边长短相间的八卦纹排列有序。纹饰基本上遍布器身，仅在每个立面的中间区域留白。或许是因为材质和制作工艺的差异，瓷瓶所饰八卦纹的立体效果不及玉琮的强烈，转折部分略为柔和。从玉和瓷的装饰工艺来看，玉琮采用减法凿刻，转折部分轮廓干脆利落；而琮式瓷瓶为模制而成，考虑到在脱模时模具与泥胎剥离的可操作性，为了避免泥胎被尖锐的模具转角损伤，制模时少用直角，每个凸起的八卦形纹都有不同程度的弧形转角，凸起的八卦纹与方形器壁相呼应，增强了器物的完整性和协调性。琮式瓷瓶上凸起的横线，与传统阴阳五行的八卦之爻卦相似。或许在琮式瓷瓶历史衍进中，人们无意地将玉琮与神明沟通的卦象做了概念化的处理，其装饰意味超过了宗教寓意。

总之，无论是对造型和装饰语言的拓展、改造，还是对制作工艺的适应以及成型方式的低成本、高效能的把控，宋代琮式瓷瓶设计堪称瓷器仿古史上的典范，充分体现了在南宋尚古、务礼的时代风尚下，观念与工艺的相互影响与调适。从陶瓷成型与烧制工艺而言，虽然使这些琮式瓷瓶采用模制法制成，但是烧制方形器的工艺难度和风险远高于圆器这一问题仍客观存在。换而言之，无论成型方式如何，此类方形仿古器具都会耗费比普通圆器更多的成本和时间。可以想见，正是在观念作用下，冶瓷工匠才会竭尽所能、费时费力地制作工艺难度如此之大、烧制成功率如此之低的方形仿古器型。

从宋瓷博物馆展示的两件遂宁市南墙镇金鱼村出土的南宋琮式瓶，以及故宫博物院所藏宋代琮式瓶来看，青翠欲滴的梅子青和莹澈润泽的粉青兼而有之，这些集审美、工艺、宗教于一体的上乘之作，展现了南

①《周易》中记录着占卜所得的64卦象，八卦纹以此为依据。先哲通过观龟背裂缝、占卜卦象获得神灵指引的思维模式，是中国传统文化的典型特征。

宋龙泉窑技艺的高超水准。将南宋与元、明、清的琮式瓶比照来看，南宋器型较后世器型更为修长挺拔，造型的横、纵向比例关系更为和谐。如果说南宋琮式瓶用以插花赏鉴，那么元代以塔入器的连坐式琮式瓶，则直接凸显了器物的宗教用途。如彩图7之⑦所示，在琮式瓶造型中糅合了佛塔元素，该器型已难见南宋之器沉稳端丽、内敛深邃、威仪自含的气度。器口与肩的衔接略显仓促，缺乏玉琮造型的从容舒展。塔状琮式瓶由塔身与底座等分而成，这种比例显得器型短小、局促，难以彰显礼器风范。器身凸起的八卦纹和底座的花卉模印纹饰突兀僵硬，缺乏与器身的融合感，四足的设计稳定有余而灵逸不足，缺少了南宋时期将宗教文化蕴化于器物审美的造物巧思，以及将实用与审美合一、藏礼于器的设计智慧。

至清代，在东西方文化艺术交融的背景下，礼器审美已不限于仿古，而呈现出技先于艺的趋势以及东西互鉴的局面。一方面，瓷业工艺技术不断突破，在瓷器造型的可塑性、釉色的表现力上登峰造极，各种新奇繁杂的器型迭出，甚至将各式瓷器装饰手法汇于一器，如转心瓶和瓷母等器。清代仿古礼器常贯通前朝器型，如彩图7之⑧所示，清乾隆五管弦纹方尊融合了五管瓶和玉琮器型，开拓了一种新的造型组合方式。另一方面，受巴洛克艺术为代表的西方审美风潮的影响，处于成熟期的清代瓷器展现出一种"炫技式"的以繁为美和崇洋之风，西方古典造型与装饰被应用于中国器物之上，冶瓷制器展现了重器轻道的取向。这种发展趋向已偏离了宋代以来被奉为经典的以古雅为美、尚简尚质的中国传统审美，古风之韵渐行渐远。

（2）南宋龙泉仿古礼器三足解析

三足而立的高足样式是古代礼器的代表性元素，传世的鼎、鬲、炉、甗、爵、斝、盉等礼器皆然，三足也是华夏古器的典型形制特征之一。从审美角度来看，三足器与四足或圈足、平底器相比，前者更具灵动之感，后者则更为平稳统一。从礼仪气度来看，高足于无形之中提高了器物的高度，当观者的视角向上、观赏的视线提升时，也会潜在地产生一种崇高感。因此，三足器相对不易平稳放置，且制作工艺难度更大、制作时间成本较高，却仍广泛应用在仿古礼器上，更多迎合宗教和审美需求。

三足形制可上溯到新石器时代的陶器，后来演进为商周青铜器、汉代以后瓷器典型的足部特征。这种三足样式可能因陶制炊器的使用需求而生，与器腹高度几乎相等的三足，提升了整体高度，长直、尖锐的三足便于插入泥土、稳固器身；同时，三足之间的空隙使得器腹底部与地面存在一定的空间，便于放置柴火升温烹煮。三足古器形制繁多，不同形制各有功用和对应称谓，如"炊器——圆底的叫'釜'，三条腿的叫'鼎'。有三条空心足的叫'鬲'……"①，部分商周陶器、青铜器的足，由腹部往足底逐渐变尖，敦厚有力；而汉代的仿生三足兽面鼎（如彩图 8 - b 之⑦、⑧）、北宋弦纹尊（彩图 8 - c 之⑮）、西汉陶奁（如彩图 8 - c 之⑯）等器物样式，则赋予三足陶鼎以变化的动物造型元素。随着器物文化的发展，实用器具与观赏器具、礼祭器具分离开来，早期满足实用功能的三足器型因其高贵、典雅、威严、肃穆的特质，日渐固定为一种礼器范式传衍后世。

不晚于西汉，兽类象形的陶器、青铜、瓷器大量出现，这些形象生动、造型洗练的动物造型，或许是上古文化兽形崇拜器物化的结果。在这一象形化的器物设计过程中，兽首与器物的流或耳相结合，器身模拟兽腹，器足与兽足相融合，如此达到器形与兽形的和谐统一。由新石器时代陶器、商周青铜器承继而来的长直状三足，发展为抽象化的兽形三足，两宋瓷质仿古礼器因兽形高足而明显有别于日用之器。

因实用而生的高足传衍后世的原因却与实用无关，更多源于文化观念层面的因素。"高"的本义指客观的空间位置，后引申为身份尊贵。古往今来，人的高低贵贱似乎与高度、位置的差异有着某种固定的对应关系。"高"有高雅、高贵之意，以"高"为"贵"、以"高"为"尊"似乎是一种固化的观念，植根于华夏文明的思想内核之中。人们总是习惯于将至关重要和有意凸显的部分，置于高位，以视觉可见的高低象征身份等次已成为一种常规的思维模式，在设置者和观赏者的认知体系中达成某种共识。"鹤立鸡群""卓然不群"等词语就是这一思维模式的应用。

古代宇宙认知体系里最高者当属天，从宗教文化的角度来看，天居于天、地、人三界之首。皇家祭礼中祭天仪式至关重要，需由帝王亲自

---

① 叶喆民：《中国陶瓷史（增订版）》，北京：生活·读书·新知三联书店，2011 年版，第 8 页。

成礼。古代帝王以天子自居，体现了以天为极、以"天威"助力"皇权"的思想。封建社会官方的跪拜之礼和女子日常行礼，都体现了以高为尊的观念。跪拜之人虔诚地屈膝，并以首叩地，将自身的高度降到最低来凸显对方的高度，以示尊崇。朝堂宫殿之中，君王之席位于数层台阶之上，臣子觐见时拜跪于下，两者之间的高度差无疑更进一步强调了身份之别，凸显了君王的崇高感。古代女性日常行礼时，双膝弯曲半蹲、双手半握置于左腰部，以同样的方式来抬高对方，以示礼敬。东西方宗教文化中，象征无限高远、自由境界的天被赋予深厚的内涵，建筑艺术中以高耸的形状象征与天的接近，如西方哥特式建筑高耸入云的尖顶、东方神庙中的塔顶，都不约而同地选择了一种体量巨大的崇高建筑，其形态从地面到顶端由大渐小。就视觉层面而言，向高空延伸的小尖顶呈现出一种穿透天空的趋势，几乎难辨何处是塔顶、何处是天空，似乎二者已融为一体，以至于在某个瞬间会产生一种错觉，似乎教堂和佛塔之顶已然触及了天空，信徒祈祷的心声也传达给了神灵……从宗教建筑的功能属性来看，这种无限接近天空的设计，或许在试图建构一条"天与地""人与神"沟通的桥梁。古代君王有登泰山封禅的传统，究其思想根源，一方面是通过登顶象征排除障碍，达到最"高"位，另一方面是登高可以更接近天，以获得物理上和心理上的双重满足。唐代藏传佛教圣地布达拉宫①在海拔 3700 米的云端依山而建，与天接壤的宫殿被誉为"通天之路"，体现了祭祀中尚高的思想——以无限接近天空的高度来通达神灵。这种根深蒂固的以高为尊的层级观念反映到礼祭文化领域，不仅形成了以高低排列物序的礼制规范，也深刻影响着礼器造型设计和使用方式。

如果说高足构建了三代礼器形制的基石，那么三足则反映了数字与礼仪的关系，进一步固化了后世仿古礼器的具体标准。中国传统文化里的"三"寓意深远，老子《道德经》言："一生二，二生三，三生万物。""三"在老庄思想中有着无穷无尽、连绵不绝之寓意。三有"多"的意思。自伏羲氏以来的绝地通天的理论体系中，"三"可以指代三极，天、地、人三才，也称天道、地道、人道，对应着礼祭的三界。青

---

① 布达拉宫是藏式风格的宫堡式建筑群，主要由公元 17 世纪五世达赖喇嘛时期重建的白宫及其圆寂后修建的红宫组成，高 200 余米，外观 13 层，实际只有 9 层。

铜礼器三足形制的设立应该与此象征体系相关。据《系辞上传》，"六爻之动，三极之道也"，三极与阴阳乾坤之道互为表里。《易经·系辞》曰："形而上者，谓之道；形而下者，谓之器。"道，指宇宙间可感可知却不可见的事物运转法则；器，指天地万物间目之所见的物质实体。早在三代，三足青铜礼器就已蕴含着道器合一的哲学意蕴，以及掌运天地的神威风范。器足之数为"三"，其文化意涵还可以在《易经》中找到解答。《易经》有以奇为阳的规则："天一地二，天三地四，天五地六，天七地八，天九地十。"按照这种奇偶与阴阳相匹配的规律，天数为奇数，器物三足数目吻合以奇数为阳、为尊的观念。从制作工艺和数目设置来看，一足不立，五足、七足、九足过多，三足、四足最为常见，而三足最能彰显风范。同时，九可以化解为三个"三"，按照三的倍数也可指代三的逻辑，似乎更具威仪，古代觐见君王行"三叩九拜"之礼，以示至高敬意，或也循此制。

纵览古器造型的发展历程，可见以浑圆的器皿为原型的传统制器规律。瓶在历代器皿造型中，要数在陶瓷器中数量最多，可以视作造器的"基本形"。在瓶之上增设部件（流、把、盖）成为壶，瓶之形态多变，可以衍生为葫芦瓶、玉壶春瓶以及葵口、瓜棱等造型，无论是由瓶到壶的领域拓展和功能转变还是瓶之形态的丰富，都体现了中国传统造物由一而多、生生不息的哲学智慧。兽形象生器上可追溯到"以器喻人"的传统，通常对照人体结构指代器之唇、颈、肩、腹、足各部分，其中以颈、肩、腹三者变化最为丰富，对器型影响最大。梅瓶、玉壶春、棒槌瓶之式各朝有异，器型变化之本在于三者的曲直、长短、倾斜的些微变化与组合。就本质而言，历代造器之法概莫能外。宋代仿古瓷器遵循了对基本造型进行"加减法"的造物法则。随着制瓷业模具成型工艺的推广，方形仿古瓷礼器日渐风行。这种象形的造物思维运用到兽形器的设计之中，三代陶铜礼器的器足被巧妙运用于仿生瓷质礼器，逐渐固化为兽足形制，浑圆的器腹与伫立的兽足产生方与圆、刚与柔的视觉对比，更富节奏韵律。

在古代中国的"绝地通天"宇宙观念体系中，有严格的等制序列，盛行"天圆地方"的理论，以方圆之器（主要依据器腹而定）祭天礼地的传统由来已久。礼器形制遵循"圆三方四"的原则，圆腹青铜器多为三足，用以祭天；方腹青铜器多为四足，适宜祭地。汉代以来盛行瓷质礼器，依然遵循方圆对照的祭礼形制，初期或许因慢轮拉坯工艺制圆器更容易，以圆形器皿为基本形的瓷礼器更为常见。模制工艺推广后，不仅整体器型跳脱出圆形的羁绊，而且附饰与器足之形态也愈发自由多变。聚焦于历代礼器兽足样式，依据兽足占据器身的比例以及腿和足的形态特征，可分为腿状、足状两大类。又可细分为：Ⅰ式腿状兽足（兽腿鼓足、兽腿直足、兽腿尖足三大类）和Ⅱ式足状兽足（兽足鼓足、如意兽足、乳钉兽足、兽面兽足），如彩图8-b、8-c所示。

第一类，Ⅰ式腿状兽足。器足约占器腹高度的2/3。器足主要有鼓足、直足、尖足三种形态。腿状兽足通常以器腹为开端，足的走势与器身造型相呼应，形成整齐统一的风格。足有直筒状和上粗下细的鼓足状，通常表现出类似兽类凸起的大腿结构和肌肉，延伸而下的小腿部分通常以直线塑造骨骼感，形成从器腹而下由弧形渐变为直线的兽足。不同于新石器时期陶鬲外张的足部，宋代瓷器的兽腿三足呈垂直状。从器用功能来看，前者考虑到了炊具使用的稳定性，后者则体现了陈设礼器的功能需求。此类兽足与器腹巧妙融为一体，直腿线条与饱满的器腹相得益彰，南宋鬲式炉的器腹在兽腿的衬托下更显张力。

第二类，Ⅱ式足状兽足。较腿状兽足低矮（大多为3厘米左右）。其变化主要体现在足部形态上，通常从器底延伸出如意足、乳钉足、兽面足等。鼓足呈凸起、三齿抓地状，足端或刻划兽爪细节，或以抽象化的形状展示神兽充满力量感的稳健动势。对比兽腿鼓足和兽足鼓足"爪部"的表现，前者削弱了爪子的弧度，而后者则着力于此，与地面紧密贴合的兽足承担着器物的重量，体量略微夸张的"足"表现出的抓地力能够增加了视觉的稳定性。从足状兽足的外轮廓线来看，足掌的弧度和比例被夸大，圆鼓的兽足与简洁、硬朗的器身形成对比。例如北宋的汝窑洗、南宋龙泉青瓷的如意兽足与同期青铜器极为相似，二者的器足造型和比例基本一致，侈口弦纹三足炉辅以如意纹片状足，乳钉纹装饰的器足与器身装饰，协调统一。随着宋代审美尚简和工艺的简化，南宋后期部分三足器型的腹部呈几何化的简约弧形，已难见明显的兽足特征，与简雅器身相融合的三足趋于短促精巧。

纵观仿古礼器足部形态的发展，既有对原始社会器用功能的沿袭，又体现了观赏性需求，更深深地蕴含了华夏文化以高为贵的传统观念。关于器足究竟出自哪种兽类，目前尚无定论。古人丰富的想象力和效法自然的造物取向创造了博大的象形造物体系，兽形器的品类既有鼎、洗、尊、奁等陈设物，还有熊灯、羊形烛台、蛙形烛台等日用之器，以及镇墓兽等明器，包罗万象，反映出兽性与神性相交融的宗教特色以及祥瑞文化意识。从大量出土器物来看，象形器物的造型来源以瑞兽为主。例如，以威猛强壮、所向披靡的熊的形象，赋予器物神力；借"熊熊火焰"的谐音寓意兴旺吉祥；以羊的形态寄托三羊开泰、喜气洋洋等美好愿望。以"兽形"入器的造物手法体现了先民的动物崇拜，也是一种器物神圣化的结果。受当时社会生产力的限制，这些被抽象化、神化的兽所被寄予的愿望多与农耕文化息息相关，多为战胜洪水猛兽，以及农作物盛产丰盈、食之不竭的朴素愿望，而不仅是部分学者认为的驱疫避邪的"方相氏"。（如彩图 9 至彩图 12 所示）

早期器物之足可能源自当时真实存在的兽类，或者源自想象中概念化的神兽，或是几种兽形的结合体。在拟形礼器中，兽形被融入器物的同时也被"神圣化"。物性与神性的融合是早期宗教文化的典型特征，也是原始先民的一种思维方式。人们常常赋予兽类以神性的光芒，诚如皇帝自诩为天子，以"真龙"自居，是一个将兽神化到极致的例子。皇宫柱上蜿蜒而上的龙，以及黄袍朝服上的盘龙纹，是一种"神性"在"兽形"上的附着。器之兽足象征着神兽之力的蔓延，具有图腾般的观念力量。无论是将诸多神兽的威力聚于"龙"身以象征皇权威仪，还是以兽形附义的信念，都蕴含着希望通过兽形崇拜，达到镇邪、驱魔、保祥瑞的愿望。从原始宗教的思维模式而言，"一个事物的表象就等于这个事物，掌握了这个表象就等于掌握了这个事物；一个事物的部分也等于这个事物，掌握了这个部分就等于掌握了这个事物"①。这种通过兽形或兽的部分特征来寓意其神性的观念，借助"物性"来实现"神性"转移，反映了早期人类思维模式的某种共性。按照"物"与"物性"相替代以及"物性"与"神性"相转化的逻辑，早期宗教文化中，"物性"往往与"神性"相通。在人们的观念中，物象的音、形、色等特征和物象的局部等，与物象本身具有某种错综复杂、无法割裂的联系，在一定条件下，这些替代物能够发挥与物象本体相似的功能。这种"物性"与"神性"相转移的观念，在商周狞厉的青铜装饰、

---

① 易中天：《艺术人类学》，上海：上海文艺出版社，2020 年版，第 107 页。

两汉以来的镇墓兽、明清的福禄寿等吉祥文化中都有所流露，这些依托谐音的造物和装饰手法遵循着以"物性"激发"神性"以获得庇佑的思维模式。

南宋龙泉青瓷礼器的三足形制既有对陶器、青铜器物造型的承继，又体现了适宜陶瓷制作工艺的调整和改良。第一，依据瓷器烧制特点，对三足的高度进行适当调整。新石器时期陶器、商周陶器之足与器腹1∶1的比例，不适合瓷器的工艺要求，高温烧制时容易变形、坍塌，因而两宋瓷礼器的兽足多为低矮的样式。若需制作底足较高的仿古礼器，如鬲式炉等，则将器腹与兽足的比例调整为2∶1，同时增加从腹部延伸出的底足宽度，整体呈鼓圆状，器腹往内回缩，以降低变形的概率。第二，从瓷器制作与烧成环节可能产生的问题考虑，合理调整兽足的厚度与底部接触面积。一方面，三足的位置直接影响器物的稳定性，等分三足的操作难度明显高于四足或者平底、圈足，即使采用模具辅助成型。另一方面，三足作为支点，承担着高温煅烧时器身的重量，如果三足受力不均会导致"支撑力"失衡，1300摄氏度高温会放大不均衡的趋势，增大器物变形、坍塌的概率。为使三足受力更集中，设计时在不影响造型的前提下，尽可能增大器足与窑板接触的面积；同时，增加兽足厚度和重量，以提升器足的支撑力和平稳性。部分礼器之足为实心，如鬲式炉等。瓷质三足礼器实现了造型与审美的统一、技艺与观念的协调，体现了两宋技术发展背景下，制瓷业整体水平的提升。

总之，从新石器时期的陶器、西周彩陶到北宋汝窑青瓷，直至南宋龙泉青瓷，三足瓷器的制作工艺难度并没有阻碍其被广泛应用的趋势。上古既定的兽形高足礼器样式历久弥坚，成为宋元明清瓷质仿古器具孜孜以求的造型范式。清代复古潮下，青花等彩绘瓷中盛行写实风格的三足礼器，同时也仿制宋瓷的简约兽足，变化丰富的三足样式成为后世造物设计的一种文化基因。从历史发展的视角来看，当代器物之足是象形兽足在漫长的衍进历程中逐渐简化、概括、适形的产物，兽形器可以视作当今仿生设计的雏形，也可视作原始社会"物性"与"神性"相交融的宗教产物。这种极具想象力的形态构成方式，体现出了远古器物文化与原始艺术互相交织、交融共生的状态，成就了东方器物神秘幽深、意蕴悠远的特质。

2.2.2　隽秀挺拔、灵巧清逸的陈设之器

如果说炉、尊类仿古器型反映了宋代摹古的一面，那么南宋龙泉瓷瓶则展现出了传与创并举、古与今相融的时代精神。正所谓"鼎彝之风逐渐融圭璋之韵、瓷礼之尊，传衍为一种褪去沉冗繁缛、威严肃穆，转而端丽典雅、灵秀清逸、藏礼于器的瓷质礼器风格"。南宋龙泉陈设瓷瓶并未受限于古器旧制，而是以清雅秀丽之型彰显宋瓷含蓄内蕴之美，彰显出王国维所言的"古雅"之美。其最显著突破在于汲取三代礼器附饰形制，并运用"瓶身＋附耳"的造型法则，开创了洗练高雅、别具一格的附耳瓷瓶风范。

2.2.2.1　藏形于器、挺拔清逸的棒槌附耳瓶

棒槌瓶[①]也称砧形瓶，侈口大唇、长直颈、砧形腹。盛行于两宋南北瓷窑的棒槌附耳瓶，以瓶颈左右对称的附饰最具匠心。传世的南宋龙泉经典凤耳棒槌瓶的传神洗练之风貌，体现了儒士阶层主导的淡雅、超然的审美品格和艺术追求，散发着浓郁深邃、悠远绵长的东方意蕴。

棒槌瓶器型硬朗、直挺、隽秀之态，一改前朝器物的圆润风貌，这或许与宋徽宗所创的瘦金体蕴藏的精神力量有相似之处。从构成器物的各部分来看，变化最大之处在器腹，与汉唐以来浑圆饱满的风格迥然不同，棒槌瓶的器腹接近梯形，从肩部到底足略微内收，器腹外轮廓线带少许弧度，显然，这种方形器腹与尽可能增加器物内部容积的首要制器原则相左，说明此器不以盛储为主要功能。从器物各部分形态来看，侈口大唇几乎与底足同宽，器身处于一个方形空间内；肩部由常见的圆弧状改为平直的溜肩，也称折肩[②]，器肩往器腹过渡的线条由圆转方，梯形器腹呈硬朗趋势；与硬朗风格呼应的还有连接唇部和肩部的长直颈，筒状直颈和梯形腹部形状相似，仿佛由两个以瓶身为轴心的长方体套叠

---

① 棒槌瓶，又称圆棒槌瓶，主要指康熙年间的式样，盘口，短直颈，圆折肩，圆筒状长腹，圈足，底部多为平切式二层台。大小不一，高者约70厘米，矮者仅有十几厘米。器腹有高矮和粗细之分；粗腹者，器形庄重，高约40厘米；细腹者，器形秀丽。

② 南宋官窑有一款类似造型也称作折肩。根据图片对比来看，南宋官窑器肩部转折更为锐利。

而成。与传统的小口鼓腹之器相比，"长直颈＋方形器腹"的组合形态使得器物重心有所提升，形成一种向上的力量感，增加了轻盈之态。相较于圆润之器，棒槌瓷瓶直线型、充满力量感的线条走势会产生一种克制、积聚的动势，挺拔隽逸、清秀灵动。

棒槌瓶是两宋新创器型。如彩图13所示，侈口、直颈、砧形腹在唐宋两朝的变化，可以窥见其造型衍进的轨迹。随着唐宋瓷器实用功能与观赏功能的分离，瓷瓶之颈渐而增长、变细。聚焦于瓶颈线条的曲直变化可见，唐代瓶口和肩部多为过渡自然的弧线，而宋朝对于直颈造型情有独钟，长直颈为棒槌瓶、贯耳瓶的附饰提供了基础。器腹由鼓而方、器肩由圆滑而平直的变化历程，是各朝匠师在设计生产过程中紧密结合时代审美、功能需求相调适的产物。如果器物形态的"基因说"成立，那么其复杂性和变化性不亚于动物学领域的基因科学，不同的是，器物形态的变化呈现出明显的时代特性和仿制效应，这是观念作用和人为力量使然。

直颈附饰成为南宋龙泉附耳棒槌瓶最大的设计亮点。当颈部长度占瓶身长度的比例增加（甚至达到2∶3）时，带有附饰的长直颈成为视觉中心。从造型设计的角度而言，传承至今的附耳棒槌瓶不愧为经典之作，其样式几乎无法更改分毫，否则意趣全无。如果说颈部外轮廓的直线化、纤细化趋势，以及腹部由圆到方的变化奠定了南宋棒槌瓶造型的轻逸风格，那么长直颈两侧繁简相合、设计精致的附耳则展现了江南地理文化的秀美与灵逸（如彩图14所示）。这些生动的附饰为棒槌瓶添彩的部分，它们大体分为鱼化龙附耳、凤凰附耳、灵芝附耳等几大类，以凤凰附耳最为经典，简称"凤耳"。这些附耳被对称粘接于直颈左右，整体呈C形，像两个环圈。"凤耳"附饰仅由凤首和小部分凤身组成，凤首向外、左右顾盼，镂空更显灵动自由。凤身采用凸浮雕刻绘，在瓷釉包裹下但仍可感受到其起伏之态，为通身最精到之处。鱼化龙附耳巧妙融合了龙首和鱼身的形态，装饰手法和组合规律与凤耳相似，呈S形，龙首刻绘较为精细到位。灵芝附耳作为植物类型附耳，其灵芝形态更为接近现实中的耳朵，其长度占直颈的比例小于前二者，整体轮廓呈半圆形，没有镂空浮雕，也缺乏丰富的细节刻画，略显沉重呆板，不及动物附耳灵动传神。结合宋代陶瓷制作工艺的水平来看，附耳装饰主要通过模具成型，其烦琐程度远远超过无附饰者，这些棒槌附耳瓶的器用功能主要体现在审美或宗教层面。

附耳装饰可以上溯到陶鼎双耳，由三代青铜礼器的把手、附耳渐进而来。从发生学角度来看，附耳是满足便携需求的产物，同时视觉上左右呼应的双耳能产生一种均衡之美。从审美角度和功能原则来看，南宋龙泉器的双耳最适宜安放在颈部，既不影响腹部的整体性，又能避免长直颈缺乏细节而产生单调之感。从装饰手法来看，附耳通常作为一种概念化的把手而存在，仅略做细节刻画，与器腹融合于同一瓷色之中，达到浑然一体的效果。青铜器物通体繁缛、沉重，装饰重点在器腹。反观南宋棒槌凤耳瓶，瓶身仅以兽首附耳为饰，其余部分简约无纹，附耳成为画龙点睛之笔。由祥瑞之物演化而成的龙、凤、鱼等动物形象附耳，以透雕结合浮雕手法制作，左右对称的兽首，强化了器物的稳定感。

从设计的形态语言来看，兽形态附耳仅包含头部和部分身躯，在观赏时会产生一种瓶身含化、隐藏了动物身体的错觉，而饱满的瓶身营造出"兽"呼之欲出之感，体现了造型艺术的动态美感和中国传统文化的想象力，形成一种简约凝练而独具细节的时代风格。这种将器物口部、把手以像生的方式融于器身的手法，与商周浮雕瑞兽的青铜器、汉代瑞兽青瓷烛台、魏晋鸡首瓷壶、清代铺首瓷瓶等设计一脉相传。这种造物手法在古代器物设计中较为普遍，使礼祭之器蕴含着更丰富的象征意义。从现代装饰设计的角度来看，这种一首多身、藏形于器的"共享式"造型法则在民间运用广泛，如四联福娃剪纸、对称式鱼纹等图样。中国文化源远流长，或许早在新石器时期彩陶上那连绵婉转的几何纹样中，就已经蕴含了生生不息、互为首尾的双关思维方式和设计智慧。这种相互转换、无限循环的构成形式，与中国阴阳八卦图的内在逻辑相似。值得关注的是，现代设计中图式的构成与组合，也能在这种双关、连续的结构中找到相似的根源，这既反映出中国传统造物与现代设计同根同源的文化物质，又体现了中国传统文化的前沿性、先进性与科学性。这些母型延续至后代，不仅蕴藏着传统哲学思想，还闪耀着数千年之后现代设计的智慧之光。

2.2.2.2 灵巧清秀、古雅天趣的贯耳瓶

贯耳瓷瓶流行于两宋，哥窑、官窑、龙泉窑均有烧制，盛于南宋龙泉窑，至清朝仍有仿制。南宋贯耳瓶通常为长直颈，腹部扁圆，底部圈

足，器物颈部左右两侧有对称、竖直的管状双耳，也称"贯耳"，故名贯耳瓶。贯耳，本意指穿耳①，穿耳表明双耳中空、可穿物的特征，这一与使用功能息息相关的结构成为贯耳器型演变的内在脉络。贯耳之器可溯源至新石器时期的良渚文化，至商代晚期发展为青铜礼器壶，也称"扁壶"，"宽口贯耳椭扁体式，器形椭圆，腹下垂而两侧鼓出，口宽小于腹宽甚多，两侧贯耳"，后称贯耳瓶②。这种造型的青铜器本为祭礼用，《礼记·礼器》："宗庙之祭……五献之尊，门外缶，门内壶。"孔颖达疏曰："门内壶者，壶亦尊也，盛酒陈尊在门内广。"青铜贯耳壶瓶呈侈口状，口部尺寸与腹部相当，壶颈两侧各装饰一方形带状附耳，附耳呈凸起状，中空，可穿带。其作为礼器在西周早期通行，西周中晚期后比较罕见。如明泊如斋本《重修宣和博古图》中贯耳壶图示（图2-2）。明代文献记载"贯耳瓶"为用作投壶游戏的重要道具，明清时期流行。游戏时，人们将羽毛状的"毽"投掷入垂直、中空的贯耳，通常以入耳毽数多少来决定胜负。

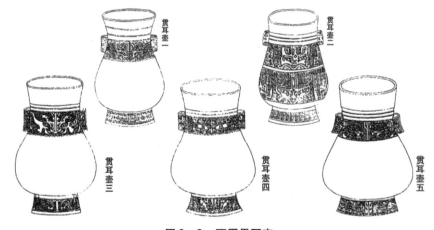

图2-2　西周贯耳壶

① 参见《汉语大辞典》第十卷，上海：上海辞书出版社，2018年版，第14094页。耳的含义：（1）古代刑罚之一，以箭穿耳。《左传·僖公二十七年》："子玉复治兵于蒍，终日而毕，鞭七人，贯三人耳。"（2）指穿耳戴环以妆饰。晋郭璞《山海经图赞·神武罗》："有神武罗，细腰白齿，声如鸣佩，以缓贯耳。"（3）借指有穿耳习俗的方外民族。明张居正《圣寿节贺表》之一："嘉木灵虺，纷呈动植之珍；贯耳雕题，毕集梯航之贡。"（4）古代投壶术语。明江瓘《投壶仪节·投壶图》："贯耳，谓耳小于口，而能中之，是亦用心愈精，故赏之。"（5）入耳；充耳。《水浒传》第六十二回："小可久闻员外大名，如雷贯耳。"

② 《中国古代器物大词典·器皿》"贯耳壶"条："因其壶头两侧有耳通贯，故称。"

从结构的角度分析，贯耳瓶主体为"颈部＋腹部"。瓶颈部主要有直颈状、口大颈小的束口两类。瓶腹分胆形、圆形两类，胆形腹有似枣核的修长者，也有像橄榄的较饱满者；圆形腹有浑圆、扁圆等多种变化之态。宋代贯耳瓶由商代口部较宽、瓶身较肥短的造型发展而来，形成"细直颈＋鼓腹状瓶"和"粗直颈＋敛腹状瓶"等样式。颈部与腹部圆锐相间的多种组合使得贯耳瓶有多变的形制，展现了器物的节奏韵律之美。因使用功能的差异，各朝贯耳瓶的器身形态和附耳位置有所改变，装饰语言也随之而变，而不变的是以贯耳为核心区域的装饰规律。商代青铜壶强化了围绕颈部的上下两道弦纹装饰，同时在贯耳处刻绘。周代青铜贯耳瓶在颈部横向延伸出带状纹饰，左右凸起的附耳饰以同样的花纹，足部横向带状装饰区域与颈部相呼应，宋代仿古瓷瓶的器型与之一致，而颈部带状纹饰只用上下两道凸起的弦纹替代，不见青铜纹饰的细节。从审美角度来看，缺少纹饰的贯耳瓷瓶弦纹区域略显空白，不及青铜贯耳壶精致耐看，两条缺乏变化的弦纹破坏了瓶身的完整性，贯耳的象形附饰被进一步凸显。随着贯耳瓶身逐渐脱离青铜器型的模板，其口部逐渐缩小、颈部日渐增长；与之匹配的是器腹逐渐呈扁圆鼓满状，器腹重心上抬，呈现出一种由直颈而上的趋向。从器型结构来看，直颈、鼓腹、垂直双耳的组合成为南宋最为典型的贯耳瓶样式，瓶颈与腹部形成了直与曲、长与短的节奏对比。

与棒槌瓶相似的长直颈是贯耳瓶造型特征之一，反映了宋代的时代审美。如彩图14，体现了贯耳瓶功能与造型的互动关系。宋代贯耳瓷瓶已由商周时盛酒的祭器，转变为高级仿古铜的陈设瓷。南宋贯耳瓷瓶主要用作花器，直颈鼓腹的器型，更利于花枝的插放与展示，翠丽清雅的青瓷与斜插的花枝可以营造出一种简约雅致的格调，为文人墨客的书斋雅室添了些许色彩和自然气息。贯耳瓶的瓶颈增长，呈长直圆筒状，口部直径缩小，说明了其承装液体的功能逐渐退化。关于瓶颈贯耳两侧的变化，有的贯耳与瓶口持平，有的稍低于瓶口，有的位于瓶肩处向腹部转折处，整体较商代贯耳高度有所提升。随着贯耳位置向口部的转移，视觉审美中心也随之变动。从贯耳的大小、宽窄和形状来看，束口的弧形瓶身者贯耳通常较小，呈斜直状，内部空间狭窄，如橄榄形贯耳瓶，这一类器型主要是沿袭陶制、青铜贯耳瓶而来的。南宋盛行的细长直颈贯耳花插，瓶颈直径缩小，两侧贯耳呈垂直贴合状，贯耳的长度约占直颈长度的1/3，宽度约占直颈宽度的1/5，具有典型的南方器物纤细之风。

商周陶质、铜质贯耳瓶到南宋瓷贯耳瓶的演变清晰地反映出器物形态随功能转变的特点。商代以来贯耳的功能由穿带拓展到穿物，耳部逐渐增大、加长，颈侧延伸到瓶身的带状贯耳衍变为瓶身两侧短促的附耳；随着贯耳瓷瓶的实用功能被观赏功能取代，形式美感成为一种符号化的南宋艺术文化语言，更好地融入文人墨客的风雅生活之中。无论是器型的改变还是装饰位置的转移，都反映了南宋贯耳瓶的陈设器"礼仪化"的特征，其功能性属性逐渐弱化，甚至消失，展现出更多的审美特征和以形赋义的意味。

南宋龙泉青瓷贯耳瓶，按照"器身 + 贯耳"的结构分析，主要有以下两类代表性的经典造型样式（如彩图15所示）。

第一类，三代延续的器型：粗颈旋纹贯耳橄榄瓶。

此类贯耳瓷瓶，器身在商周白陶贯耳壶的基础上有所创新，瓷瓶口沿呈唇口状，瓶口较宽，向下变窄，以贯耳处为最窄，瓶颈经过贯耳处往外扩，平缓过渡到器腹，整个瓶颈呈喇叭状。因为瓶颈内收，瓶腹较前代更显浑圆，重心下移，瓶身呈上小下大的橄榄型。贯耳部分的演变与商代白陶瓶颈的横向带状装饰的变化有关。贯耳高度通常与横向带状区域的厚度一致，随着宋代贯耳瓷瓶将青铜贯耳瓶的纹饰简化为上下两道平行的弦纹，贯耳形态与瓶颈装饰相呼应的风格逐渐改变。官窑青瓷贯耳瓶仅在贯耳处有雕饰，瓶颈的弦纹之间空白无饰，至南宋，贯耳瓷瓶的弦纹被简化直至消失。简洁平滑的瓶颈与腹部连贯为一体，反而使得贯耳更为凸显。束口贯耳橄榄瓶的形成体现了贯耳瓶器型比例、颈和腹的关系、贯耳大小与风格的变化与发展，虽然仍保留了三代贯耳器的大致形制，但是已为南宋直颈龙泉窑贯耳瓷瓶形成作了有益的铺垫。

第二类，南宋新创的器型：细长直颈贯耳鼓腹瓷瓶。

长直颈为此类贯耳瓶最显著的特色，颈部左右两侧竖式筒状贯耳增强了垂直感，细长直颈更显精致轻盈、修长挺拔，与商周贯耳器的圆融风格相距甚远。器腹则较前朝造型更为浑圆，呈圆球状，直线化、硬朗的器颈轮廓趋势，与浑圆腹部产生对比，体现了曲直相和、凹凸相间、隽逸挺拔、比例协调的造型风格。器物通体无饰，呈现出凝练简约的风格。它们常被置于文人雅士的书房案头，瓶口仅斜插一枝鲜花，故称"一枝瓶"。

2.2.3 龙虎升腾、洗练生动的随葬之器

2.2.3.1 洗练生动的龙虎魂瓶

魂瓶是一种流行于中国南方长江中下游地区的瓶状陶瓷随葬品，又称"魂魄瓶""谷仓罐""堆塑罐""神亭壶"，属于明器。作为民间墓葬特有的随葬器物，魂瓶源自西汉，经过三国、五代、唐的发展，鼎盛于两宋时期，至民国逐渐衰微。象征五谷之仓的魂瓶，至南宋逐渐发展为多管状的龙瓶、魑龙瓶、虎瓶、龙虎瓶，展现出浓烈的地域文化特色，成为南宋龙泉窑青瓷的独创造型①。在"事死如事生"的古代宗教文化语境中，明器虽不及宫廷礼器之尊，但仍然比日用的燕器更重要。正如《礼记》所载：

> 孔子谓："为明器者，知丧道矣，备物而不可用也。哀哉！死者而用生者之器也。不殆于用殉乎哉。其曰明器，神明之也。涂车刍灵，自古有之，明器之道也。"孔子谓"为刍灵者善"，谓"为俑者不仁"。不殆于用人乎哉！②

可见，明器是丧葬礼仪中不可或缺的重要器物，按器用重要性排序，先于生活器物。就专供随葬的功能而言，无论是出于对神灵的崇敬之情，抑或是阴阳两隔、死生异界的思想，以及民俗文化中明器不祥的观念，明器与生活用器始终泾渭分明，二者不能混用。

两汉重厚葬，明器空前发展。汉代魂瓶内放置五谷，寓意逝者在冥界生活富足、衣食无忧，这种民间惯例被约定俗成地承继传播，开创了我国南方地区明器之先河。不晚于汉，江浙地区确立了以瓶、罐为主的明器样式，这也奠定了后世魂瓶的基本形制与体例。从表现内容来看，

---

① 陈万里：《中国青瓷史略》，上海：上海人民出版社，1957年版，第22—23页。
② 《礼记·檀弓下》，见秦川主编《四书五经》，北京：北京燕山出版社，2007年版，第1042页。

早期部分魂瓶以瓶为载体，附以建筑、人物、动物等人世间的生活景象。这种以微缩的方式复现社会生活场景的行为，体现了古代的生死观，以及精神永存、六道轮回的观念。这些形态各异、造型丰富、包罗万象的魂瓶，其制作工艺和形态虽远不及皇家祭器，却在民间祭祀中肩负着重要的礼祭的功能，承载了广大市井百姓的朴素信仰，可谓是一种"冥界礼器"。早期魂瓶以多管或多角为特征，瓶身延伸出的管常为中空，斜向外、向上耸立，角则呈向下的牛角状，角尖闭合。在西汉至两宋近两千年的发展中，魂瓶上的主要附着物角逐渐被管取而代之，此后又发展为瓶，这些附件与魂瓶器身呈多种组合形态，魂瓶上部堆塑的题材内容、工艺手法、造型样式也发生了极大的变化，反映了各朝丧葬文化、社会习俗、制瓷工艺的面貌。两宋是魂瓶艺术发展的高峰期，作为民窑的南宋龙泉窑既有汉代以来造型、装饰风格的器物，又涌现出一批别开生面的魂瓶器物，例如经典的龙虎魂瓶、洗练的五管魂瓶等。这些盛极一时的特色魂瓶在浙江南部的龙泉和庆元竹口一带的宋墓中大量出土。

替代人殉的随葬品——明器的出现，是商代以来社会进步的表现。随着秦代木、陶人偶逐渐替代活人殉葬，明器更深入地介入丧葬礼仪，成为民间墓葬文化重要的组成部分。从传世的明器遗存来看，造型丰富的微缩景观式的陶制明器将逝者生前的生活以直观的方式"再现"，亭台楼阁、男官女眷、娱乐歌舞、市井车马、牧牛农耕、牛羊猪马、厨房灶台等，宛如一幅幅生动鲜活的历史画卷。相较于由多个部件组合展示的"再现式"雕塑类明器，魂瓶则将诸多场景汇于一器，将平铺陈列的微型景观巧妙汇聚，赋予普通的人间景象一种纪念碑式的威仪感。古代匠师以较为写实的表现性手法概括勾勒出不得不面对的往生世界，造型、装饰、体量多样，丧葬文化的延续，使得魂瓶成为明器中历史最为悠久、传承有序的器物之一。人、兽、建筑等形象在魂瓶上富于变化的组合方式，成为古代器物文化的表现形式。厚重而神秘的丧葬体系中，魂瓶充当着阴阳两界的沟通媒介，承载着人们对冥界的无限想象和对逝者安息的美好祈愿。

这些反映人世百态的场景常集中堆饰于魂瓶的肩部以上，其下部常为素面或装饰莲瓣纹，这成为汉代以来魂瓶的造物形制。如果说装饰部位的选择取决于时代生活方式与器用规制，那么宋代垂足而坐的起居变化并没有反映在明器中，宋代魂瓶仍然保留上部堆塑的传统。笔者推测，这一方面体现了魂瓶形制在丧葬文化中的延续性，另一方面主要是因为墓穴中并没有与现实生活完全一致的场景，无相应的家居陈列，明器通常置于墓穴平地之上，视觉焦点汇集在器物上部。通常魂瓶主体堆塑区域从颈部延伸到器肩转折的最凸起处，呈2—3层阶梯延续而上，类似汉代多层陶屋或佛塔，堆塑内容主要包括人物、动物、建筑，各朝形态、手法、风格各有千秋。盛行厚葬之风的汉、三国、两晋时期，多堆塑层峦叠嶂的繁密楼阁、廊庑、乐伶、龙凤、飞鸟等，至北宋则以抽象的男官女佣等人物形象居多，至南宋愈加简化，如洗练的龙虎魂瓶、五管魂瓶等。南宋魂瓶的堆塑手法高度概括、洗练传神，那盘踞而上、层层环绕的龙、虎象征着墓主人的尊贵身份，这些设计巧妙、制作精良、寓意深远的龙泉青瓷魂瓶，表现了社会生活且承载着生者的寄望，寄望于亡者在冥界依然享有生前的万千威仪。历代魂瓶造型特征与装饰内容等外在表征的发展、衍进，是对当时社会文化的记录，这些时代印记正是我们解读时代墓葬文化、丧葬体制、器物审美的主要依据。

　　龙虎魂瓶在我国明器发展史上留下浓墨重彩的一笔，反映了文化艺术发展的水平和审美取向。魂瓶与五管瓶相结合，产生了独具特色的魂瓶形制，如图2-3之9、10所示，鱼、龙堆饰的五管魂瓶与晋时层叠繁缛的谷仓罐截然不同，风格趋于简约洗练。器腹下部到底足的外壁部分装饰浅浮雕的简洁莲瓣纹样，远观时甚至不容易发现，这种浅淡的风格与魂瓶上腹部突出表现的堆塑动物形象对比鲜明，展现出节奏韵律。莲花本就具是佛界圣花，进一步彰显了青瓷魂瓶强烈的宗教意味（详见2.3.2.1）。保存完好的龙虎瓶通常顶部有盖，帽状平沿盖的尺寸略大于瓶口，一般与底足相当。盖与瓶的搭配形成一种上下呼应、首尾连接的闭合感和稳定性，成为龙虎魂瓶一大特色。器盖的设计或许是由汉代谷仓罐内装五谷的最初需求决定的，或与宗教意识中魂瓶对逝者魂魄的保护有关。盖顶的动物形态与瓶身堆塑部分相呼应，动物主要包括瑞兽、飞鸟、鱼，多呈动态飞跃之姿，与瓶身的龙、虎相合，寄托着龙虎升腾、早生极乐的宗教愿景。瑞兽蹲守于器物最高处，让人联想到墓室出入口的镇墓兽，不分昼夜、长久地守护逝者的安宁。

图2-3 南宋龙泉五管明器造型与附饰衍进过程

根据盖顶与主体动物的搭配规律来看，主要有两种形式。Ⅰ类，鸟与龙的组合，鸟常为仙鹤、雀鸟等，鸟头朝上，呈待飞之势。墓葬文化中的"飞鸟"寓意灵魂的升华，即所谓"羽化升仙"，人们希望通过飞鸟传递"永生""成仙"等美好寄托。Ⅱ类，鱼与龙的组合。根据目前资料来看，此类魂瓶在国内较为罕见，国外收藏居多，如英国大英博物馆（The British Museum）、英国牛津大学阿什莫林博物馆（Ashmolean Museum）东方艺术部。如彩图16之⑨所示，从龙与鱼的造型呼应来看，盖顶之鱼呈俯首曲尾状，瓶身处的螭龙头部朝向鱼，身体呈匍匐往上攀爬状，二者嬉戏姿态极具互动性，从不同视角观赏各具情趣，手法颇为生动传神。"鱼"与"余"谐音，在中国传统文化中是祥瑞之物，"鱼跃龙门""年年有鱼"莫不如此。同时，鱼类强大的繁殖力也有子嗣连绵、后代昌盛的寓意。位于魂瓶顶端的飞鸟，寓指逝者得道升天、灵魂自由和重生。当然，也有学者认为魂瓶中塑造的地下和水生动物形象与"黄泉"的概念相关。①

2.2.3.2 现代气韵的五管魂瓶

多管魂瓶是南宋龙泉窑另一典型明器，由多管瓶（也称牛角罐）

---

① 〔美〕巫鸿：《无形的微型——中国艺术和建筑中对灵魂的界框》，《古代墓葬美术研究》第三辑，长沙：湖南美术出版社，2015年版，第7页。

衍化而来。肇始于两汉的魂瓶，发展出唐、五代的多角瓶、多管瓶、五联罐、盘口灯等造型，至宋代逐渐固定为五管样式。从造型风格来看，"直管"比"联罐"更具力量感和动势，也避免了罐的形态与魂瓶主体造型的重复，风格更为洗练刚劲，制作工艺趋于简洁。

尤为值得关注的是魂瓶之角的形态之变，即罐—角—管的转变，南宋龙泉魂瓶之管呈竖直多管、管内中空、无盖的样式。多管瓶的管从器腹最鼓处往外倾斜延伸，略低于瓶口，一般为四管或五管，各管角度相同，间隔均匀，高低、大小、粗细基本一致。与五联罐魂瓶上的小罐体一样，多管与瓶身多不相连通。简化后的圆形中空五管瓶丰富了魂瓶的样式，也引发了学界对管的功能探讨。有的学者认为是它是照明用的烛台。据考证，部分出土器物的管内还残留着燃尽的黑色粉末。管口可以插入蜡烛、木棍等燃烧物。就器物文化与功能的关系而言，五管瓶的灯具功能符合魂瓶的宗教属性，魂瓶器型也符合灯具的功能要求。竖直微斜、向上延伸的五管，提供了放置燃料的稳定空间，置入管中的发光物高于口部，可以保障光照的范围，确保光照效果。灯在墓葬文化中具有深厚的意味，散发的光不仅可以照亮黑暗的墓穴，也可以指引逝者通向重生，获得永生的光明之路；灯又仿佛代表着逝者家人的守候与陪伴，体现了人文关怀，寄托着家眷对逝者的万般不舍、无限哀思。时至今日，佛前庙堂供奉油灯仍是一种民间宗教习俗，以日日点燃着的油灯向佛祈愿。中国古代丧葬文化中有为逝者点燃长明灯[①]的习俗，使墓中灯火长耀、明亮辉煌，象征着不熄之火。由此看来，从这一角度发掘管的功能确有一定的道理和依据。当然，有些学者有另一种解读，把管看作孔，视作魂魄出入之途径，这种阐释在古代墓葬器物和墓葬美术中都有证据，仰韶文化陶瓮棺的孔和曾侯乙漆棺绘饰的窗有类似的功能[②]。纵然文物考古学界尚未就五管魂瓶的功能达成共识，管无论被视作照明的魂灯，还是"引魂升天"的出口，管状魂瓶历经数朝更迭仍然作为重要的明器样式传承有序，反映了它在中国丧葬文化中占有不可替代的历史地位。

---

①　王陵墓葬常在对称的墓室甬道放置大陶缸，缸内放香油作"长明灯"。
②　〔美〕巫鸿：《超越"大限"——苍山石刻与墓葬叙事画像》，《南京艺术学院学报（美术与设计）》，2005 年第 1 期，第 2 页。

　　从古代宇宙信仰体系来看，五管之数的设定与阴阳五行的祭礼格局、五方五色的对应观念密切相关。国内外学者不约而同地将五联罐与五行说相联系，认为"五联罐则是使用五行观念把一个可移动器物转化为宇宙模型"①；或者将其与五岳相联系，认为五联罐采用了五行结构，应该具有相同的宇宙学意义②。从祭祀制度的角度来看，五管或四管均匀分布于以瓶口为中心器身的周围，暗合五方祭礼的对应框架，连接器腹的瓶口对应"中"，即中心的本位，其他四管分别对应东、西、南、北四个方位，"五个小罐的继续存在仍然暗指着五行宇宙结构，与新增加的建筑形象——包括碑、阙和多层楼阁——共同组成一个理想的境界"③。这种五方对应的时空模式符合五行说这一古代中国重要的观念。

　　从现代设计的角度来看，试将五管瓶几何化、抽象化的造型风格，与现代器物设计的极简风格比照，如果说后者展露了一种简约凝练的时尚审美，那么早在距今1000多年前的赵宋王朝就发展出了现代设计的雏形。就某种意义而言，宋瓷的设计风格和造物智慧至今都很难被超越。五管魂瓶虽是一种民间墓葬器物，具有浓烈的民俗艺术的属性，但是在莹澈青幽的青瓷映衬下，一洗前代明器堆砌、繁缛的装饰特征，展现出南宋龙泉青瓷特有的凝练、大气、意象、写意的艺术高度和创新精神。五管瓶巧妙地将雅与俗、繁与简，和谐统一，"标志着南宋龙泉窑在造型方面，确已达到了高度的艺术水平"④。五管魂瓶的器物结构展现的对称与均衡、对比与和谐的美感，刚柔相济、比例协调的器型风格都体现着宋代审美高度。可以说，其研究价值可能远远超出了陶瓷艺术的范畴，可以拓宽和上升到更为广阔的设计艺术、造型艺术、审美哲学的层面。因此，很多学者将以宋瓷视作中国艺术文化的高峰。虽然宋瓷的光芒有时会被距今更近、延续周期更久的清代瓷器所遮蔽，但客观而言，东西方文化艺术交流影响下的清代瓷器，融合了更多的西方审美和

---

　　① 〔美〕巫鸿：《无形的微型——中国艺术和建筑中对灵魂的界框》，见《古代墓葬美术研究》第三辑，长沙：湖南美术出版社，2015 年，第 6 页。

　　② 〔日〕小南一郎：《神亭壶与东吴文化》，《东方学报》，1993 年总第 65 册，第 223 - 312 页。

　　③ 〔美〕巫鸿：《无形的微型——中国艺术和建筑中对灵魂的界框》，见《古代墓葬美术研究》第三辑，长沙：湖南美术出版社，2015 年，第 6 页。

　　④ 〔美〕巫鸿：《无形的微型——中国艺术和建筑中对灵魂的界框》，见《古代墓葬美术研究》第三辑，长沙：湖南美术出版社，2015 年，第 6 页。

艺术元素，而最能代表原生态、纯粹性、经典的中国艺术和东方文化特质仍当属宋代艺术。

总之，从器物的时代风尚来看，唐瓷敦实、壮硕，宋瓷俊逸、端丽，元瓷粗壮、堆砌，明清瓷器细丽、婀娜，造型作为器物特征的重要组成部分，展现了各朝器物的卓然风姿，也反映出当时的审美潮流。从"形"出发剖析南宋龙泉青瓷的艺术魅力，追溯其造型风貌形成与发展的脉络，探究其造型法则与审美观念的变迁，对于挖掘南宋器物文化的成因至关重要。在"袭京师旧制"的复古洪流洗涤下，南宋龙泉窑上承北宋礼器之风，又大胆地融合创新，焕发出别样的古雅神韵，彰显了极具时代审美的古器风韵。重礼之风滋生了器物仿古的热潮。如果说北宋五大名窑开启了仿古瓷器的序幕，官窑、哥窑、汝窑为中国器物宝库留下了光照千古的传世佳器，那么南宋龙泉窑则汇集两宋瓷窑之精粹。它不仅将南北瓷窑的工艺技术融会贯通，更是将两宋经典礼器造型聚于一器。南宋龙泉窑生产的数目众多、品类丰富的礼器造型，多角度地展示了瓷质礼器博古通古又焕然一新的时代风貌，也为后世瓷礼器的造型设计提供了多种参照。瓷瓶附饰部分洗练、率性的风格，繁简的把控得宜，充分体现了两宋文化艺术的造诣之高。

总而言之，上述三大类器型演进和发展各具特色。南宋龙泉仿古礼器在延续三代礼器造型的样式、比例、结构关系的同时，对三代陶、青铜、玉质礼器附饰进行了巧妙的融合与创新。两宋"瓶身+附饰（兽足、附耳）"造型法则，呈现出一种法于传统而不囿于传统的时代气韵，体现了简约化、现代性的前瞻性审美，形成了端雅大气、浑厚淳朴、清逸隽秀的造型风格，充分体现了南宋一朝的时代精神和造物智慧。足部设计方面，在彰显器物敦厚沉稳、肃穆威严的气度的同时，为适应瓷器的烧制特征，以及避免厚重拖沓的感觉，兽腿、兽足类三足器物较三代更为小巧精细，既有礼制风格，又具有灵动气韵。附耳部分的设计，则从青铜繁缛古旧的风貌中激发出自由勃发、生机益然，又蕴含古韵深意的风格，龙凤、灵芝等样式的附耳洗练直白，又彰显吉祥风貌，与刚柔相济的器腹相得益彰，展现出一种挺拔隽秀、婀娜多姿的神采。这种附耳的造型手法，既体现了青铜器三足双耳的神韵，又保留了自贯耳瓶传承至今的重视附饰的造型观念。最值得珍视的是附耳洗练清逸的造型风格映射出颇具现代设计与高雅审美的宋瓷精神，造就了其不可磨灭的历史光辉，这一点或许也是南宋龙泉青瓷在海外市场价格持续攀高的原因之一。反观明清时期铺首、兽耳类附耳，虽然工艺精湛无所能及，但无论是造型风格还是附耳与器腹的衔接关系，都很难与南宋简雅、古拙的艺术品格相肩。总体而言，南宋龙泉青瓷体现了中国传统造物智慧："备物致用"的适用性、"制器尚象"的模仿性、"器以藏礼"的文化性，其丰富多样的器型、匠心独运的巧思，使得许多造型成为传承千古、垂范后世的经典之器。

2.3　装饰特征

2.3.1　瓷饰之源：线刻为本、以面辅线

线，是中国艺术的主要构成元素之一，也是中国艺术的基因。自古以来，线条刻绘就是陶瓷装饰的主要手法，从新石器陶器上绳纹、几何纹的痕迹，到陶瓷透明釉下阴线刻绘的惟妙惟肖的花鸟虫鱼、人物、山水形象，古人在泥胎上留下的或稚拙，或率性，或精细的印刻，展现了中国陶瓷装饰的发展轨迹。这些手工刻绘的线条方向、力度、手法各异，产生了深与浅、粗与细、繁与简、精与粗的对比，营造出别样的韵律之美。坯体上的线刻通常较浅，经过釉料包裹、烧成后，刻绘痕迹和肌理，纤毫毕现，在近处品味时，呈现出细腻与变化之美；远观时，瓷器仍然浑然一色，线条和图案并不会影响器物的完整性和色彩统一性。总之，从原始陶器、印纹硬陶、商周陶器、原始瓷、越窑青瓷，延续至南宋早期的龙泉窑青瓷，古人使用树枝、绳子、篦子等工具在瓷胎上留下的极具表现力、感染力、秩序感的刻绘痕迹，展现了东方线条艺术的独特魅力。

纵览以青瓷为代表的瓷器手工线刻装饰的发展历程，主要经过了三个阶段（如彩图17所示）：

第一阶段，"线条刻绘"装饰时期，主要从原始陶器、夏商周原始瓷，到唐宋越窑、北宋龙泉窑青瓷。这个阶段延续近6000年，属于刻绘初期，线条风格纯然质朴、抽象凝练。上溯到新石器时期，原始先民在坯体表面留下的重复密集的拓印、雕刻之纹，或许是一种有意识的产

物。先民用随手可得、简易加工的树枝，在湿润松软的陶坯表面留下自由稚拙的痕迹，或刻画自然物象，或描摹人兽之形，这体现了主观意识的指引。这些用尖细的树枝刻绘的动物、植物形象以及抽象物体、几何符号，真实记录了人类先祖的生活和信仰，而工具的精细化发展以及图像由抽象化、几何化到具象化的渐进轨迹，反映了上古先民认识、表达、美化生活的思想历程。这种阴线自由刻绘的方式，与河姆渡文化（距今约7000年）陶器上几何状的彩绘分别展现了线的两种艺术形式。前者是用树枝在泥胎上刻印凹线，后者则通过毛笔蘸色在坯体上绘制而成。从线的表现语言来看，彩陶时代的刻与绘异曲同工地传递出了先民的思想与情感，也奠定了后世瓷器装饰的两种路径。诚然，因工艺材料所限，瓷上的精细绘饰直到明清才得以实现，不过刻绘与线绘两者不同的样貌表达了先民凝练概括的"线饰"语言，二者有着相似的文化背景和装饰属性，表现了古人以图形图像寄托美好愿望。

第二阶段，"线条刻绘＋篦纹"装饰时期，不晚于唐宋越窑，北宋至南宋早期龙泉窑已普遍使用这种手法，后世青瓷窑口沿用至今。唐代越窑青瓷在线条刻绘的基础上，在轮廓线条的内部辅以篦纹装饰，形成的"面"与"线"产生了变化律动之美。这种方向统一、整齐排列的短促线条，与西方素描艺术表现明暗的排线手法相似，二者都能够产生一定的立体感、层次感和空间感。锯齿状的篦子或在坯面上停留产生数个小凹点，或划过坯体留下数条规整有序的线纹，这些纹路俗称"篦纹"，其通常起笔沉稳而收笔轻快，呈头重尾轻状，避免了刻刀等工具线刻可能产生的拘谨和单调感，视觉层次更为丰富。同为坯上阴线刻绘装饰，唐代定窑的精工细刻堪称经典，而唐代越窑则展现出自由灵逸的气质，轻松率性的线条、点缀其间的篦纹共同成就了越窑青器的灵动之美，体现了中国线艺术的气韵生动。两宋龙泉窑刻绘装饰脱胎于唐代越器，直至南宋前期仍以刻绘为主，历经几百年的发展，刻绘技法逐渐娴熟，线条凝练流畅，表现题材、内容日益丰富。刻绘的内容有绘画性的植物、动物，也有重复、密集的图案性几何纹样，呈现出的节奏韵律和秩序感的构图及表现手法都继承了越窑轻松随意的风格。无论是牡丹纹、莲花纹、云水纹或缠枝花卉纹，还是写意人物形象等，都以高度凝练的手法展现逸趣之美。北宋龙泉窑还有一类刻绘风格趋于细腻完整者，颇有定窑刻花装饰的风貌，如彩图17之④所示，大英博物馆馆藏的这件北宋越窑刻花纹盒已展示出求全求细的审美取向，这种精湛工整的刻绘风格在明代发展到极致。总之，北宋至南宋早期这一阶段龙泉青瓷变化丰富的图案形态，张弛有度、收放自如的线条表现，以一种纯真亲切的艺术样式展现了青瓷线绘装饰最初的风貌。

第三阶段，"线条刻绘＋篦纹＋浮雕"装饰时期，以北宋后期越窑至南宋中期龙泉窑青瓷为代表。北宋龙泉窑延续了越窑线条刻绘的遗风，南宋初期手法为之一变，在刻划花装饰基础上，结合浅浮雕、镂空透雕等技法，由二维空间往三维空间拓展。从线条风格来看，此期的龙泉窑装饰手法摆脱了唐代定窑、北宋越窑引领的精巧细丽之风，回归灵逸生动、率性自由的审美；从装饰层次来看，因浮雕手法的融入，器物刻绘纹样的主体性更加突出、图案层次更为丰富；从构图布局来看，此期图式体现了主与次、繁与简的对比，不再局限于对器"求全""求满"的理念，而绘画性的主题构图与图案装饰的巧妙结合，呈现了一种不拘于"工整"的主题性纹样风格。那些贴合器型延展开来的"中心绘画性纹饰＋边缘几何纹样"的组合形式，展现了古代匠工非凡的艺术创造力和传统设计智慧的力量。以南宋中期为分水岭，龙泉青瓷的装饰风格和审美取向都产生了较大的转变。南宋中后期肥厚润泽、乳浊失透的釉面不适宜呈现胎体上的刻划，由唐宋越窑传承而来的线饰面临前所未有的挑战。从龙泉青瓷的釉面与线绘的关系来看，南宋中期以前的青釉为含玻璃质较高的清薄透明釉，能较好地彰显线条刻绘、图案纹样的层次及神韵；而中期以后的龙泉青釉含铝量增加，并多次施釉，烧成之后釉层厚重，釉面乳浊失透。窑工最大限度地实现青釉的色之浓厚的同时，也削弱或遮蔽了坯上的线刻痕迹，观者更无从体悟线绘的起伏动势、笔意神韵。在南宋龙泉窑采用薄胎工艺的趋势下，有些胎仅有0.1厘米厚，稍有不慎就会刻破、刻穿胎体，因此，从越窑积累的线饰手法也就逐渐失去了用武之地。

勇于创新的龙泉窑工匠，历经几代人的积淀，逐步挣脱了细密刻绘的藩篱，摸索出适宜于薄胎厚釉之器的装饰手法，采用简化的装饰风格彰显出龙泉青瓷美玉般浑然天成、返璞归真的格调，谱就了青瓷史上别样的乐章。如果说工艺创新解除了对艺术创作的羁绊，那么厚釉也体现了装饰语言对工艺的适应，反映了工艺条件与艺术风格互相牵制、相互促进的紧密关系。南宋龙泉窑"装饰上的主要优点在于充分结合薄胎厚釉技术和精致轻巧的造型，运用最简练的艺术手法，创造了新的风格"①。南宋龙泉窑以莹澈青翠的乳浊厚釉取胜，"色"与"质"的和谐之美成就了玉质青瓷的艺术巅峰。

跨越千年的南宋龙泉窑日趋成熟，线饰手法丰富、造型多样。其刻绘手法又可以细分为划花、刻花、印花、雕刻等，宋代已广泛采用模具来制作重复、复杂的图案。上述第三个线条刻饰阶段，已结合了模印手法，通常用模具制成再粘贴于坯体相应位置。以装饰元素、表现风格为划分依据，南宋龙泉窑典范性的装饰语言包括有饰和无饰两大类，二者出现的时间或有重叠。

2.3.2 简雅之风：雕琢有度、去繁就简

2.3.2.1 自然元素、凸雕手法的具象风格

为了适应南宋中、晚期的薄胎厚釉工艺，龙泉窑创造了一种全新的以面辅线的凸雕装饰样式。无论是动物造型还是植物花卉，都延续了唐宋青瓷以线为主体的表现手法，差异之处在于，"减法"的凹陷阴线转变为一种凸起于器物表面的浮雕，这是一种"加法"。这种由平面线刻到立体浅浮雕的改变，增强了纹样与器物表面对比的程度。人们喜闻乐见的缠枝花卉、映日荷花、游鱼戏水等生活物象以立体凸雕的效果跃然瓷上，呈现出一种全新的审美趣味。这种与胎面形成一定高度差的浅浮雕装饰手法，称为"凸雕"。凸雕装饰是南宋中期龙泉窑工艺调适的产物，既能够较好地解决线绘纹饰在"厚釉"下显现不清晰的问题，又能解决刻绘薄胎时，可能出现的坯体破裂的情况。溯源凸雕手法，其在青铜器上较为常见。

不晚于南宋中期，从越窑青瓷延续而来的刻划花图案已很少见于龙泉窑，取而代之的是远观通体一色、近赏别有洞天之青瓷。时代审美和装饰手法的改变也孕育出了新的构图范式，盘和瓶两类常见器型的装饰展现出强烈的时代风貌。

第一，盘类造型装饰。传世龙泉青瓷盘多为观赏之器，常在盘心装

---

① 周仁等：《龙泉历代青瓷烧制工艺的科学总结》，《考古学报》，1973 年第 1 期，第131－194 页。

饰主题图案，其余区域留白，盘心纹饰题材花鸟鱼虫兼而有之，其中鱼纹盘颇具代表性，所饰鱼纹之数以二、三、四居多，鱼纹大小相同、首尾相连。如图2-4所示的南宋龙泉窑青釉凸雕双鱼纹洗，以双层弦纹勾画出盘心装饰区域，盘心雕饰双鱼形象，鱼身呈圆弧形、上下环绕，整体呈以盘心为圆心的同心圆构图。圆盘外轮廓、双层弦纹、双鱼纹形成一种多重圆形套叠关系，使得位于同心圆轨迹上的双鱼，产生某种"动势"和趣味，此时静态的弦纹烘托了双鱼的动感，似乎鱼儿会绕盘心旋转游动，惟妙惟肖。

从制作流程来看，凸起的鱼形先用模具制成，再粘贴到盘心；通常鱼的首尾仅大致勾勒，而鱼身之鳞凹凸起伏，表现得细致入微，烧成后鱼鳞处因积釉而形成浓淡变化，好像鱼儿游于碧波之中，活灵活现，颇为生动传神。从主体元素所占圆盘面积的比例来看，鱼纹装饰占比较小，弦纹外不施雕刻，大面积留白凸显了双鱼装饰。总之，这种动静相宜、繁简相合、有无相长的艺术表现，赋予祥瑞吉祥的"鱼"文化一种简约空灵之韵。

图2-4　南宋龙泉窑青釉鱼纹盘典型装饰特征比照

1. 南宋龙泉梅子青鱼纹盘；2. 南宋龙泉窑青釉模印双鱼纹洗；3. 元代龙泉窑青釉露胎贴花云凤纹盘；4. 南宋龙泉窑凸雕鱼纹印模；5. 南宋龙泉窑青釉阴刻鱼纹印模正面；6. 南宋龙泉窑青釉阴刻鱼纹印模侧面

到元代，在南宋贴塑鱼纹盘的基础上，衍生出不施釉的露胎的样式，其烧成后呈土黄色，与青绿色的釉色产生一定的视觉冲击，这也成为元代龙泉窑的典型装饰风格。元代龙泉鱼纹器的造型、装饰韵味都与宋代基本保持一致，青瓷映衬下的浮雕花卉、游鱼等纹饰素雅沉静，别具一格。此类鱼纹盘、洗在宋元龙泉窑外销瓷器中较为常见，多呈厚润的梅子青、粉青色，部分外销鱼盘的盘边两侧常有左右对称的双孔，孔径大小可穿绳，可用作挂盘观赏。

第二，瓶类造型装饰。通常在器腹以弦纹分割出一个横向带状装饰区域。如彩图21之2所示，三足炉通过上下两道弦纹勾勒出中间的带状空间，内饰缠枝芙蓉纹，芙蓉纹采用双勾手法，枝蔓采用凹线刻绘。整体构图疏朗、清逸，纹饰与器物融为一体。远观时花卉形象并不抢眼，近观则可见凸起的线刻细节。推测此处浮雕缠枝花卉的工艺流程为：花头通过模件制作而成，再粘贴到器腹，枝条则根据花头的位置最后刻划，以保证流畅的动势，同时弥补手工粘贴的误差。将唐宋越窑、南宋龙泉窑的花卉装饰相比较，从刻绘手法来看，前者主要通过线纹或篦纹的粗细、深浅对比来表现花卉结构；而南宋凸雕花卉已发展为三维塑造，立体感增强，同时，凸雕花卉和线刻缠枝两种手法作用于一器，层次更为丰富，表现力更强，也提升了强弱对比的节奏韵律。

然而，南宋龙泉青瓷的审美格调并没有顺势延续，封建社会改朝换代，统治阶级的意志左右着装饰风格的走向。元代以降，直至清朝，龙泉青瓷装饰图案、构图日趋繁复工整。元代的双鱼纹、八卦纹、云龙纹、八仙纹，明代的牡丹纹、蕉叶纹、串枝葡萄纹等成为龙泉窑雕饰的主要内容，清代后期龙泉青器器型厚重，胎骨粗劣，加上明清时受景德镇窑的冲击，龙泉窑逐渐没落。随着明清彩绘瓷的发展，青瓷刻绘雕刻的"线"逐渐被料笔彩绘之"线"所取代，中国陶瓷装饰也进入到一个以"绘"取胜的全新阶段。总之，无论是双鱼盘洗还是芙蓉瓷奁，南宋龙泉窑此类有自然元素、凸雕手法的青瓷制品，较元、明、清龙泉青瓷，展现出一种成竹在胸的"舍"，体现了宋代文人绘画艺术风格，营造出一种的疏朗清逸、简约雅致之美。这种以简胜繁的装饰语言，为南宋龙泉窑后来的通体无饰之风作了有益铺垫。

南宋龙泉窑青瓷常以凸起的弦纹分割器表区域，再进行装饰，操作流程与瓷上"开光"有相似之处，其本质都是贴合器物结构的

"适形性"装饰①，都是一种在瓷器连续循环的弧形表面上找寻平面构图可能性的尝试。青瓷凸雕线绘的构图形式和装饰手法、装饰元素，与元、明、清彩绘瓷器高度重合，体现了瓷器装饰的历史承继和装饰语言的借鉴融合。从装饰艺术的螺旋式发展规律以及传承关系来看，不晚于南宋中期，唐宋越窑青瓷上的灵逸线刻被龙泉窑工简化、弱化，但这一中华艺术的基因并没有消逝在陶瓷装饰的历史长河里，而是以"线绘"的新面孔出现在彩绘瓷器的世界里。从陶瓷彩绘工艺发展来看，彩瓷之"线"为精细化塑造提供了可能，也打开了绘画性陶瓷艺术的大门，千年积淀的线的艺术在瓷器装饰领域迈上一个新的阶段。

以下聚焦龙泉青器自然元素、凸雕手法装饰语言的形成与应用，以代表性的莲瓣纹为例进行解析。

两宋时期，三教合流，儒家吸纳了佛、道之精华，创立了以儒为主，融合了释、道的理学体系，理学精神成为宋代思想的代表。理学开创者周敦颐的《太极图说》用易理和道家术语来阐述宇宙生成的理论，深刻影响了两宋文化和审美，也直接体现于宋瓷的审美趣味和装饰法则之中。宋代青瓷超越了越窑青瓷和定窑白瓷上绽放的繁花之态，更侧重于比兴式的观念传递，花成为思想文化的载体。宋代盛行的莲瓣纹装饰样态和构图风貌多样，它不限于装饰器表的层面，还与器型结构巧妙融合，发展出了多棱的拟形器，极大地丰富了宋瓷造物体系。

莲为一种极富佛道意味的花卉形象，佛教将其视作圣洁之花②，以莲喻佛，莲花形象象征着佛家超脱红尘、四大皆空、轮回永生的追求。以莲花为饰始于春秋，盛于南北朝和两宋。莲花衍生而来的莲瓣纹作为一种具有礼佛寓意的装饰元素，广泛应用于历朝的建筑、器物、服饰等领域，在礼器和日用器具设计中也日渐风靡。莲花彼岸之境的宗教寓意

---

① 蔡花菲：《"道器合一"——论传统陶瓷开光的成因与嬗变》，《中国陶瓷》，2015 年第 7 期，第 87–91 页。

② 莲花是百花中唯一能花、果（藕）、种子（莲子）并存者，象征佛教"法身、报身、应身"三身同驻。莲花出淤泥而不染的圣洁性，象征佛与菩萨之超脱红尘，四大皆空；其花死根不死，来年又发生，象征轮回。佛教把莲花看成圣洁之花，以莲喻佛，象征菩萨在生死烦恼中出生，而不为生死烦恼所干扰。佛教有宝伞、双鱼、宝瓶、莲花、白螺、如意、宝幢、金轮八种吉祥宝物，释迦牟尼把莲花放在最崇高的位置。因莲花的佛教意义，佛经中以莲花作为佛教圣花，称佛国为"莲界"，称袈裟为"莲服"，称和尚行法手印为"莲蕖华合掌"，甚至称佛祖释迦牟尼为"莲花王子"。

与两宋理学思想相合，因此莲瓣纹成为宋瓷装饰中备受青睐的题材。以莲瓣入器，朵朵绽放的莲花、层叠交错的花瓣附着于瓷器的盘心盏底、器肩瓶足，其样态柔中带刚、倩丽中蕴含着理性光辉。莲的形象与高尚情操相关联，诚如北宋周敦颐的《爱莲说》所言："予独爱莲之出淤泥而不染，濯清涟而不妖，中通外直，不蔓不枝，香远益清，亭亭净植，可远观而不可亵玩焉。"被誉为"花之君子"的莲花寄托着文人以物喻人的情怀，象征着刚正不阿、不随波逐流的气节，更体现了一种坚持真理、追求真善美的崇高精神。相较于隐逸之菊和富贵牡丹，莲花以卓然不群的气节取胜，青瓷之色与君子之尚相合，这或许也是青瓷的造型和装饰中大量出现莲花的原因之一。

纵览历朝瓷上莲花题材纹饰的表现手法（如彩图18所示），从隋唐精雕细琢、唯恐有失的凸雕，到五代以莲瓣入器腹的浮雕，至南宋龙泉窑仅盖取荷叶形态，再到元代龙泉青瓷器腹上一丝不苟的荷枝纹饰，南宋无疑是莲瓣纹装饰发展历程中的一个拐点，以少胜多、以简胜繁的审美意识非常明显。如四川宋瓷博物馆的镇馆之宝——荷叶盖罐为一件难得的大器，器物通高31.5厘米，口径23.5厘米，最大腹围达93厘米，突破了"宋瓷无大件"。这件通体翠绿一色的荷叶盖罐堪称梅子青的标准色，沉静含蓄之美令人不禁驻足。其中盖的设计匠心独运，盖体为硕大起伏、倒扣覆盖的荷叶，盖顶中心有凸起小纽，纽的位置与支撑荷叶的莲枝合二为一，意趣盎然。荷叶盖面滑润无纹、润如堆脂，起伏过渡柔和自然，令人联想到夏日荷塘蔓延、簇拥的荷叶。最难得之处在于，虽为泥塑之作，却有植物的纤弱之感。这件荷叶盖罐仿生设计之作颇具巧思，小巧精致的盖纽为这件略显沉冗的大器增加了灵动气息。起伏有度的荷叶与浑圆简雅的器腹相得益彰，堪称陶瓷美学的典范之作。此类荷叶盖罐，小件用来储茶饼，大件则用来储酒，想来以此梅子青瓷灌注琼浆，夏日黄昏约三五好友于葡萄架下小聚纳凉小酌，确是人间美事。

现藏于宋瓷博物馆的一批青瓷精品器物出土于四川宁德金鱼村，其规模之大、数量之众、时间和风格之集中，在国内外都属罕见。出土器物主要为龙泉青瓷和景德镇青白瓷，多为瓶和杯，不乏大量精美的莲瓣纹瓷器。其中有一类器型大小、装饰风格极为接近的莲瓣纹带盖瓷盅，则青瓷和青白瓷兼有。聚焦此例，可以分析两大南方瓷窑装饰手法的异同，窥见南宋龙泉青瓷的装饰演化轨迹，进而揭示两窑装饰风格和窑业发展的特征与趋势。

对比龙泉窑和景德镇窑的莲瓣纹瓷盏，二者不仅釉色厚润，清透有别，装饰语言、刻画方式也存在显著差异。前者（如彩图18所示）将荷叶、莲瓣与器盖、器身融为一体，器型丰满圆润，外轮廓与莲瓣饱满的线条走势相似。莲瓣纹与杯盖融为一体，盖纽设计融合莲茎的形态，不过纽的立体感较荷叶盖罐弱，盖纽周围均匀分布着莲瓣，凸雕装饰的莲瓣由盖纽延展到盖边，最后发散形成一个整齐的圆形。后者（如彩图19所示）整体造型清瘦，线条更趋挺直、硬朗，呈现出一种刚劲之美。盖面与盖顶端交汇的直线纹饰，以及器身两两一组的线饰，都可以视作莲瓣纹。两窑莲瓣纹艺术手法，体现了装饰与工艺互为依托、相互牵绊的关系，厚润的梅子青釉烘托出了凸雕莲瓣的立体效果，而清透的青白瓷釉则将线条笔触、走向、肌理清晰地呈现出来，如果二窑手法互换，则效果会大相径庭。关于金鱼村出土的这些风格统一、品相完美的出土青瓷，其来源众说纷纭，有定制说、赏赐说和出口说等。比照二者的造型和体量、装饰位置、线条走势，可以发现这具有批量化生产的特征，考虑到二者同时出土，笔者认为由瓷商定制，用于本地销售的可能性更大。无论它们是供宋人日用，还是销售海外，都反映出莲瓣纹在宋代文化中的某种样态，也凸显出茶、瓷文化在宋代社会生活中占据了一席之地。

从器物设计的角度来看，莲花纹饰、层叠、交织、解构与重构的手法，形成的规整又错落有致的形态，极具节奏感、丰富性，符合东方审美的标准。从莲花元素提取和组合来看，花瓣、荷叶、叶脉、莲杆都能成为纹样的素材，设计时既可以提取荷叶形态巧妙地将其化为青器之盖，也可以将荷之叶脉，化为与瓶身协调统一的纵向脉纹。当然，莲花因其圆融之美和佛教意韵，成为刻画的重点。横向重复排列、纵向延展贴合的连续莲瓣纹样，可以根据器物弧度而调整大小、比例、组合方式，具有较强的适应性。宋代以莲瓣融入葵口器，数目多为8、12，后来发展到更多。至唐、五代延伸为莲瓣状凸起的多棱器（如彩图20之③），花瓣形态常竖直贴合于器身，起伏展开，花瓣中间位置为最高点，花瓣连接处居于低点，如此连绵而成。还有一类莲瓣纹多棱器，仅从器口的莲瓣交接处向下延伸出垂直竖线，器身结构并无起伏（如彩

图20之⑤）。多层莲瓣的排列方式通常按照器物垂直方向逐层叠加（如彩图20之④），每一层由重复的花瓣组成，两层之间的花头交错排列，第二层的花头恰好位于第一层两片花瓣的交界处，依次循环叠加。这种错落的排列方式，既避免了花头重叠产生的呆滞感，也在视觉上丰富了莲瓣的遮挡关系，增加了层次感。这些源于自然、匠心独运的莲花系列纹饰，彰显着古代造物的设计智慧与审美。从审美角度来看，概念化、抽象化的莲瓣纹装饰不仅具有古典美的旋律，也颇具现代简约设计的审美意蕴，多棱器型在浑圆之器中注入了硬朗的力量感，今日看来依旧堪称传世佳作。

2.3.2.2　点线元素、出筋效果的抽象风格

如果说带有"自然元素"的具象装饰风格体现了龙泉窑对南方青瓷的传承，凸雕装饰与薄胎厚釉的结合开启了龙泉青瓷新的篇章，那么融合三代铜玉礼器造型的龙泉青瓷，则实现了更为彻底的风格转变：采用凝练的手法，对繁缛的装饰进行高度概括化的处理，吸纳了上古礼器中的乳钉纹、线状弦纹等几何形态，形成了一种更为抽象、洗练的装饰风格。具体表现手法主要有以下两类。

第一，点状装饰，主要包括浮雕堆贴花、乳钉纹装饰手法。

南宋龙泉青瓷的点状装饰，既有对古器繁缛纹饰的简化，如将青铜器上的乳钉纹和玉璧上凸起的圆点或圆圈，转换为瓷器装饰的鼓凸状乳钉，将瓷上线刻图案立体化的凸塑堆贴的花鸟虫鱼和几何形状凸起于器表，似一个个点。堆花，是指将装饰用泥浆直接粘贴到瓷坯的相应部位，以粘贴于器腹的主体部位居多（如彩图21之②）。堆花相对于刻划花、刻线、篦纹等阴线装饰，具有明显的浮雕感和立体效果，在厚釉下能够凸显出来。这一工艺手法还实现了制作重复附饰的统一性和便捷性，附饰通常预先用模具制好再转印复制，单独出现者可以手工成型，更加灵动。

凝练的堆贴花、乳钉纹错落起伏地分布于器身，与平滑的青瓷釉面形成对比，在材质和纹饰的对比中彰显韵律之美。南宋龙泉青瓷的点状装饰中，以抽象的乳钉纹居多，整体排列疏朗，堆饰与胎体常选用同样的胎釉材料制成，通体一色；元代用含紫金土较多的色泥制作堆贴花，不施釉，烧成后红胎青釉，二者相映成趣；明代龙泉青瓷贴花装饰日趋

具象，常有牡丹、龙凤和双鱼等图形，双鱼盘、洗尤为活泼逼真。南宋以降，直至明代龙泉窑，装饰风格又由抽象转变为具象，体现了审美风尚及其反映的时代精神的发展。

第二，线状装饰。主要有横向线条和纵向线条两大类。

横向线状装饰可上溯到青铜器上弦纹对器物表面的分割，唐宋瓷器上的弦纹通常为3～5层的双勾弦纹。南宋龙泉青瓷的弦纹装饰通常位于器颈、器腹、器足，器物除弦纹外无更多细节装饰，弦纹呈凸起状，通常为横向双勾样式，与挺拔竖直的器身相映成趣，形成一种颇具现代构成感的设计风格。琮式瓶表面凸起的线饰更为直观地体现了线对器表分割与装饰效果，以及长短线条间隔出现所营造的节奏韵律。这种重复出现、粗细不一、长短相间的弦纹或单独出现，或辅以其他装饰语言，成为南宋龙泉青瓷的典型风格。硬朗的凸线传递出的力量感和节奏感，展现了一种严谨、理性的气息和凝练的风格。外轮廓为竖直线的琮式瓶，再以横直线进行装饰，展现了瓷器中不可多得的阳刚之美。

纵向线状装饰则与器型的结构密切相关，装饰或出现在器型结构转折处，如瓜棱瓶重复的纵向延伸之线；或与器足结构相呼应，如彩图21之⑤所示的南宋龙泉三足鬲式炉是一件典型仿古器，通体无饰、纯然一色，三条出筋的阳线，在纯净瓷色的衬托下极具含蓄之美。三条竖线分别从器肩部分开始，沿器身一直延伸到器腹、器足。器身凸起最为明显，到足部逐渐减弱。依器型而生的垂直凸线，增加了器物的力量感，形成了一种与铜制礼器相似的厚重、庄严之感。这种纵向凸线装饰正是南宋龙泉窑特有的出筋效果，其原因是凸起处挂釉编薄而产生色差，展现了一种微妙含蓄、若有若无之感。就烧成工艺而言，出筋并不能与预期一致。因器型结构、堆饰厚薄，挂釉的多寡，以及乳浊厚釉在高温烧制时熔融流淌，若器表凸起处积釉较薄，烧成后可能会露出部分胎体，器身凹陷、无转折处积釉较厚，烧成后其青色更浓。出窑后浓郁雅致的青釉与凸起敞露的灰白胎体，凹凸相衬，仿佛筋骨显露，别有风味。总之，器身转折处的高度差和角度越大，效果越明显。出筋是南宋龙泉窑因厚釉而生的特色装饰语言，仿生式瓜棱瓶、双鱼洗的盘口折沿、仿古六角瓶等，无不见这种含蓄内敛的装饰。准确来说，出筋并不是一条明确、清晰的线段，而是由青、白对比而成的色界区域，需要细读慢品，于细微处感受其风韵。青瓷深浅变化的青釉与白胎交相辉映，展现出南宋龙泉举世无双的工艺之美，绽放出陶瓷装饰语言独特的光彩。

如果说宋代皇家主导下，仿制三代的青铜礼器之风日渐盛行，那么考虑到南迁后国力的现实情况，以瓷仿铜则是一个必然的趋势。瓷器制作过程中，为了提高效率、降低成本，窑工们总是自发采用最便捷、最易操作的方式，例如在仿制三代青铜礼器或南宋官窑器时，使用模具成型的方法符合制瓷业的生产规律。模具工艺在青铜、陶瓷制作领域由来已久，东汉王充《论衡·物势》载："今夫陶冶者，初埏埴作器，必模范为形，故作之也。"[①] 这也是传世器物中会出现大量重复的造型和纹饰的原因之一。正如李家治先生所言，"南宋龙泉青瓷上的装饰纹样，多为阳文，且南宋出现大量造型纹饰复杂、方形器物，这些器物的制作方法应该是采用磨具翻制加工而成。"[②] 宋代制瓷业已广泛采用模具辅助成型，出筋效果亦与模印工艺有关，凸起的结构或转折之处会产生露胎之美。模制工艺有助于南宋龙泉青瓷"加法"造型手法和凸雕装饰效果的实现，也使得制作复杂的器型和重复性的附饰成为可能，尤其对于繁缛附饰的制作任务，模制方法事半功倍，能够保证装饰风格的整齐划一，降低手工装饰难度，又能最大限度地提高生产效率。

南宋中期以前，龙泉窑秉承越窑的线刻装饰传统，中后期采用凝练的点状乳钉纹、线状弦纹等装饰手法，逐渐焕发出一种绚烂之后而归于平淡的卓然风姿。从线状装饰对器型的影响来看，横向线条影响装饰区域，而纵向线条往往与器型结构走势相关，影响较大。

较之北宋龙泉青瓷的繁花刻绘，以及元、明龙泉窑的花鸟虫鱼堆饰，横纵直线装饰在南宋龙泉青瓷上的应用，更多展现出的是一种硬朗的造型风格和抽象的审美风尚、一定的现代气息，形成了一种高雅的格调，值得现代设计艺术思考与借鉴。从现代审美角度来看，这种以点、线为元素的抽象装饰风格，营造了超越时代的空灵之境和理性之美，形成了清新亲切、天真质朴的艺术风格。在宋元龙泉青瓷海外贸易昌盛的背景下，源源不断向外输出带有鱼纹、花鸟纹饰的日用瓷器以及肃穆敦

① ［东汉］王充撰：《论衡》第三《物势篇》，四库丛刊本，第20页。
② 李家治主编：《中国科学技术史·陶瓷卷》，北京：科学出版社，1998年版，第47页。

厚的仿古礼器，作为中国风格、中国样式，影响着世界陶瓷艺术文化的发展。

2.3.3 无饰之饰：浑然天成、抱朴处素

2.3.3.1 抱朴处素、复归平淡的装饰选择

南宋龙泉窑的典范之作当属通体无纹、宛若天成的粉青瓷、梅子青瓷，无饰之饰成为龙泉青瓷的独特风格，所展现出纯粹、典雅的审美格调，可视为青瓷艺术的最高境界。浑然一体的青色瓷釉及其玉质晶莹的质感，是厚釉工艺下的变通与创新，是宋人抱朴处素的装饰观念的体现，也是中国传统文化含蓄、深沉、凝重、深邃的审美取向的集中表现。诚如邓白先生所言，"南宋龙泉青瓷的装饰手法，更趋向于简练，一切以服从工艺制作为主，不事繁缛堆砌，使之明朗、大方、精致、端巧，有些器物完全以釉色和造型取胜，不施纹饰，也有它独特的艺术价值。"[1] 一方面，从工艺操作性来看，龙泉窑乳浊失透的厚釉特征，不适宜彰显刻划纹饰之美，烧成后线刻的细枝末节基本不见。另一方面，从色尚来看，纹饰会在一定程度上破坏釉色的均匀程度，影响青玉色彩的呈现。此期龙泉青瓷在附饰形态和装饰纹样的选择上，并不力求对具体物象的表现，更多是对物象典型特征的高度提炼。这种从具象转为抽象、从写形到写意的装饰手法演进，逐步接近古代文人推崇的"逸品""天趣"之美。

从"无饰—具象刻绘—抽象浮雕—通体无纹"的发展轨迹来看，南宋龙泉青瓷简约无饰的艺术风格是经历制瓷初期朴素无饰、唐宋越窑率性线刻、南宋中期之前凸雕装饰之后的一种审美回归。正如叶朗评价刘熙载《艺概》针对艺术创作所提出的"工—不工—工"以及"平—奇—平"的三段式发展规律，其中第二个阶段"不工"正是"工之极"。[2] 这种平淡、天真的艺术品格与现代设计"少即是多"的观念有异曲同工之妙。南宋龙泉窑的"无饰"是一种审美选择的结果，与汉

---

① 邓白：《略谈古代龙泉青瓷的艺术成就》，见浙江省轻工业厅编《龙泉青瓷研究》，北京：文物出版社，1989年版，第96页。

② 叶朗：《中国美学史大纲》，上海：上海人民出版社，2013年版，第565–568页。

代青瓷初创之时受制于条件和经验而"不能"有着本质的区别。从装饰技艺水平来看，龙泉窑早在北宋时期就已经具备了刻划纹饰的精湛水准，北方耀州窑、定窑的胎上刻划技艺也势必随着工匠南迁而渗入。根据同时代瓷业发展的均衡性和技艺的流动性规律来看，两宋及与南宋并存的辽、金都产生了大量的彩绘瓷制品，南宋龙泉窑工很可能掌握了彩绘工艺。在两宋瓷业技艺如此成熟的条件下，地理位置毗邻都城的龙泉窑出现"无饰"之风，显然是一种主观选择的结果，从本质而言是"不想"而非"不能"。这种删繁去奢、尚简崇雅、高度凝练的表现形式体现了艺术品位的自信，散发着一种卓尔不群的独特魅力。装饰手法的选择直接影响着艺术特征的形成，简素至极的"无饰"是龙泉窑工扬长避短，充分结合窑口优势进行设计创新的成果，凝聚着几代人的智慧。龙泉工匠没有随流采用世间花鸟虫鱼装点器物，而是以超然纯真、从容淡定的"无饰"之饰表现空灵、澄澈之美，表现寂寥、高远的意境。两宋青瓷通体无纹、浑然天成的纯粹自然之美，在古代陶瓷装饰之林独树一帜。南宋龙泉青瓷之"简""雅""疏""逸"之风，成为中国青瓷艺术的典范。

　　龙泉青瓷的"无饰"是一种超越性的装饰语言，体现出由"猎微穷至精"回归"清水出芙蓉，天然去雕饰"①"的倾向，也是"繁之极"之后复归平淡的结果。《庄子上水篇》所言的"既雕既琢，复归于朴"②的美学品格是中国文人审美境界的思想根源。按照庄子的观点，雕琢应该不留痕迹、宛若天成。事实上，达到文人审美标准的自然之美极其稀缺，天然美玉还需人工雕琢，这里的"宛若天成"，强调的是造物的精妙、巧饰、不留痕迹。庄子并不反对以人工力量来实现造物之美，但是忌讳强行改变自然美的趋势和过多附加人工造作的痕迹，他鼓励最大限度地发掘和彰显天然材料的美，并达到"不露声色"的效果。诚然，对于雕琢者而言，这是一种臻于完美的至高境界和极限追求。从审美品格和造物理念来看，南宋龙泉青器如天然美玉般的色泽，通体不留人工痕迹的纯净釉色，恰好吻合了庄子所倡导的天然质朴的意境

---

　　①　李白《经乱离后天恩流夜郎忆旧游书怀赠江夏韦太守良宰》："觉君荆山作，江鲍堪动色。清水出芙蓉，天然去雕饰。"

　　②　[西晋]郭象著，[唐]陆德明著，[清]孙毓修著：《庄子南华真经》卷第七"庄子外篇山木第二十"，四部丛刊本，第19－20页。

追求。

庄子推崇的质朴之美还有一层意思，即避免为了求"工"而受到约束，偏离应有的对"道"的本质追求。刘熙载评论书法的"工"与"不工"时有如下的描述："学书者始由不工求工，继由工求不工。"也就是说，在进行书法练习时，最初以工整为衡量标准，到后来会突破和超越"工"的要求，达到一种体现个人风格的轻松状态。这种突破具体标准约束的自由创造，亦如刘熙载《艺概》所言的审美和表现方式的升华。反观南宋龙泉青瓷通体无纹之饰，超越了越窑青瓷形成的具象线条刻绘的框架，成为一种色与饰、形与色、纹与饰互相交织缠绕、融会贯通的特征，体现了文学艺术超越本体获得"造乎自然"的观照之境，展示出简约玄澹、超然绝俗的哲学审美。

古代器物艺术与诗词书画的审美有异曲同工之妙，二者的欣赏主体相似，都是统治阶级、达官贵人、文人雅士。因为文士阶层接触更多的市井生活日常，唐宋诗坛词苑也涌现出诸多品评青瓷雅器之作，固文人尚雅所诞生的品鉴标准和审美取向，也必然成为文学艺术共通的时代准则。在两宋文人社会地位提升的背景下，龙泉青瓷的艺术表现必将深受上至王侯将相、下至文人雅士的审美观念影响。与唐代的繁花似锦、热烈喧嚣的氛围不同，两宋以冷静深沉的青色调性为主。随着北宋汝窑、官窑等素色瓷器的推广，素文化风行于世，回荡寰宇。这种素饰风尚与早期受材料工艺所限的简拙截然不同，呈现出一种超俗的简雅，是一种看尽繁华过后的取舍，也是文人阶层去繁就简的雅文化的流露。龙泉青瓷"无饰"所产生的青幽、空灵的色彩空间，以青、玄之色通往文士向往的虚静状态，由眼观的物象升华为一种心中的意象，从而获得妙昧神思，通往中国传统文化最深处的淡泊、高远、澄澈、自知的文人心境。这种文人情怀所折射的审美追求，真正触及了国人心中的最绚烂之处，展露的是一种繁华之后而复归平淡的从容境界。

宋代尚素，正如庄子所谓的"朴素而天下莫能与之争美"。"宋代瓷器、书法、绘画脱略繁丽丰腴，尚朴澹、重意志。即如宋人服饰，也'惟务洁净'，以简朴清秀为雅。"① 两宋绘画摒弃了五彩之风，以黑白两色入画。这种素雅之风奠定了两宋文化艺术的基调。两宋时代审美和

---

① 冯天瑜、何晓明等：《中华文化史》，上海：上海人民出版社，2021 年版，第 634 页。

民族精神以淡雅、幽静为特征，直接影响了两宋瓷文化的发展。在尚素文化的洗礼下，北宋汝窑、官窑器已经开启了雅饰之风，南宋龙泉窑继承而来，集中体现于徽宗主导的简雅之美，表现出抱朴处素、无饰之饰的审美取向，与同期其他艺术统一于两宋的文化风貌、审美理想。宋人尚平淡、清幽之美，以简、雅为上，青瓷雅器温润尔雅、含蓄内敛，其造型、装饰、釉色都蕴涵着宋人特有的艺术品位和美学精神。书房雅斋内陈列文房四宝，文士吟诗弄墨之时常进行焚香、赏花、鉴器等雅事，青瓷砚滴造型优美、意趣盎然；铜瓷花器、香器兼而有之，往往因时择器，非常考究，书桌案台上仅插一枝鲜花的贯耳小瓷瓶，更可视作文人的知己佳伴。南宋龙泉窑设计生产了大量精巧的风雅用器，见证了文人的清新逸趣。

纹饰作为器物艺术风格的重要组成部分，理应服务于整体。但是在近距离观赏时，纹饰很可能成为比造型和色彩更为突出的部分，具象的纹样、刻绘更是如此。因为视觉经验产生心理效应，总是影响观赏者对器物的整体认知，在某些特定情况下，显性、具象的纹饰会直接影响着器物的审美方向和观照结果。而"无饰"可以最大限度地弱化具象纹饰的跳跃性作用，强化色与形的表现力，使观者获得整体的审美体验。从某种意义而言，龙泉青瓷虚静、空无的青釉色泽能够使人更好地通向美妙的体验。总之，就工艺特征和审美境界两个层面而言，通体无纹、以色为饰的龙泉青瓷反映出由简入繁、复归简约的装饰发展路径，是审美、艺术、文化综合发展的产物。简雅风尚在青瓷上获得释放，体现了宋代美学的主旨和神韵。以"无饰之饰"来彰显南宋龙泉青瓷最突出釉色之美，是龙泉窑最具表现力、感染力的装饰选择，体现了中华传统造物的设计智慧。

2.3.3.2 "出色而本色"的尚质审美

历经千年的洗涤的南宋龙泉窑沉淀出了彰显青玉本色之美。追根溯源，瓷器之饰是为了美化、修饰。两汉制瓷条件下，制瓷泥料淘洗不够充分、杂质过滤不彻底，烧成后难免出现黑点、褐斑等；又因修坯工具和手段有限，烧成后釉面平整程度、光滑程度较差。鉴于此，青瓷工匠在胎上装饰时，常根据经验有意地遮盖黑点、杂质以修饰瓷器。在构图和下笔刻绘线条时，稍做调整就可以掩盖弥补胎体本身的瑕疵，以提高优质瓷的成品率和精美度。线条刻绘之后发展出的南宋龙泉窑浅浮雕手法，为元明清盛行的浮雕、透雕装饰做了有益的铺垫。随着制瓷工艺的进步，雕饰逐渐从遮瑕转变为独立的装饰语言。这些刻与雕的装饰手法、线与面所构成的图案样式，丰富了青瓷装饰语言的层次感和表现力，也成为陶瓷美学独特的魅力所在。

如果说青瓷雕刻可以修饰泥坯，那么釉上、釉下彩绘对陶瓷的美化效果则更加直观，线条或色块可以巧妙地"因瑕而饰"。瓷绘创作构图时，多少会考虑对胎体瑕疵的遮掩，毕竟泥做火烧的瓷器难免有微瑕之处。在遮瑕之前，匠师会最大限度地提高坯体的光滑度和清洁度，这一工艺流程通常在坯体干燥后进行，行话称之为"补水"①。龙泉窑和越窑的青瓷刻绘、景德镇窑的釉下青花、醴陵窑的釉下五彩装饰，都在坯体打磨、修整、润湿、再修整之后进行。以青花绘制为例，"补水"后的光洁坯体，如还有微小瑕疵，会在绘制时尽可能遮盖，如果构图不便遮盖，则用刻刀剔除瑕疵并再次"补水"。由此看来，陶瓷"装饰"的过程也是一种"掩饰"和"修饰"的行为，这种思路在明代釉上彩绘瓷的装饰中亦是如此。釉上彩绘的诞生，是因为烧成的白色瓷胎上有落渣、铁渍、缩釉等瑕疵，为了减少浪费，景德镇窑采用二次加彩的方式，根据白胎上瑕疵的位置巧妙构图，再入窑复烧，投入市场。旧时从事彩绘的工匠俗称"红店佬"，在瓷器从业人员中身份较低，随着明清彩绘瓷独立门类，并供奉朝野、通达海外，彩瓷在陶瓷装饰艺术中的地位持续攀高，当绘画性的艺术表现融入瓷绘时，其艺术价值早已不可同日而语。

从"掩饰""修饰"的角度来理解瓷器装饰，瓷上装饰语言就必然会由"有饰"发展到"无饰"。如果说胎釉瑕疵成为瓷上装饰的动因之一，那么科技发展和工艺进步注定会产生相对完美的瓷器。近乎无瑕的瓷器，其纯净、莹澈的釉色是技术与艺术融合的佳作，本就应该得到充分彰显。对于澄澈完美、浑然类玉之青器，再精湛的纹饰都会显得多余，反而有画蛇添足、弄巧成拙之感，影响其观赏价值。无饰之风，一

---

① "补水"为景德镇制瓷俗语，指瓷器入窑烧制前的清洁环节。通常以海绵蘸清水后挤干多余水分，再轻拭泥坯表面，一方面擦除灰尘，同时弥补坯体轻微的凹凸瑕疵，以便施釉备烧。

方面避免了纹饰冲淡瓷色之美，另一方面可以聚焦玉质感的表现，也展现出对工艺、材质的充分自信。就造物语言来看，彰显本色之美可以到达审美的最高境界。宋代山水画讲求远、空之境，无饰之青瓷可以很好地通往"无限"之玄境。"无限"之妙，从器物审美中依托艺术想象而感受到的联想妙得令人快慰。从青瓷仿青玉的目的来看，类玉的佳境莫不外乎浑然天成、通体无痕，从这个角度来看，南宋龙泉青瓷的"无饰之饰"可谓深得玉的审美精髓。

　　无饰之风是一种尚"质"的文化取向，体现了华夏文化独特的审美品格。关于"文"与"质"的关系，自古引发诸多讨论，其中"质胜文则野，文胜质则史，文质彬彬，然后君子"（《论语·雍也》）的观点流传最广，文质相合是文人雅士孜孜以求的目标，"无饰之饰"展现出的尚质之美，体现了文质彬彬的哲学追求。《礼记·礼器》认为装饰艺术中"文"与"质"的兼容，需要把控尺度，力求相符相宜。所谓"无本不立，无文不行"，适度的装饰既不趋于奢华，也不至过于朴拙。在封建社会儒家文化之中，"文质彬彬"，也引申到社会行为规范、文化制度层面。① "重色轻饰"的南宋龙泉青器，弱化甚至去除装饰痕迹，展现了浑然天成的艺术格调，赋予极大的想象空间和独特的审美体验。这种审美取向，与韩非子"好质恶饰"的哲学思想相吻合，代表着一种以内在品质、性质、质地为首要标准的评价体系。简约无饰、通体一色的南宋龙泉青器，展现了形色相合、器以彰礼、文饰得宜的艺术风貌，体现了彬彬君子之风。刘熙载就"文"与"质"的关系主张"尚实"而不"尚华"，这一点与孔子倡导的礼以"素"② 为贵的观点相通。

　　本，有本源、本质、原本之意。在文人士子的引导下，以质为美的观念成为时代评价标准。文人素来崇尚洞悉事物本质之美，文震亨在《长物志》中品鉴材质优劣雅俗时，几处写到湘妃竹木质纹理之美。文氏虽为晚明士子，但是其主导的彰显材质本色之美的倾向，体现了历朝

----

　　① 李砚祖：《装饰之道》，北京：中国人民大学出版社，1993年版，第115页。

　　② 《礼记·礼器》："至敬无文，父党无容，大圭不琢，大羹不和；大路素而越席，牺尊疏布幂，樿杓。此以素为贵也。"《礼记·月令》："毋悖于时，毋或作为淫巧以荡上心。"这是月令中监工对百工每天下发的号令：不得违背当时的规范，不得制作过于奇巧的器物惑乱君心。可见，周代礼仪制度认为，朴素之器能更好地实现礼天地的诚意和专一。

文人阶层一脉相承的审美理想。棉、麻、丝绸等材质以服饰造型语言修饰身形、美化人体之时，也展现了材质之美。材质之美各有千秋，是一种人工装饰难以企及的天然本色、纯然之美，也是华夏文化"天人合一""和合之美"的体现。虽说宋代五大名窑之官窑、汝窑、哥窑青瓷尚未实现真正意义上厚润无纹的美玉之质，不过已经构建了朴素的审美文化，是南宋龙泉青瓷达到了质色相合的极盛之境的必要前提。青瓷古器尚质、尚玉、尚青，也寓意其内在品质的追求。石之美者为玉，玉石表面有微妙的色彩变化，淡雅的青玉清冽微凉、细腻沉静，这种本色之美令人在喜爱的同时还心生崇敬。青玉展现的自然之美，是复归自然本质的一种审美境界，从"类玉"的审美品格来看，更倾向于一种沉静典雅、自然天成的境界。就某种意义而言，经典的粉青瓷、梅子青致力追求和实现的又何尝不是一种本色之美呢？从原始青瓷不易察觉的稀薄青釉，发展到通透清澈的越窑艾色，直至南宋厚润明丽、色似翡翠之青，青玉之美一直是古人心中质与色的标杆，正所谓"本色而出色"。青瓷在实现青玉外在表征的同时，遵循的是一种纯然之美的认知体系，追求的是万物同源的理想境界。南宋推崇的自然本色之美，反映了精英阶层的文士审美，成为华夏造物观和审美思想的生动写照。热衷于山居茅舍、归隐田园生活的文士阶层，以天地万物为本体进行观照，"仰观宇宙之大，俯察品类之盛，所以游目骋怀，足以极视听之娱，信可乐也"，文人追求超脱自然界限，达到可游可居的状态，实现思接千载、视通万里的审美意象。

按照刘熙载《艺概·词曲概》"出色而本色"的观点，艺术创作遵循"简—繁—简"的循环式发展规律，这在龙泉青瓷装饰发展轨迹中也有所体现。整体来看，龙泉瓷器脱胎于以线绘著称的唐宋越窑青器，北宋龙泉青瓷的刻划花和篦纹装饰在南宋早期渐少，至南宋中晚期主要表现为崇尚色彩纯粹性、通体无纹的无饰之风。纵观封建社会陶瓷装饰发展之路，以南宋龙泉窑为代表的宋瓷一洗唐代略显矫饰的华贵风貌，展现出为儒士所钟爱的复归自然本源的本质之美。宋代简雅之风好似陶瓷装饰史的转折点，两宋"本色之尚"引领着青瓷的审美潮流，成为中国艺术审美中难以逾越的高峰。南宋龙泉窑审美的风向标，在陶瓷技艺成熟的清朝有延续，不仅崇尚古雅气韵，在祭蓝、祭红、娇黄等色釉器领域，也出现了重色轻饰的倾向。对于这种重视釉色之美取向，南宋龙泉窑的作用不可忽视。

2.4　本章小结

南宋龙泉青瓷在中国瓷器史上具有特殊的意义，它承与创并举、古与今相融，实现了"类玉"与"尚青"高度统一的色彩特征，"器以藏礼"与"灵秀清逸"的造型特征，"重色轻饰"与"以简胜繁"的装饰特征，达到了中国青瓷艺术的巅峰，铸就了中国瓷器艺术的历史丰碑。

南宋龙泉青瓷艺术特征鲜明而有个性，为后世所效仿。在其色彩、造型、装饰特征风格形成的过程中，还有一些现象和规律值得深思。

其一，模仿与超越。

"模仿说"① 是有关艺术发生和艺术本质的重要学说之一，由希腊德谟克利特、柏拉图等学者最早提出，亚里士多德加以完善②。从发生说的角度来看，模仿与融合是各国艺术创作的必经阶段，《吕氏春秋·古乐》记载："听凤凰之鸣以别十二律"，"效八风之音"。陶瓷制造的模仿主要表现为两种形式：第一种是对自然物象的直接模仿。陶瓷器承载了人类早期的造物观念，作为一种服务于生产生活的常物，必然与自然万物息息相关的痕迹。从第一件陶器的产生，到原始青瓷上烙印的绳纹、几何纹，再到东汉开始绽放的植物纹样、仿生器型；发展到唐代瓷器的花口造型，宋代开始盛行的仿铜、玉礼器形制，以及源于自然的玳瑁、兔毫、茶叶末、油滴等瓷釉，这些人类的文明遗存无不烙刻了先民

---

① 《辞海》（1999 年版缩印本），上海：上海辞书出版社，2000 年版，第 1492 页。"模仿说"是关于艺术起源和艺术性质的学说之一。该说由古希腊德谟克利特、柏拉图等最早提出，亚里士多德加以完善。该学说认为"模仿出于人类天性"，艺术是对自然和人类活动的模仿，它们的区别只在于模仿所用的媒介、所取的对象和所运用的方式不同。亚里士多德在《诗学》中针对柏拉图贬低模仿艺术的偏见，指出艺术所模仿的不只是现实世界的外形，而且是现实世界所具有的必然性和普遍性，因此模仿既能获得知识又能获得快感。模仿说在西方传统文论中长期占据统治地位，至 19 世纪被"表现说"所代替。

② 亚里士多德对"模仿说"进行发展，认为模仿既然是一种先天的创造能力，它就不再是一种偶然的自然行为（德谟克利特言），也不是复制自然对象的机械行为（柏拉图言），而是一种积极的创造活动，是人类知识（不是与真理隔了两层的"影像"）的来源和文明的开端。这是对"模仿说"的最高肯定和赞赏。

对自然模仿的印迹……

如果说"模仿出于人类天性"的观念更多体现了模仿的自发性，那么随着制瓷经验的积累，造器逐渐摆脱了对外在表征模仿的窠臼，日趋接近以体现事物的必然性和普遍性为目标，这也成为瓷业模仿的第二种形式：有意识地模仿与借鉴姊妹艺术。从形态语言来看，陶、铜、漆、瓷、玉等器型饰互鉴的情况非常普遍；从审美观念来看，邢瓷类银、越器类冰的描述，和青瓷"类玉""类冰"的审美引导，体现了以低等材质模仿高等材质的思路。唐代出现了诸多仿金银器的瓷器造型，既体现了互鉴的造物规律，也隐含着通过器物来实现身份跨越的心理。总之，无论是色之"类玉""尚青"，造型之"仿古之风"，还是制之"铜玉相融"，南宋龙泉青瓷，属于更为理性和成熟的模仿阶段。正如邓白先生对南宋龙泉青瓷艺术成就的评价："不论继承原有传统或吸取官窑的经验，都不以照样仿制为满足，而是通过集体的智慧，以革新和创造的精神不断改进：由灰胎改为白胎，又扩充了黑胎品种；由厚重的普及用瓷，发展为精美的高级用瓷；由薄釉改为厚釉，创烧出脍炙人口的粉青和梅子青的釉色；并且突破了前代形制的局限，树立了优美典雅的艺术风格，使浙江青瓷发生了质的飞跃，远非前代所可相比。"[1]

总之，在"袭京师（徽宗）旧制"的政策导向下，南宋龙泉青瓷融合、借鉴了青玉色彩和上古陶、铜、玉质礼器的型与质，是人类艺术发展史和材料科学史、陶瓷发展史上用"低等材质"模仿"高等材质"的典范之作。陶瓷礼器逐渐替代了铜玉礼器，成为宋代到清代700多年间的国之重器。龙泉窑工克服了玉之色和青铜工艺的不足，结合宋代的审美风尚和制瓷工艺特点，创造了轻盈挺拔的瓷质礼器造型风格，逐渐实现了材质、造型、色彩等方面的模仿与超越。

其二，技术与观念。

南宋龙泉青器仿青玉色泽、仿古造型、以简胜繁的艺术特征，体现了两宋时代审美，是技术与观念相互作用的产物。

从瓷色方面来看，"尚青""类玉"的观念，是南宋龙泉窑胎釉技术创新的驱动力。粉青、梅子青等典范性瓷色的实现，需要依托薄胎厚

---

① 邓白：《略谈古代龙泉青瓷的艺术成就》，见浙江省轻工业厅编《龙泉青瓷研究》，北京：文物出版社，1989年版，第98页。

釉的制作工艺，通过多次素烧、多次施釉、多次烧成来实现釉色的叠加，实现厚润浓郁之青。这种极为复杂、费时费力的工艺手法，并非自发和偶然所为，而是以理想瓷色为目标，历经近200年的工艺实践和反复摸索所得。可以说，观念驱动和目标引导，是推动南宋龙泉青瓷工艺创新的根本。

在两宋礼器需求和复古之风的指引下，南宋龙泉青瓷以仿古之器为模范。仿古器型的复杂化和多样化倾向，使得制作难度和烧成风险增加。程朱理学的理性和疑古、探究的精神，造就了有宋一朝的仿古礼器承创并举、古今相融的特征，南宋龙泉青瓷并没有单纯承袭北宋汝窑、官窑、哥窑的样式，而是结合时代风貌，创制了模古而不泥古的凤耳砧形瓶、直颈贯耳瓶、龙虎瓶等。从工艺难度和成功率来看，礼器造型中的方形器及各种附饰的制作，较日用的圆器，难度大、成功率低。南宋官窑、南宋龙泉窑的此类礼器风格，更多是观念力量使然。

从装饰手法来看，相对于越窑青瓷的灵秀简逸的刻花、耀州窑青瓷层叠延展的缠枝花纹，南宋龙泉青瓷简约无纹、青翠一色的青玉色泽更显厚重，体现了较高的工艺难度。首先，施釉的厚薄力求统一，避免烧成后发色不均；其次，窑位的选择和还原气氛需要把控得度，否则难以达到通体青翠的状态；再次，南宋中晚期的乳浊厚釉，仍属于透明青釉的范围，胎、釉中的微小瑕疵，在烧成后纤毫毕现，只有对工艺的精益求精才可能实现完美瓷色。纵观宋以前的青瓷装饰已有刻化、雕刻等手法，南宋龙泉的无饰之饰，是两宋文化观念与审美选择的反映。这种个性化简饰风格，更多表现出观念影响下的技艺选择，是"不想"而非"不能"。

其三，风格与时代。

华夏文明源远流长，各朝文化艺术受统治意志主导，在文人群体的主推下，各具时代风貌。如果说唐代是一个绚烂夺目、五色竞艳的朝代，那么则宋代以素雅内敛、光而不耀之美展现出别样的风采。唐人尚浑圆厚重，宋人喜清秀细丽，清人爱繁器缛饰，艺术作品的造型特征映射出整个时代的文化精神和审美风尚。

以女性体态融入器型的传统由来已久，宋人以瘦为美，文学、书画艺术中塑造的人物造型羸弱清秀。宋时美人削肩、平胸、柳腰、纤足的时代审美反映到器型上，产生了修长纤细、挺拔轻逸的造物风格，无论是器腹由圆转方的棒槌瓶，抑或是颈部由宽变窄的长直颈贯耳瓶，莫不如此。这种审美风格的形成，或许与南宋迁都临安偏安南方有关。江南女子纤丽者居多，这种地域性审美习俗促成了南宋器物隽秀清丽、挺拔轻盈的趋向。此外，从政治局势来看，两宋君王面临内忧外患的局面，不同于唐朝四方来朝的盛况，一种居安思危、卧薪尝胆的精神现状，励精图治、匡扶大宋的政治追求，造就了两宋轻盈矍铄、清瘦内蕴的时代审美。恰如徽宗笔下的瘦金体、花鸟虫鱼、山水庭院无不展现出一种厚积薄发之势。这或许可以解释为何相较于唐朝花团锦簇、红妆绿裹、雍容华贵的盛世风格，宋代偏爱冷静、澄澈的蓝、绿之色，崇尚淡泊宁静、空远深邃的精神气质。

就龙泉青瓷的整体风格而言，北宋之前偏向具象写实，无论是器物之形还是器表之饰，都以真实再现为目标。南宋中后期从写实转为写意，随着龙泉窑脱离其母体——越窑青瓷，逐渐形成个性化造器特征。具体而言，南宋龙泉青瓷融合了北宋礼器元素，又根据陶瓷工艺灵活变通、巧妙转化合理调适，在青瓷尊、青瓷琮、三足炉等造型体系中增加了"直颈附耳"形制，提供了一种古器入瓷、铜瓷相合的设计思路。这既说明了材料工艺对风格的制约作用，也体现了瓷器装饰手法的进化与发展。两宋沉稳隽秀的造型、手法多样的附饰、灵动清逸的韵律，既有北宋瓷业精湛技艺的持续作用，也是南宋一朝创新求变、突破发展的产物。南宋龙泉的民窑身份，使其在参照和模仿北宋经典形制和南宋官窑样式的同时能够拓展和创新，呈现出一种更为灵动、自由、变化的风格。

总之，融合了时代审美和尚礼观念的南宋龙泉青瓷礼器，承袭越窑之文脉、吸纳汝官之神采，展现出轻盈灵秀之美、宋代礼器之韵。它更像一个南北文化艺术的综合体，博采众长而焕发着勃然生机，展现出泾渭分明的时代风貌，形成了中国瓷器造型审美的全新格局。从某种意义而言，南宋龙泉窑的艺术成就，引领了一种以纯粹、典雅的瓷色追求为最高目标的审美原则，形成了一种有制于厚重风格的"灵秀清逸"的青瓷礼器范式，趋于一种浑然天成、以简胜繁的审美品格。这种宋代文化艺术所散发出的清逸秀美、古雅细丽的风格，是对两宋时代精神和审美风尚的体现。

就色彩、造型、装饰在南宋龙泉青瓷艺术特征形成中的重要性而言，本章认为：三者之中，色彩居于首位，造型和装饰都服务于瓷色的呈现效果；造型位居第二，融合前代礼器的造型成为南宋龙泉青瓷创新的亮点；装饰位居最后，简雅附饰、无饰之风使其傲然不群。总之，"重色轻饰""器以藏礼""以简胜繁"的南宋龙泉青瓷屹立于青瓷艺术之林，成为后世仿效的经典。纵览中国乃至世界瓷器史，南宋龙泉青瓷铸就的历史丰碑，使得宋代可谓一个旷绝古今、辉煌绚烂的瓷器发展时期。

3 南宋龙泉青瓷艺术特征的技术成因

陈万里先生在《中国历代烧制瓷器的成就与特点》中写道："青瓷经过唐及五代，在烧制技术上已有相当深厚的基础，宋代则又进一步提高。著名的青瓷窑，北方有耀州窑、临妆窑以及专为王室烧制瓷器的汝窑及官窑；南方则除一度仿照北官而继续烧制的南方官窑外，还有突出的龙泉窑。"[1] 根据宋代瓷业发展的历史，陈先生所说的南方"仿照北官而继续烧制的南方官窑"应该指的是"南宋官窑"，而龙泉窑发展迅速，炼制出集大成之青瓷主要在宋室南迁、定都临安之后。如果说观念是实现瓷器艺术高度的内在指引，那么工艺则成为实现艺术效果的物质保障。南宋龙泉窑兼容并蓄、自成一家的工艺，为龙泉窑青瓷个性化的艺术风格提供了保障。虽然古代日本、朝鲜半岛早在唐时已陆续仿制中国青瓷，却难达其神韵。正如清华大学张守智教授指出：龙泉青瓷材质美追求的是玉质感，日本人几百年来采用化工原料，虽然也很稳定，但是他们没有把中国的原矿、釉料元素、烧成工艺的最深奥的东西接收进去。[2] 龙泉青瓷地区有着包括高岭土等制瓷原料在内的得天独厚的自然资源，这是素雅清丽、盈润澄澈之艺术特征的内在要素。

3.1 兼容并蓄：对南北青瓷工艺的融汇

青瓷，是瓷器最初的面貌，它在中国瓷器产生、发展、衍进的历史进程中，发挥了重要作用。汉晋时代南方青釉瓷的诞生，被誉为中国古

---

[1]　陈万里：《中国历代烧制瓷器的成就与特点》，见《陈万里陶瓷考古文集》，北京：紫禁城出版社，1997 年版，第 295 页。

[2]　《"人类非遗"龙泉青瓷传承创新恳谈会部分专家学者发言（摘要)》，见龙泉新闻网 2013 年 10 月 23 日（http://lqnews.zjol.com.cn/lqnews/system/2013/10/22/017183162.shtml)。

陶瓷工艺发展过程中的第三个里程碑。[①]

以瓷业发展的宏观视角来审视南宋龙泉窑的成就，从纵向的时间脉络来看，原始瓷阶段浙江南部已有制瓷的经验积淀，唐代越窑青瓷到五代秘色瓷这一阶段，在原料、配方、烧制方面有了较多的工艺积累；从横向的南北瓷业格局来看，南宋龙泉窑是南、北方青瓷工艺融合与技术创新的结晶。因此，其兼具南方浙江的瓷脉传承，又有北方工匠南迁带来的制瓷资源。

3.1.1 融合南方（越窑、哥窑）青瓷工艺基础

浙江是我国青瓷的发祥地，自古以来窑火不绝。浙江青瓷系，尤其是越窑，为龙泉青瓷的茁壮成长提供了肥沃的土壤。从距今3000多年前的商周原始瓷，到距今约2000年的东汉青瓷的漫长衍进历程中，江浙大地的瓷业之火历代相传，青瓷在此经历"土"与"火"的洗礼而进化与蜕变。浙江德清火烧山遗址发现的原始瓷窑址佐证了浙江瓷业有着悠久的历史。河流沿岸的上虞小仙坛、慈溪上林湖、温州西山窑、龙泉大窑、杭州修内司等地的窑业遗址为葱郁山林所掩映，恰如一片普通的山丘；那随地可见的古窑残片、破损匣钵、粘结的垫饼在阳光下闪耀着清冷的光，似乎在隐隐诉说昔日的辉煌和传奇故事。沿山体而建的龙窑残体依稀可辨，仿佛可以看见窑工为了美妙瓷色而夜以继日劳作的身影，他们流下的汗水混合着泥土釉料，付诸熊熊窑火，幻化成瓷，蜕变为器。这些昔年盛景仿佛真实存在而又似恍惚之境，如青瓷魅影一般幽深莫测。寂静的龙窑见证了龙泉窑的辉煌与衰落，等待着世人去揭开它神秘的面纱。

3.1.1.1 对越窑青瓷工艺的延续

龙泉青瓷在以越窑为代表的南方青瓷系的浸润之下发展壮大，"它（越窑青瓷）所建立的烧制工艺和装饰工艺，既直接影响了浙江其他窑

---

① 李家治：《中国古陶瓷工艺发展过程——五个里程碑和三个重大技术突破》，《装饰》，1993年第4期，第48-49页。第三阶段为汉到五代釉的成熟阶段，包括南方越窑的青釉和北方的邢窑、巩窑、定窑等窑口的白釉。

址的青釉瓷以及随后发展起来的龙泉窑青釉瓷，也对我国南、北方青釉瓷的生产产生了广泛而深远的影响"①。北宋之前，龙泉窑以对越窑的继承和延续为主，特别是北宋时期的龙泉青瓷，从胎釉原料的化学成分，到配方、施釉方法、窑炉结构、烧制制度等与越窑基本相似。地理位置和艺术风格都非常接近的两大青瓷窑口，难免存在潜在的竞争，北宋晚期到南宋，越窑渐衰而龙泉窑兴起，很多越窑匠师就近到龙泉窑务瓷为生，也将日渐成熟的越窑工艺融入龙泉窑。

青瓷的发展很大程度上表现为瓷色的衍进。早期越器青中泛黄，俗称"艾色"，这种沉稳的黄绿色奠定了越器的基调。唐代烧成技术和匣钵工艺革新，使得越窑青瓷澄净如水，五代钱氏主导的越器精品世所罕见，其胎釉透亮、造型肃穆静逸，被称为"秘色瓷"。北宋龙泉青瓷延续了越窑风格，施石灰釉，所产青瓷多呈高雅的淡青色，釉面玻化程度提升，釉层薄而透明、光泽感强。南宋龙泉青瓷风格有所突破，施乳浊釉厚，呈蓝绿瓷色、哑光润泽。在装饰风格上，南宋中期之前的龙泉青瓷沿用越窑装饰手法，即线条刻绘与篦纹结合；在造型风格上，越器受到唐代金银器和域外文化的影响，产生了大量仿金银器的瓜棱形瓷瓶，葵口花瓣和荷花造型的碗、碟、盏等②，这种植物仿生趋向也体现在南宋龙泉窑青瓷之中。

越窑青瓷作为唐、五代时期的宫廷御用之器，其制瓷技艺为当时的瓷业翘楚，而龙泉青瓷在北宋时期能够与之比肩，说明龙泉窑工已经熟练掌握了越窑青瓷工艺的精髓。对于越窑青瓷中的顶尖制品——秘色瓷，唐诗宋词对其极尽渲染之能事，但其局限也不容忽视。部分学者认为："应当指出的是'秘色瓷'在当时确实是青釉瓷中的精品。但是与后来在浙江龙泉兴起的龙泉窑青瓷相比，无论在釉色或工艺上又都稍逊一等。"③ 这段评述将越窑青瓷与龙泉青瓷相较，或属个人见解，但也反映出工艺审美的更迭。随着材料的改进和工艺的发展，某一朝代备受追捧的最新工艺一旦普遍化，都难免会面临"失宠"的境地，唯有不断突破技艺壁垒才能永葆艺术常青。尽管南宋龙泉青瓷工艺源自越窑青

---

① 李家治主编：《中国科学技术史·陶瓷卷》，北京：科学出版社，1998 年版，第 115 页。

② 蔡花菲等：《花开盛唐：论葵口器对开光形制的影响》，《装饰》，2016 年第 6 期，第 124 – 125 页。

③ 李家治主编：《中国科学技术史·陶瓷卷》，北京：科学出版社，1998 年版，第 126 页。

瓷，但客观而言，饱获文人墨客赞誉的越器，在工艺局限和创新力度不够的现实情况下，逐渐远离了时代审美的主流，被成熟的南宋龙泉青瓷所取代。[①] 可见，技术创新是瓷业成功的关键所在。工艺创新不足、产品风格单一和故步自封的观念影响了越窑前进的步伐。

龙泉青瓷血脉中流淌着浙江青瓷的基因，其典型风格在南宋中晚期形成。

3.1.1.2 对哥窑青瓷工艺的借鉴

哥窑身世至今成谜，目前据古代文献[②]记载，主要有民窑说和官窑说两种观点。[③] 哥窑的胎多呈紫黑色、铁黑色、黄褐色，瓷色为炒米黄、粉青、灰青、奶白等色，釉面常有缩釉和棕眼；器身满布裂纹，釉面呈失透的乳浊状，泛着酥油般的光泽，犹如古玉；器形多为仿古的瓶、炉、尊、洗及碗、盆、碟等。根据传世实物来看，底足制作并不规整。

开片[④]是哥窑青瓷最具代表性的艺术特征。作为一种从偶然的缺陷演变而来的装饰手法，开片也成为中国瓷文化的独特艺术语言。"金丝铁线""百圾碎""墨纹梅花片""叶脉纹""文武片"等风姿各异的裂纹，在能工巧匠的因势利导下成为一种可控的工艺手法。根据传世器物来看，宋代以前的越窑、婺州窑、龙泉窑等青瓷，以及汝窑青瓷，表面均布有细碎的纹路，不过因为胎色通常为浅灰或白色，釉色透明或较浅，胎釉对比较弱，因而远观时，其开片并不明显，近观时，纵横交织

---

① 参见邓白《中国龙泉青瓷·序》，杭州：浙江摄影出版社，1998 年版。

② 记载哥窑身世的文献，主要有元代的《至正直记》，明代的《格古要论》《遵生八笺》《浙江通志》，以及清代的《博物要览》等。

③ 哥窑身世的解说主要有：1. 哥窑民窑说，认为哥窑就是章窑，也就是章生一所烧的黑胎瓷窑，章生二烧制的就是白胎青瓷的龙泉。龙泉窑窑址在龙泉大窑一带。代表性的文献主要有明代陆深的《春风堂随笔》、清代《南窑笔记》、清代蓝浦《景德镇陶录》。2. 哥窑的官窑说。认为哥窑是南宋皇家为仿哥窑所建的修内司官窑，其窑址在杭州凤凰山下。代表性文献为明代高濂的《遵生八笺》。

④ 开片产生原因是瓷器的胎、釉的收缩率不一致，当釉面的收缩率大于胎体的收缩率时，附着在胎体表面的釉层，会产生自然开裂现象，在器物表面形成细碎的裂纹。开片本是一种瓷器的烧制缺陷，智慧的瓷业匠人利用不同胎釉收缩的规律，有意识地控制开片产生的节奏，营造了独特的韵律之美。瓷器开片的周期和时间因釉料配方、器物安放的环境、温度、湿度等因素而变化，有些瓷器甚至在几千年后仍继续开片。开片时会产生微弱清脆的声音，在夜深人静的时候仿佛天籁一般，扣人心弦。

的纹路颇有趣味的肌理效果。哥窑青瓷为黑褐色胎体，有月白、粉青色等乳浊釉面，因釉与胎之色对比明显，器表呈现出纵横交错、自然天成的裂纹。开片的大小有律可循：通常刚出窑时开片较大，几周以内会陆续开小片，此后开片更小。智慧的瓷业匠师巧妙利用这一规律，将大小开片用黑色和金色颜料分两次染就，形成大小交错、双线错织的装饰网，俗称"金丝铁线"。宋瓷的"自然之裂"成为一种时代审美，也成为文人雅客品鉴瓷器的内容之一。关于开片的等级优劣各有标准，明代高濂的《遵生八笺》中记载："官窑品格大率与哥窑相同，色取粉青为上，淡白次之，油灰色，色之下也；纹取冰裂鳝血为上，梅花片墨纹次之，细碎纹，纹之下也。"① 如果说五大名窑以器型和釉色奠定了以其为代表的北宋陶瓷在中国陶瓷史上的地位，那么哥窑"道法自然"的审美品格则可以视作南宋龙泉青瓷无饰之饰的观念来源，与老子"大音希声"有相似的逻辑。这种悠远空灵、格调旷雅之意境，正是宋瓷艺术的精髓所在。

薄胎厚釉、攒珠聚球的工艺特色成就了哥窑器个性化的艺术特征，也对南宋龙泉青瓷产生了较为直接的影响。从传世哥窑瓷片的剖面来看，釉胎比例甚至达到 1：1。虽然器物有轻微脱口现象，但是整体挂釉能力极大提高。据此推测，此期已经采用石灰碱釉，才能在高温状态实现烧制厚釉的工艺目标。釉层由很多气泡簇拥叠加而成，在光的反射作用下，多层釉面呈哑光状。润泽厚重之釉仿佛淡绿色的湖水，釉层中隐现的气泡像一个个细密簇拥的气泡，浸润其中。显微镜下，这些聚拢的气泡紧密排列、被挤压成几乎迸裂的透明球状，常称为"聚沫攒珠"。

总之，龙泉窑借鉴越窑、瓯窑、婺州窑的青瓷工艺，并在宋时逐渐取代越窑，成为南方青瓷之魁。从工艺特征和烧制技术来看，南宋龙泉窑扬长避短地承继浙江早期青瓷的工艺基础，同时以越窑精品的标准来烧制青瓷，并引入匣钵，通过对温度和气氛最大限度地把控，来获得理想瓷色。

---

① ［明］张应文撰：《清秘藏》卷上之"论窑器"条，四库全书本，第 9－10 页。

3.1.2 吸纳北方（汝窑、官窑）青瓷技艺经验

以北宋中期为分水岭，脱胎于越窑的龙泉窑青瓷，经过南宋早期的工艺摸索，至南宋中晚期，终于吸纳南北技艺而自成一家。

3.1.2.1 汝窑、官窑成就与工艺特征

（1）汝窑青瓷

汝窑是北宋著名的瓷窑，始于唐，盛于北宋，衰于南宋。汝窑所出的粉青、天青、月白等瓷色颇具特色。其窑址在今河南省临汝县，因古代临汝隶属于汝州①而得名"汝窑"，也称"临汝窑"，徽宗时期汝窑为官窑，烧制贡器，故又称"汝官窑"。② 汝窑位列宋代五大名窑——"汝、官、哥、钧、定"之中，素有"汝窑为魁"的说法③。

明代曹昭的《格古要论》记载："汝窑器，出北地，宋时烧者。淡青色，有蟹爪纹者真，无纹者尤好，土脉滋媚，薄甚亦难得。"④ 汝窑所出青瓷，胎骨细润，呈灰白色，仿佛燃尽的香灰，俗称"香灰胎"，叩击胎体，声音如磬，底部有细小支钉。釉面莹厚滋润，呈哑光状的粉青色，通体有蝉翼般极细的开片或蟹爪纹开片；饰有弦纹的部分，在光线和角度变化时，粉青中会泛起微红的色泽，视觉效果别具特色。史料记载汝窑器"内有玛瑙末为油"⑤，指其釉料中添加了少量的名贵玛瑙。历史上确有将贵金属入瓷釉和彩料的先例，包括釉上彩绘以真金为料的

---

① 《辞海》（1999年版缩印本），上海：上海辞书出版社，2000年版，第1777页。明洪武初梁县废入汝州。1913年废汝州，改为临汝县。

② 近年考古发掘表明，汝官窑的窑址位于河南宝丰。

③ 宋代周辉《清波杂志》、陆游《老学庵笔记》、周密《武林旧事》、杜绾《石谱》、欧阳修《归田集》，明代曹昭《格古要论》以及《正德汝州志》等书，记载有关于汝瓷的内容。"汝窑宫中禁烧，内有玛瑙末为油（釉），唯供御拣退，方许出卖，近尤难得。"［宋］叶寘《坦斋笔衡》清说郏本有"遂命汝州造青窑器，故河北唐、邓、耀州悉有之，汝窑为魁"的赞语。明代高濂的《燕闲清赏笺》中提及"汝窑，余尝见之，实为玛瑙末入釉，汁水莹厚如堆脂，然汁中棕眼隐若蟹爪"，其釉色有天青、粉青，还有葱绿和天蓝等，粉青为上，天蓝弥足珍贵；有"雨过天晴云破处"之称誉，釉面视为碧玉，也不为过。所有历代青瓷应以汝窑为冠。

④ ［明］曹昭：《格古要论》卷下《汝窑》，四库全书本，第3页。

⑤ ［宋］周辉：《清波杂志》卷五记载宫廷贡瓷的烧制情况："供奉之物，不得臣下用，故曰'秘色'。又汝窑，宫禁中烧，内有玛瑙末为油，唯供御，拣退方许出卖，近尤艰得。"

传统。当然曾有学者持怀疑态度，认为这种说法也有可能是炒作。根据近年考古研究，宝丰县"汝官窑"遗址周围有玛瑙矿，或许可以佐证这一说法。①

据文献记载②，汝窑在北宋元祐初年取代定窑，承接宫廷瓷器烧制任务。"官汝窑的烧制时间很短，大约从宋哲宗元祐元年至宋徽宗崇宁五年（1086—1106）共21年的时间。"③ "'官窑'瓷器的生产是保密的，所以文献记载不详，众说纷纭。'官窑'一般规模小，延续时间短，由于产品严禁民间使用，因此在它弃窑时，都要彻底毁掉不留痕迹，这也是不易发现'官窑'窑址的根本原因。"④ "至今所见的官汝窑传世器，不足百件，宝丰清凉寺官汝窑窑址出土的完整或不完整的官汝瓷器也仅三百余件，弥足珍贵"⑤。汝窑器不仅为皇室使用，也流入了达官贵人之家，是身份的象征。宋代的楼钥⑥留下了"垂胆新瓷出汝窑，满中几荚浸云苗"的佳句。从曹雪芹《红楼梦》对贾府奢华场景的描述来看，汝瓷出现达数十次⑦，反映了传世汝窑在皇家和高层官僚群体流通的情况。

目前传世的宋代汝窑天青釉瓷器极其珍稀，故宫博物院和大英博物馆大维德基金会所藏汝窑弦纹炉各一件，堪称标准器。北宋以降，历朝都曾仿烧汝瓷，"特别是明清时期，宣德、雍正、乾隆等数代帝王都曾招募天下最优秀的工匠，在景德镇建御窑仿制各地瓷器，其他宋瓷都可

---

① 赵青云：《宋代汝窑》，河南美术出版社，2003年版，第77页。书中称："经测试在清凉寺窑址发掘出土的瓷片标本，确实掺有玛瑙末。"

② ［宋］叶寘：《坦斋笔衡》见［元］陶宗仪《南村辍耕录》卷二九"窑器"条，北京：中华书局，1997年版，第362页。其中记载："本朝以定州白磁器有芒，不堪用，遂命汝州造青窑器，故河北唐、邓、耀州悉有之，汝窑为魁。"

③ 马希桂主编，熊寥编著：《官窑名瓷》，济南：山东美术出版社，2005年版，第11页。

④ 李辉柄：《略谈我国青瓷的出现及其发展》，《文物》，1981年第10期，第51-52页。

⑤ 马希桂主编，熊寥编著：《官窑名瓷》，济南：山东美术出版社，2005年版，第11页。

⑥ 楼钥（1137—1213），南宋大臣、文学家。字大防，又字启伯，号攻媿主人，明州鄞县（今属浙江）人。

⑦ 红楼梦第三回《贾雨村夤缘复旧职，林黛玉抛父进京都》记载："正面设着大红金钱蟒引枕，秋香色金钱蟒大条褥。两边设一对梅花式洋漆小几：左边几上文王鼎、匙、箸、香盒；右边几上汝窑美人觚，内插着时鲜花卉。"

以仿到乱真，唯独天青色的汝瓷是无法如愿仿造的。直到现在，也很难达到百分之百，只能说接近"。或许正因汝窑器难仿，其之价值早已无法用金钱来衡量。

（2）官窑青瓷

相传始于北宋大观、政和年间的"官窑"是宫廷专设的贡窑，但是其具体年代和窑址都无从考证。宋室南迁后，南宋在修内司（今杭州凤凰山，即老虎洞窑址）和郊坛下（今杭州乌龟山）复建官窑，沿袭北宋旧制，分别称为修内司官窑①和郊坛下官窑②。

北宋几大官窑所出青瓷风格极为相似，官窑与汝窑都以粉青为上。从南宋官窑两处遗址的传世青瓷来看，其胎薄，呈灰、褐、黑三色；釉厚，已经采用多次烧成、多次施釉的技法；釉面乳浊，已经采用石灰、长石、高岭土、石英等原材料混合植物灰配制的石灰碱釉，釉层厚重乳浊，不透明；色青，以粉青色釉最佳，釉面青幽沉重，晶莹润泽，厚如堆脂，釉光下沉，温润如玉；开片，釉面多有纹片，通透，常有大开片，与胎体的紫褐色纹路形成一种独特的审美风貌，俗称"冰裂鳝血"；露胎，器口及底部露胎处，呈灰色或铁色。

"紫口铁足""肉腐留骨"之态成为官窑青瓷的特点。因胎土中加入紫金土，含铁量极高，呈深黑褐色。施厚釉，器物手感沉重。由于釉厚，在立烧时釉料下沉而出现的口部漏胎现象，俗称"脱口"，即官窑脱胎③。"南宋官窑的胎骨含铁质特高，Fe_2O_3 约为 3.6%，如此高含量的 Fe_2O_3 在还原焰烧成时，部分被还原成低值氧化铁。而形成黑色的

---

① 郊坛下官窑发掘较早，1956 年，浙江文管会发掘出龙窑 1 座以及窑旁的部分瓷片堆积，考古资料刊载于浙江省博物馆《三十年来浙江文物考古工作》，见《文物考古工作三十年（1949—1979）》，北京：文物出版社，1981 年版，第 217－228 页。继之，从 1984 年起，由中国社会科学院考古研究所、浙江省文物考古研究所、杭州市园林文物局联合组成的南宋临安城考古队，在乌龟山窑址发掘，发现有窑场的另一座窑炉遗迹以及南宋时期的建筑遗迹。其后 1985 年 10 月初至 1986 年 1 月底、1988 年冬对作坊遗迹进行了多次补充发掘。1996 年，中国社会科学院考古研究所编著的杭州乌龟山宋代窑址的考古发掘报告《南宋官窑》由中国大百科全书出版社出版。

② 1996 年底，老虎洞窑址被发现，其后 1998 年至 2001 年内，杭州文物考古所共清理出龙窑 3 座、素烧窑 4 座、作坊遗迹 1 处、澄泥池 4 个、釉料缸 3 个、瓷片堆积坑 24 处，发现了元、南宋、北宋三个时期的遗存。相关研究成果见秦大树、杜正贤主编《南宋官窑与哥窑——杭州南宋百years老虎洞窑址国际学术研讨会论文集》，浙江大学出版社，2004 年版。

③ ［清］曹雪芹等：《红楼梦》，长沙：岳麓书社，2006 年版。第四十一回记载："然后众人都是一色的官窑脱胎填白盖碗。"

Fe_2O_3分布在胎中，因而还原较强的露骨部分，如底足呈黑色，'铁足'，胎骨还原作用较弱部分呈灰黑色，釉层较薄的器口透露胎的灰黑色而略泛紫，即所谓'紫口'。"[1] 器物的紫口、铁足与器身青灰的瓷色形成一种色与质的对比，二者相映成趣，像是镶嵌了首尾呼应的装饰边缘，别有韵味。

南宋官窑作为皇家专设的瓷窑，主要解决宋室南迁后瓷质礼器青黄不接的问题，几易其址。对比南宋官窑和汝窑所出青器，前者瓷色更为沉稳，造型、装饰、色彩都更接近青铜礼器，器身幽青清冽的色泽，具有青铜器般厚重的质感和一种雄浑大气的力量感，较好地满足了宫廷礼祭的需求，受到皇室贵胄的青睐。

总之，闻名的北宋汝窑、官窑等青瓷名窑工艺精湛、制作上乘，集中体现了中国传统的审美追求，垂范后世。汝窑、官窑为了满足宫廷礼器的需求，不惜人力物力，应该已经采用了反复素烧、多次上釉的方法，这对南宋龙泉窑的工艺流程产生了直接而深远的影响。

3.1.2.2 对北方青瓷工艺的借鉴

两宋的文化追求和艺术审美一脉相承。深受徽宗艺术格调影响的北宋汝、官名窑以仿古器型来满足宫廷礼用，有意识地融合三代铜、玉礼器之美，营造沉稳内敛、重质轻饰的威仪气度，其釉面乳浊，多以胎色来衬托瓷色之浓郁。在宋代礼文化从宫廷向民间传播，以及瓷礼器世俗化和普遍化的趋势下，南宋龙泉窑自主地模仿官家器式，以便在需求旺盛的瓷质礼器市场获利，因此它既深受汝窑、官窑古雅风格的影响，又不自觉地以南宋官窑器为直接参照。

从胎料配方来看，南宋龙泉窑借鉴了北方青瓷的"二元配方"，在胎中加入适量的紫金土，不仅提高了坯体烧成的温度，而且为薄胎厚釉作好了铺垫。紫金土使得青瓷发色沉稳，瓷色风格由北宋时期轻薄透明、甜嫩葱翠，转为日趋接近北方汝、官器的古雅深邃。恰如陈万里先生在《中国青瓷史略》中写的"北宋官窑釉色与汝窑釉色酷

---

① 周仁、李家治：《中国历代名窑陶瓷工艺的初步科学总结》，《考古学报》，1960年第1期，第100页。

似，最标准的釉色为粉青"①。粉青也成为南宋龙泉窑的经典瓷色之一。

从釉料配方和施釉工艺来看，北方青瓷的石灰碱釉、薄胎厚釉、多次烧成、多次施釉的技法，在南宋龙泉窑得以延续和发展。对比传世的南宋龙泉青瓷和哥窑器的瓷片来看，前者的釉厚之程度有过而无不及，后者"攒珠聚球"的厚釉气泡也出现在粉青瓷、梅子青瓷等瓷釉中。

源自浙江的南宋龙泉青瓷，对北方汝窑、官窑制瓷工艺与审美有明显的借鉴和吸纳，巧妙地融汇南北青瓷特征，创造了一种与前朝迥异的艺术风格。这种植根于宋代时代审美和人文思想的青瓷精品力作，其审美格调和艺术高度至今难以超越。

3.2　自成一家：南宋龙泉青瓷的工艺技术分析

3.2.1　胎釉配方和施釉方法的变化

3.2.1.1　胎釉配方的变化

从对越窑为代表的南方青瓷的胎釉成分的化学分析比照来看，其胎和釉的配方自五代到北宋的几百年基本保持一致，神秘的秘色瓷的胎釉成分也与越窑青瓷极其接近。这既说明了工艺的延续性，也反映出浙江青瓷窑口就地取材的制瓷特点。

（1）胎料配方的变化

青瓷釉较黑、白、红、黄等瓷釉更具通透性，胎色对瓷色呈现的影响更大。闻名遐迩的汝窑、官窑、哥窑，"它们虽然都属于青瓷，但却有不同的呈色。汝窑的呈色多为天青、香灰色；官窑和哥窑的颜色较接近，釉色有粉青、月白、油灰、青黄等。胎质的不同使釉色变得丰富多彩，这些胎色有黑灰、深灰、浅灰、土黄等，不同的胎色会使瓷器呈现出不同的青色。由于胎色一般较深，宋瓷的青色显得沉稳，有一种深不可测的感觉，这正是当时文人所要追求的。哥窑和官窑多用含铁量较高、呈色较深的胎土，出现'紫口铁足'的现象，器口部釉薄处隐约

_____

① 陈万里：《中国青瓷史略》，上海：上海人民出版社，1957年版，第39页。

露出黑紫色的胎骨的颜色，足部无釉处呈黑色。"① 龙泉青釉透明澄澈，因而胎色深浅很大程度上决定了瓷色的面貌。早期青瓷所用瓷土质粗，胎料杂质较多，为了尽可能呈现理想瓷色，窑工用白色化妆土来掩盖胎色，如婺州窑青瓷。面对胎料的工艺缺陷，龙泉窑工不断改良胎料配方以提升胎质的纯净度，改变最大的是对瓷石的选择。"青瓷胎质上的演变涉及原料的选择使用，东汉至北宋时期，南方使用单一类的瓷石原料制胎。南宋以后，选用了风化程度很高的瓷石，甚至有些瓷石高岭化的程度已很高。景德镇在宋以前使用单一类瓷石制胎，元开始采用瓷石中加入高岭土，以后高岭用量逐渐加多。北方青瓷胎大部分是高铝质，因北方盛产黏土，主要是以黏土作为制作瓷胎的原料，有时少量配入长石等熔剂原料。"②

龙泉青瓷闻名于世的卓越成就，首先得益于龙泉本地得天独厚的自然环境和矿产资源，尤其是优质的瓷土。北宋时期，以大窑、金村等地的青瓷制品质量最为优良，这与此地的自然资源和森林植被等"地利"因素息息相关（如图3-1所示）。这些瓷土富含的矿物质成分与釉料发生化学作用，较好地彰显青瓷之美。

图3-1　龙泉大窑遗址周边自然环境

---

① 方李莉：《淡泊天趣——宋代陶瓷的审美趋向》，《群言》，2009年第4期，第34页。
② 李国桢、郭演仪：《中国名瓷工艺基础》，杭州：浙江大学出版社，2012年版，第87页。

20 世纪 20 年代以来，陈万里先生多次对浙江瓷窑进行田野调查。通过对密集出土龙泉青瓷的大窑产区实地踏查，他认为大窑之所以成为青瓷窑址的集中地，与当地泥料性能直接相关，他在《瓷器与浙江》中写道：

> 吾人试就大窑出品碎片检之，所谓土细质白，绝非虚言。若宝定，竹口，湖边月，则粗而带灰，固远逊大窑矣。①

陈万里通过肯定大窑瓷器残片的胎质，论证了大窑瓷泥"土细质白，绝非虚言"。细腻洁白的瓷泥是龙泉窑得天独厚的自然优势，与青瓷的质优色佳密不可分。瓷泥作为制瓷冶器的主要原材料，其重要性不言而喻，诚如《饮流斋说瓷》载："瓷质之贵在于瓷泥。瓷泥也者，以地质学语释之，乃一种富于黏性之冲积土也。大抵由山水冲激积而成沙，沙复滤细，则成为泥。是种土沙，非随处所恒有，复分各色，有紫、有黄、有褐、有白，而以白为最贵。紫也、黄也、褐也均无法使之白，而白之一种，千百年来独尊景德镇之所制焉。"②可见白泥是制成精美瓷器的前提，至今龙泉大窑窑址周边有多处优质瓷土的产地，如图 3-2 所示，山坡上开采瓷土的痕迹依然保留，连绵的群山见证了龙泉千年窑火的传承。龙泉本地优质和丰富的瓷石原料，成为当代龙泉窑发展的物质前提。《瓷器与浙江》将实地调研所得的龙泉青瓷主要泥料产地和窑址情况，详细记录于册③。这些详尽的记录反映出一般瓷泥产地的周边都设有作坊，优质的白色瓷土是制成精美瓷器的重要原料，也成

---

① 陈万里：《瓷器与浙江》，北京：中华书局，1946 年版，第 50 页。

② ［清］许之衡著，叶喆民译注：《〈饮流斋说瓷〉译注》，北京：紫禁城出版社，2005 版，第 15 页。

③ 陈万里：《瓷器与浙江》，北京：中华书局，1946 年版，第 50-51 页。陈万里记载了田野考察所得的龙泉青瓷泥料产地，主要有：（一）木岱村：龙泉瓷所产泥中最佳者，东距八都二十里。（二）东元坑：孙坑，半月边土瓷则用此处瓷泥，距孙坑越五里左右。（三）沈屋：离八都十里。（四）历洋：离八都二十一里。（五）源底：现在黄溪口窑即用此处瓷泥。（六）宝鉴：本村现有土窑十余座。（七）溪头：八都北二十里，本村现有土窑十余座。（八）河碟挑山：现在周源村土窑即用此处瓷泥。（九）东音口：本村现有土窑一处。（十）五都坝：木岱口镇南五里，此处现有土窑。（十一）东孟黄金泽：本村现有土窑一处。（十二）坑口：本村现有土窑数处。（十三）塘上太平下：木岱村北约二里。（十四）岭上：现在埠头土窑即用此处瓷泥。（十五）大垟村大塘湾上：木岱口镇东五里。

为养育一方的资源宝库。这说明了原料对制瓷业的影响，也反映出瓷业生产从古至今共通的"材料决定论"。

图 3-2　大窑枫洞岩瓷业原料

北宋龙泉青瓷与越窑青瓷风格最为接近，至南宋时，其风格转变。将南宋龙泉青瓷与越窑青瓷的胎料配方比照，可见二者的差异。

首先，南宋龙泉窑选用风化程度较高的瓷石原料，且对原料淘洗精细，提高了胎质的细腻、坚硬程度。从化学成分看，胎料中的三氧化二铝（Al_2O_3）含量普遍富于越窑青瓷，绝大部分在 20% 以上。这说明南宋已经开始选用风化程度较高的瓷石作为制胎原料。① 这种瓷石中所含的长石蚀变生成绢云母，绢云母会进一步发生高岭化的反应（如图 3-

---

① 李国桢、郭演仪：《中国名瓷工艺基础》，杭州：浙江大学出版社，2012 年版，第 79 页。

3 所示），在显微镜下呈片状结构，在瓷器烧成过程中作为溶剂，有助于胎质的瓷化。南宋龙泉窑所用的瓷土经过了多次淘洗，去除了瓷石原料中所含的大量颗粒较粗的石英、金红石、铁质矿物等杂质[1]，烧制出的青瓷胎质地细腻、紧致、坚硬，较五代、北宋时期显著提升。

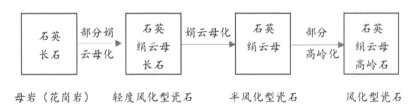

图 3-3　绢云母转变示意图

　　其次，胎料由"一元配方"跨越到"二元配方"，增加了胎体的耐高温性能，为薄胎厚釉、多次烧成提供了保障。北宋时期，龙泉青瓷的主要产区大窑等地的瓷石属于典型的高硅低铝原料，含二氧化硅（SiO_2）高达 74% 以上，含三氧化二铝（Al_2O_3）19%。这种胎料的化学属性决定其高温时强度较弱，为避免变形，所制的瓷器通常胎体较厚。南宋时期，胎料有了较大的创新，应用了"二元配方"，即在瓷石中加入少量的紫金土。由单一瓷石制胎的配方改为"瓷石＋紫金土"的"二元配方"对于龙泉青瓷而言具有里程碑的意义。紫金土的主要成分为氧化硅、氧化铝和氧化铁，不同地区甚至同一地区不同矿场的紫金土的化学成分组成不尽相同。如表 3-1 所示，龙泉大窑黄连坑所产的紫金土含三氧化二铝（Al_2O_3）28.59%、二氧化硅（SiO_2）50.3%、氧化铁（Fe_2O_3）15.21%；龙泉大窑木岱所产的紫金土含三氧化二铝（Al_2O_3）16.3%、二氧化硅（SiO_2）70.26%、氧化铁（Fe_2O_3）3.62%；南宋官窑紫金土二氧化硅（SiO_2）和三氧化二铝（Al_2O_3）的含量分别为 52.16% 和 22.49%。[2] 紫金土的加入使得胎料中氧化铝含量升高，且胎体的耐高温程度有了极大提升，实现了胎厚仅 1 毫米的工艺

　　[1]　张福康：《中国古陶瓷的科学》，上海：上海人民美术出版社，2000 年版，第 13 页。书中载："因为瓷石中含有粗颗粒的矿物和杂质，必须要用水碓舂细后经过多次淘洗，予以去除后才能使用。在五代以前，瓷石的淘洗不太讲究，故瓷质较粗。"

　　[2]　浙江省轻工业厅编：《龙泉青瓷研究》，北京：文物出版社，1989 年版，第 110 页；李家治主编：《中国科学技术史·陶瓷卷》，北京：科学出版社，1998 年版，第 289-309 页。

极限，厚润浓郁的釉层甚至会让人忽略胎体的存在，仿佛美玉，充分彰显了青瓷如堆脂、如碧水的瓷色之美。

表 3-1　龙泉青瓷主要瓷石与紫金土原料的化学组成

原矿名称	氧化物含量（m/%）											
	SiO_2	TiO_2	Al_2O_3	Fe_2O_3	FeO	CaO	MgO	K_2O	Na_2O	MnO	烧失	总计
石层瓷土	73.16	—	17.10	0.48	0.09	0.75	0.45	4.22	0.46		3.81	100.52
毛家山瓷土（已风化）	71.82	—	18.31	0.58	—		0.20	4.18	0.21	0.05	4.34	99.69
毛家山瓷土（未风化）	76.60	痕量	15.33	0.54		0.14	0.66	4.39	0.20	0.07	2.16	100.44
坞头瓷土	71.82	—	17.41	1.21			0.22	3.87	0.28	0.08	4.66	99.55
东山恩瓷土	76.11	—	14.84	1.00			0.08	4.42	0.18	0.04	3.32	99.99
源底瓷土	76.11	痕量	14.90	1.05		0.60	0.03	1.85	0.70		4.65	100.23
大窑瓷土	71.66	—	17.96	1.45	0.18	0.01	0.22	2.13	0.16	0.02	6.06	99.85
岭根瓷土	74.95	—	16.21	0.31			0.16	3.04	0.25	0.03	4.69	99.64
大窑高际头紫金土	66.93	0.45	18.01	3.11		1.23	0.51	5.23	0.45	0.08	4.47	100.47
大窑黄连坑紫金土	45.92	2.00	24.77	13.85		0.46	0.86	1.53	0.53	—	10.38	99.30
宝溪紫金土	59.41	0.99	20.57	5.93			0.97	4.93	0.31	0.11	6.97	100.19
木岱紫金土	70.26	0.56	16.30	3.62		0.14	0.89	3.09	0.34	—	5.09	100.19
精淘后岭根瓷土	71.64	0.10	18.98	0.51		0.26	0.15	3.24	0.28	0.03	5.53	100.72

数据来源：浙江省轻工业厅编《龙泉青瓷研究》，北京：文物出版社，1989 年版，第 110、138 页。

紫金土的加入对瓷色有一定的影响。紫金土中含有一定量的铁元素，铁是一个基本的陶瓷发色剂，胎内的氧化铁含量会使得胎体颜色随之而变。一般来说，铁含量在 0.5% ～ 1% 之间的适合制作细白瓷；1% ～ 3% 之间的适合制作青瓷；3% ～ 8% 之间的适合制作黑瓷。[1] 早在北宋，龙泉青瓷的胎料中已含紫金土[2]；至南宋，紫金土的含量有所增加，使其呈现沉稳厚重的碧绿色泽。这是"二元配方"对瓷色的作用。

---

① 张福康：《中国古陶瓷的科学》，上海：上海人民美术出版社，2000 年版，第 13 页。

② 据李家治主编的《中国科学技术史·陶瓷卷》（北京：科学出版社，1998 年版，第 296 页），北宋龙泉青釉氧化钙含量较南宋时期高，同时氧化锰、氧化钾、氧化铁和氧化硼的含量也偏高，这说明北宋龙泉青瓷的胎料组成主要是以石和草木灰及少量紫金土。

总之，胎料革新后的南宋龙泉窑青瓷，其胎体较北宋越窑青瓷、北宋龙泉青瓷更为洁白，质地更为细腻致密，胎体更为轻薄和坚韧，可以经过反复施釉和多次烧成，烧结程度高，有利于呈现完美的釉色。

（2）釉料配方的变化

"青瓷釉的发展概括起来看，南方可分为三个大的阶段，即北宋以前使用草木灰与瓷石配釉的阶段；南宋以后使用釉灰与瓷石配釉的阶段；元、明以后减少釉灰用量提高瓷石用量，使高钙质釉变为钾钙质釉的阶段。北方青瓷釉在隋唐以前为高钙质釉，宋代各窑钙含量降低，钾含量升高，多为钾钙质釉。各名窑青瓷釉的 SiO_2、Al_2O_3 的含量也不相同，临汝窑和耀州窑青瓷釉相仿，钧窑青瓷为高硅质釉。……从烧成后釉的状态可以把南、北方青瓷分成为乳浊、半乳浊和透明三类。乳浊的因素很多，有的是由于烧成温度偏低，釉中含有大量微气泡散射所造成；有的是釉内有大量钙长石类晶体析晶和许多未溶解的游离矿物；有的是高硅玻璃釉中由于磷的存在而分相造成乳浊和乳光。透明釉则是釉在较高的温度下几乎完全玻璃化而处于只含有少量大气泡和晶体分散的阶段。"[①]

南宋龙泉青瓷釉料配方的变化，主要体现在以下几个方面。

首先，釉灰（草木灰）用量减少，瓷石用量增加。草木灰是指木柴、稻草、稻米谷壳等植物燃烧后的灰末，本是制瓷初期偶然发现的"天然釉料"，后来因其稳定性和烧制后的温润效果成为历代高温釉料不可缺少的组成部分，所以中国古代陶瓷业中有句行话，叫作"无灰不成釉"。[②] 草木灰作为传统釉料配制（尤其是青釉）不可或缺的组成，其配比关系着釉面的最终呈现效果，单独使用草木灰配釉会存在以下问题：第一，化学组成不稳定；第二，熔融温度范围太窄，很难控制；第三，有严重的缩釉现象；第四，来源有限，不适于大量生产。如何把握好这种天然、简单、低成本、稳定的"天赐之釉"的配比？历代窑工各有智慧。商代以后的陶工就在草木灰中加入黏土或者把草木灰和石灰石一起烧炼成灰，再加入适量的黏土，以提高其稳定性。这种灰釉制法后来被历代窑工普遍采用。东汉青瓷的釉料中就

---

① 李国桢、郭演仪：《中国名瓷工艺基础》，杭州：浙江大学出版社，2012 年版，第 87－88 页。

② 张福康：《中国古陶瓷的科学》，上海：上海人民美术出版社，2000 年版，第 19 页。

含有大量的草木灰。[①] "自夏商直至唐、五代，瓷釉主要是用胎泥和草木灰配置而成。宋代制瓷先民推出'釉灰'新工艺。"[②] 具体而言，北宋以前青瓷釉料主要为草木灰，不晚于南宋，开始采用石灰石炼烧成釉灰，将其加入青瓷釉料之中。"瓷釉的配制到南宋也有了很大进步，减少 CaO 的含量，增加了 K_2O 的含量，表明草木灰的用量减低，而瓷石的用量增加了。"[③] 这种用草木灰配置的釉料，所烧制出的瓷器的表面比用石灰石更加滋润光亮、釉层较薄，釉面平滑均匀，釉面通透，光泽感强。石灰石和釉灰的主要成分都是碳酸钙，釉灰中 CaO 含量较高，它与釉料中的 SiO_2 和 Al_2O_3 在高温化合反应下，产生大量的玻璃状物质，使釉的透明度提高。科学研究表明，石灰石和草木灰在高温化学反应下制得的釉灰，所含碳酸钙的颗粒度非常细腻，且呈蓬松状态，均匀地分布在釉料中；而石灰石则不同，哪怕粉碎得再细，其颗粒也达不到釉灰的细腻程度，所烧制出的瓷器釉面质量不及灰釉。

从陶瓷材料学的角度看，釉灰的主要成分是碳酸钙，它是一种助熔剂，可以改善釉料的熔融效果。因此，釉料中釉灰的含量越高，釉的熔度也就越低，高温煅烧时，釉灰能比其他成分更早熔融，使釉面更为透明光滑。但是这并不意味着可以无限度地使用釉灰，在实际配釉中需要把握好比例。如果釉灰的用量过高，釉面会发青，甚至发灰，有损制品美观。[④] 不同成分的草木灰，所含的化学成分各不相同（如表 3 - 2 所示）。除松木灰在普通窑炉温度范围内（1150℃~1250℃）熔融，能成为青绿色的透明釉之外，多数草木灰都不能单独作为釉料使用，因为其化学配比不能达到普通窑炉的熔融温度而成釉。相关资料显示[⑤]，如果按照草木灰中 CaO 含量为 50% 计算，那么用草木灰配料其用量为 30%~40%。

---

① 张福康：《中国古陶瓷的科学》，上海：上海人民美术出版社，2000 年版，第 18 页。
② 熊寥：《中国古代制瓷工程技术史》，太原：山西教育出版社，2014 年版，"前言"第 4 页。
③ 熊寥：《中国古代制瓷工程技术史》，太原：山西教育出版社，2014 年版，第 79 页。
④ 周仁：《我国传统制瓷工艺述略》，《文物参考资料》，1958 年第 3 期，第 7 页。
⑤ 李国桢、郭演仪：《中国名瓷工艺基础》，杭州：浙江大学出版社，2012 年版，第 76 页，表 5 - 1。

表3-2　各种常用草木灰的化学成分

（单位：m/%）

草木灰种类	SiO_2	Al_2O_3	Fe_2O_3	CaO	MgO	K_2O	Na_2O	MnO	P_2O_5
松树灰	24.35	9.71	3.41	39.73	4.45	8.98	3.77	274	2.78
松果灰	24.43	21.86	3.67	16.19	20.25	9.30	0.23	3.70	未测
杉树枝叶灰	30.83	6.98	2.73	34.73	6.34	11.54	0.25	4.05	未测
高粱秆灰	70.82	5.49	2.51	7.61	3.85	5.98	0.58	0.32	1.62
稻草灰	80.11	3.25	1.39	4.92	1.53	5.02	0.58	0.60	2.34
狼鸡草灰	55.02	19.32	1.67	8.59	7.44	4.81	0.56	1.36	0.92
稻米谷壳灰	94.36	1.78	0.61	1.04	1.35				—
小毛竹枝叶灰	60.02	0.76	0.36	5.94	2.78	25.56	0.10	0.89	2.95
景德镇釉灰（头灰）	5.31	0.91	1.29	90.05	1.84	0.36	0.24	—	—

数据来源：李国桢、郭演仪《中国名瓷工艺基础》，杭州：浙江大学出版社，2012年版，第76页，表5-1。

其次，石灰碱釉的应用成为南宋龙泉青瓷工艺的巨大突破之一。"古代龙泉青釉，大体上可分成石灰釉和石灰—碱釉两大类。五代和北宋的釉中CaO含量高达13%～16%，钾、钠含量合计仅3.8左右，所以基本上属于石灰釉。南宋和元、明时期，釉中CaO含量较前大为降低，而K_2O和Na_2O的含量则显著提高，K_2O和Na_2O的含量高达4.8～6.2，元、明更提高到6.6～7.6，所以它们都属于石灰—碱釉。"[①]

龙泉窑受北宋汝窑、官窑、哥窑的深色胎体和石灰碱釉影响，至北宋中期其釉料配方已发生改变，氧化硅的含量较越窑青瓷有所增加，发展至南宋中期已经形成了乳浊失透、淳厚碧绿的色彩面貌，与北宋时已截然不同。北宋龙泉青釉的含钙量为13%～16%，钾、钠含量仅为3.8%左右，属于高钙质釉。这种高钙质釉在高温烧制过程中黏度较低，易流釉，烧成后釉层稀薄，一般都在0.1毫米以下，透明度高，釉面光

---

① 周仁等：《龙泉历代青瓷烧制工艺的科学总结》，《考古学报》，1973年第1期，第142页。

泽强，釉色或绿中泛黄或黄中泛绿。南宋中后期龙泉窑大量采用钙钾釉，俗称"石灰碱釉"。"石灰碱釉，打破了石灰釉一统天下的局面。……石灰碱釉的特点是高温黏度比石灰釉大，在烧成时不易流釉。龙泉窑就在这种新配方的基础上发展了厚釉技术，试制成功两种著名的青釉，即粉青釉和梅子青釉。"[①] 这种石灰碱釉的最大优点在于"能使青釉厚挂而不致垂流，釉中气泡也不致过大，取得了釉光柔和、美如青玉一般古雅淳朴的艺术效果"[②]。而厚釉特征乃是南宋龙泉青瓷艺术效果呈现的关键因素之一。同时，青釉中的钾钠含量甚至高达 4.8% ～ 7.6%，在高温熔融的过程中黏度较高，不易流釉，可以更好地附着在胎体上，釉层布满细密的气泡，有助于形成一种类似玉质的古雅风格。

　　从发色原理来看，传统龙泉青釉由瓷土、紫金土和釉灰配制而成。当紫金土作为釉的原料时，所含的铁质便成为釉料主要的着色剂。"青瓷釉的色调是由釉料内的铁质在还原气氛中形成的氧化亚铁（FeO）与二氧化硅（SiO_2）作用生成青绿色的偏硅酸铁（$FeO \cdot SiO_2$），当偏硅酸铁进一步在石灰釉内熔融时，便生成具有青绿色的 $CaO - FeO - Al_2O_3 - SiO_2$ 系的硅酸盐熔体，即所谓青瓷釉或玻璃。由于紫金土中的碱性物质含量高，在青釉烧成过程中，碱性物质起到助熔剂的作用。它又含有较高的 Al_2O_3，一方面可提高釉的高温黏度，增加釉的玻化温度范围，使釉内具有均匀分布的微小气泡，呈现出柔和的光泽；另一方面可降低釉的膨胀系数，使釉面不致开裂。"[③] 粉青瓷、梅子青瓷两种经典龙泉青瓷的呈色，与釉料中铁的含量有直接的关系。李国桢等的《龙泉青瓷釉的研究》中的科学测定表明，釉内铁的氧化物含量愈高，釉色愈深。其范围如下：$Fe_2O_3 + FeO$ 分子数在 0.020 ～ 0.025 时，釉呈粉青色；在 0.025 ～ 0.040 时，釉呈梅子青色；在 0.040 ～ 0.060 时，釉呈豆青色；在 0.060 以上时釉呈深豆青或蟹壳青等较深的色调。[④] 可见铁元素敏感

---

① 李国桢、郭演仪：《中国名瓷工艺基础》，杭州：浙江大学出版社，2012 年版，第 79 页。

② 叶喆民：《中国陶瓷史（增订版）》，北京：生活·读书·新知三联书店，2011 年版，"前言"第 8 页。

③ 熊寥：《中国古代制瓷工程技术史》，太原：山西教育出版社，2014 年版，第 664 - 665 页。

④ 李国桢、叶宏明：《龙泉青瓷釉的研究》，浙江省轻工业厅编《龙泉青瓷研究》，北京：文物出版社，1989 年版，第 169 页。

的化学属性，成为影响两种经典龙泉青瓷瓷色呈现的根本因素之一（后文的烧成气氛章节将详细展开）。

根据研究数据，龙泉窑"瓷釉的配制到南宋也有了很大进步，减少 CaO 的含量，增加了 K_2O 的含量，表明草木灰的用量减低，而瓷石的用量增加了"[1]。胎釉中 Fe_2O_3 和 TiO 的含量，特别是釉中 CaO 含量明显降低以及 K_2O 明显升高，从而使龙泉窑青釉瓷摆脱了越窑青釉瓷胎呈灰白色，釉呈青中带灰或黄的薄层玻璃釉的情况。[2] 可见，降低 CaO 的含量，提升 K_2O 的含量是实现南宋龙泉窑经典釉色的关键，"从南宋龙泉青瓷胎釉成分的变化可以看出，随着胎中 Al_2O_3 用量的提高，釉中 CaO 含量的降低和 K_2O 的升高，青瓷的烧成温度有所提高，釉的烧成温度范围也随之变宽"[3]。在古代社会科学技术和检测手段都极其有限的情况下，对这些釉料配比的把握多依靠经验，其稳定性、准确性相比今日要低很多，因此，粉青瓷、梅子青瓷等绝美之器价格不菲。精美绝伦的瓷色凝聚了窑工的智慧，是夜以继日的反复摸索和窑火不熄的多次烧制的成果。

将越窑青瓷、北宋龙泉青瓷和南宋龙泉青瓷三者的胎釉配方进行对比，可以发现龙泉经典胎釉成分的发展规律，具体数据如表 3-3 至表 3-6 所示。

从表 3-3 至表 3-5 的数据来看，北宋龙泉青瓷与越窑青瓷胎料的化学成分基本接近，前者胎料中三氧化二铁、氧化钛的含量有所降低，这与北宋龙泉胎色洁白的情况相符；前者较后者釉料中氧化硅的含量增加 5% 左右，推测北宋越窑青釉的石英熔融程度不及越窑，有微生烧的情况出现，釉面呈半乳浊状；从釉面厚度的平均值来看，前者达到 0.3 毫米左右，呈厚釉的趋势，与越窑薄透的青瓷特征有所区别。整体而言，北宋是龙泉青瓷风格的重要过渡阶段，胎和釉的配方已经逐渐脱离越窑的风格，逐渐迈向较为成熟的薄胎厚釉的南宋龙泉青瓷风格。

① 李国桢、郭演仪：《中国名瓷工艺基础》，杭州：浙江大学出版社，2012年版，第79页，
② 李家治主编：《中国科学技术史·陶瓷卷》，北京：科学出版社，1998年版，第136页。
③ 李国桢、郭演仪：《中国名瓷工艺基础》，杭州：浙江大学出版社，2012年版，第79页。

下面将对比北宋、南宋龙泉青瓷的胎釉配方，探究其中的变化规律。

中国古代所用的釉料，按其视觉效果大致分为两种：一种为透明的玻璃质釉，釉汁较肥厚，多细开片，以越窑青瓷为代表；另一种为半透明的铁质釉，通过还原反应烧成，玻璃质感较弱，以汝窑、官窑青器为代表。根据表3-6南宋龙泉青瓷的胎釉化学组成数据，此期的瓷胎较北宋更优，原料经过了较为精细的粉碎、淘洗、陈腐，胎釉配方有所改进。

概言之，南宋龙泉窑吸纳南、北青瓷技术，釉的主要特点有："1. 不起浮光，沉着柔和；2. 色泽青翠，浑厚滋润；3. 内外均匀，精致细腻；4. 釉汁固着，极少流动。所谓'叩其声，铿铿如金；视其色，温温如玉。'南宋龙泉青瓷可以当之无愧。"[1] 其通过"瓷石＋紫金土"的"二元配方"以及"石灰碱釉"，实现工艺突破，以龙泉本地的胎、釉原料融合新的工艺配方，以优质松木为燃料，幻化出一种浓厚润泽、堪比青玉的瓷色效果，展现出全新的艺术风貌，获得了高度赞誉和广泛认可。南宋龙泉青瓷的色彩目标，在于"青"，青的色域广泛，南宋龙泉窑所实现的是一种碧绿的颜色。较之越窑青瓷"美则美矣，薄而清透"的轻薄色彩，更显得意蕴深厚。

---

① 邓白：《略谈古代龙泉青瓷的艺术成就》，见浙江省轻工业厅编《龙泉青瓷研究》，北京：文物出版社，1989年版，第99页。

（单位：m/%）

表 3-3　历代越窑青瓷胎的化学组成

序号	原编号	时代	出土地点	SiO_2	Al_2O_3	Fe_2O_3	TiO_2	CaO	MgO	K_2O	Na_2O	MnO	P_2O_5	烧失	总量	分子式
46	SHT1－(2)	—	上虞	75.83	16.60	2.23	0.84	0.33	0.54	2.90	0.60	0.02	0.00	0.00	99.89	$0.519R_xO_y \cdot Al_2O_3 \cdot 7.751SiO_2$
47	TH1	—	上虞	77.84	14.16	2.88	1.41	0.40	0.50	1.84	1.01	0.00	0.00	0.00	100.04	$0.656R_xO_y \cdot Al_2O_3 \cdot 9.328S_iO_2$
48	S6－1	—	上虞	74.56	16.34	1.90	0.98	0.40	0.50	2.51	1.01	0.00	0.00	0.00	98.20	$0.541R_xO_y \cdot Al_2O_3 \cdot 7.754SiO_3$
49	S6－2	—	上虞	75.23	16.48	1.92	0.84	1.03	0.76	2.93	0.96	0.02	0.00	0.00	100.17	$0.66DR_xO_y \cdot Al_2O_3 \cdot 7.46SiO_2$
50	SL11－2	东汉	上林湖周家岙	74.85	17.08	2.50	0.78	0.29	0.53	2.58	0.81	0.03	0.05	0.00	99.51	$0.508R_xO_y \cdot Al_2O_3 \cdot 7.436SiO_2$
51	SL10－1	东汉（晚）	上林湖桃园山	74.50	18.11	2.03	0.77	0.40	0.47	2.36	0.80	0.01	0.06	0.00	99.51	$0.449R_xO_y \cdot Al_2O_3 \cdot 6.980SiO_3$
52	SL10－2	三国	上林湖桃园山	75.40	17.31	1.84	0.88	0.37	0.56	2.39	0.67	0.02	0.05	0.00	99.50	$0.471R_xO_y \cdot Al_2O_3 \cdot 7.391SiO_2$
53	SL11－1	三国	上林湖周家岙	74.66	17.94	1.97	0.76	0.29	0.048	2.62	0.70	0.02	0.06	0.00	99.50	$0.448R_xO_y \cdot Al_2O_3 \cdot 7.061SiO_2$
54	Sl9－2	东晋	上林湖翁家坟头	77.01	15.31	1.91	0.78	0.27	0.42	2.94	0.79	0.02	0.07	0.00	99.52	$0.544R_xO_y \cdot Al_2O_3 \cdot 8.535SiO_2$
55	SL8－2	南朝	上林湖鳖裙山	75.11	17.48	2.10	0.74	0.39	0.54	2.35	0.69	0.02	0.07	0.00	99.50	$0.465R_xO_y \cdot Al_2O_3 \cdot 7.291SiO_2$
56	SL7－2	唐（初期）	上林湖狗头井山	73.78	18.75	2.02	0.86	0.39	0.52	2.44	0.67	0.02	0.05	0.00	99.51	$0.439R_xO_y \cdot Al_2O_3 \cdot 6.677SiO_2$
57	SL5－2	唐（晚）	上林湖黄鳝山	75.40	16.82	1.75	0.76	0.32	0.53	2.73	1.08	0.02	0.05	0.00	99.49	$0.525R_xO_y \cdot Al_2O_3 \cdot 7.606SiO_2$
58	Sl6	唐（晚）	宁波湖施家斗	75.24	16.82	2.07	0.86	0.36	0.63	2.52	0.92	0.02	0.07	0.00	99.51	$0.534R_xO_y \cdot Al_2O_3 \cdot 7.590SiO_2$
59	11	唐	上林湖	77.68	15.37	1.73	0.79	0.31	0.49	2.79	0.87	0.00	0.00	0.00	100.03	$0.544R_xO_y \cdot Al_2O_3 \cdot 8.576SiO_2$
60	12	唐	上林湖下滩头	77.29	15.50	1.94	068	0.31	0.57	2.79	0.86	0.00	0.09	0.00	99.94	$0.551R_xO_y \cdot Al_2O_3 \cdot 8.461SiO_2$
61	SL－4－1	五代	上林湖狗头井山	72.55	18.87	2.90	0.81	0.38	0.57	2.56	0.75	0.03	0.09	0.00	99.51	$0.484R_xO_y \cdot Al_2O_3 \cdot .524O_2$
62	SL－2	五代末，宋初	上林湖竹园山	74.92	16.36	2.15	0.88	0.65	0.66	2.77	1.02	0.02	0.08	0.00	99.51	$0.448R_xO_y \cdot Al_2O_3 \cdot 7.061SiO_2$
63	SL－3	宋（初期）	上林湖交白湾	75.24	16.83	2.09	0.81	0.32	0.61	2.71	0.82	0.01	0.07	0.00	99.51	$0.525R_xO_y \cdot Al_2O_3 \cdot 7.586SiO_2$
64	SL－1	北宋	上林湖皮刀山	76.07	15.28	2.13	0.84	0.79	0.62	2.69	0.91	0.04	0.13	0.00	99.50	$0.654R_xO_y \cdot Al_2O_3 \cdot 8.447SiO_2$
65	13	北宋	上林湖小姑岭	77.81	14.92	2.11	0.75	0.34	0.51	2.54	0.89	0.00	0.00	0.00	99.87	$0.565R_xO_y \cdot Al_2O_3 \cdot 8.489SiO_2$
66	14	北宋	上林湖小姑岭	76.29	15.64	1.98	0.54	0.38	0.64	3.08	1.10	0.00	0.00	0.00	99.65	$0.601R_xO_y \cdot Al_2O_3 \cdot 8.277SiO_2$
67	145	五代	宁波鄞县窖	76.94	15.79	1.74	1.05	0.34	0.57	2.65	1.00	0.03	0.10	0.00	100.21	$0.579R_xO_y \cdot Al_2O_3 \cdot 8.268SiO_2$

数据来源：李家治主编《中国科学技术史·陶瓷卷》，北京：科学出版社，1998年版，第119页。

表 3-4 历代越窑青瓷釉的化学组成

（单位：m/%）

序号	原编号	时代	出土地点	SiO₂	Al₂O₃	Fe₂O₃	TiO₂	CaO	MgO	K₂O	Na₂O	MnO	P₂O₅	总量	分子式
41	SL11-2	东汉	上林湖周家岙	61.63	13.74	2.45	0.65	14.26	1.51	1.89	0.81	0.53	0.72	98.19	$0.373Al_2O_3 \cdot R_xO_y \cdot 2.842SiO_2$
42	SL11-1	三国	上林湖周家岙	60.28	13.47	2.25	0.62	16.23	2.34	1.91	1.25	0.40	0.85	99.60	$0.313Al_2O_3 \cdot R_xO_y \cdot 2.380SiO_2$
43	SL10-2	三国	上林湖桃园山	58.89	12.67	1.53	0.65	19.08	1.94	1.80	0.72	0.38	0.92	98.58	$0.277Al_2O_3 \cdot R_xO_y \cdot 2.185SiO_2$
44	SL-9-2	东晋	上林湖鳌家坟头	61.94	11.36	1.57	0.61	16.74	1.90	2.74	1.04	0.35	0.71	98.96	$0.266Al_2O_3 \cdot R_xO_y \cdot 2.461SiO_2$
45	SL8-2	南朝	上林湖鳌耕山	61.42	13.05	1.65	0.57	15.87	2.49	1.70	0.74	0.30	0.91	98.71	$0.318Al_2O_3 \cdot R_xO_y \cdot 2.537SiO_2$
46	11	唐	上林湖	58.95	13.27	2.06	0.72	14.67	5.29	1.48	0.81	0.80	1.97	100.02	$0.278Al_2O_3 \cdot R_xO_y \cdot 2.093SiO_2$
47	SL6	唐（晚）	上林湖施家斗	63.60	12.54	2.17	0.64	13.39	2.57	1.70	0.82	0.40	1.30	99.13	$0.332Al_2O_3 \cdot R_xO_y \cdot 2.859SiO_2$
48	SL5-2	唐（晚）	上林湖黄鳝山	61.57	12.88	1.76	0.64	14.04	3.16	1.63	0.95	0.38	1.52	98.53	$0.319Al_2O_3 \cdot R_xO_y \cdot 2.584SiO_2$
49	SL4-1	五代	上林湖狗头山井山	59.90	12.88	2.28	0.56	13.92	4.09	1.59	0.85	0.78	1.95	98.80	$0.296Al_2O_3 \cdot R_xO_y \cdot 2.338SiO_2$
50	SL2	五代末，宋初	上林湖竹园山	62.08	13.18	2.17	0.62	15.00	2.46	1.59	0.89	0.31	1.30	99.60	$0.328Al_2O_3 \cdot R_xO_y \cdot 2.618SiO_2$
51	SL3	宋初	上林湖交白湾	64.26	13.02	2.15	0.69	11.60	2.84	1.86	0.80	0.32	1.90	99.44	$0.365Al_2O_3 \cdot R_xO_y \cdot 3.056SiO_2$
52	SL1	北宋	上林湖皮刀山	59.04	13.04	2.03	0.58	16.29	3.19	1.60	0.74	0.64	1.94	99.09	$0.290Al_2O_3 \cdot R_xO_y \cdot 2.27SiO_2$
53	13	北宋	上林湖小姑岭	56.67	12.99	4.92	0.77	15.58	4.78	1.37	0.83	0.41	1.69	100.01	$0.264Al_2O_3 \cdot R_xO_y \cdot 1.955SiO_2$
54	145	五代	宁波郧县窑	60.93	12.09	2.16	0.70	16.51	3.02	1.38	0.83	0.37	1.57	99.56	$0.272Al_2O_3 \cdot R_xO_y \cdot 2.326SiO_2$

数据来源：李家治主编《中国科学技术史·陶瓷卷》，北京：科学出版社，1998年版，第119页。

表 3-5 北宋龙泉青瓷的胎釉化学组成

（单位：m/%）

编号	部位	氧化物含量（m/%）											胎釉色质	
		SiO_2	Al_2O_3	Fe_2O_2	TiO_2	CaO	MgO	K_2O	Na_2O	MnO	P_2O_5	总量	胎	釉
FDL-2	胎	76.47	17.51	1.28	0.42	0.60	0.34	3.08	0.27	0.02	—	100.00	灰白，微生烧	黄绿，厚 0.2~0.5mm
	釉	59.37	15.96	1.80	0.39	16.04	2.04	3.43	0.32	0.62	—	99.97		
01	胎	77.22	16.67	2.10	0.15	0.14	0.29	3.00	0.17	0.04	—	99.78	灰，质细	灰青，厚 0.2mm
	釉	68.23	13.01	2.38	<00.1	9.01	1.56	2.96	0.13	0.47	0.87	99.67		
02	胎	75.21	16.31	2.35	0.49	0.12	0.30	2.98	0.11	0.43	—	98.55	灰，质细	灰青，厚 0.1mm
	釉	65.60	16.02	1.99	<0.01	10.62	2.70	2.36	0.16	0.40	1.13	101.02		
03	胎	75.47	18.05	2.35	0.48	0.06	0.29	2.82	0.08	0.02	—	100.04	黄灰，质细	灰青带黄，厚 0.1mm
	釉	64.67	14.24	1.68	0.24	12.91	1.87	2.47	0.20	0.43	0.94	99.83		
06	胎	79.98	13.59	1.50	0.55	0.18	0.26	3.85	0.20	0.04	<0.01	100.26	淡灰黄，质细	褐黄，厚 0.1~0.33mm
	釉	60.97	13.00	1.32	0.07	18.12	1.69	3.25	0.26	0.47	0.82	100.06		
07	胎	80.95	13.49	1.59	0.05	0.25	0.31	3.55	0.21	0.06	—	100.46	淡灰白，质细	粉青，厚 0.1~0.3mm
	釉	62.73	13.80	1.79	<0.01	15.73	1.44	2.98	0.30	0.42	1.12	100.33		
08	胎	78.77	14.39	2.20	0.12	0.15	0.39	0.12	0.04	—	99.27	—	灰，质细	青色，厚 0.1~0.3mm
	釉	61.05	12.72	1.58	<0.01	16.53	1.99	2.17	2.54	0.40	1.70	100.70		

数据来源：李家冶主编《中国科学技术史·陶瓷卷》，北京：科学出版社，1998 年版，第 121-122 页。

表3-6 南宋龙泉青瓷的胎釉化学组成

| 编号 | 部位 | 氧化物含量（m/%） | | | | | | | | | | 胎釉色质 | |
		SiO₂	Al₂O₃	Fe₂O₃	TiO₂	CaO	MgO	K₂O	Na₂O	MnO	P₂O₅	总量	胎	釉
NSL-1	胎	74.23	18.68	2.27	0.42	0.054	0.59	2.77	0.48	0.02	—	100.00	淡灰，微生烧	绿带灰黄，厚0.5~0.6mm
	釉	63.25	16.82	1.42	0.23	13.00	1.09	3.26	0.57	0.43	—	100.67		
SSL-1	胎	67.82	23.93	2.10	0.22	痕量	0.26	5.32	0.32	0.02	—	100.00	白中带灰，微生烧	淡粉青，厚0.8~1.2mm
	釉	69.16	15.40	0.95	痕量	8.39	0.61	4.87	0.32	痕量	—	99.70		
48	胎	68.90	23.46	1.35	0.18	0.51	0.29	4.61	0.49	0.01	—	99.80	白中带灰，微生烧	淡粉青，厚1mm
	釉	67.97	14.79	—	0.32	9.07	0.72	4.43	—	0.02	—	—		
S₃-1	胎	70.95	21.54	2.39	痕量	痕量	0.06	4.54	0.43	0.04	—	99.95	白中带灰，微生烧	粉青，厚0.9mm
	釉	65.63	15.92	1.10	痕量	9.94	0.86	5.06	1.12	0.32	—	100.02		
S₃-2	胎	69.76	22.39	2.36	痕量	痕量	0.39	4.42	0.75	0.05	—	100.12	白中带灰，生烧	虾青，厚0.5~0.6mm
	釉	65.73	14.58	2.30	0.10	9.74	0.92	4.94	1.27	0.20	—	99.78		
S₃-3	胎	73.93	18.36	2.43	0.39	0.31	0.67	3.16	0.22	0.15	—	99.62	白中带灰黄，生烧	淡黄青，厚0.5~0.6mm
	釉	66.33	14.28	0.99	0.03	11.34	1.17	4.35	0.99	0.36	—	99.89		
S₃-4	胎	61.37	27.98	4.50	0.74	0.87	0.73	3.74	0.38	0.20	—	100.51	灰黑，生烧	灰青，厚0.8~1.2mm
	釉	65.31	16.61	0.83	痕量	12.24	0.82	3.75	0.45	0.08	—	100.09		
S-002	胎	67.74	23.18	2.40	少量	少量	少量	5.56	1.36	—	—	100.24	胎质坚硬，有小气孔	梅子青，釉层无纹，厚
	釉	68.02	14.14	0.91	少量	9.88	0.77	4.41	1.54	—	—	99.67		

续表

编号	部位	氧化物含量（m/%）											胎釉色质	
		SiO₂	Al₂O₃	Fe₂O₃	TiO₂	CaO	MgO	K₂O	Na₂O	MnO	P₂O₅	总量	胎	釉
S-003	胎	67.09	23.41	2.02	少量	少量	少量	5.95	1.54	—	—	100.01	胎较粗，有小气孔	淡梅子青 无纹
	釉	67.99	14.51	1.32	少量	9.05	少量	5.36	1.41	—	—	99.64		
010	胎	72.18	21.15	2.43	0.39	0.11	0.37	3.39	0.10	0.69	—	101.11	浅灰色，质细孔少	灰黄绿，厚 0.1 mm
	釉	64.14	12.00	1.79	0.31	15.72	2.05	2.07	0.14	0.57	1.07	100.05		
011	胎	73.51	18.99	1.54	0.29	0.10	0.21	5.14	0.09	0.04	—	101.2	浅灰色	灰绿带黄，厚 0.8～1.5 mm
	釉	67.76	12.5	0.96	<0.01	12.17	1.15	4.10	0.25	0.39	0.73	100.21		
012	胎	71.33	21.66	2.33	0.35	0.10	0.35	3.41	0.09	0.08	—	99.84	白色，致密	粉青，厚 0.5～0.8 mm
	釉	67.15	12.74	1.38	<0.01	13.14	1.17	3.64	0.12	0.26	0.34	100.32		
LOK-1	胎	64.12	25.63	4.61	0.95	0.57	0.44	3.20	0.35	0.06	—	99.93	浅灰到深灰，厚龙泉黑胎	青灰，厚 0.7～0.9 mm
	釉	63.13	15.26	0.98	痕量	16.18	0.32	3.39	0.41	0.03	—	99.70		
LOK-3	胎	63.79	25.54	4.07	0.63	0.76	0.51	4.34	0.36	痕量	—	100.00		
	釉	65.67	15.88	1.03	0.25	12.11	0.85	4.24	0.22	0.03	—	100.28		
LOK-4	胎	63.77	25.40	4.59	0.92	0.67	0.43	4.15	0.19	0.06	—	100.18		
	釉	63.35	14.42	1.03	0.12	16.66	0.86	5.97	0.28	0.11	—	100.80		
LOK-7	胎	63.07	26.06	4.19	0.73	0.70	0.51	4.00	0.25	0.04	—	99.55		
	釉	66.08	14.43	1.01	13.18	0.86	4.58	0.28	0.16	—	100.69			
LOK-9	胎	64.73	24.77	4.25	0.55	0.69	0.50	4.19	0.26	0.04	—	99.98		
	釉	60.91	15.73	1.16	0.12	16.83	0.82	4.09	0.26	0.10	—	100.02		

数据来源：李家治主编《中国科学技术史·陶瓷卷》，北京：科学出版社，1998年版，第297页。

3.2.1.2 施釉方法的变化

从某种程度上看，龙泉青瓷傲立世纪瓷林的根本，是堆脂般的厚釉。这是南宋中期工艺变革的产物。为了实现厚润、碧绿的釉面效果，龙泉窑工不断摸索，采用多次施釉、多次烧成的工艺技术来增加釉层的叠加厚度。

首先，通过素烧来降低胎体的吸水率，增加胎体挂釉的强度。"龙泉青瓷为了追求釉色之美还采用坯体素烧工艺。具体方法是：将未上釉而经干燥后的半成品放在圆形烘炉内加热到500℃～600℃之间，然后冷却至室温。实践证明，未经素烧的坯体，干燥强度不大，吸水性不强，致使釉层不易上厚，影响龙泉青釉固有的风格；或者虽得到厚釉制品，但在烧成后往往发生跳釉及流釉等现象。经素烧可克服上述缺点，且制品强度增大，便于装窑。小件制品素烧一般在7到8小时内完成。素烧时，制品装入圆形烘炉时，往往是按大小顺序放置，把大的放在下面，小的放在上面，用铁皮或耐火板将圆形烘炉的顶部盖住后，开始点火。先是用小火在炉门口徐徐加热，待制品内机械水和混合水排完（温度在150℃左右），改用中火在炉门口加热，至制品表面上熏了一层黑烟，而且按经验判断此时制品已完全干燥后，就用大火在炉底加热，一直素烧到制品表面上的炭黑燃尽为止。此时制品呈白色（白胎制品）或浅红色（朱砂胎制品）。素烧结束后，制品必须冷却至室温，才可上釉，否则会导致坯体发生开裂。"[1] 素烧后的胎体具有一定的强度，不似未经素烧的胎体难以承受过釉液而变形或坍塌。

《瓷器与浙江》记载了龙泉青瓷的施釉方法，"溪头李某可以仿做大窑货，上釉极秘密，烧好后埋入土里，有人要，才取出来"，"仿做大窑货……计有四人，各人有各人的能力，各人都能看出各人的出品，但是上釉是各有各人的手法，谁都不肯告诉谁"[2]。这一方面反映了施釉方法对釉层厚度、瓷色效果的重要影响，同时也反映了手工家庭作坊的属性使得制瓷人员对工艺、经验采取保密的策略。一次次的烧制之后，每位窑工积累的上釉经验逐渐被总结为某种法则，在家庭范围内传

---

[1] 熊寥：《中国古代制瓷工程技术史》，太原：山西教育出版社，2014年版，第665页。
[2] 陈万里：《瓷器与浙江》，北京：中华书局，1946年版，第48页。

160

承，成为他们在市场竞争中获利的重要砝码。这些经验性的知识，诸如挂釉的方式、釉料的浓度、素烧胎体施釉的最佳温度、两次施釉间隔的时间等，都在实践操作中被窑工铭记于心，而罕见于文字记载，这反映了中国传统手工业的共同状况。实际上，瓷窑工艺技术突破，在很多时候，关键之处就在于细节的微小变化，这种经验的获得需要在技术改进与窑火检验的过程中反复修正和调整，点滴的制瓷经验都凝聚了时间、汗水和财力的付出。制瓷经验和技艺的家庭式传承方式，也成为瓷器价值持续攀高的原因之一。从龙泉大窑窑址的布局来看，施釉区临近素烧窑，由此可以推测多次施釉的环节成为固定的制瓷流程，也佐证了文献记载中的素烧和多次施釉的确存在。从泥料加工、成型，到素烧、施釉、烧成的窑业环节安排合理，能有效地保证科学性和安全性。

龙泉匠师调动所有的技术手段，旨在实现"青"。为了使青釉发色浓郁，工匠增加了釉层厚度，这或许源自古代工匠在生产生活中积累的经验。诚如海水越深，色彩愈浓的道理，色彩叠加可以加深颜色，在海洋或湖泊中越往深处，颜色越深，而当我们掬海水在手，看到的却是稀薄、清淡之色，即所谓"水越深而青越浓"[1]。龙泉青瓷通过石灰碱釉厚而不流的工艺来加厚釉层，增强瓷釉之青的程度，力求达到碧绿通透之感。在施釉方法上，南宋中后期采用多次素烧、多次施釉的工艺，"那些粉青或梅子青釉色，都施三四层厚釉，使釉色晶莹润澈，沉着柔和"[2]。龙泉窑工采用最多的施釉方法是蘸釉。"蘸釉是龙泉的主要传统方法，上釉次数有多到四五次的。"[3] 从操作层面来看，素烧至500℃以上的胎体，较为干燥，以手或工具将其浸入釉料池时，能够尽可能多地吸附液体状的釉料，待其略干燥之后，还可以多次蘸釉，或者再次素烧并施釉，如此反复多次可以最大限度地增加釉层。从部分瓷片的剖面来看，釉层厚度超过瓷胎，仿佛美玉。值得一提的是，釉层叠加的同时，层与层之间难免存在些许缝隙，在高度放大镜下可以发现，分次施釉的

① 邓白：《略谈古代龙泉青瓷的艺术成就》，见浙江省轻工业厅编《龙泉青瓷研究》，北京：文物出版社，1989年版，第95页。

② 邓白：《略谈古代龙泉青瓷的艺术成就》，见浙江省轻工业厅编《龙泉青瓷研究》，北京：文物出版社，1989年版，第95页。

③ 周仁等：《龙泉历代青瓷烧制工艺的科学总结》，《考古学报》，1973年第1期，第145页。

釉层并没有完全熔融为一体，层与层之间仍然留有交界层，这有助于加强釉的玉质感。[①] 这些釉由不同量的钙长石、残留的石英和小气泡等组成，光线进入釉层时会发生散射，给人一种柔和淡雅的审美感受。釉层之间的缝隙以及透叠关系呈现出独特的青瓷之美，近距离观赏时，宛如美玉，其色深不见底，给人无限探索的空间，极具可观赏性。

总之，南宋龙泉青瓷兼容并蓄，迅速发展成熟，自成一家。此期龙泉青瓷不仅在造型设计、装饰艺术上有所突破，而且在胎釉配方、上釉方法及装窑等工艺技术方面大胆改革，创造石灰碱釉配方，采用多次上釉技术，在中国瓷器史上书写了浓墨重彩的篇章，堪称青瓷釉色的巅峰之作。

3.2.2　烧成温度和烧成气氛的影响

"烧成是制造瓷器过程中的一个重要阶段，瓷质的好坏与废品的多寡，很大一部分是由烧成决定。历代窑址遗留废品之多即可说明这一点。"[②] 从古到今，"烧"是决定器之成败的一种"机缘"，很难把控。青瓷呈色与烧成温度和烧成气氛的关系极为密切，温度与气氛是烧成技术中最为重要，也是极难把握的技术要素。

3.2.2.1　烧成温度对青瓷呈色的影响

烧成温度是成瓷的重要保证和标志，长期以来也被认为是区分陶与瓷的依据之一。温度的提升是瓷器发生质变的关键，从平地堆烧到挖穴而烧，勤劳智慧的先民不断提高对温度的把控能力。由陶到瓷的跨越经历了两次升温技术的突破：其一，不晚于汉，将烧成温度从 1000℃ 上升到 1200℃，烧成了基本具有"瓷质"属性的原始瓷。其二，东汉时期，烧成温度从 1200℃ 飞跃到 1300℃，烧成了真正的瓷器。陶瓷领域的这一次工艺改良不仅实现了温度的提升，更是一种质的升华。根据现代对景德镇窑实地测试的数据来看，部分瓷窑的烧成温度最高可达

---

① 李家治主编：《中国科学技术史·陶瓷卷》，北京：科学出版社，1998 年版，第 301 页。
② 周仁：《我国传统制瓷工艺述略》，《文物参考资料》，1958 年第 3 期，第 8 页。

1380℃，平均烧成温度为1240℃。① 因烧成温度对青花瓷的发色、青釉的通透性等起着关键作用，景德镇窑工们还不断通过对材料性能进行调试以挑战更高的温度。制瓷业这种不断提高烧成温度的趋势，并非窑工"炫技式"的挑战，而是因为烧成温度不仅关系到瓷器的质地与观感，是釉面的玻化程度、瓷色鲜艳程度的决定因素之一，还对瓷的性能起着至关重要的作用，瓷胎的通透性、致密度、吸水率，都取决于烧成温度的最大值。正因如此，人们将陶瓷视作土与火的艺术，这种经过高温焙烧的艺术品，具有比黄金白银更高的煅烧温度，因而也被视作一种珍贵、纯粹的物质。

烧成温度不仅是成瓷的关键，也是瓷器分类的重要参照。依据烧成温度的高低，瓷器可以分为高温瓷、中温瓷、低温瓷，以及釉上装饰瓷、釉下装饰瓷。影响烧成温度的因素很多，诸如窑炉结构、装烧工艺、气候条件、环境因素等，这些既影响烧成过程中的升温曲线，也直接关系到最终烧成温度的实现。

南宋龙泉青瓷提高了烧成温度，实现了较强的还原气氛，使得龙泉窑青釉瓷具有色白致密的胎和青翠光润如玉的厚釉。② 明代陆容的《菽园杂记》中记载：

> 青瓷初出于刘田，去县六十里。次则有金村窑，与刘田相去五里余。外则白雁、梧桐、安仁、安福、绿绕等处皆有之。然泥油精细，模范端巧，俱不若刘田。泥则取于窑之近地。其他处皆不及。油则取诸山中，蓄木叶烧炼成灰，并白石末，澄取细者，合而为釉。大率取油贵细，合油贵精。匠作先以钧运成器，或模范成形。候泥干，则蘸油涂饰。用泥筒盛之，置诸窑内，端正排定。以柴篠日夜烧变，候火色红焰无烟，即以泥封闭火门。火气绝，而后启。凡绿豆色莹净无瑕者为上。生菜色者次之。然上等价高，皆转货他处，县官未尝见也。③

---

① 李家治主编：《中国科学技术史·陶瓷卷》，北京：科学出版社，1998年版，第11页。
② 李家治主编：《中国科学技术史·陶瓷卷》，北京：科学出版社，1998年版，第137页。
③ ［明］陆容：《菽园杂记》卷十四，北京：中华书局，1985年版，第176–177页。

由上述龙泉青瓷烧成的情况可以得知，此期对龙泉窑的烧制温度的把握，主要通过经验来判断，"以柴稼日夜烧变，候火色红焰无烟，即以泥封闭火门。火气绝，而后启"。自古以来，陶瓷烧制中，对温度的把控是非常重要的方面，温度过高（过烧）或者过低（生烧）都会影响胎釉。若单凭经验来判断，就很难保证成功率，复制成功之作更无从谈起。

青瓷的发色主要通过铁元素来实现，因温度的变化，胎釉中铁元素发生的化学变化及其气泡释放程度的不同而导致呈色各异。龙窑体量较大，各窑位间的温度有差距，燃烧室位于窑口，火度高，温度控制较为精准，因此釉的发色相对理想；而离窑口较远的器物，通常发色偏深，有深灰绿、青绿、黄绿等色，还有燃烧不充分导致的在氧化气氛下呈灰黄色以及受烟闷偏褐色的情况。如前所揭，通过对北宋、南宋龙泉青瓷的胎釉化学参数的综合比照，可以发现瓷色与烧成温度密切相关。南宋龙泉经典的粉青、梅子青瓷色，因温差而各具风采。熊寥先生认为，经典二色呈现大致有以下三个原因："一是采用灰—碱釉配方；二是推出了多次施釉和多次素烧相结合的上釉方法；三是合理的烧成制度及止火温度的巧妙把握。"[1] 二者烧成温度接近，深究则可见其端倪：粉青烧成温度偏低，胎体常出现生烧现象，虽然北宋编号 FDL-2 的青瓷样本也存在生烧的情况，但不像南宋龙泉青瓷那样如此普遍，粉青、淡粉青、虾青、灰青、淡黄灰等瓷的胎体都存在此现象；而梅子青则几乎未见生烧现象，倒是胎里有气孔，说明其烧成温度偏高。综合粉青胎体生烧，梅子青胎体无生烧而有气泡的情况推测：梅子青的烧成温度高于粉青。"特别是南宋后期的粉青釉，多半其烧成时处于正烧范围的下限，而梅子青釉的烧成靠近于正烧范围的上限使部分晶体回溶。"[2] 粉青釉或淡粉青、虾青、灰青等色，都呈明显的乳浊失透、粉润厚重之感，釉中有许多微小的气泡，这是釉料中的石英晶体燃烧不完全而导致的视觉现象；而梅子青瓷则需要达到较高的温度才能形成碧绿的色泽，不存在生烧的现象，有时反而达到了过烧的最大限值。

总之，吸引世人目光的龙泉经典青瓷是集审美与技术于一体的产

---

① 熊寥：《中国古代制瓷工程技术史》，太原：山西教育出版社，2014 年版，第 7 页。
② 李家治主编：《中国科学技术史·陶瓷卷》，北京：科学出版社，1998 年版，第 301 页。

物。尤其在烧制方面，要求恰到好处。"南宋龙泉窑粉青釉的釉层厚度都在0.5～1 mm之间，梅子青釉甚至厚达1.5 mm以上。南宋龙泉窑的厚釉技术是在一系列工艺改革的基础上实现的，包括：（1）把传统的石灰釉改成石灰—碱釉，使它在烧成时不易流釉；（2）改进了施釉方法，即采取多次施釉、多次素烧的方法，以避免生釉层在达到所要求的厚度前就发生开裂、剥落等现象；（3）在烧成制度上对止火温度十分注意。对粉青釉来说止火温度要控制在釉的熔融温度范围的下限，有意识地使釉熔融不完全。对梅子青釉来说，止火温度要控制在不超出釉的熔融温度上限，使釉充分熔融，尽量不留气泡、析晶及未熔物料，同时保持强还原气氛，在这样一系列工艺条件的配合下，釉的外观能够达到预期效果而且厚而不流。"[1]

3.2.2.2 烧成气氛对青瓷呈色的影响

烧成气氛，主要针对窑内燃烧产物中游离的氧化及还原成分中的一氧化碳含量而言，通常有氧化气氛和还原气氛两种。具体而言，"一般以游离氧含量8%～10%为强氧化气氛；游离氧含量4%～5%为普通氧化气氛；游离氧含量1%～1.5%为中性气氛；游离氧含量小于1%，而一氧化碳含量在2%～7%为还原气氛。"[2] 低于2%的为强还原气氛。在青瓷烧制的过程中，对还原气氛的把控是影响呈色青绿或灰黄的最重要。窑内环境的气氛受到多种复杂因素的制约，因而具有一定的偶然性。正因如此，理想的青瓷色彩受到上至帝王，下到百姓的追捧，深受海外人士的喜爱，成为历代窑工孜孜以求的目标。

从发色原理来看，青瓷呈色的浓郁程度由烧成气氛来决定。在氧化气氛或者较弱的还原气氛中，性能极其不稳定的铁元素大部分转化成为Fe^{2+}，即FeO，此时还原比值很低，烧成的青瓷通常呈现淡青、黄绿、黄色；而当铁元素在浓烈的还原气氛下发生化学反应时，青釉中的铁大部分转化成为Fe^{3+}，即Fe_2O_3，其还原比值很高，烧成的青瓷通常呈现出澄净的绿色、蓝绿色，似乎达到人们的"心中之青"。南宋龙泉窑经典的粉青、梅子青瓷色，在不同比值的还原气氛下呈现，如"上品的

① 张福康：《中国古陶瓷的科学》，上海：上海人民美术出版社，2000年版，第50页。
② 熊寥：《中国古代制瓷工程技术史》，太原：山西教育出版社，2014年版，第25页。

粉青釉的还原比值约为 2～3，即要求强弱适中的还原焰，梅子青的还原比值约在 10 以上，即要求强还原焰。"①

由此可见，青瓷发色的"青"与"黄"主要受烧成气氛左右，理想的青瓷之色只有在强还原气氛中才能够实现。陈万里在《中国青瓷史略》肯定了龙泉粉青釉烧成中还原气氛的重要作用：

> 没有纹片的龙泉窑作品，此种作品普遍认为是章生二所烧，也是龙泉窑中最可宝贵的。此种器物，以粉青的釉色为最佳，因为粉青色正是铁的还原的标准色，也可以说烧制的技巧已经达到最成熟的地步。如果烧得太过了（温度过高），就要变成较深的翠青色；烧得不充分，就是很不美观的灰青色或灰褐色。还没达到还原火的时候，就烧成不同程度的黄色（炒米色以至黄色）。一般人就称它为黄龙泉，其实是铁的氧化的关系。②

这种在还原气氛内可以产生青色制品的经验，渐而成为制陶冶瓷的共同的规律，被勤劳智慧的中国瓷业匠师掌握并应用。宋应星在《天工开物》"陶埏"之"砖"中写道：

> 凡转釉之法，窑巅作一平田样，四围稍弦起，灌水其上。③

这里所谓的"转釉之法"，是指砖坯在窑内还原气氛下烧结，再从窑顶浇水使烧料速冷，制成坚固有釉光的青砖或青瓦。若烧制红砖，则无须经过此流程。

青釉原料的高度相似以及在不同气氛下呈色的差异性，导致对青瓷命名的认知偏差。"历来中外学者对青瓷存在着不同的理解。青瓷一般指器表施有青色釉的瓷器。但是严格讲，有些器物是青色的，不一定就是青瓷，相反的有些器物是黄色或黄褐色的，却属于青瓷的范畴。青瓷色调的产生，主要是胎釉中含有一定数量的氧化铁，必须在还原焰中烧

---

① 冯先铭：《冯先铭谈宋元陶瓷》，北京：紫禁城出版社，2009 年版，第 214 页。

② 陈万里：《中国青瓷史略》，上海：上海人民出版社，1957 年版，第 28－29 页。

③ ［明］宋应星著，潘吉星译注：《天工开物译注》，上海：上海古籍出版社，2013 年版，第 145 页。

成。有些青瓷含铁不纯，或是还原气氛不够充分，胎釉中的铁分受到氧化，釉的呈色就由青变为黄或黄褐色。这种情况在青瓷中是常见的。如果胎釉中含氧化铜，又在氧化焰中烧成，铜经氧化，虽也呈现青色，但一般不称为青瓷。"① 因烧成气氛不同，施同样青釉的胎体烧制后呈色各异，弱还原气氛下瓷色呈灰青、淡青、青中带黄，而氧化气氛下会呈现蜜蜡黄、芝麻酱色、鹅皮黄、黄灰、黄褐、褐色等不同的黄褐色。当青瓷发色的属性被更广泛地了解，业内基本达成共识，主要以烧成之前所施之釉料来定义瓷色，人们因此可以理解和接受色彩各异的"青瓷"。

整体而言，影响窑内烧成气氛的因素有窑炉结构、燃料等，"古代烧窑南方多为'龙窑'，北方多为'馒头窑'。窑炉的结构直接影响到青瓷呈色，烧窑的燃料也会影响发色效果。就燃料而言，北方以煤为主，南方以松柴为多，松柴火力软而火焰长，烧制中窑内经常充满火焰，空气没有进入窑内的余地，釉在熔融呈色时，受到还原作用。与此相反，煤的火力强、火焰短，烧制中空气容易进入窑内，使其受到不同程度的自然氧化。所以南方青瓷的呈色比较好，北方青瓷的呈色就略逊一筹了"②。具体而言，窑内还原气氛的浓烈程度、均匀程度，还原时间的变化都会影响青瓷呈色，此外，匣钵等窑具也可以很大程度改善某一空间内的还原气氛。总之，理想的青瓷若稀世之珍，能够达到"类玉""尚青"标准者万中难觅其一。随着窑炉构造的不断完善、烧窑技术的不断改进，南宋龙泉窑制品的色与质较北宋有所提升，釉色效果日趋完美，但是受到温度和气氛影响的限制依然存在。即便在技术成熟的南宋中后期，烧成的偶然性依然存在。南宋龙泉青瓷对釉料配方、施釉方法的革新，能够最大限度实现理想的青色，但是横亘于山体上，长达数十米的龙窑，每窑产量甚至达几万件之众，质优色佳者寥寥。装烧时，同时符合还原气氛和适宜温度的窑位，本就屈指可数；而位于"黄金"窑位的青瓷，一旦出现气泡、掉渣、黑点、缩釉、变形、开裂、发色不匀等工艺缺陷，则前功尽弃。在纯手工制瓷条件下，制成龙泉青瓷精品，实属不易，毕竟上述标准同时实现属于低概率事件。或许

---

① 李辉柄：《略谈我国青瓷的出现及其发展》，《文物》，1981年第10期，第48页。
② 李辉柄：《略谈我国青瓷的出现及其发展》，《文物》，1981年第10期，第51页。

从这个角度可以理解古代匠人祭窑的心理，一件完美的青瓷作品既是倾尽人力的结果，也依赖天时地利等多种变化因素，因此古人将青瓷佳器视作上天的"恩赐"。

3.2.3 窑炉结构和装烧工艺的差异

3.2.3.1 窑炉结构

窑炉是瓷器烧成、瓷色呈现的关键场所。随着陶瓷业的发展，窑炉的形制、体量、结构也不断被改造。从新石器时期的平地堆烧、穴式窑，发展到商周以来北方的馒头窑和室型窑、南方依山而建的龙窑，直至现代技术的梭式窑、气窑、电窑，窑炉的结构与功能、设计与使用也越来越科学化和系统化。

窑炉结构和装烧工艺的改进，被誉为中国古陶瓷工艺史上的第二个重大技术突破[①]，也是南宋龙泉青瓷得以攀登青瓷艺术之巅的重要助力。窑炉结构的改良，使得窑工对烧成温度和烧成气氛的把握日趋准确，更便于实现理想的青瓷色彩。

纵览中国窑炉发展史，从早期无窑而采用平地堆烧发展到挖地为穴窑，再衍进为带有烟囱的室形窑（北方）和龙窑（南方）[②]，因地形、气候、温度、湿度等因素的影响，产生了差异化的南北窑炉形制。在窑炉设计因地制宜地满足烧制需求的前提下，工匠追求便捷操作和节能高效，这也成为窑炉形制变化的内在因素之一。不晚于商代，浙江和江西等地区就已出现了龙窑和带烟囱的室型窑。隋唐时期，北方的河北地区已经发现了具备大燃烧室、小窑室和多烟囱的小型窑。从中国瓷窑的整体发展历程来看，南方以浙江为中心，更早进入瓷器时代。尤其值得一提的是浙江上虞地区商代的龙窑遗址群，该遗址群不仅是深入研究古代龙窑规模与构造、结构与形制的宝贵资料，还反映了浙江青瓷的辉煌历史，江浙地区历代积累的龙窑制器经验，是龙泉青瓷成功烧制的基础，精美绝伦的青器几乎都出自那依山而建、蜿蜒起伏的龙窑。

---

① 李家治：《中国古陶瓷工艺发展过程——五个里程碑和三个重大技术突破》，《装饰》，1993年第4期，第48－49页。

② 李家治：《中国古陶瓷工艺发展过程——五个里程碑和三个重大技术突破》，《装饰》，1993年第4期，第48－49页。

中国的龙窑发展大致经历了以下几个阶段。

第一阶段：穴式窑。

穴式窑是继平地堆烧之后出现的一种由地面向下延伸的窑炉形式，这种对封闭性空间的利用是窑炉发展的一个巨大飞跃。相对于平地堆烧，这一窑炉结构的变革充分发挥了火的升温特点和能效，避免了地面烧制时受风力等因素影响可能产生的热能降低、升温较慢、燃烧周期延长的缺陷，使得器物的烧成温度得以提升，烧成质量大为改观（如图3-4所示）。可能出于挖掘的便利，或者是与先民穴居环境的趋同性，早期穴式窑以圆形居多，在马家窑文化和红山文化遗址中偶见方形或长方形窑室；窑室空间普遍较小，通常圆形者直径在1米左右，方形窑室宽1米、长2～3米居多。此期陶瓷制品直接放置于窑室地面，因而烧成器物总数有限。

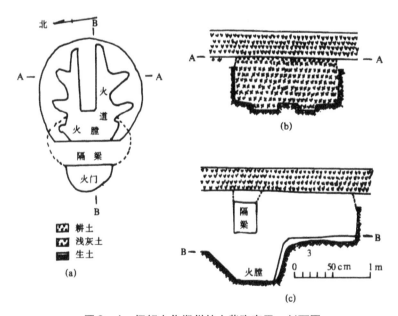

图3-4　仰韶文化郑州林山砦陶窑平、剖面图

穴式窑窑炉结构的改造，以提高燃烧效率为目标，主要表现为两个方面。一方面，不断调整窑室和火膛的位置，产生的横穴式、纵穴式两种不同火道走势窑炉，体现了先民根据烧制经验对窑室和火膛位置的优化与调整。有窑炉烧制经验的业内人士，就能理解横向窑室和纵向窑室

169

结构差异对烧成效果的影响，以及二者的火膛位置与烧成温度之间，瓷器烧造时间与能源消耗之间的关系。先民摸索、总结出的器物烧成效果与燃烧时间、燃烧能效之间的规律，成为早期窑业的宝贵经验。总体来看，穴式窑发展从横式到纵式衍进，中晚期穴式窑的火膛逐渐向窑室靠近，晚期火膛通常位于窑室下部，以便现更快地升温。这一窑炉结构演变的过程，体现了先民认识规律、掌握规律、运用规律的能力。

另一方面，增加火道。从仰韶文化西安半坡遗址横穴窑复原示意图（如图3-5所示），先民已通过窑内高度差来增加火焰升腾的动势，由此使得空气流通，增大燃烧动力。数条窑基上的低洼火道形成后，能够更好地聚力和增效。当先民巧妙利用窑炉烧制过程中火焰往上升腾的走势和燃烧规律时，陶瓷器的烧成质量、燃烧时间和效率都大大提升。客观而言，这种窑炉的主体结构与此后龙窑的坡状外形极为接近，充分体现了中国窑炉发展的承继关系和古代匠师的集体智慧。

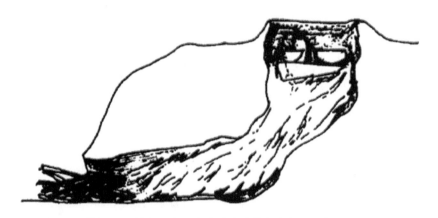

图3-5 仰韶文化西安半坡遗址横穴窑复原示意图

第二阶段：早期龙窑。

龙窑，通常沿山体顺势建成，一般从山坡底部向上延伸，沿山体坡度趋势呈狭长条状。倾斜的窑体与山体严密贴合，窑头低而窑尾高，远看恰似一条向下俯冲的火龙，所以称为"龙窑"。龙窑可分为窑头、窑身、窑尾三个主体部分，整体高度相当，燃烧室通常位于窑头。因窑内空间较大，通常在窑身侧面设有投柴口，以保证燃料充足。

中国龙窑历史久远，根据现有考古资料看，不晚于春秋战国时期，浙江先民已使用龙窑烧造印纹硬陶和原始瓷。虽然现代科技发明的产物——气窑和电窑已部分取代了龙窑，但是古器风韵非龙窑不可得，中国南方很多地区至今依然保留着龙窑柴烧的制瓷传统。作为早期窑炉的主要形式，龙窑距今已有 2000 余年的历史，贯穿了浙江、江西、江苏、福建、广东、广西和湖南等地制瓷冶器的整个历程。其窑炉结构、形制和烧制方法日趋科学、合理，这是经过反复摸索、不断完善所得，是历代窑工烧制经验的结晶。

位于浙江南部的上虞商代龙窑群规模宏大，窑体结构基本接近后世龙窑，说明不晚于商，上虞已经成为制瓷的集中地，先民普遍采用形制相似的龙窑来烧制青瓷。遗址中 Y2 龙窑保存较好，窑长 5.1 米，最宽处为 1.22 米，窑体主要由火膛和窑室两个部分组成，火膛长 1.3 米，宽 0.96 米，残壁高 16 厘米。窑床长 3.8 米，残壁高 10～33 厘米。[①]从该龙窑的结构来看（如图 3-6），窑体呈长条形走势，窑身倾斜度为16 度。该窑炉的主体结构与北宋龙窑较为接近，只是窑身整体长度略小，可见龙窑的基本形制早在商代已经初步形成。

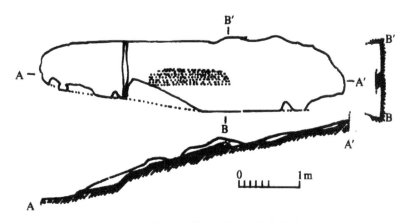

图 3-6　浙江上虞百官镇 Y2 商代龙窑

从新石器时代的平地堆烧、挖穴为窑，衍进为商代依山而建的龙窑，可以看到中国早期窑炉形制的演进是以提高能源与烧制效率、缩短烧制时间为目标的，在尽可能短的燃烧时间内实现温度的快速提升，是

———————

① 浙江省文物考古研究所：《浙江省上虞县商代印纹陶窑址发掘简报》，《考古》，1987 年第 11 期，第 984-986 页。

窑炉结构改进的重点。烧成温度的提高是由陶发展到瓷，由原始瓷发展到青瓷的关键因素之一，这都有赖于窑室优良的升温能效。就青瓷烧制而言，烧成温度和烧成气氛的控制至关重要，这些都有赖于窑炉结构的改进来实现。

第三阶段：唐宋龙窑。

幅员广阔的中华大地，窑炉结构呈现出明显的地域趋势，"古代烧窑南方多为'龙窑'，北方多为'馒头窑'。……所以南方青瓷的呈色比较好，北方青瓷的呈色就略逊一筹了"[1]。不晚于唐，南青北白的格局已然形成，其内因与窑炉形制的差异不无关联。唐宋时期南方龙窑非常普遍，相对其他窑炉形制，龙窑更便于把握烧制还原气氛。因此，龙窑也被誉为"青瓷的摇篮"。这些沿山而建的龙窑，窑身斜度通常在10～18度之间，窑体长度多数在50～60米之间，最长的达80余米。如浙江大窑杉树连山窑址的一座龙窑，是本期发现的龙窑中体量最小的一座，长30米，宽1.85～2米。[2] 据经验丰富的龙泉老匠人估算，这类龙窑每次装烧量在1万件左右，可见，当时龙泉各窑口的总产量十分可观。

龙泉窑在越窑、瓯窑等窑的技术基础上壮大，其窑炉构造和烧制工艺也得以延续发展。不晚于唐，浙江龙窑的形制、结构基本固定，窑基为土面或沙面，窑壁通常采用匣钵残体堆垒而成。至今在遗址依然随处可见废弃的匣钵，匣钵内粘连着瓷器残片，它们与泥土融为一体，成为龙泉窑独具特色的历史印记。发掘于1993—1995年的荷花芯唐代龙窑遗址，位于今浙江上林湖地区，如图3-7所示。该窑由火膛、窑身、窑尾三个主要部分组成，头部稍低，窑身坡度保持在13度左右。窑身右侧有7个缺口，为窑门，窑尾已残缺不见。遗址斜长41.8米，宽2～2.8米，上下高差6.5米。窑床上排列着整齐的窑具，可以想见当时的生产景象。如图3-8所示，外形狭长的龙窑内部空间非常大，窑基为平整的土面，窑内没有分室的痕迹。唐代龙窑如此巨大的体量以及通体式结构，导致升温难度和气氛控制难度较大。

---

① 李辉柄：《略谈我国青瓷的出现及其发展》，《文物》，1981年第10期，第51页。
② 转引自朱伯谦《龙泉历代青瓷烧制工艺的科学总结》，见《朱伯谦论文集》，北京：紫禁城出版社，1990年版，第157-158页。

图3-7　上林湖荷花芯唐代龙窑遗址（正面）

图3-8　上林湖荷花芯唐代龙窑遗址（正面细节）

　　通过对比、剖析唐宋两朝龙窑遗址的结构，可以发现窑炉的改造对烧制效果的影响，这对于研究龙窑的结构变迁具有一定的参照意义。北宋时期的南方龙窑出现了分室结构，给烧制提供了更大的便利。根据对北宋窑遗址的实地勘查，其窑基底部由泥涂抹，并铺细沙，分区的窑室内有垒砌的台阶，便于根据不同器型和尺寸来装窑。此期龙窑的火路规划的合理，可以更好地实现升温和对还原气氛的控制。这种分区结构，有利于保障中心区域精品的烧制效果，提高龙窑整体烧制质量。从实操角度来看，分室结构有助于形成倒焰式火路，使用小窑室能够更快地升温、更好地控温，也提高了燃料的燃烧效率；有助于燃烧结束后的保温效果，从烧制效果来看，稍微延长保温时间有助于缓慢降温，使得釉面光泽、温润；有助于更好地根据烧制数量，采用分段使用龙窑区域的弹性方法。

南宋龙泉窑沿用了北宋的分室结构，并日趋完善。因为战乱等诸多因素，目前已发现的龙窑遗址都不太完整。加上受到文献、实物等相关材料的制约，以及由于龙泉窑的民窑性质，断代存在一定的困难。我们试图将目光转移到保存相对完整的南宋官窑遗址以及明代大窑枫洞岩龙窑遗址，来探寻南宋时期龙窑的共性特征。南宋官窑为南宋御用窑口，也是当时制瓷技艺的集大成者，龙泉窑的艺术风格和烧成工艺、窑炉构造深受其影响，两窑烧制的薄胎厚釉青瓷，在造型、纹饰、釉色方面都难以分辨。明代龙泉窑曾取得一定的辉煌，其窑炉结构和形制也是对南宋龙泉窑的承继，因此可以大体反映出南宋龙泉窑结构的某些样态。

今杭州上城区的南宋官窑博物馆内的南宋官窑遗址，总面积为1500多平方米，属于中型瓷窑。遗址主要包括作坊和龙窑两大部分。（如彩图 22 所示）龙窑由窑头、窑室、窑尾三个主要部分组成。具体来说，窑头包括火门和火膛，外观呈浑圆状，是点燃木柴的燃烧室。通常由火门引入柴火，集中在火膛燃烧，火再由此经火道往上延伸。火门下方有通风口，通常紧贴着窑底设置，由此可以形成向上的抽力，风向火膛流通的同时，使燃料充分燃烧，并使火路向上延展。窑尾由挡火墙、烟火弄和出烟坑三部分构成，挡火墙下有距离均等的八个烟火弄，以便窑内的烟和废气经由此处排入烟坑；烟坑具有一定的洼度，为 10厘米左右开口方形、侧边倾斜的烟坑。排烟是烧成过程中不能够忽视的环节，排烟不畅容易导致瓷器出现发色不均匀、吸黑烟等现象而影响烧成效果。该窑的窑尾没有设烟囱，燃烧动力主要由窑体的整体坡度而产生自然抽力。遗憾的是，该龙窑遗址仅存窑基部分，窑顶、窑身部分早已坍塌不见，无法看到投柴口的设置以及窑身的高度。

从对大窑枫洞岩龙窑遗址的考古发掘来看，1700 多平方米的窑址蔚为大观，位于小梅镇大窑村北部约 1500 米的峡谷之中，自然风光优美。（如彩图 23 所示）考古出土的"官"字款火照等标本，说明此处是明初奉旨烧造"供用器皿"的处州窑之一。匣钵遍地的龙窑遗址周边，还保留着较为完整的生产作坊遗址，反映了当时集制作与烧制于一体的坊。作坊遗址包括练泥池、储泥池、砖池、辘轳坑、排水沟、壁墙、仓储遗址、庭院、素烧炉等分区，区域之间残留着匣钵地基，因年代久远，作坊之间的壁墙已经坍塌不见。由这一明代龙窑遗址，似乎可以窥见南宋龙泉窑烧制的流程，素烧炉专门设置于作坊区域，说明此期多次烧制、多次施釉的流程是在生产制作区域完成的，而不是在龙窑内烧制后再搬运到施釉区再次施釉。这一工艺流程的便利性操作，极大地降低了人力成本，也减少了搬运破损的可能性。

从枫洞岩龙窑遗址可见，窑炉的主要部分为窑前工作面、火膛、窑室、排烟室。（如彩图 24 至 32 所示）

窑前工作面，位于火膛前，为烧制时窑工的操作平台。火膛，又称"燃烧室"，位于窑室前端，具有进柴和点火、送风的作用，分别由进柴口、送风口、炉栅、通风道、火膛壁构成。窑室，也称"窑床"，位于火膛和排烟室之间，是放置烧制产品的部分，分别由窑顶、投柴孔、窑壁、窑门、窑底组成。排烟室位于窑尾部分，具有调节火焰和排烟流速的作用，包含挡火墙、烟火柱、排烟孔、后壁几个部分。

对比南宋官窑和明代龙泉大窑枫洞岩遗址，可以看到二者的个性与共性。后者窑体已经采用了分室结构：窑基部分已经被隔开，而前者窑底地面连成一体，平整通畅，并未见明显的分室痕迹。可见宋代龙窑分室结构在明代更为优化，在建立窑基时已经区分好各部分。无独有偶，二者都曾烧制皇家御器，其现有格局反映了古代青瓷烧制的固定样式，包括龙窑和作坊两个区域，反映了当时瓷器生产与烧制一体化的格局。作坊区域有储泥池、练泥池、素烧炉等分区，反映出当时从泥料、釉料配置，到成型、烧制的全程。素烧炉位于作坊区而非烧制区，反映出生产环节的专门化和合理化，也从实物层面佐证了南宋龙泉青瓷多次施釉、多次烧成的精细化程度。从烧制成本来看，用专门的素烧炉而非龙窑素烧，更符合能源的合理配备；从陶瓷制作与烧制的操作流程来看，素烧区设置于作坊区域，与施釉区紧密相连，既便于采用多次施釉、多次烧制的工艺，使操作更加便利，也避免了将泥胎往返搬运可能产生的破损。这种作坊结构和动线安排，是龙泉窑工长期实践的经验总结，体现了古代匠人的智慧。

3.2.3.2 装烧工艺与窑具

现代考古发掘显示，早期陶瓷器会有生烧、半生烧的现象，即器物上部成瓷而下部因温度不够而未瓷化，或者器身左右两个部分的瓷化程度不同。这反映了早期窑体温度不够、升温不均的状况。窑具是智慧的先民在长期制陶冶器过程中的发明创造，在窑具发明之前，坯体或堆于柴火上烧制，或平放在窑面之上，这样会产生两个弊端。其一，装烧空间仅限于窑的底面，烧制的产品数量有限；其二，窑内火势往上走，上部温度高，热能无法合理利用，而且火势的升高与坡度有关，直接置于地面的器物，受热面较小，尤其是底部很难达到预期的温度，烧成温度受限，多半会出现生烧的问题。为了使窑内火路更加合理、升温快且温度均匀，先民改良窑炉结构，以实现高效装窑，同时发明多种窑具来优化装烧方案，改善烧制效果。我国两汉至五代青瓷、宋代龙泉青瓷有明显的垫饼、垫圈、支钉叠烧的使用痕迹，唐代龙窑已经广泛采用匣钵叠烧工艺。

根据大量窑址出土实物和有关文献资料来看，浙江青瓷所用窑具主要有以下三种：支烧窑具、垫烧窑具和匣钵。按照出现的先后顺序大致梳理如下。

第一种，支烧窑具。

支托、支钉、支圈、支柱是目前发现较早的支烧窑具（如彩图33所示），常见形状有筒形、喇叭形、高柱三叉形等，由耐火材料烧制而成。支烧窑具主要是满足底部施釉、瓷器叠加的需求，或者抬高高足器具器身，体现了陶瓷烧制工艺的不断精进。东汉、三国时期的越窑青瓷已采用三足支叠烧工艺，此期瓷盘、瓷碗的底部常留有支钉痕，若底部施釉则痕迹更为明显。将龙泉窑址出土的器底残留痕迹与支烧窑具相互对照可见，支钉接触面多为拇指大小。支钉素面无釉，形状多样，往往依据烧制需求来选择，迄今发现有圆柱状的支钉[①]、锯齿状以及圈状支托。在景德镇湖田窑五代堆积层中，发现很多支钉叠烧的残次品，

---

① 李家治主编：《中国科学技术史·陶瓷卷》，北京：科学出版社，1998年版，第345页。

这些粘附于碗、盘的中心和圈足处的支钉，其断面展露出颗粒状的粗糙泥料，此外还有一些用来垫高足碗、高足盘的垫柱。北宋官窑瓷器满釉底部的六颗米粒大小的支钉痕迹，显露出黑色的胎体，也证实了宋代的烧造智慧。总之，支烧窑具丰富的类型以及多样的使用方法，充分说明了古代窑工根据瓷器特征不断改进工具的创新精神，也反映出古代窑业，尤其是民窑生产不拘定式、与时俱进的造物精神。

支圈主要在相似器型（通常为日用碗盘等）叠烧时使用，依次叠加的器物最多可以达 32 个。不同于覆烧工艺，叠烧通过底部的正向叠加来增加烧制数量，且不影响口部施釉，因而在民窑中广泛采用。叠烧工艺始创于北宋定窑，提高了装烧数量、成品率和烧成质量，但因器物口部不便施釉，没有得到广泛推广，而支圈等垫烧工具的使用，则在避免芒口的同时，提高了烧造效率。加上支圈为一次性使用，对原料要求较高，至元代以后该工艺基本被废弃①，但叠烧所使用的支圈仍然广泛应用。

第二种，垫烧窑具。

如果说支钉以多种高低变化满足装烧工艺的需求，那么垫饼、垫圈的使用则相对简单。这些垫烧窑具的主要功能是隔离窑面和抬高瓷器，通常垫放在瓷器圈足处，其材质和形状都与之有关，形状主要有垫圈、垫饼、垫柱三类。龙泉青瓷在各个发展时期留下的烧造痕迹不尽相同，这也成为古陶瓷鉴定的重要参考。北宋龙泉窑所使用的凹底匣钵、支圈、喇叭形支座等，几乎与越窑的一模一样，都采用次等泥料制成，且为素面，反映了南方青瓷制器工艺的延续性。

如图 3-9 所示，"古代垫烧瓷坯用的窑具类型很多，随着烧制技术的提高，窑具的设计也有改进。在形式上有喇叭状垫座、泥团、环状圈托、高足碟状垫足、浅碟状垫足、撇口状衬托、镗锣洗垫足等。前三种用耐火土捏成，制作粗糙，其余用坯土经辘轳拉坯、旋削制成，极为规整。值得注意的是，垫具的形状都围绕着减少变形、流通气氛和节省窑位、降低烧成费用等四个目的设计的。这些虽属细节，却也反映出古

---

① 冯先铭：《中国古陶瓷图典》，北京：文物出版社，1998 年版，第 385 页。

代龙泉陶工在青瓷烧制技术上确有独到之处"①。

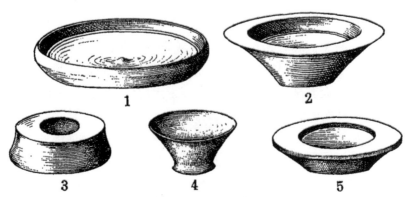

1. 堂锣洗垫足 2. 撇口状衬托 3. 环状圈足 4. 高足碟状垫足 5. 浅碟状垫足

图3-9 垫烧用的窑具

南宋龙泉仿古青瓷常有三足鼎、三足炉等器的部分足部需要施釉，为了避免出现流釉粘底等问题，通常会使用垫饼等辅助烧制工具，这一点与支烧窑具有相似之处。垫烧工具的另外一种使用情况是实现同类器型的叠烧，垫饼与碗粘连，反映出同样大小的敞口碗以垫饼相隔、依次叠加的情况，这些垫烧的瓷器底部通常不施釉，方便烧成后取下垫具。当然，这种以提高产量为目标的装烧工艺，主要应用在民用器具的烧制过程中，对于精品青瓷或者皇家供器会采用"一匣一器"的装烧方法。

第三种，匣钵。

不晚于隋代，中高档瓷器已采用由耐火材料制成的匣钵来装烧，匣钵是一种素面无釉、大小相同、可套叠使用的窑具。（如图3-10所示）匣钵的使用给瓷器烧成环节带来了诸多便利，提升了烧成效果，既可以隔离制品与窑火，避免"夹烧"现象，实现窑内温度的平均传导、达到匀速升温，也可以保障熄火后能均匀降温和保温。从能源高效利用的角度来说，匣钵叠烧有助于提高装窑密度，增加成品数量；从烧成质量来看，匣钵有助于保护烧成器物，避免烧成过程中出现掉渣、落灰等瑕疵，能够均衡匣钵内的温度，实现较好的釉面玻化效果。

---

① 周仁等：《龙泉历代青瓷烧制工艺的科学总结》，《考古学报》，1973年第1期，第147页。

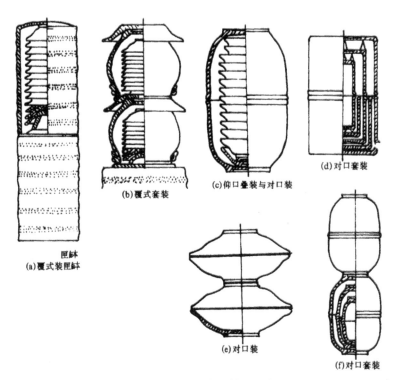

(a)覆式装匣钵

(b)覆式套装

(c)仰口叠装与对口装

(d)对口套装

(e)对口装

(f)对口套装

图3-10 北方山西古窑装匣钵的方式

但另一方面，匣钵的引入无疑会增加烧制的成本、降低烧制数量，因而匣钵通常用于精品贵器的烧制，民间日用之器不必大费周章。匣钵对青瓷的烧制有着更为关键的意义：可以最大限度地保证还原气氛的浓烈，以实现青绿色泽。隋代使用的是"筒状匣钵"，或称为"匣钵柱"，这种呈凹字型或 M 型的匣钵结构便于一层一层叠放装烧。（如图 3－11 至图 3－13 所示）"古代匣钵有平底、凹底二种类型，大小不一，视坯件的器形和大小而定。有些匣钵在近底处开有相对的两个小孔，使气氛易于流通。作者所见到的有孔匣钵，除了龙泉窑外，还有北方的钧窑，可见我国古代陶工已熟知气氛对釉色的重大影响并掌握了烧成色釉的技术。"① 唐代中后期，在筒状匣钵内部套叠多件器物的工艺基础上，发明了"一匣一器"的装烧方法。这种匣钵外观像漏斗，俗称"漏斗状"

① 苏鹤鸣等：《龙泉青瓷》北京：文物出版社，2007 年版，第 50 页。

匣钵，窑工常根据要烧制的器型设计匣钵形状，以稳定叠加和提高对空间、能效的利用为主要原则。（如彩图 34 至 37 所示）

图 3-11　匣钵　　　　　　　　图 3-12　龙泉窑匣钵粘连细节

图 3-13　匣钵粘连细节

南宋龙泉窑精品广泛采用匣钵装烧，通过对匣钵使用方式和匣钵材料两个方面的把控，来实现理想的瓷色。影响青瓷发色的铁元素对氧化气氛敏感，烧制难度极高。不晚于唐代中期，越窑窑工不断改进匣钵工艺，希望通过强还原气氛来改良青瓷之色。一方面使用精细的瓷质匣钵，将制作匣钵的原料由掺沙的耐火质黏土改为细质瓷土；另一方面，以釉封住匣钵的缝隙，最大限度地保障还原气氛的浓度。虽然目前尚无科学证明表面匣钵材料与烧成制品质量之间有直接关联，但据文献和考古资料表明，越窑精品秘色瓷就是采用此法烧制的，烧成后需要敲开匣钵后取出。这从一个侧面佐证了匣钵材质与密封性对瓷色呈现的影响。

色质俱佳的秘色瓷的关键在于色，由越器的艾色演进为澄净如水的湖绿色是青瓷发展史上重要的转折点。这一表象的背后，是对材料工艺和烧成技术的反复推敲和不断尝试。从烧成效果分析，上述的匣钵装烧工艺可以最大限度地保证青瓷烧制过程中的密封性能，实现强还原气氛和对温度的控制。同时，还需要有"黄金"窑位。横亘几十米的龙窑，最佳窑位在中段上部，主要是出于密封性较好，温度最高、最稳定的考虑。"古代装窑，往往把大匣钵装在窑的中段，小匣钵装在窑的前、后段。主要原因是中段火力强，适于烧大件，前后段火力弱，只能烧小件。在窑的前后段也间隔地装着大匣钵，这可能是为了调节火力，使窑内温度比较均匀，同时也使匣钵柱更加稳固，减少坍窑事故。"①　虽然分区分段的装烧原则可以保障全窑烧制效果，但是精品的实现还有赖于匣钵的装烧方式等。（彩图38）

　　"宋代龙窑装烧匣钵排列的方法，一般是前后紧密衔接，左右侧保持一定的间隙。"②　这主要是根据燃烧规律和热能效应而定的，逐层叠放的匣钵柱体能够引导火路，集中火力。在实际装烧过程中，还会根据器型来选择对应的匣钵，"龙泉青瓷的装匣情况，按器物的不同造型可分成两种：①碗、盘、洗、碟、杯等器物，用凹底匣钵。这种凹底型匣钵叠装在窑内可以节省窑位。装匣时，先用垫饼垫在器物的圈足下，再放到匣钵内，有的在匣钵和垫饼之间还放一个泥饼。南宋时，盅、把杯和小型洗等都采用叠烧工艺，器物之间隔一撇口状衬托。②瓶、觚、鬲等高形的器物，用平底匣钵。此类体积较大的器物，一个匣钵装一件，体积较小的，一个匣钵装3～5件。装精瓷坯用的匣钵，底部还涂着一层釉，以免漏砂"③。南宋龙泉粉青、梅子青瓷精品采用一匣一器的装烧方法，根据发色温度的需求置于窑室里最适宜的窑位。

　　从烧成气氛的角度而言，"青瓷最适宜的窑位是第5～14节，近窑顶的六只匣钵属于氧化气氛，故不装青瓷"。④　宋代龙泉窑在最大限度实现产量化的同时，为了获得较为理想的龙泉青器，采用了更为精细的

---

① 苏鹤鸣等：《龙泉青瓷》，北京：文物出版社，2007年版，第51页。
② 熊寥：《中国古代制瓷工程技术史》，太原：山西教育出版社，2014年版，第356页。
③ 周仁等：《龙泉历代青瓷烧制工艺的科学总结》，《考古学报》，1973年第1期，第147页。
④ 周仁等：《龙泉历代青瓷烧制工艺的科学总结》，《考古学报》，1973年第1期，第148页。

操作措施："木岱口岙后窑装窑的方法是每一级上放匣钵四行，前二行放大匣钵，每行 7 只，后二行放小匣钵，每行放 8 只。每级的横截面上共放匣钵 30 只。匣钵叠数是靠窑墙的第一、二行堆放匣钵 18 只，第三行 20 只，中间堆放 19 只。匣钵尺寸：大匣钵外径 21.5 厘米，高 7.5 厘米；小匣钵外径 18 厘米，高 6 厘米。"①

3.3 本章小结

青瓷的艺术特征可以从色、形、制、义四个层面来解码，其中"制"包括由制作方法、成型工艺以及材料技术构成的烧成制度，以及设计制度、器用等维度的内涵。就陶瓷工艺属性而言，艺术特征的呈现受工艺技术的直接影响，尤以"色"的表现最为突出。

第一，青瓷瓷色工艺有三要素。

如导论所述，本书对瓷器色彩（简称"瓷色"）的理解是对釉色概念的精确化和拓展，充分考虑"胎色 + 釉 = 瓷色"的关系。以龙泉青瓷为例，白胎和黑胎对釉色起衬托作用，并且对质感有一定的影响。②因此，从瓷器色彩的透叠关系来说，胎色成为瓷色的基调，胎色为底，釉色为面。一直以来，学界习惯以"釉色"来统称瓷器的色彩，常以"青釉"来统称"青瓷色彩"，或许本就包含了胎色和釉色两个因素，但是如果以"釉色"来指代"瓷色"，深究起来又有失偏颇，恐怕难以兼顾"胎"和"釉"两者在瓷色表现中的作用，尤其对胎色在瓷色呈现方面的作用有所忽略，因而有必要专门提出"瓷色"的概念。

南宋龙泉青瓷"重色轻饰""器以藏礼""通体无纹"的艺术特征的实现，很大程度上有赖于工艺技术的突破。本书研究认为：胎、釉③、烧，是瓷器呈色的三个主要影响因素。其中，胎和釉都是物质层面的属性，二者之色的互相叠加、调和，在光线作用下形成了人们视觉所见的缤纷瓷色。对于青瓷这类透明色釉来说，胎之色调会透过釉层直

---

① 朱伯谦：《龙泉历代青瓷烧制工艺的科学总结》，见《朱伯谦论文集》，北京：紫禁城出版社，1990 年版，第 148 页。

② 李家治主编：《中国科学技术史·陶瓷卷》，北京：科学出版社，1998 年版，第 301 页。

③ 本文仅仅研究经一次烧成而实现的纯色釉，暂时不研究釉下青花和釉上彩绘装饰。

接影响青瓷色彩的浓淡变化。中国幅员辽阔，南北自然地貌、矿物原料的化学成分有别，因而各窑口胎色、釉色不同，瓷色各异。越窑、秘色瓷、耀州窑、龙泉窑的青瓷制品展现出的个性化色彩风貌，都少不了胎与釉综合呈色的作用。越窑青器的艾色，由淡黄绿的釉色和淡灰偏黄的胎色叠加而成；秘色瓷的湖水绿，由淡青绿色的釉色和淡灰色的胎色混合而成；南宋龙泉青瓷可分为黑胎青瓷和白胎青瓷两大品类，同为青器，前者深幽而后者葱翠；景德镇所产高岭土含量高的瓷泥，无法实现龙泉梅子青瓷色，而更适用于青白瓷、影青的烧制。总之，瓷色的呈现取决于胎、釉二色的叠加，各窑瓷色之美之韵需要特定的瓷石、胎泥、釉料来制作实现，这体现了自古以来因地制宜的制器特征，也是百花齐放的瓷业格局的成因之一。

烧是瓷器成型、装饰、施釉、烧制等制作环节的最后一步，也是制瓷成器的关键。相较于赤、黄、黑、白等瓷色，青瓷呈色的敏感性决定了它受装烧工艺和烧成制度的影响最为显著，可以说，烧是青瓷工艺技术中最为关键、最难以把握的核心要素。烧包括装窑方式、匣钵材料的使用和叠放方式等装烧工艺，对烧成温度和升温曲线、烧成气氛中氧化与还原气氛等烧成制度的把控，是一种建立在丰富实践经验基础上的技术操作。

在实际的瓷业生产中，经过窑火检验的胎料和釉料的配方一旦固定，工匠便将发色优良的成分配比、烧成制度记录在案或铭记于心，作为成功经验长期应用。在手工业家庭化的小作坊时代，瓷器制作过程中涉及的诸如材料配方、制器方法、烧制方法等经验，常作为家族"秘籍"绝不对外公开，仅有家庭内部的少数主导性人物知晓。为了保守住几代心血、具有核心竞争力的"秘方"，古代制瓷技艺常通过父子或师徒的亲缘关系承继。而胎釉配方和烧制方法又是制瓷的关键，有时失之毫厘，差之千里，否则西方人不至于花了一个世纪也无法自主研究出"真正"的瓷器原料配比。

南宋龙泉青器高雅含蓄、清新脱俗的审美格调，得益于工艺技术的突破，也是两宋审美观念、文化品位的产物。从北宋的汝窑、官窑青器，到南宋官窑青瓷、龙泉青瓷，都追求玉质感。龙泉粉青、梅子青瓷宛若天成、卓然不群、堪比美玉的经典瓷色建立在极高的工艺难度之上，技艺精进的背后是巨大的物力、财力、人力的付出。如此不计成本的投入，体现了观念对技艺的引导作用，青瓷制作技艺的不断突破也给予色彩观念更为具体的方向，二者相互影响、相辅相成。

第二，龙泉窑吸纳南北而自成一家。

博采众长、吸纳南北是南宋龙泉窑技术革新、日趋成熟的内在驱动力。如果说北宋时期的龙泉窑更多汲取了浙江青瓷技艺的"营养"，较好地掌握了南方的工艺技术和审美法则，那么宋室南迁以后，龙泉窑更多融合了北宋汝窑、官窑等北方青瓷的厚重敦实、含蓄内敛的造型风格和乳浊失透、肃穆青幽的色彩风格，开创了一种碧绿润泽、温润雅致、灵秀清逸的龙泉青瓷艺术特征。

开拓创新、自成一家是南宋龙泉窑技术成熟、个性化风格形成的关键。南宋龙泉青器的辉煌，并非一蹴而就，而是不断进行工艺改革，不断地尝试、摸索的结果，经历了 200 年左右的磨砺。从瓷色风格来看，它融合了北方青瓷的乳浊感和南方浙江青瓷的通透感，实现了莹润细腻、碧绿温润的玉质感。这种历代窑工孜孜以求的"类玉""尚青"理想的实现，得益于龙泉窑工对工艺壁垒的不断突破，终能博采众长、贯通南北而自成一家。

两宋属于中国陶瓷艺术的全盛时期，在文化艺术方面格调高雅，在工艺及技术方面较为成熟，南宋龙泉窑对色彩的重视、对形的凝练、对饰的精简，展现出技术发展到一定程度时，创作主体自主选择的高度。南宋中期，历经几代瓷业匠师反复摸索，经无数次窑火检验后，采用石灰碱釉，以多次素烧、多次施釉的方法挑战薄胎厚釉的工艺极限，实现了龙泉青瓷"类玉"的效果。这种对色与质的执着追求与对工艺难度的突破，体现了南宋龙泉窑工在技艺层面的有所为和有所不为。因此，我们有理由认为南宋龙泉青瓷的艺术面貌是主动选择的结果，是时代发展和社会环境综合作用的产物。

第三，地域基因对瓷器艺术风格的影响。

南宋龙泉窑通过技艺突破而成就的个性化艺术风格，同期其他窑口或者后世仿烧都很难得其精髓。究其原因，一方面受原料配方和制作、烧成工艺的客观限制，另一方面，空气湿度、温度、气压等构成的烧制环境也是难以把控的因素。从发生学的角度来看，自然条件和物质基础是瓷器艺术特征实现的基础和先决因素。瓷器也像植物、动物一样，受到气候、环境等自然条件的影响，会展露出地域性的风格特征，如在隋唐时期业已形成的"南青北白"的瓷业格局。从文化角度来看，南北审美风尚之所以会作用于瓷器艺术，是因为根植于某片土壤的艺术品尤其是手工艺品，承载着本土文化和人文情怀，会与生俱来地散发出地域气息。这种因地制宜的地域性特征未尝不是一种由"地域基因"构成的"瓷业生态"。

龙泉窑地处浙南山区，该地区山地面积约占总面积的95%，森林和矿产资源丰富，本地富含油脂的松木成为优质的制瓷燃料，有助于莹润釉色的实现；富含瓷石的矿产资源，成为瓷泥、釉料的重要原材料。龙泉窑沿瓯江两岸的泉溪、秦溪而建，水流既可以作为调配泥、釉料的水，又提供了水上运输的便利。正是这些先天的原料、水路交通优势，使得龙泉青瓷在生产和运输上都获得较大优势。

总之，南宋、科技、艺术的成就居于古代中国的高峰地位，宋词、宋画、宋书所展现的审美品位和艺术韵味令世人惊叹，宋代成为中国文学艺术史上继盛唐以后的另一盛世。宋代是我国瓷业空前发展的时期，各地瓷窑都展现出卓越的风采和艺术魅力。在此契机下，南宋龙泉窑秉持融汇南北、博采众长的开放观念，并经过近200年的工艺探索，终于能够"通古今之变，成一家之言"，在中国青瓷史上占据了一席之地。南宋龙泉粉青、梅子青瓷等旷世经典，至今仍被普遍认为是无法超越的巅峰之作。

4 南宋龙泉青瓷艺术特征的文化成因

认识器物通常有两种视角：一种是物质实体层面上的，一种是精神文化内涵层面上的。南宋龙泉雅器一路演进，经历了一千多年的时光变迁，其见证的历史沉浮很难明晰，但青器古雅秀丽的身形、葱翠莹润的色泽，又如此真切、安静地陈列在肃穆的博物馆，近在咫尺，人们不禁试图找寻一种对话的模式，聆听它呢喃细语，诉说那岁月的故事，转瞬才发现物我之间远隔天涯。历史沧桑，今人可以通过传世遗存感受龙泉青瓷雅韵的美妙风采，不过其中的精神内涵却很难像器物标本一样呈现和传播。那么，应该以何种方式深挖、阐释青瓷的文化意涵？其文化成因主要来看哪些层面？

如前文所述，瓷器的外在表征受胎釉料等原料和温度、气氛等烧成工艺的制约，技术因素以一种显性的方式与青瓷的外在艺术特征建立了直接联系；而文化成因则以隐性的方式潜在地引导着瓷业发展的趋势，影响着瓷器色彩、造型、装饰风貌等艺术特征的形成。从时代文化的影响来看，作为龙泉青瓷黄金时期，南宋厚重的文化积淀、社会习俗和审美风尚成就了青瓷乃至中国瓷业的艺术高度。从华夏文脉传承的视角来看，中国传统礼制文化以及阶级社会固有的物序人伦的等级观念，是影响青瓷色尚、形制的重要因素之一。早在奴隶社会，青瓷就以高下优劣之序来对应等级，以瓷色来区分身份、序列人伦的功能特征就已经出现。

4.1 伦理观念

伦理，有两重含义，本意指事物的条理。《礼记·乐记》："凡音者，生于人心者也；乐者，通伦理者也。"伦理被引申为人伦道德之理，指人与人相处的各种交往原则和行为准则。汉贾谊《新书·时变》言："商君违礼义，弃伦理。"① 郑玄注："伦，犹类也。

---

① ［汉］贾谊：《新书》卷三，四库全书本，第3—4页。

理，分也。"① 可见礼与伦理相通。伦理，引申为人际结构、社会关系产生的秩序。本章聚焦的"瓷器伦理"就是从这一层含义出发，指的是以色、形、质为评价标准而产生的关于瓷器高低的物序，以此物序来对应社会等级。所谓"藏礼于器"，在伦理观念之下，瓷器的使用序列反映了封建社会对器用制度的严格规定。器用伦理制度是礼乐文化的外在表现形式，是封建统治者社会治理的组成部分。《礼记·礼运》记载："是故礼，君之大柄也。"② 孔子认为"礼"是天子国家治理的重要权柄。《礼记·乐记》载："乐者，天地之和也；礼者，天地之序也。和故百物皆化；序故群物皆别。"③ 孔子指出"礼""乐"相合，可以使得天下万物各得其序、和谐统一。事实上，以孔子为代表的儒家学说被统治阶级认可，并成为古代宗法制度的内容，关键在于其礼制的合理性和完备性。

始于西周的礼乐制④以"和"为内核，倡导社会各阶层各得其所、各居其位、各司其职。礼乐制度认为，这种有条不紊的人伦序列，可以实现社会和谐。人们衣、食、住、行的用度都要与自己的身份相称，才能有礼，越阶则无礼，是僭越。礼乐文化成为中国阶级社会结构形成的内在根源，礼乐之道、君君臣臣的伦理观念支配着社会活动及物用秩序。伦理观念渗透到封建社会的每一个角落，使得尊卑有别、长幼有序，实行所谓"刑不上大夫，礼不下庶人"的普世化礼仪政策。"中国在春秋之后，'礼'作为'治人之道'深入到世俗民间，汉代以后，衣冠之制凡器百用都是遵循着政治伦理化而设计，着眼于专制制度一统为主旨的意识形态……"⑤ 瓷器之用作为器物文化重要的组成部分，成为彰显阶级身份的象征符号，伦理特征日趋明显。本章所研究的瓷器伦理，主要包括伦理观念、伦理制度、伦理秩序等内容。统治者通过伦理机制规范社会群体对瓷器的选择和使用，实现"物序人伦"的社会功

---

①　[汉] 司马迁：《史记》卷二十四《乐书第二》，百衲本，第7-8页。

②　[汉] 郑玄注，[唐] 陆德明音义：《纂图互注礼记》卷七《礼运第九》，四部丛刊本，第5页。

③　[汉] 郑玄注，[唐] 陆德明音义：《纂图互注礼记》卷十一《乐记器十九》，四部丛刊本，第9页。

④　周灭商后，西周统治者为巩固自己的统治，建立稳定的政治制度，建立起支撑周朝天下的制度：分封制、井田制、宗法制、礼乐制。

⑤　李立新：《中国设计艺术史论》，天津：天津人民出版社，2011年版，第268页。

能，体现了一种超出审美功能之外的观念特征。

古代社会的伦理观念由来已久，舆服、居所、器用之色、数、纹、质等，都需要严格遵守典章制度，以区分君臣上下等级。青瓷作为伴随封建王朝始终的瓷器，其发展、传播与使用也深受伦理观念的影响。这在瓷器使用过程中具体表现为"色""形""质"三大方面的等级化制度。

就"色"而论，瓷色伦理以中国传统色彩理论——"五色观"为依据，这一根深蒂固的色彩观是"五行说"衍生的伦理产物。观念化的五色成为与祭祀相关联的神圣符号，兼具身份与审美的双重功能。在祭礼场景中，瓷色被镌刻了等级的印记，具有符号特征。从商周的原始青瓷发展到东汉的青瓷，再到唐、宋、元、明、清各朝的青瓷器用过程中，瓷色的等级特征从未消散。

就"形"而论，主要体现为受礼制观念影响的礼器造型，典范性的鼎彝类礼祭器型逐渐发展成熟，并且形成与日用器、观赏器有着显著区别的造型样式。在中国漫长的封建社会中，礼器通过造型"赋义"的特征非常显著，在伦理体系的隐性网络秩序，赋予礼器通达神灵的法器意味。

就"质"而论，青瓷以"青圭"为范，以实现"礼东方"的宗教功能。赵宋王朝将李唐王朝观念之中的青瓷"类冰""类玉"的审美标准落到实处，从汝窑、官窑、哥窑的粉青，到南宋龙泉的粉青和梅子青，其乳浊失透、堪比美玉的色泽和质地，使得青瓷逐渐跨越了日用之器的等级，成为"比德"之物和天赐神授之器。青瓷器具有一定的社会功能，反映了器物与文化互为表里的关系。

下文将从瓷色伦理、尚礼观念、伦理制度和礼仪秩序四个层面，具体阐述伦理观念与南宋龙泉青瓷艺术特征形成的关系。

4.1.1　瓷色伦理

礼教，契合封建社会维护统治者核心地位的君权思想及等级化社会治理的需求。发端于阴阳五行理论的"五行五色体系"，成为封建社会重要的礼祭参照和伦理等制的指引。孔子倡导的儒家伦理观，将"五行说"拓展到"礼"的层面，伦理观念更容易在社会各阶层推而广之，凡器之日用都要与身份等级相配，这成为一种全民遵守的典制规范和社会制度，有助于封建社会王朝的长治久安。总之，"五行五色体系"和儒家伦理观共同奠定了瓷器伦理的理论基石。

青瓷因其"类玉""类冰"的品质，在原始瓷阶段就获得了统治者的重视，至五代，成为钱氏发展的帝王友好关系的政治媒介，至宋乃至明清成为皇室官家督制的宫廷御器，其伦理特征日渐清晰，早已超越了审美属性而具有规范三纲五常、区分社会等级的文化功能。如果说，青瓷史上的每一次科技创新而产生的精品，都优先供给统治者和上层社会使用，那么这种"物序人伦"在数千年的历史演进中，作用于青瓷生产、流通、销售的各个环节，已经烙刻在国人的思想观念之中。

4.1.1.1 "五行说"是古代瓷色的理论依据

"五行说"是先秦以来遵循的哲学思想，它依据五行（木、火、水、金、土）、五方（东、西、中、南、北）、五色（青、赤、黄、白、黑）的对应关系，构建了华夏先民对宇宙万物及自然物象变化的认知体系。"五行说提供了一个描绘宇宙的精简时空模式，以金、木、水、火、土五个基本元素组成一个宇宙模型，将天地间的所有现象和观念都归纳到这个体系之中，并运用'相生、相克'理论来解释自然和社会的变化规律。"①

跨物质形态的人类伟大发明——瓷器（china），推动了世界文明的进程，改变了人们的生活方式。如前所述，色彩是瓷器的外在表征，蕴藏着深厚的文化内涵。瓷器"五色"的实现过程，体现了先秦以来传统文化中阴阳五行相生相克、多维交织的特点。从物质属性来看，瓷色呈现的载体——胎、釉、料，由汇集"金""木""水""火""土"的矿物质原料组成，这些物质元素与自然五行表述一致。从发生机制看，瓷器以"土""金"为原料，以"水"为混合介质，以"木"为燃料，经过窑火的高温烧制，幻化为晶莹通透的万千瓷色，即所谓"水火既济而土合"②。在原始先民看来，水与土具有生命之源的独特意味。东

---

① 〔美〕巫鸿：《无形的微型——中国艺术和建筑中对灵魂的界框》，《古代墓葬美术研究》第三辑，长沙：湖南美术出版社，2015年版，第6页。
② 〔明〕宋应星著，潘吉星译注：《天工开物译注》，上海：上海古籍出版社，2008年版。

西方文化都将土视作人类产生的物质来源，女娲、普罗米修斯或者耶和华取土造人、灌注生命灵气的神话故事①或许各有侧重，但是与河流、山川亘古同在的水与土，被视作生命之源、万物之本。瓷土是一种含高岭土的黏土，可塑性强，瓷器经过烧制后，变土为金，被古人赋予了神秘色彩。从分布规律来看，瓷土附近常常伴生有矿产——金。金，既指黄金，也泛指金属②。早期青瓷的草木灰釉以木材、金属矿物质为主要原料，两宋青釉、明清红釉的呈色取决于氧化铁的状态，青花、祭蓝以氧化钴为主要发色剂，娇黄通过铅釉发色……这显示了金属矿物质在瓷器呈色体系中的影响。

五行之"木"，伴随着瓷器生产的全过程。古代窑炉由木板夯土筑就，或辅以匣钵、砖石建造而成，历代精美绝伦的官窑精品、皇家祭器都烧成于此。纵然现代快捷便利的电窑、燃气窑部分取代了古代的窑炉，但是土建而成的传统龙窑的柴烧所得的古雅瓷色，是无法在现代窑炉中"快速"完成的，而是需要历经几个昼夜柴火的漫长炼制。仿佛这种温润氤氲的釉色之美只能"小火慢炖"，焦躁或急切会惊扰其幻化的过程。南方大部分瓷区常选择优质松木作为燃料，松木在高温煅烧过程中释放出的独特油脂会与釉面发生化学反应，产生莹润、透亮、细腻的独特色泽，展现出厚重沉稳的色彩美感。"木"不仅参与了窑炉建造与瓷器的烧制环节，也是制作瓷器生产工具的主要材料。在江西景德镇、浙江龙泉等主要陶瓷产地，窑工们在坯体制作中，出于防滑、吸水、保护坯体的考虑，采用不施漆的木板来托装瓷坯；画坯、装饰的师傅所用的工具、画笔主要用竹木制成……这体现了制瓷业"源于自然""师法自然"的文化观念和五行伦理的内化机制。

五行之"火"是瓷器成型呈色的关键要素之一。火也是祭祀活动的关键要素，在人类的物质和精神层面都扮演着关键的角色。从物质层面而言，火的使用是人类走向文明的重要标志之一，火可以烹煮食物、满足生存需求，可以驱逐野兽，保障人身安全；从艺术巫术说的角度而言，火具有趋利避害的功能，原始壁画中的熊熊火焰具有宗教含义。从祭祀

① 易中天：《艺术人类学》，上海：上海文艺出版社，2020年版，第3页。
② 《辞海》（1999年版缩印本），上海：上海辞书出版社，2020年版，第1048页。金，主要包括黄金、金属、五金（旧指金、银、铜、铁、锡）三种意思。

文化的角度而言，火能去伪存真，正所谓"真金不怕火炼"，经过火煅烧之物性能稳定、品质纯粹、质量卓绝。无独有偶，祭礼所用的陶器、青铜器、瓷器，都经由火的高温煅烧。瓷器在烧成前后呈现的外在视觉形态和内在属性的迥然差异，超出了原始先民的认知范围，因而，变土为金的制瓷冶器往往被赋予神圣感和崇高感。古代的陶瓷烧制往往要持续几个昼夜，这种在烈焰大火中发生的高温煅烧活动，与祭祀活动有着相似的神秘氛围。在占人看来，祭祀中的火，可以通达人神两界，这种观念体现了古代信仰的某种共性。祭祀主体寄望于通过火烧改变物体的性能，从而完成向上天表达敬意、祈求赐福的仪式。火一方面是超越性的物质途径，在"人与神""生与死""古与今"之间建立跨对象、时空、质态的桥梁，实现多维度互通；另一方面，燃烧时产生的烟雾营造出神秘虚幻的气氛。火的温度令人感受温暖的同时，也会使人产生昂扬的情绪。

总之，瓷器是土与火完美结合的艺术。从上述以青瓷为代表的瓷器发生、发展环节，以及"金"与"土"、"木"与"土"、"水"与"土"的相互转化中，可见瓷色与五行相生相伴、一脉相承。瓷之成器的造物过程，体现了五行文化阴阳相生的生态特征和循环往复、永无休止的哲学意蕴。瓷器色彩伦理观念与祭祀礼仪都是五行文化的产物，二者共同植根于中国传统观念体系，瓷器耐酸、耐碱、抗腐蚀，可以最大限度地保留传统色彩的原貌，这些性能使得瓷器从生活之域迈向了祭祀之域。

象征着封建王朝正统思想的"五行说"是历代社会政治体系和文化生活的依据，五色观念通过色彩伦理机制作用于社会秩序。五行运度从儒家宗法层面构建伦理格局，礼祭典礼中，五色、五行、五方、四时关联而成的象征网络，成为皇室礼制的参照坐标。周朝的文化体系和礼仪制度基本稳定，周礼奠定了后世礼运的基调，历朝垂范。周朝天子在祭天祭祖时，以五行框架统帅"方明"及玉质"六器"等法器的有效运度（将在祭祀之器章节详述），而"色"成为其中的核心因素。[①] 从祭祀文化的角度而言，"对应"与"象征"是构建伦理机制的思维方式和逻辑链条，而祭祀瓷器的"色"与"形"则体现了祭祀心理的内核。

① 〔英〕汪涛：《颜色与祭祀：中国古代文化中颜色涵义探幽》，郭晓娜译，上海：上海古籍出版社，2018年版，第198页。

　　玉器是周朝重要的礼祭之物，从周公礼祭中"方明"与"六器"的匹配使用可见，五色玉石有序对照于五方五色礼祭体系。石之美者为玉，从上古神话的神性到后世玉德说，玉始终位于器物价值体系的顶端，青圭成为替代正青色即蓝色的实物，成为礼祭东方的圣物。"青"对照五方之东，从色相来看，青圭之色呈淡绿，并非严格意义的正青色，即蓝色，此处没有严格遵循五行说"正色为尊"的规范。笔者推测，原因有三：其一，从实际情况来看，自然界蓝色的玉石实难寻觅，符合礼器体量要求的更加无法获取，很难实现用正青色玉器礼东方的愿望；其二，青圭之名含有"青"字，能够符合礼仪祭祀中"青"的意指，玉的神圣性可以弥补玉色的差距；其三，五色之"青"的色域宽广，古人对青色的认知存在一定的模糊性和弹性，青、苍①、翠②都是用来形容自然界草木的颜色，后两者为不同程度的绿色，三者在某些情况下会被混用。这种由五色之青的意象性、模糊性特征拓展出的方位与色彩相对照的空间，是"青圭礼东方"可以成立并持续的重要因素之一。青瓷仿青玉是一种匠心与智慧的体现。

　　如果说青圭礼东方之"青"由淡青色（绿）向正青色（蓝）的过渡，体现了五色礼祭体系的衍进，那么以青瓷为替则是二者色质相合、以瓷代玉的结果。因淡绿之青瓷与青玉色质相似，逐渐成为青圭的替代品，以青瓷祭祀逐渐成为一种固定模式。从唐、五代时期的越窑青瓷，到陕西法门寺地宫出土的秘色贡瓷，以及两宋官窑、哥窑、龙泉窑形制丰富的青瓷礼器等，都是青瓷作为祭礼之器的证明。《元史》中明确记载了青瓷牲盘在皇家典礼中的数用与法度③，青瓷与玉币、匏爵一样成为逝者身份、官阶的象征；《续通典》将青色与东方相对应④，"青瓷礼

---

　　① 《周礼·春宫·巾车》："藻车，藻蔽。"郑玄注："藻，水草，苍色。以苍土垩车，以苍缯为蔽也。"

　　② 《小雅·释器》："青谓之葱。"

　　③ 《元史》卷七十二志第二十三："昊天上帝、皇地祇及配帝，笾豆皆十二，登三，簠二，簋二，俎八，皆有匕箸，玉币篚二，匏爵一，有坫，沙池一，青瓷牲盘一。从祀九位。笾豆皆八，簠一，簋一，登一，俎一，匏爵一，有坫，沙池一，玉币篚一。"

　　④ 《续通典》卷四十七礼三："星辰在东西向，北上。犊一，羊一，豕一，登一，铏一（实以和羹）。簠簋各二，笾十，豆十，酒盏三十，帛十（青色一，赤色一，黄色一，白色六，黑色一）。青瓷爵三，酒尊三，篚一，云雨风雷在西东向，北上。陈设同，帛四（青色一，白色一，黄色一，黑色一）。十一年冬至，尚书言，前此有事南郊，风寒莫备。乃采礼书天子祀天张大次……"

东方"之制完善了观念化的皇家礼仪器物体系，满足了祭祀礼仪中以五色匹配五方的体系。此处"青"的链接机制与其他领域的五方色度有所区别，青瓷之色与五色体系非直接对照的逻辑框架，体现了五色观念在瓷器色彩上的演变，可以视作古人结合现实情况的一种弹性调整。这种替代性的调适改变了观念维度的"青"色对照尺度，提升了青瓷的社会地位。

综上所述，"五行说"是瓷色研究最科学、最适宜的理论基石，"五行五方五色"体系是研究南宋龙泉青瓷的主要色彩文化语境。要解读中国古代青瓷色彩的意象特征和文化意涵，更适合以中国传统色彩作为理论依据和参照体系，伦理观念是的切入点。西方的色彩论无法触及中国色彩丰富的人文精神世界，难以传达国人的色彩观念和意象指称；西方色彩语言难以跨越文化的界限，来解读中国的传统色彩观以及瓷器伦理体系，更无从诠释中国古代瓷器色彩所反映的厚重的历史、文化和审美内涵。但是西方色彩学理论和方法，可以作为瓷色描述的辅助手法和技术方式，可以更真实、更全面地描述古代瓷色的原貌，同时也有助于增强瓷色表达的规范化和科学性，实现研究方法的东西融合。

4.1.1.2 五色体系是瓷色伦理的参照

"五色概念已知的最早记录，由舜帝提出，时间在公元前 22 世纪。"[①] 从"天地玄黄，宇宙洪荒"的文明初始，到"五德（五色）终始说"盛行的封建社会，色彩文化跨越了原始社会、奴隶社会、封建社会，伴随着人们生产生活的始终，在精神维度发挥着审美和观念引导的作用，也成为封建社会规范等级秩序的重要途径。"五行说"的内容之一是五色，"在这个系统中，颜色是为了分类而'设计'出来的。颜色分类和颜色象征，在古代中国的天人交感体系中占据着重要地位"[②]。

"五色观"是"五行说"这个极具政治意味的哲学观念在现实领域的色彩应用原则和具体表现。如图 4 - 1 所示，五色体系包括"正色"和"间色"（"奸色"）两大类，五正色只有青、赤、黄、白、黑，与

---

① 彭德：《中华五色》，南京：江苏美术出版社，2008 年版，第 28 页。

② 〔英〕汪涛：《颜色与祭祀：中国古代文化中颜色涵义探幽》，郭晓娜译，上海：上海古籍出版社，2018 年版，第 198 页。

之相对的"间色"指"正色"调和所得的不够纯正之色。古代社会等级的制度需求，产生了色序与人伦的联系，色彩的纯正性隐喻血源的纯正、身份的正统，也象征皇帝政权的合法性。从色序与物序人伦相互对应的逻辑来看，五"正色"具有典型的身份象征的意味，五色体系下的色彩作为一种伦理符号，成为社会秩序中的无声的语言。

图 4 - 1　五色系统示意简图

周代从"德""礼"出发，建立起了一套以五方五色为表征、以礼序制度为内核的社会礼治体系。"五行五色系统作为中国文化的整体框架，一是具有系统功能，注重通感和统觉；二是具有指事功能，能标志天文、地理、人世和历史；三是具有象征功能，讲究寓意；四是具有控制功能，包括行为控制、等级控制、尊卑控制、自然控制等，从而规定事物之间相生与相克、制约与化解的关系。"[①] 由此可见，五行、五方、五色的对应关系和象征体系，不仅是封建社会礼仪制度的重要依据，也是实现物序人伦的社会规范。不晚于先秦，五色伦理秩序就已应用于皇家和民间社会生活的方方面面，通过色用制度在宫廷典礼和日常生活中的规范，形成伦理序列，实现社会管理。在被誉为礼仪之邦的古代中国，帝王的车舆、屋舍、服饰、器用等的色用都遵循伦理规范。不晚于周，这一套色用伦理框架已经确立，沿袭后世。王朝色尚与正统统治密切相关，先秦以降直至清中期，五行五色体系是封建社会王朝色尚的理论依据，由此测算、推断出该朝的色尚。符合王朝色尚的帝王服色，成

---

① 彭德：《中华五色》，南京：江苏美术出版社，2008 年版，第 30 页。

为该王朝的立国之本，不宜变更。王朝色尚及品官服色代表的不仅是君王威仪，更体现了宇宙信仰体系阴阳相生、五行运作的观念意味，寄托了封建王朝长治久安的政治理想。邹衍始创的宇宙体系，将五行学说与政治宗法、礼仪序列紧密结合，覆盖封建王朝的社会生活，也影响着诸如器物的色度、用度、法度等。从青瓷色彩发生机制入手，可以解读瓷色构成与五行学说的关系，挖掘伦理观念在南宋龙泉青瓷艺术特征、色尚形成过程中的作用。

瓷器是中国的伟大发明，世界很多国家的瓷器生产都得益于中华瓷文化的传播。瓷色作为一个研究对象，颇受学界关注。国内研究早于国外，根据现有文献资料来看，目前按照五色序列瓷色的记载最早见于清朝许之衡的《饮流斋说瓷》，书中介绍了五色瓷器的丰富性与系统性，并梳理了各色瓷器的特征①，其中"说色彩第四"以五色为依据，按照红（附紫）、青（附蓝绿）、黄、白、黑五色谱系，对古代瓷色进行了系统而详尽的分类②，提出"古瓷尚青"的观点，并列举青色瓷34种。虽然《饮流斋说瓷》成书于清代，无法记载瓷器肇始之时的面貌，但是书中的记述兼顾南北各大瓷业，为研究中国瓷色提供了代表性的理论体

---

① ［清］许之衡著，叶喆民译注：《〈饮流斋说瓷〉译注》，北京：紫禁城出版社，2005年版，第61页。书中载："'五色五章'繁杂纷论，穷极变化。而细寻绎，又似有系统之可言。通称五色，青、黄、赤、白、黑而已。递衍递嬗，迅至不可名状。则'红'之一色，不下百余种。其次为'青'，青衍而为绿与蓝三者，一系不下数十种也。'黄'者较少，著名者亦十余种。黄与绿之范围时有出人。'黑'者最少，仅数种耳。盖黑者为最难变化之色也，而白亦有数种。"

② ［清］许之衡著，叶喆民译注：《〈饮流斋说瓷〉译注》第四章《说色彩》，北京：紫禁城出版社，2005年版，第61页。其中载：

"今就最流行之色，而试以系统别之：

"红（附紫）：祭红、霁红、积红、醉红、鸡红、宝石红、朱红、大红、鲜红、抹红、珊瑚、胭脂水、胭脂红、粉红、美人祭、豇豆红、桃花浪、桃花片、海棠红、娃娃脸、美人脸、杨妃色、淡茄、云豆、钧紫、茄皮紫、葡萄紫、玫瑰紫、乳鼠皮、柿红、枣红、桔红、矾红、翻红、肉红、羊肝、猪肝、苹果绿、苹果青（二色皆红色所变，故不入绿类而入红类）。

"青（附蓝绿）：天青、东青、豆青、豆彩、梨青、蛋青、蟹甲青、虾青、毡包青、影青、青花夹紫、新橘、瓜皮绿、哥绿、果绿、孔雀绿、翠羽、子母绿、菠菜绿、鹦哥绿、秋葵绿、松花绿、葡萄水、西湖水、积蓝、洒蓝、宝石蓝、玻璃蓝、鱼子蓝、抹蓝、海鼠色、鳖裙、褐绿、粉色褐。

"黄：鹅黄、蛋黄、蜜蜡黄、鸡油黄、鱼子黄、牙色淡黄、金酱、芝麻酱、茶叶末、鼻烟、菜尾、鳝鱼皮、黄褐色、老僧衣。

"黑：黑彩、墨彩、乌金、古铜、墨褐、铁棕。

"白：月白、鱼肚白、牙白、填白。"

系和研究方法。由于种种原因，《饮流斋说瓷》之后，国内以中国传统色彩为理论依据的瓷色研究成果鲜有。当今国内外瓷色研究领域，仍以色彩学为理论依据和方法参照，如梅国建的《中国钧瓷釉色分类图典》[1] 按照红橙黄绿青蓝紫等色系，结合釉色、纹路和意境对钧瓷名称进行了系统分类。国外如日本杉山丰彦的《セラミックカラーデータベースの構築》(《陶瓷色彩数据库构建》)[2] 在 30 多万瓷片的实验数据基础上建立瓷色数据库，仍以色彩学为参照坐标。

根据《饮流斋说瓷》的瓷色分类以及对青瓷色彩的解读，本章认为：首先，中国古瓷色彩自成体系，五色可以囊括并系统排列缤纷瓷色；其次，五色之"青"是青瓷色彩产生、发展的理论依据，对青瓷色域、内涵及其与服色、建筑色彩"正青色"差异性的理解，是认识瓷器五色伦理体系运转以及青瓷色系弹性对照的前提；最后，五色观作为传统色彩的文化背景和理论体系，直至清代，仍然是中国最基本和最重要的色彩理论，成为华夏儿女色彩认知和应用的重要基础，辐射到社会生活的方方面面，瓷色也包括在其中。

"正色为尊"的伦理观念根深蒂固，青瓷对照五方之东的替代性满足，并不意味着植根于文化深层的"正色"之尚会消失，伦理观念在青色瓷器历史衍进中有着清晰而完整的呈现。随着制瓷技艺的进步，明清官窑成功创烧"正"青色瓷，从釉下青花蓝色彩绘到祭蓝、洒蓝等高温釉色，那迟到了数百年的，深沉、纯净的蓝色，终于实现了瓷器的正色风范，也使得五色之"青"在社会各方面的色用制度得以统一。宫廷色用制度及其产生的秩序感，作为一种传统观念，辐射到社会生活的每一个角落，这也是皇家社会治理的内容之一。如图 4－2 所示，建于明代的故宫，整体建筑遵循中国传统色彩配色体例，黄顶赤墙与明代帝王朝服之色的设置都遵循皇家用色规范，太和殿内明黄色的龙椅以及深赤色高耸的柱体，共同昭示着神圣不可僭越的皇家威仪。殿门上悬挂的牌匾，统一为蓝底黄字（如图 4－3 所示），外墙砖瓦的设色及纹饰图案，目之所及都是皇权等级的映射（如图 4－4、图 4－5 所示）。故

---

[1] 梅国建等编：《中国钧瓷釉色分类图典》，成都：四川美术出版社，2007 年版。

[2] 〔日〕杉山丰彦：《セラミックカラーデータベースの構築》，*Synthesiology*，2013，Vol. 6（2），pp. 84－92.

宫的色彩设计成为古代皇家配色的范式，深刻影响了明清皇家宫廷建筑风格。今"北京大学"的校门题字，依然采用蓝底金字、金色匾额的惯例，是对明清建筑诸多形制的传承与延续。

图4-2 故宫建筑

图4-3 故宫牌匾

图4-4 故宫太和殿外观

图4-5 故宫太和殿室内

不同于服色、建筑色彩对正间之色的直接表现，瓷色的呈现受限于烧制工艺。宋以前瓷质礼器的象征体系以"尚青"与"类玉"的程度为评判标准，这种无法客观度量的工艺追求，以及跨越瓷和玉表现的可能性，给予青瓷工艺巨大的上升空间。这种"尚青"的风向标也成为引导南宋龙泉青瓷发展的内在驱动。在传统造物领域，极致的追求所催生的精巧绝伦、叹为观止之"工"往往蕴含着难以度量的价值。"工"之极意味着人力、物力、财力的积淀，以及化"不可能"为"可能"的挑战，象牙雕刻、金银错器等莫不如此。龙泉窑粉青、梅子青瓷也是工艺之极致的产物，其薄胎厚釉（极端者胎厚 0.1 厘米，釉层厚 1 厘米），多次复烧、多次施釉后呈现出的翡翠般的色泽弥足珍贵。工艺难度高、物以稀为贵使得青瓷佳器成为身份等级的标识。从这个意义上看，青瓷的稀缺性虽不及青圭，但也达到了世间珍宝般的级别。

随着阶级的产生，社会出现贫富差距，器用色彩也被赋予了一定的伦理内涵，并且随文化传统、时代背景、使用群体而变。伦理属性是封建社会背景下器物之最深层和最本质的社会化特征。因日用而生的陶瓷器早在原始青瓷阶段就成为体现"物序人伦"的社会性器物。不晚于汉，青瓷就已成为一种具有身份象征意义的色彩符号，替代青玉成为祭礼之器。诚然，随着蓝色瓷器的出现，青瓷作为祭礼之器的身份也逐渐消失，其"比德"的文化属性使青瓷雅器回归为文人士子的审美对象。时至今日，青瓷伦理特征表现为消费场域里瓷器等级与销售价值的一致性，依照等级制式的生产转变为依受众和售价而设计与生产。古代青瓷的象征与审美的变化，体现了瓷色伦理特征的阶段性发展。从某种意义来说，青瓷的外在表征及其产生的文化效应是伦理机制的产物。瓷器伦理是青瓷艺术特征产生的观念之源，二者相互作用，构成了互动式的瓷色伦理运行框架。

五色①作为发端于先秦的中国本土色彩理论，对国人的意识形态和思维观念上产生了不可磨灭的影响。如今，中国传统五色鲜为人知，很多缺乏传统文化背景的国人只知"色彩"而不知有"五色"。色彩学②产生于18世纪的西方，20世纪以后发展了出席卷世界的色彩理论体系。

西方色彩学与中国"五色观"存在着客观差异，二者是不同文化背景、人文环境的产物。从起源来看，"五色"以自然界的植物染料为原型和色标，这种自然标本主要通过感观经验来判断，并以一种口口相传的形式传播，五色更多以"观念之色"的形式实现。"五色观"主要

---

① 通常指青、赤、黄、白、黑五正色，又称中国传统色彩。五色观指的是先秦发端的以五方、五行、五色互为参照的"五方色彩学"的色彩观念及其象征体系。先秦诸子对五色各有己见，《老子》："五色不乱，孰为文彩。"《庄子》："五色乱目，使目不明。"刘熙在《释名》中说："青色为主，生物生长之色；红色为赤，太阳之色；黄色为光，日光之色；白色为启，如同化水之色；黑为晦，如同昏暗之色。"木青东，火赤南，土黄中，金白西，水黑北。

② 色彩，指光从物体反射到人的眼睛所引起的一种视觉心理感受。色彩按字面含义可分为色和彩，所谓色，是指人对进入眼睛的光并传至大脑时所产生的感觉；彩则指多色的意思，是人对光变化的理解。色彩学研究从19世纪才开始，它以光学的发展为基础，牛顿的日光棱镜折射实验和开普勒奠定的近代实验光学为色彩学提供了科学依据，而心理学解决了视觉机制对光的反映问题。

以与五方、五行、五色相对照的伦理框架为运转机制，具有象征等级制度和身份的功能，有着浓厚的主观色彩。不晚于西周，已出现"正色"和"间色"的概念，以"正"与"间"为核心的伦理序列应用在品官服色上，用以区分地位和官阶，也成为区分家庭关系的指标。这一礼仪制度，其本质是儒家学派倡导的礼治思想，希望通过伦理来实施教化之治。如果说五色观更多是从主观性出发，那么色彩学从诞生之初就表现出客观属性，它建立在西方科学的基础上，重视光对于色彩变化的意义，强调科学严谨的表述和坐标式的参照，其庞大科学的色标体系可以最大限度地对应客观世界的丰富色彩。肖世孟的《先秦色彩研究》指出，色彩三原色是科学解释古今色彩现象的参照系，却不等同于先秦五正色。[①] 从色彩元素的物质层面来看，色彩颜料多为化学成分，除了三原色之外的其他色彩几乎都可以调和而成；而五正色由天然矿物质原料组成，主要通过植物染就，不能将五色的调和关系单纯理解为色彩的叠加。从色彩变化的指标来看，西方色彩学重视光与色的互动关系，注重外在色光变化；东方色彩象征重视内在色彩常态的稳定性。从色彩文化功能来看，西方也有色彩等级的观念，比如说英国文化中"蓝（群青）"色衣服象征穿着者的贵族血统。西方色彩学隶属于现代科学研究的范畴，注重色彩与情感的关联及相互作用，更多从心理学的角度发掘色彩文化的内涵，追求客观唯物主义的色彩观，并未像古代中国那样上升到宇宙观、治国体系的层面。可见，五色体系是一种具有东方文化属性和社会功能的观念体系，反映的是中国式的色彩观。从五色体系的象征意味及其在封建王朝的政治作用来看，它具有与西方世界不同的认识基础和应用形态，且发挥着伦理教化的作用。

　　总之，西方色彩观建立在科学视角下，结合物理学和心理学的方法，将感性的色彩体验转化为理性的数据分析和分析比照，以逻辑严谨、科学系统的色彩坐标体系来定位自然之色；而五色体系以极强的观念性和意象性为特征，与中国艺术含蓄、诗性的特点相吻合。传统色名的诗性特征意味深长，令人遐想，要对传统色彩和瓷色有全面理解需要一定的文化积淀，借助色彩联想来实现，而且部分中国瓷色名无法在西方色彩体系中找到对应的坐标。面对这个现实问题，我们真切意识到东

---

　　① 肖世孟：《先秦色彩研究》，北京：人民出版社，2013 年版。

西方在文化和观念上的鸿沟，很难跨越。

国内①、国外②学界充分认识到不同文化背景下"色彩"与"五色"在色彩观念和色彩象征上的差异性。20 世纪以来，色彩学③建立的三大国际标准色彩体系④，占据学界研究的话语权，成为现代设计领域色彩研究和色彩应用的主要参照。而"五色观"与生俱来的中国文化意向性、模糊性的特征，给予人们巨大的想象空间和弹性对应维度。五色观作用于宇宙体系及伦理秩序，与王朝更迭和社会治理密切相关；瓷器的器用等级主要通过"物序—色序—人伦"的对应关系来实现。从商周精细刻画的白陶饕餮纹到原始青瓷"以色青为上"，色逐渐成为瓷器优劣的主要评判指标。"青玉为标"在影响青瓷艺术风格的同时，也潜移默化地建构了一套以"色"序列人伦的等级框架。从本质上来看，"尚质""尚色"的追求促成了明清五正色瓷器的烧制。《饮流斋说瓷》中的青色瓷分类体现了五色之"青"的宽广色域和弹性空间。汉代许慎的《说文解字》⑤和清代徐灏的《说文解字注笺》⑥对青的解读明显受五色、五行相配的观念影响。青瓷秉承"青"的色域之度，蓝绿之青的微妙变化和类玉尚青的瓷色特点在现实之色与观念维度都能调适对应，体现了中国传统色彩文化的特征。上古承袭而来的器物色序，在宋汝窑、官窑以及哥窑青瓷上充分展现，植根于五色体系的"尚青"观念引导着瓷业色尚，至南宋龙泉烧制出日趋接近"青玉"标准的粉青、梅子青瓷色。明代青花瓷作为随葬品时需遵循等制，明清郎窑红为皇室专属，清代娇黄和霁蓝瓷属祭祀用瓷等，都反映了五色观对瓷色审美的

---

① 李广元、李黎：《中西色彩比较》，石家庄：河北美术出版社，2006 年版。此书认为文化背景、成长环境造成各自形成不同的民族特色的色彩形式和色彩观念。

② 〔韩〕구경모，Kyung Mo Koo，《中国五色的象征意义研究》〔《중국 오색（五色）의 문화적 상징의미 고찰》，조형미디어학，2010，Vol. 13（4），p. 3〕一文通过对五正色的象征意义的研究，肯定了西方和东方文化背景下，色彩象征意义的差异性；Palmer 等的《中美色彩象征解读》〔"Symbolic Effects on Color Preferences in China and the US"，*Journal of Vision*，2015，*Vol.* 15（12），p. 1312〕从社会、文化、生活等角度阐述了中美色彩象征的差异性。

③ 色彩学（color science）是研究色彩产生、接受及其应用规律的科学。色彩学是指建立在 20 世纪表色体系和定量的色彩调和理论上的一套色彩理论，是重要的基础科学之一。

④ 三大国际标准色彩体系指的是日本研究所的 PCCS（Practical Color Cordinate System）体系、美国的蒙塞尔（Munsell）颜色系统、德国的奥斯特瓦德（Ostwald）色立体的色相环。这三大色彩体系绘制了全面立体的色彩谱系，并建立了科学的色标体系。

⑤ 〔汉〕许慎《说文解字》："青，东方色也。木生火，从生丹，丹青之信言象然。"

⑥ 〔清〕徐灏《说文解字注笺》"青"字笺："丹砂，石青之类，凡产于石者皆谓之丹。"

影响。从本质上来看，五色观是中国色彩文化的来源，它在先秦以来2000多年的中华色彩演进中，作为基因在精神维度发挥着审美指向和观念引导的作用。

五色观是中国本源的色彩理论，它早于西方色彩学近1000年，然而，20世纪以来，随着西方色彩学引入中国，中国传统色彩观逐渐被冲淡，色彩学占据当代艺术设计领域的绝对话语权，而五色观则被挤出学术中心甚至呈半失语的边缘状态。五色理论在色彩研究领域的边缘化状态，也松动了包括中国在内的国际瓷色研究的理论基石。源自传统中华五色观的瓷器色彩分类和极具东方意蕴的伦理体系，似乎与国际色彩学的西方话语标准不相符。面对国内将西方色彩学理论研究引入中国瓷色研究的现状，我们不禁发问：古代中国瓷色研究的"去中国化"趋势，是否会导致学术研究脱离应有的根本？源于华夏古国的瓷文化，以1000年后的西方学说来进行解读，是否能够全面诠释中国瓷应有的文化深度和哲学内涵？以西方科学化的色彩理论来解读文化差异极大的他国文化，是否会导致语义的隔膜和偏差？

瓷文化统一于以"五方五色"为框架的中国宇宙观体系内，植根于中华文化的瓷器色彩观，深受中国传统色彩的影响。五色观作为统帅中国古代社会的色彩伦理依据，凝聚了中国传统文化的精髓。《周易·系辞》载："天尊地卑，乾坤定矣。卑高以陈，贵贱位矣。"等级序列、尊卑贵贱的层级观念，是上古时期社会治理和人际关系的坐标，以《周易》为开端，乾坤阴阳始作万物之序，社会的运转、时代的前进在生生不息的阴阳交替中并行，使得人们各得其位，和谐共处。虽然传衍数千年的思维体系有所发展，尤其是受科技发展的冲击，使得封建思想的痕迹逐渐消散，但是这种人和物、征兆与规律互动的思维模式始终在国人的意识维度持续地发生挥作用。从某种意义上看，传统伦理观具有高超的哲学智慧，其循环往复、道器合一、变化统一的思辨逻辑，与辩证唯物主义发展观有某些相通之处。

假若国人脱离中国传统色彩的理论根基，以色彩学作为瓷色研究的依据，会有舍本逐末之嫌。首先，从发生学的角度来看，青瓷产生的地理空间，与地球另一端西方色彩学并没有直接关系，目前尚无资料证明二者曾有交集，所以更谈不上产生影响。从时间来看，作为一种器物形态的青瓷的诞生时间，与作为一种西方理论的色彩学问世的节点，二者相差近千年，可谓风马牛不相及。不晚于汉，中国青瓷已经应用于社会生活，瓷色伦理已统一于伦理体系之中。本书研究的龙泉青瓷至南宋（1127—1279）已发展成熟，早于19世纪的西方色彩学研究600多年。总之，青瓷诞生与演进的关键节点，都不可能受到西方色彩学的影响。其次，青瓷之色与五色观一脉相传，都源自"中国传统文化"。青瓷初创时，窑工捕捉到稀薄青釉的美感。以"尚青""类玉"观念为标杆的瓷色审美，不可能不受到中国传统色彩观念的影响。客观而言，青瓷色彩的发生与发展，都植根于中华色彩文化的土壤，青瓷含蓄、悠远、纯净之美正是中国文化的典型特征。再次，东西方学界认同在不同文化背景下的色彩观念和色彩表现的差异性。东方瓷文化的特质吸引了西方学者关注的目光，但是文化壁垒和思维模式无法简单地通过数据来破解，而需要从共同的文化背景和意识形态等精神维度出发，才有可能真正领略其艺术魅力和动人神韵。五色观和色彩学在物质属性和文化根源上的差异难以跨越，二者的发生机制有着差异，因此二者不能混为一谈，需要区别对待、专门研究。

4.1.2　尚礼观念

"国之大事，在祀与戎。"[1]　自古以来，与政治、军事同等重要的祭祀是封建王朝核心的礼祭活动。正所谓"礼者，体也，履也。统之于心曰体，践而行之曰履"[2]。礼在确立之初就有稳定社会秩序的功能，礼制观念作为一种被文人阶层认同的观念，随着孔子倡导的儒家礼制观被封建统治者采纳，而奉为国策，礼治具有政治教化的功能。《礼记·曲礼》写道，"礼者，所以定亲疏，决嫌疑，别同异，明是非""安上治民，莫善于礼"。可见，礼保障封建政权和谐、有序运转的作用不可小觑，礼制之治通常为以润物细无声的形式教化天下。"乐者，天地之和也；礼者，天地之序也。和故百物皆化；序故群物皆别。"[3]

---

① 《十三经注疏·春秋左传正义》，北京：北京大学出版社，1999年版。
② 《礼记·礼器》，见秦川主编《四书五经》，北京：北京燕山出版社，2007年版，第1162页。
③ 《礼记·乐记》，见秦川主编《四书五经》，北京：北京燕山出版社，2007年版，第1197页。

　　"中国春秋之后，'礼'作为'治人之道'深入到世俗民间，汉代以后，衣冠之制、凡器百用都是遵循着政治伦理化而设计，着眼于专制制度一统为主旨的意识形态。"① 正所谓"藏礼于器"。随着五色伦理观被拓展到以礼为核心的儒家礼治体系，尚青、类玉、尚质、尚礼的追求，成为青瓷艺术特征的影响要素。

　　北宋的建立结束了五代之后兵连祸结、灾难深重的衰乱局面。开国皇帝宋太祖担心重蹈被武力夺权的覆辙，立国之初就大兴文治。为了重建大汉民族的文化传统，稳定和巩固统治秩序，赵宋君王都极为重视礼制建设，"尚礼"观念贯穿两宋。《宋史·礼志》详细记载了北宋帝王重建礼制的情况②，宋太祖在建国之初删定和修撰了《重集三礼图》③、《开宝通礼》等；高宗着力扫除故弊，修缮和完备礼乐制度；在徽宗以前就已经完成了五次礼制文献的修订。如果说文献完善了观念形态的礼制传统，那么古器、古物的图录则进一步还原了礼仪场景和制度细则。从宋太祖的《三礼图》到宋徽宗的《宣和博古图》，不仅系统阐述了历代礼制规范，还以图录的形式对三代为主体的古代器物进行了归类、摹绘、说明，形成金石学。两宋汇编而成的古器、古制的图片和文献资料，为记录和传承古代器物文化做出了体系化和可视化的贡献，成为后世了解、研习古代礼制礼器的珍贵史料。

　　"尚礼"意味着讲求等制与序列，"摹古"是一种对先辈古人的缅怀和对器物文化的传承，其本质也是一种社会伦理观的表现。从宋太祖到宋徽宗，赵宋君王几度重修礼法制度并推广礼制观念，对鼎彝古器格外珍爱。北宋帝王从官府、民间等多种渠道收购的青铜器具数以万计，掀起了前所未有的古器赏玩热潮。在礼制复兴和古物盛行的背景下，仿上古青铜器的风尚兴起。从实物遗存来看，很多北宋青铜仿古器的造型、纹饰直接参照了《三礼图》《宣和博古图》的礼器图式，气度神韵都颇为相似。在宋瓷兴盛的背景下，各大窑口产生了大量的仿青铜彝、奁、尊、鼎等造型的青瓷礼器。赵宋王朝是青瓷艺术的极盛时期，两宋

---

　　① 李立新：《中国设计艺术史论》，天津：天津人民出版社，2004年版，第268页。

　　② ［元］脱脱：《宋史》卷九十八，北京：中华书局，1997年版，第2421页。

　　③ 《宋史》志第五十一《礼一》开篇云："五代之衰乱甚矣，其礼文仪注往往多草创，不能备一代之典。宋太祖兴兵间，受周禅，收揽权纲，一以法度，振起故弊，即为之明年，因太常博士聂崇义上《重集三礼图》，诏太子詹事尹拙集儒学之士详定之。"

帝王厚爱青瓷，并设置官窑。南宋在修内司和郊坛下设立两处官窑，以满足宫廷和官僚的需求，充分说明了皇家对礼制器物的重视。从大量出土的器物来看，南宋官窑的青瓷礼器，既有模仿鼎彝重器的造型，也不乏适应瓷器制作工艺的附耳瓷瓶等陈设用器和日用器具。南宋龙泉窑制品与南宋官窑器型、风格、体量都极为接近，反映了瓷业制作"民仿官"的趋势。

礼祭之器成为礼制文化传播的物质载体。自古礼器为众器之首，《礼记·王制》记载：

> 大夫祭器不假。祭器未成，不造燕器。[①]

可见礼器的设计制作优先于生活用器的思相根深蒂固，对宗庙神灵的供养远远比满足饮食盛煮的日用需求重要。按照礼制传统，祭器专供祭祀，不能做他用，更不能借予他人，这或许是为了避免削弱了祭神的诚敬之心，影响祭祀效果。封建社会典章制度对礼器的用度有明确规范，器物形制、颜色、数量等需与身份等级相称。皇家到民间的礼祀器用法度详尽有序，"礼仪三百，威仪三千"[②]，"礼"在器用方面有着崇高性、专属性、垄断性。可以说，礼祭之器是实现封建王朝礼法秩序的重要组成部分，发挥着维护等级秩序的功能。因王朝更迭和统治者文化、种族、审美的差异，新朝常推行新的礼仪制度，开启新风，因而各朝礼器种类和形制不尽相同，但都表现为在周朝古制的基础上有所发展。

南宋建立在北宋废墟之上。在令国人蒙辱的"靖康之难"中，金军俘虏徽、钦两位皇帝的同时，北宋皇室数十年收藏的各种奇珍异宝，如古籍、书画、铜玉瓷器及各种法物被洗劫一空。在"袭京师旧制"的导向下，南宋的政治建设与文化传统，以及一切宫廷礼仪、法典、审美风尚都延续了北宋惯例。作为汉族统治者领导的封建政权，南宋延续北宋"尚古"政策，继续倡导儒家的理学思想。在建国之初银钱短缺的

---

① 《礼记·王制》，见秦川主编《四书五经》，北京：北京燕山出版社，2007 年版，第1050 页。

② 《礼记·中庸》，见秦川主编《四书五经》，北京：北京燕山出版社，2007 年版，第1126 页。

情况下，皇家无力制作金、玉、铜等贵重礼器，又亟须大量瓷质礼器满足宫廷使用，南宋官窑应运而生。当时北方汝、官、定等名窑遭受战火破坏，大量匠师南下谋生的同时，经典礼器造型、制作工艺、釉料配方等技艺也传入南方；传世的汝窑、北宋官窑之器既有鼎彝之风，又有轻盈、澄澈之韵，潜移默化地影响了南宋官窑的礼器形制。皇家"以瓷入礼"的礼祭风尚，带动了江南瓷器的消费市场。而南宋官窑礼器的审美风格和造型方式，对毗邻的龙泉窑产生了巨大的影响。诚如我们所见，二者在釉色、造型、风格上都高度重合。

在南宋新政重建礼制的背景下，瓷质礼器之需愈发迫切，烧制鼎彝造型本就存在较大的工艺难度，而南宋宫廷需求数量巨大，南宋官窑难以满足官家全部的需求。龙泉窑因地理位置临近官窑，工艺材料与南宋官窑瓷器接近，便承接了"贡瓷"烧制任务。在模仿南宋官窑器的同时，龙泉窑技艺水平迅速提升，独创的梅子青并未见于宋代其他窑口，展现出了与南宋官窑不同的清新雅韵，堪称一绝，后世仿烧难以望其项背。龙泉窑作为一个体量庞大的青瓷窑系，沿瓯江延绵而下有大窑、金村等主要烧制区域，零星窑口更是不计其数。南宋盛时，龙泉几乎家家务瓷，窑火不绝。龙泉窑不仅烧造皇家用器，而且满足更大范围的民间礼祭、日用之需，一时蔚然风行。夜以继日的窑火烧成如玉美瓷的同时，也铸就了龙泉窑日益精进的技艺，从器型到釉色都愈发成熟。龙泉窑的古器鼎彝之韵，吸收了北宋官窑、南宋官窑的精华，融入了江南瓷业的造物特征。"质优色佳""重礼""古雅"的龙泉青瓷作为中国南方青瓷的支脉，延续了原始瓷阶段已经孕育其中的伦理观念，"物序人伦"的特征得到了清晰的展现。

中华民族的祭祀传统由来已久，在"重礼"的两宋社会，皇家贵族、王侯将相参加国家祭祀，文人士大夫、高门贵胄构成的群体，也有家庭祭祀和个人供奉的风俗。在富庶的江浙地区的官员、商贾、文士阶层建立祠堂，以宗族为单位祭祀祖先的习俗在北宋中期以后流行，到南宋时朱熹作《家礼》，始立祠堂之制，从此祠堂被称为"家庙"，确定了宗族祭祀的规范。这直接影响了中国以宗族为体系的社会组成结构的形成，祠堂成为族亲商议要事，族人婚、丧、寿、喜活动的举办场所。而个人的祭祀活动，在宋代也十分普遍。以文人为代表的精英阶层自古讲究礼数，通过祭拜先祖神明，寻求庇护和心理慰藉。个人供奉形式多样，如

《女孝经图》中的纺织场景中，侍女在一侧，手捧香炉祭祀蚕神。北宋名臣赵抃每晚焚香向神明默诉白天言行，以示敬畏和自省。

青铜礼器和仿古瓷礼器成为宋代民间祭祀的重要用具。位于江南制瓷重地的龙泉窑不仅设计生产了用于随葬的魂瓶，还生产了大量民间日常祭供之器。民间祭祀的等制和规模与皇家祭祀有所区别，往往根据家族情况有所缩减。其与宫廷礼祭形成了等级化的层级序列。宋代戴复古《岁旦族党会拜》："衣冠拜元日，樽俎对芳辰。上下二百位，尊卑五世人。"记载了当时家族祭祀的盛况，这种以家族为核心、以血缘为纽带产生的组织，符合中国封建社会的特点，也是古代社会中长期存在的一种有效组织形式。宗族观念是古代社会具有凝聚力的关键所在，文人士子莫不以家族繁荣为己任，刻苦耕读、投身仕途、报效国家不仅是为了实现个人价值，也为了光宗耀祖。

无论是家族祭祀还是个人供奉，都需要以器奉之。宋元时期祠堂供养形成了一炉二瓶的"三供"或一炉二瓶二烛台的"五供"形制，花瓶有琮式瓶或其他样式，民间有时会将烛台替换为果盘（如图4-6所示）。瓷器成为宋代以来祭祀、供养时最主要的供具，这种瓷器供奉形制沿传后世，至明清发展为八宝法器的形制（如图4-7所示）。就供器之数而言，多为三、五奇数，体现了一以贯之的祭祀礼制。

图4-6　宋代民间祭祀五供场景示意

图4-7　清代铜胎画珐琅花卉纹五供

　　伦理观念随着时空的衍进而变化，但也具有持久、稳定的特征。宋代理学兴盛的背景下，文人讲求破除旧习，宋大儒朱熹、欧阳修力图从学理上解除"五运说"在政治领域的影响，但是始终不曾偏离先秦以降"五行"学说的伦理观念，以及祭礼文化体系里以"中"为"正"的根本方向。进而言之，理学之兴不会动摇礼仪之邦的文化主线，礼器文化仍然遵循古代中国的传统内核。从历史维度来看，秦汉以来的青瓷礼器形制日趋接近以古为尚的需求，伦理观念、等级用制代际相传。龙泉窑不仅秉承了"尚古""尚礼"的仿古观念时，也传承了古之传统和伦理观念。宋瓷礼器仿青铜、玉质礼器造型的古风古韵，展现了"以礼入瓷"的时代审美。北宋的官窑制度是仿古瓷器诞生的重要推手，这种以皇家意志为准绳的管理规范世代相传。从尚礼观念与瓷色呈现的关系来看，宗庙佛事追求清心、静养的空无之境，君子内心之礼讲求文质彬彬、温文尔雅，清雅、冷静的青瓷更加适合。北宋的汝窑、官窑以及南宋官窑、龙泉窑，把青玉的高雅格调视为青瓷制品的审美标准，是两宋"尚礼"观念在瓷文化和礼仪文化中的重要表现。

　　伦理观念在族群性的社会文化中逐渐形成，这种文化属性主要取决于占统治地位或处于主流阶层的群体的意志，他们直接引导和控制着社会意识形态、伦理结构的序列。从奴隶社会发展到封建社会，器物被赋予的观念意味已经远超其使用功能，青瓷的优越性从器物适用性层面，转移到器物对应和象征的官阶身份、社会等级层面。这种"以物序人"的思维模式，在统治阶级伦理化的行为模式下，辐射、扩散到社会各个阶层，使得器物成为"物序人伦"的社会规制中不可缺失的重要内容。

　　总之，伦理观念并不独立于器物、制度，相反，它无时无处不体现或附着于器物、制度及其实践应用之中。这种伦理特征，成为中国与西方艺术差异性的根本原因之一。"所谓中国美术批评的伦理道德色彩，天人合一倾向，西方美术批评的重模仿、重理念，从开端期就露出端倪。"[①]整体看来，伦理道德色彩作用于美术、设计、工艺美术、陶瓷艺术等方方面面。在南宋龙泉青瓷艺术特征的形成过程中，伦理观念如影随形，体现在青瓷器物的艺术风格、设计制作、使用制度等诸多方面。

---

　　① 李一：《中国古代美术批评史纲》，哈尔滨：黑龙江美术出版社，2000年版，第417－418页。

4.1.3　伦理制度

4.1.3.1　南宋龙泉窑的身份界定

官窑，是皇室设置的专门烧制宫廷用瓷的窑厂。官办瓷窑的历史或许可以上溯到五代钱氏的充满神秘色彩的秘色瓷窑。唐代已有兼为宫廷烧制器物的瓷窑，宋代官窑的历史则有更多的文献记述。学界普遍认为北宋"官窑"窑址无迹可寻，南宋都城临安的两处官窑（修内司和郊坛下）因现存遗址和传世器物，加上文献的佐证，更为可信。

南宋龙泉青器古雅灵逸，其釉色、形制、装饰、工艺等可与北宋官窑和南宋官窑器比肩，而关于龙泉窑的身份，学界主要有官窑论[①]和民窑论两种观点，多数学者认为龙泉窑属于民窑。官窑论者主要有以下例证论据。宋人庄绰在《鸡肋编》中认为"钱氏所贡，盖取于此（龙泉窑）"。关于这一推测，笔者认为主要由于龙泉青器与越器外观的相似度，很多学者认为秘色瓷为越器中呈色上佳者。龙泉窑与越窑同属于浙江青瓷系，龙泉青瓷在越器基础上发展而来，北宋龙泉青器的造型、色彩、装饰风格，都与越器无异，以至于专业人士都难以仅从外观分辨二者，而需要借助科技手段进一步甄别。成书于绍兴三年（1133 年）的《鸡肋编》中，卷上"龙泉佳树与秘色瓷"条记载：

> 处州龙泉县多佳树，地名豫章，以木而著也。山中尤多古枫木……又出青瓷器，谓之"秘色"，钱氏所贡，盖取于此。宣和中，禁庭制样须索，益加工巧。[②]

作于开禧二年（1206 年）的《石麓漫钞》记载：

> 青瓷器，皆云出自李王，号秘色；又曰出钱王。今处之龙溪出

---

① 张福康《中国古陶瓷的科学》（上海：上海人民美术出版社，2000 年版，第 49 页）认为："宋室南渡后……龙泉窑……不仅满足了宫廷和广大国内市场的需要，而且还大量生产出口瓷，行销世界各地。"

② ［宋］庄绰：《鸡肋编》卷上"龙泉佳树与秘色瓷"条，北京：中华书局，1983 年版，第 5 页。

青色粉青，越乃艾色。①

　　从上述文字我们可以推论，龙泉窑曾承担贡瓷烧造的任务。"宣和中"为北宋末年，"制样须索"是民窑对照官方要求烧制官器的一种方式，"样"就是皇家所需的"官样"，标注着官窑瓷器的器型、尺度、釉色、纹饰等细则。如果《鸡肋编》中"禁庭制样须索，益加工巧"的记录属实，那么可以推断，北宋龙泉窑已经为宫廷烧制贡器，其工艺和制作水平可见一斑。南宋手工业发达私营经济兴盛，承接烧制贡器的任务不仅可以获得巨大的经济回报，也会对龙泉窑制器风格、工艺水平有提升作用。一方面"制样须索"的贡瓷烧制形式，会潜移默化地影响艺术风格的走向，"官样"会成为制器装饰的直接参照。另一方面，在民窑生产过程中，龙泉窑工匠会极力模仿和接近官样。长此以往，龙泉窑器物会不自觉地融合朝廷器用的风格，出于市场需求和经济效益，会有意地保持官家的样式和风格。北宋都城设在东京（今河南开封），而龙泉窑位于千里之外的浙江龙泉，北宋朝廷不惜跨越南北空间，遣人负责设计、制作、运送青瓷，说明了龙泉青瓷对宫廷生活的不可替代性。南宋建都临安（今浙江杭州），龙泉窑与临安相距仅几百里，当南宋官窑供给满足不了帝王贵胄的器用需求时，龙泉窑就近烧制的可能性和可操作性较大。

　　南宋绍兴元年（1131年）到绍兴十九年（1149年）及其后较长一段时间，官府曾令地方州府烧制宫廷瓷器。②烧制龙泉窑青瓷最为精良的大窑村后，还有土名为"官厂"之地；民间相传南宋时期朝廷曾派"京官"驻扎在此地监制宫廷用瓷的烧造。从工艺革新的周期来看，龙泉窑经历了200年左右的徘徊、停滞期才发展起来，对于民窑作坊而言，实属不易。南宋中后期，随着龙泉窑工艺水平的提高，其独特的艺术风格备受关注，南宋官窑与南宋龙泉窑分别成为南方青瓷界官窑、民窑的翘楚，龙泉青器在商品经济繁盛的都城极其畅销，深受江南消费群体的认可。

　　虽然这些文献记载或有人云亦云的成分，无从考证，但是无论是

---

①　[宋]赵彦卫：《石鼋漫钞》卷十，北京：中华书局，1998年版，第171页。
②　吴越滨、何鸿：《浙江青瓷史》，北京：中国文史出版社，2008年版，第3页。

"秘色"出自龙泉窑的推测，还是龙泉窑烧制北宋宫中器用的记载，都说明了龙泉青瓷的卓然风姿已可与官器媲美，颇得帝王青睐。在非官方的流通体系中，质优色佳、古雅精巧的南宋龙泉粉青、梅子青瓷等瓷器必然售价不菲，势必纳入官僚权贵的收藏之中。综合文献和实物资料等多方面因素来看，本书认为龙泉窑虽不是专烧贡瓷的官窑，但是因制瓷技艺精湛而阶段性地承接贡器烧制任务，以"制样须索"的形式运行。民窑身份的龙泉窑，烧制贡器期间仍由朝廷按照官窑制度管理，宋朝宫廷曾派遣官员在龙泉监烧贡器①。部分学者根据《乾隆龙泉县志》的记载推测，明代顾仕成是朝廷派遣烧制龙泉青瓷的督陶官，驻扎在窑底西南端部的枫树坪。这种以民窑为本、兼烧贡器的运行机制在明代继续发展，龙泉大窑枫洞岩窑址发掘了多处明代官器的生产基地。明代龙泉窑隶属于处州府，像景德镇窑一样，承烧贡瓷。《大明会典》卷一百九十四《工部十四》"窑冶·陶器"条记载：

> 洪武二十六年定，凡烧造供用器皿等物，须要定夺样制，计算人工物料。如果数多，起取人匠赴京，置窑兴工。或数少，行移饶、处等府烧造。②

成化帝于天顺八年（1464 年）正月二十二发布的《即位诏》下令：

> 江西饶州府、浙江处州府，见差内官在彼烧造磁器，诏书到日，除已烧造完者照数起解，未完者悉皆停止。差去官员即便回京，违者罪之。③

不同的界定标准下，对官窑的认定不尽相同。多数学者认为，"中

---

① 吴越滨、何鸿：《浙江青瓷史》，北京：中国文史出版社，2008 年版，第 122 页。

② ［明］李东阳：《大明会典》卷一百九十四，转引自高宇等《瓷里看中国：一部地缘文化史》，南京：江苏人民出版社，2018 年版，第 330 页。

③ ［明］佚名：《明宪宗实录卷一》，见熊寥等《中国陶瓷古籍集成》，上海：上海文化出版社，2006 年版，第 17 页。

国宫廷用瓷经历了三种模式，时间上有先后也有重合"①。这三种模式依次为"贡窑""制样须索""官窑"。官窑严格按照宫廷设计进行生产，在工艺上精益求精、不惜工本，产品属于非商品性质，严禁民间使用。有些瓷窑虽是官办，但不是直接由皇室控制，建窑的目的是销售产品，从中获利，可能由于某些创造，被宫廷看中，而令其烧制贡瓷的。这种官办的窑场不能称为"官窑"。②龙泉窑阶段性地为宫廷烧制瓷器，并非宫廷专属、专烧贡瓷的官办瓷窑，不是严格意义上的官窑。

根据现有文献资料，南宋宫廷用瓷主要靠官窑提供。客观来看，南宋龙泉青器的釉面色彩、造型特征及其艺术品格，都不在南宋官窑之下，甚至在某些方面有所超越。古代社会"陶成先得贡吾君"，但为何龙泉青瓷没有获得"官窑"头衔？笔者推测原因有三。

第一，文献记载，南宋有郊坛下和修内司两处官窑，以及"南宋官窑"专供朝廷贡瓷烧制。如果南宋政府已在临安附近设立两处窑址，那么不太可能在交通不便、离皇宫较远的龙泉再设官窑，如此既不便于皇家了解烧制进展，又不便于官府管理，且运输成本极大。

第二，龙泉窑的粉青、梅子青瓷成熟于南宋中晚期，接近南宋后期。当时饱受北方少数民族军事威胁的南宋政权，无力也无心去发掘和扶持新的官窑。根据实际需求，命龙泉窑阶段性烧制贡瓷的方式，在管理成本上更有优势。

第三，不晚于北宋龙泉青瓷已广泛外销，南宋精品多用于外销，难见于国内市场。明代陆容《菽园杂记》中记载：

> 青瓷初出于刘田，去县六十里。……凡绿豆色莹净无瑕者为上，生菜色者次之。然上等价高，皆转货他处，县官未尝见也。③

按照"上等价高，皆转货他处，县官未尝见也"的说法推断，很

---

① 沈岳明：《枫洞岩窑址发掘的主要收获和初步认识》，见《龙泉大窑枫洞岩窑址出土瓷器》，北京：文物出版社，2009年版，第9-10页。

② 李辉柄：《略谈我国青瓷的出现及其发展》，《文物》，1981年第10期，第51-52页。

③ ［明］陆容：《菽园杂记》卷十四，北京：中华书局，1985年版，第176-177页。《四库全书》总目提要关于陆容的记载："容，字文量，号式斋，太仓州人，成化丙戌进士，官至浙江右参政，迹具《明史》文苑传。"《菽园杂记》所记明代典制、故实，多为《明史》所未详。

多质优色佳的南宋龙泉青瓷以高价出口海外，创造了大额外汇。这或许可以从一个方面解释为何龙泉青瓷没有成为皇家专供。

从南宋手工业生产水平高度发达、个体经济稳健发展的情况看，民窑身份反而成为龙泉窑迅猛发展的重要因素。宋代的民营手工业普遍采用雇佣工匠制，南宋民窑以手工作坊形式运营，窑工受雇于私营作坊主，人员具有一定的流动性。现存有关瓷业管理的文献记载本就非常少，从零星材料中可以窥见某些宋代民营制瓷业的片段。宋代洪迈的《夷坚志》记载："邹氏世为远人，至于师孟，徙居徐州萧县之白土镇，为白器窑户总首。凡三十余窑，陶匠数百。"[1] 说明不晚于宋，中原萧县[2]地区已经有数百陶工规模的窑场，制瓷业成为独立的手工业生产机构。邹氏远迁至此，继续陶冶之事可以与时代背景相联系，北宋战乱，瓷窑被毁，北方人口大量迁徙，南下谋生的群体中包括部分瓷业匠人。事实上，浙江民窑吸纳了数量众多的受战乱影响的瓷业工匠，其技艺经验也随之渗入南方瓷区，这一南北大迁徙也推进了南北青瓷艺术风格和工艺技术的融合。从南宋龙泉窑瓷业发展的背景来看，一方面，浙江自古富庶，人口密集，工匠所获雇值更高，北方工匠乐于在南方瓷窑谋职，潜心窑业。另一方面，北宋晚期越窑衰落，部分越窑工匠迁往龙泉地区立窑烧瓷，南北两大力量汇集龙泉。

不同于明清帝王对于"民仿官"的严令禁止以及株连式的惩戒，宋代官府对民间瓷业制作的管理较为自由，宋代"官样"对民窑瓷器影响深远。在民窑追求经济利益的前提下，龙泉窑大量仿烧南宋官窑制品，满足龙泉以及临安周边商贾市井的礼祭、陈列、日用之需。宋真宗时期有在器底刻皇帝"景德"[3] 年款的官制，坊间也出现了刻作坊名的仿制底款。宋代印刻有专用底款的民窑主要有两种：一种是在北方河北磁县发现的烧瓷枕的专业作坊。据调查，磁县东艾口专烧瓷枕、陶枕的枕头下部印着图章款的作坊标志，即商标，诸如"张家造""李家造""刘家造"等。另一种是景德镇窑发现的11家专烧小盖盒的作坊，都

① ［宋］洪迈撰，何卓点校：《夷坚志》，北京：中华书局，1981年版，第1329页。
② 萧县，地处安徽省最北部，东临徐州，南接淮北。
③ 乾隆四十八年（1783年）《浮梁县志》记载，宋真宗遣官制瓷贡于京，即应宫府之需，命陶工书建年"景德"于器底。

212

印"×家合子记"等字，但姓氏有别。① 这些资料反映了宋代瓷业的专业化程度和作坊分工的精细化，专烧型瓷业作坊的出现，是两宋民窑经济发展的基石；而民窑款识制度说明了民窑、官窑互相影响的关系，这种模印底款的形制可以视作清代手书底款的前身。

　　总之，从龙泉窑与官窑器物的高度相似来看，官窑与民窑二者之间不是一种相互防范、对峙的关系，更多的是一种借鉴和共融的互动关系。

4.1.3.2　瓷器伦理制度

　　瓷器万千表象之下隐藏着中华伦理制度和封建等级观念，南宋龙泉青瓷在文化根源上深受伦理观念的影响，在色、形、制、义等方面都有所体现。最早出现的瓷器伦理制度是出于皇家瓷器的垄断性"保护"，即五代的青瓷"色禁"。按照文献记载，五代钱氏供奉君王的"秘色瓷""臣庶不可用"。明代胡震亨《唐音癸签·诂笺四》："越窑为诸窑之冠。至钱王时愈精，臣庶不得通用，谓之秘色，即所谓柴窑者是。"② 综合《十国春秋》③、《吴越备史》④、《宋史》⑤、《志雅堂杂钞》⑥、《宋会要辑稿·食货》⑦ 的记录来看，仅钱俶所贡的瓷器就达

---

　　① 冯先铭：《冯先铭谈宋元陶瓷》，北京：紫禁城出版社，2009 年版，第 243 页。

　　② ［明］胡震亨：《唐音癸签》卷十九《诂笺四》，四库全书本，第 16 页。

　　③ 《十国春秋》卷七十八："宝大元年……秋九月，王遣使钱询贡唐物……秘色瓷器。"
《十国春秋》卷七十九："清泰二年……九月，王贡唐……金棱秘色瓷器二百事。"
《十国春秋》卷八十："天福七年……十一月，王遣使贡晋……，又贡……秘色瓷器。"
《十国春秋》卷八十二："开宝二年秋八月……是时，王贡秘色窑器于宋。"
《十国春秋》卷八十二："（太平兴国）八年……秋八月，王遣世子惟浚贡宋帝……金银陶器五百事。"

　　④ 《吴越备史》卷四："王自国初供奉之数，无复文案，今不得而书，惟太祖、太宗两朝入贡，记之颇备，谓之《贡奉录》。今取其大者，如一十四万余事……金银饰陶器。"

　　⑤ ［元］脱脱：《宋史》卷四百八十《世家三》，北京：中华书局，1997 年版。"三年三月……俶至，对于崇德殿，赐袭衣、玉带、金银器、玉鞍勒马、锦彩万匹、钱千万；宾佐崔仁冀等赐金银带、器币、鞍马有差。即日宴俶长春殿，令刘鋹、李煜预坐。俶贡白金五万两、钱万万，绢十万匹、绫二万匹、绵十万，屯茶十万斤、建茶万斤、干姜万斤，越器五万事，锦缘席千，金银画舫三、银饰龙舟四，金饰乌椭木御食案、御床各一，金槽叠盏罍各一、金饰玳瑁器三十事、金扣藤盘二、金扣雕象俎二……"

　　⑥ ［宋］周密《志雅堂杂钞》："大宋兴国七年岁任壬午六月望日，殿前承旨监越州瓷窑务，赵仁济。"

　　⑦ 《宋会要辑稿·食货》："熙宁元年十二月，尚书户部上诸道贡物……越州……秘色瓷器五十事。"

十四万件之多，其中不乏大量的金银扣越器，奢华至极。

瓷器伦理制度，指的是某一社会群体根据自己的伦理观念而制定的一整套有关瓷器等级区分、设计制作、社会应用等活动的规则和法度。以南宋龙泉为代表的青瓷伦理制度呈现如下特点。

第一，瓷器制度受所在社会群体伦理观念的制约，会随着主流社会伦理观念的变化而变化，但瓷器伦理制度的变化相对于伦理观念而言具有明显的滞后性。官窑制度作为瓷器伦理制度的集中表现，往往沿袭前朝旧制，并根据本朝瓷业发展而制定新政。官窑制度针对的内容通常比较具体，主要关乎"色"与"饰"等可能直接冲击官家威仪的元素。如历代屡见不鲜的瓷器"色禁"现象，主要针对的是瓷器色彩工艺条件成熟后出现的跨越色彩伦理界限的瓷色使用。针对瓷色越界的行为，官方明令禁止，并对程度恶劣者实施极刑或株连的惩戒方式，坚决杜绝僭越瓷色现象的发生和扩展。

第二，青瓷伦理制度会规范社会活动中涉及色彩制作、区分、应用等的所有环节，同时又体现在诸如青瓷生产与制作、青瓷产品的交流与应用、青瓷分配与销售等活动中。换言之，关于社会各阶层生产、使用青瓷的制度受到伦理观念的制约，同时在销售等流通领域也表现出"瓷分等级"的观念。

第三，青瓷伦理制度从制定到应用具有弥散性和消减性，也就是说，随着色彩制度从中心到边缘的推移，其内容的规范性与约束性在应用中会逐渐递减。与南宋龙泉窑同期存在的浙江杭州的南宋官窑，其严格的等级制度，使得其色彩和造型的丰富性有所局限。但是作为民窑的南宋龙泉窑可以更为自由地呼应市场需求，提供了多样化的青瓷色彩，获得了不同社会群体的喜爱。

伦理制度保障了优质青瓷的专享性和独特性，从而彰显了其使用群体的优越感和身份地位。文献中对钱氏进贡越器和秘色瓷的详细记载，充分说明了二器之精美，也反映了伦理观念的影响，当时仅有帝王之尊才能拥有这种神秘瓷色。至北宋时期汝窑、官窑成为皇室专设的瓷窑，专门烧制皇家贡瓷，制品不流入市场。官窑和贡瓷的出现是伦理观念的结果，而皇家规范瓷窑产品烧制细则的官窑制度，成为瓷业需要共同遵守的瓷器伦理。如果说对瓷之纹饰、造型、色彩的严格规范相当于一种行业法令，那么这种被禁止的内容反而反映了皇家的需求，约束反而导致民间制瓷业试图尝试，反而成为民间瓷业发展的方向和风格引导。禁令难禁、因禁而盛的情况更多发生在制瓷技艺日趋成熟的明清时期。但这种瓷器伦理制度的社会效应，是五代、两宋延续而来的思想观念的持续性影响。从瓷业发展而言，正是这种集权性、控制性的造物文化才成就了古代瓷器难以企及的艺术高度和工艺之美。

官方青瓷评价标准，总会影响到更为广大的民间群体的审美，宫廷的审美趣味一经形成，会成为一种导向蔓延开来，民间的青瓷风格会表现出对官窑风格无限接近的趋从、效仿的特征。皇族以外的群体，尤其是达官贵人，嗜爱与帝王相似之物，一方面，因为皇家御器制作精良、奢华富贵，确实符合"贵器"的审美标准；另一方面，学而优则仕的封建社会选官制度决定了官宦、贵族、文士，都有着相似的经历和文化背景，在文化层面比较容易达成共识。另外，从伦理观念的层面，皇家器物所代表的身份符号是不容忽视的关键因素。帝王有赏赐瓷器的传统，在封建社会君君臣臣、父父子子的关系里，君王赏赐给爱卿之物的意义早已超越其价值本身，将具有皇家血统的器物置于家中，日日相见，时时把玩，这对于忠君的臣子来说无疑是莫大的认可和至高的尊荣。而没有机会获此殊荣者，如果经济和其他条件允许，自然会通过各种渠道获得与皇家御器相似的产品。在这种非分之念的作用下，产生了坊间屡禁不止、愈禁愈兴的瓷器僭越使用的现象。

从以皇权为代表的国家意志层面来看，色、纹、质的差异化设计本就是为了器用之物的区分和序列，《礼记·坊记》记载：

> 君子之道，辟则坊与？坊民之所不足者，大为之坊，民犹逾之，故君子礼以坊德，刑以坊淫，命以坊欲。
>
> 礼者，因人之情而为之节文，以为民坊者也。
>
> 夫礼者，所以章疑别微，以为民坊者也。故贵贱有等，衣服有别，朝廷有位，则民有所让。①

诚如《礼记》所言，这种礼仪外化之"别"意在辨别隐微、彰明

---

① 《礼记·坊记》，见秦川主编《四书五经》，北京：北京燕山出版社，2007年版，第1280页。

贵贱，从而防范百姓越轨，由此失"和"。在朝廷或者民间，依据服色、饰纹、质地的不同，产生了一个隐形的由官阶等级交织而成的序列。在民间，人们也能依据房舍、车舆、器用的外在特征，获悉其内在品阶，明确其贵贱高低。一旦这种秩序关系被打破，垄断性、具有象征意义的伦理化物品沦为大众消费品，则该物品在物体系等级序列中的专属象征意味也会随之消失。

制瓷技艺的精进为"民仿官"提供了土壤，与品官服色发展史上相似的"瓷色僭越"现象层出。此类僭越行为历来为士人所不允，孔子云："八佾舞于庭，是可忍也，孰不可忍也？"在坊间对官窑风格的追求和模仿的过程中，对专属性、垄断性瓷色的滥用，挑战了统治阶级的正统地位，混淆了封建社会的伦理秩序。瓷器的法度规范主要通过官窑强制性管理，宫廷颁布瓷器"色禁"制度规范官民边界。"臣庶不可用"的五代秘色青瓷堪称严格意义上的皇家独享，瓷色伦理框架森严。明代之前，官窑由皇家垄断管理、专窑专人专烧的官窑制度保障了皇家用瓷从胎釉配方到造型装饰的保密性，次色、次品全都就地砸碎掩埋，做到了官器不外流。从心理的角度来看，这种力图通过器物的象征意味来超越自身等级的想法，是人类心理的共性特征，其本质是一种由物及人的身份认同的路径，拥有与皇家同样的器物的事实或许会让人在某些瞬间滋生与皇权等级趋同的幻觉。从本质来说，这种通过"物象"来实现身份认同的行为，在历朝历代都屡见不鲜。例如唐代从宫廷流传到民间的"花钿"妆，盛行了数百年。从今天的眼光看来，这一妆容似乎不仅关于审美，更多是唐时女子满足某种心理需求和身份认同需求的方式。

唐宋商品经济体制下，官窑、民窑窑工身份界限的模糊加剧了民间仿烧宫廷用器的程度，僭越事件屡屡出现。宋代实施"以赋代役"的手工业政策，解除了先秦以降"百工"不改户籍、集体住宿的限制，由此带来的窑工自由流动导致了官窑瓷业资源的外流。随着明代中期"官搭民烧"的窑业政策，官窑很难做到专窑专烧，宫廷用器之形制、色彩、纹饰的神秘面纱逐渐被揭开。面对坊间御器仿制日渐风靡的尴尬境况，宋代之前由于瓷业水平的限制，官家更多采取防范政策，明清之后的官制则采取更多的惩戒手段，官窑制度对"违令者"和"维令不妥者"的惩戒可谓无所不用其极，但结果往往是"屡犯屡禁""屡禁屡犯"。《明英宗实录》记载了瓷器"色禁"法令："禁江西饶州府私造黄、紫、红、绿、青蓝、白地青花等瓷器。"① 江西饶州府即景德镇，景德镇窑于宋真宗景德年间由官监民烧，至明代时制瓷业颇为发达，成为宫廷用瓷的主要产地。对宫廷瓷色的追崇心理，以及经济利益的驱动，导致垄断性的"黄、紫、红、绿、青蓝、白地青花"瓷器在民间涌现。这些非宫廷授意、非官窑组织的民间私造现象受到朝廷明令禁止、严厉惩处：

> 首犯凌迟处死，籍其家资。②
> 禁江西瓷器窑场烧造官样青花白地瓷器于各处货卖及馈送官员之家。违者正犯处死，全家谪戍口外。③

这一方面说明官窑对瓷色管理的严格性，表明了皇家对瓷器色禁的坚决立场，也反映出民间使用越界禁色瓷器的严重程度超出了官家容忍之度。皇家以如此严厉的株连式刑罚来惩戒，最根本原因在于，从五色象征体系的角度来说，与国家祭祀和伦理框架相匹配的器用制度，具有三纲五常的阶级属性，关系到社会纲常和伦理秩序，不容混淆和僭越。有趣的是，当某类瓷器被"禁色"之后，其市场价值反而会高升，利益驱动坊间的仿烧，出现"因禁而盛"的社会效应。此时，瓷器色彩的伦理属性远远大于其审美功能。

总之，无论是帝王审美对青瓷色彩的引导，还是伦理制度在民间青瓷生产中的效应，都促进了青瓷朝着为皇家祭礼服务、日趋接近青玉的标准而发展。同时，民间青瓷生产以皇家色尚为驱动，在色与质、形与饰等方面不完美的次色青器按照市场价值规律流向了不同消费水平的群体，形成了官窑、民窑青瓷色尚的一致。在宫廷祭礼和民间流通领域构成的古代社会网络中，官民两大阵营的伦理格局井然有序，二者的内在运行机制分别为官阶品第和经济实力。

---

① 《大明实录·明英宗实录》，卷一百六十一，正统十二年十二月，上海：上海古籍书店，1983年版，第3132页。

② 《大明实录·明英宗实录》卷一百六十一，正统十二年十二月，上海：上海古籍书店，1983年版，第3132页。

③ 《大明实录·明英宗实录》卷四十九，正统三年十二月，上海：上海古籍书店，1983年版，第946页。

4.1.4 礼仪秩序

从色彩伦理的角度来看，五色观作为封建社会的主旋律，在古人的意识形态和思维观念中留下了深刻的印记，是古代社会的皇家建筑、宫廷仪仗、品官服饰、皇家礼祭、凡器日用等诸多方面色彩法度的指引。"色序"作为礼仪秩序的外在体现，是最能让人感知到并遵从礼仪秩序的指南。宫廷重要祭奠节庆之日，帝王出行着五色龙凤吉服，以五辂①代步，缀五色结带，扬五色旗帜；明代建立的皇家建筑——紫禁城，其建筑配色体现着对五行五方伦理体系的深层考量。总之，先秦以来二千多年五行色彩理论的传承延续，以及在宗教文化和社会生活领域的统一应用，体现了古代社会一以贯之的以"礼制""秩序"为核心的特征。

礼仪秩序，指伦理观念和伦理制度作用下，规范器用秩序的一整套细则，诸如礼器色彩的选择、材料的种类、制作的工艺流程和精细程度、造型赋予的含义等。瓷器礼仪秩序具有明显的强制性、垄断性，是统治阶级或占主流位置的阶层制定的规范。青瓷作为瓷器最初的形态，见证了瓷器伦理制度产生、发展、衍进的历程。随着定居生活模式的确立，原始先民切凿工具、冶陶制器，青瓷艺术经历了漫长的积淀，逐渐成熟，从这个意义上看，器物文化的产生与发展，与华夏文明的进程同步推进。从器用层面来看，制作精良的瓷器相较于粗陶厚罐是奢侈的，与身份和权力挂钩。青瓷之器是伦理观念的物化，也是"物序人伦"的反映，质优色佳之青瓷对应于统治阶级②和官僚、贵族群体，体现了古代传统礼制"明贵贱、辨等列"的思想。封建社会阶级属性作用下，

---

① 五辂：（1）古代帝王所乘的五种车子，即玉辂、金辂、象辂、革辂、木辂。《周礼·春官·巾车》："王之五辂，一曰玉辂，锡，樊缨十有再就，建大常，十有二斿，以祀；金辂，钩，樊缨九就，建大旂，以宾，同姓以封；象辂，朱，樊缨七就，建大赤，以朝，异姓以封；革辂，龙勒，条缨五就，建大白，以即戎，以封四卫；木辂，前樊鹄缨，建大麾，以田，以封蕃国。"（2）古代王后所乘的五种车子，即重翟、厌翟、安车、翟车、辇车。《周礼·春官·巾车》："王后之五辂，重翟，锡面朱总；厌翟，勒面，缋总；安车，雕面，鹥总，皆有容盖；翟车，贝面，组总，有握；辇车，组挽，有翣羽盖。"

② 如前所述，南宋龙泉青瓷是否为宫廷生产瓷器有几种说法，笔者暂时不追究，主要关注南宋龙泉青瓷的多种等级。

"瓷色"伦理表现为一种"以色序人"的社会文化功能，成为人伦物序的重要指标。

南宋龙泉青瓷的艺术成就，一方面表现为"尚青"与"类玉"相统一的色、质追求；另一方面表现为对古代礼器形制之"形"的涵化。在对色与质的追求上，南宋龙泉窑烧制技艺的突飞猛进，并不能改变工艺难关并未完全攻克，青瓷发色难以掌控的客观现实。龙窑的烧成条件也决定了粉青瓷、梅子青瓷依然是万里挑一的精品，瑕疵品的数量远远超出精品，人们所见的青瓷制品更多呈灰绿、黄绿等色。虽然南宋中晚期人们采用了多种工艺创新来使青瓷瓷色达到浓郁的效果，但是使用范围也仅限于贡器或高端市场，对于面向大众群体的青瓷制品，不太可能采用反复施釉和烧成的高成本方法，否则无法盈利。南宋龙泉青瓷器型有礼器与日用器两类：礼器多仿鼎、奁、尊等青铜、玉器之型，日用器具多为碗、杯、盘、瓶等实用之式。从工艺层面来说，前者依托模范工艺和粘接附饰等手段，相对于拉坯成型的日用器皿，礼器用瓷制作的工艺难度、人力和时间成本大大提高，而烧制的成功率却大大降低。这种器型持续生产的根本原因在于其在祭祀典礼上不可替代的象征性，以及在五行说观念体系中的匹配原则。

青瓷色彩伦理化的实现，包括对本体和客体——器物和受众的规范化、秩序化、程式化、类型化，并由此产生意向化、阶级化的伦理序列。如果说符合官方审美的龙泉青瓷礼器主要在宫廷和贵族阶层流通，那么受到工艺限制而产生的呈灰青、淡青等色的青瓷，则流向更大的民间市场，成为日常生活用器，其等级通过商品价格来体现。青瓷器物遵循着伦理制度，在社会各阶层使用和流通，瓷器等级与社会关系相关联，清晰勾勒出了层级而上的礼仪秩序，完善了瓷色伦理体系。这种由器物与群体的对应关系构建而成的伦理体系，是阶级社会的等级观念和伦理制度作用的结果。按照瓷器的社会功用与伦理等级，瓷器的功能可以分为宗教功能、象征功能、审美功能、实用功能四种主要类型，对应为祭祀之器、身份之器、赏玩之器、日用之器的瓷器伦理的礼仪序列（如图4-8所示）。

"归根到底，制器之道、纹饰之韵、色彩之度、声音之律都是建立在人伦之道之上的，他们共同伏根于华夏文化以隐喻和象征为模式的思维体系中。这种东方式思维模式，是四大文明古国之一的中国生生不息的文化源泉和精神传承，是三代以来传统中国文化连续性'传衍'的内在机制，也是解读中国文化艺术重要的切入点。"①

图4-8　瓷器伦理的礼仪序列结构图

4.1.4.1　宗教功能：祭祀之器

宗教是"社会意识形态之一，也包括相应的崇拜活动。相信在现实世界之外还存在超自然、超人间的力量和境界，主宰着自然和社会。随着社会和历史的发展，宗教也不断演变。宗教的最初表现形式是法术、图腾崇拜、拜物教、万物有灵论等。后由多神崇拜发展到一神崇拜；由部落宗教演化为民族宗教，以至世界宗教（佛教、基督教、伊斯兰教）"②。宗教是人类早期活动的本质内容，它与巫术③有部分交集。整体而言，二者都相信"在现实世界之外还存在超自然、超人间的力量和境界，主宰着自然和社会"，宗教更侧重于意识形态和文化层面，在一定阶段表现为巫术、方术等形式，商周祭祀活动中，"神"是祭拜的核心对象，获得无所不能的神力的帮助成为祭祀的目标。东西方

---

① 蔡花菲等：《禁与不禁：从明清官窑制度看"五行说"下的瓷器色彩伦理》，《艺术百家》，2022年第2期，第200页。

② 《汉语大词典》编辑委员会：《汉语大词典》第3卷，上海：上海辞书出版社，2018年版，第1355页。

③ 《汉语大词典》编辑委员会：《汉语大词典》第2卷，上海：上海辞书出版社，2018年版，第972页。巫术，指利用虚构的"超自然的力量"来实现某种愿望的法术，是原始社会的一种信仰，也和后世天文、历算、宗教的起源有关。《后汉书·方术传下·徐登》："徐登者，闽中人也。本女子，化为丈夫。善为巫术。"

文化中，无论是宗教还是巫术，都被视作统治阶级管理民众的工具①，这种从意识形态出发的教化力量，是人类社会发展中的共性历程。从文化发展的角度而言，宗教在社会伦理和文化建设方面的功能是值得肯定的。马林诺夫斯基在《文化论》中写道："宗教的需要是出于人类文化的绵续，而这种文化绵续的涵义是人类努力及人类关系必须打破鬼门关而继续存在。在它的伦理方面，宗教使人类的生活和行为神圣化，于是变为最强有力的一种社会控制。……文化对于宗教需求虽然是衍生和间接的，但宗教最后确是深深地生根于人类的基本需求，以及这些需求在文化得到满足的方法之上。"②

从某种意义而言，艺术源自宗教活动，东西方艺术与宗教息息相关。源自庙堂的建筑艺术，佛像塑造发展而成的雕塑艺术，佛堂庙宇装饰演进而来的绘画艺术，反映了宗教活动与艺术作品水乳交融的关系，也反映了在一定层面上，艺术作为宗教文化的衍生品而存在的事实。东西方历史文化的表现形式迥然有异，但是二者的发展演进轨迹殊途同归，二者都很难彻底抹除宗教的痕迹。从本质上看，文化艺术无论进化到何种层面，都是精神维度的认知与体验，这种文化基因不可能与自身的历史割裂。相对于西方《圣经》、古希腊故事为教化主体内容的散点式逻辑，中国以阴阳五行统帅社会礼制、人伦、物用的各个方面，五祭、五德等在周代礼仪中的规则，以及色彩在祭祀文化、礼仪伦理中的制度，在观念和实操层面都连贯发展。正如陈来先生所言，公元前500年左右的中国文化与三代以来的文化，是一种"突破"和"连续"交融的发展关系，可以说中国文化不是断裂的突变，而是呈连续性的传衍。③ 而"五行说"正是这一延续性关系自如运转的内在链条。周代构建了一套以德、礼为内核的仪礼机制和伦理秩序，纵然色彩的伦理内涵因时空、文化信仰、观念系统的不同而在各个历史时期有差异，也曾出现儒家礼制热度降低的情况，但周代以降的伦理秩序始终未曾远离皇权祭祀的中心。

---

① 郭沫若《中国史稿》第三编第八章第一节："中国原始的巫术早已被统治者利用为愚民工具。"

② 〔英〕马林诺夫斯基：《文化论》，费孝通等译，北京：中国民间文艺出版社，1987年版。

③ 陈来：《古代宗教与伦理》，北京：北京大学出版社，2017年版，第6页。

《小戴礼记·表记》写道：

> 殷人①尊神，率民以事神，先鬼而后礼。②

在人类文明初期，文化和科技发展相对薄弱，先民对宇宙万物的认知相对有限，农耕时代的物质文明很大程度上取决于自然。对古代先民而言，宗教祭礼活动是寄托希望、改变命运的神圣载体，这一时期的宗教礼祭至高无上。祭礼中，对"神"的祭拜，是重要的环节。"神"具有无边无际、无穷无尽的威力，可以庇佑农业生产丰收、狩猎活动顺利进行，保障人丁兴旺、家族昌盛。"先鬼而后礼"也流露出殷人对于"神"的尊崇之心，这个阶段"神"高于"礼"。

古代中国皇帝无不重视祭祀，在对天地神灵、祖宗先辈、万物自然进行祭祀的背后，是对王朝江山永固的寄望。祭祀文化的秩序、规范、器用制度都不容小觑，从某种意义而言，祭祀典章制度是国家运行的指南，事关国运。周朝的文化体系和礼仪制度基本稳定，《周礼》《礼记》《仪礼》中对周朝皇室的礼仪、典章制度有详尽的记载。各朝换代必改易服色饰纹，体现出新朝新政、气象一新，事关皇家祭祀、建筑、器用等方面的礼仪规制，在沿袭前朝的基础上也有更迭。整体而言，周朝典制成为后世礼仪的主要参照模本，古代礼仪文化传衍万代。以天子自居的皇帝，肩负与天地神灵对话的神圣使命，各种祭祀活动就是与天对话的方式。按照祭祀活动的规模和等级，主要有大祀、中祀、群祀三大类。"大祀"指国家祭祀，需要由皇帝亲自成礼，"中祀"由皇帝和大臣共同完成，"群祀"主要由臣子集体完成。古代祭祀对象，还包括日、月等宇宙星辰，体现了宏大的万物有灵的宇宙信仰体系之宏大，反映了充满敬畏和自省色彩的天人感应原则的心理特征。这种思维方式和逻辑关系，将"人"纳入庞大神秘的天体自然世界，将隐现的"心"置入祭祀因果之中，无形之中将功利色彩的祈愿与社会教化相关联，并且使得对个体的心性管理、善恶是非的判断分解到家庭和个体，无疑提

---

① 《通志·氏族略·以国为氏》记载：殷（依）人是华夏民族的一个重要组成部分，也是华夏文明的主要开创者之一。
② ［宋］李如圭：《仪礼集释》卷十六《觐礼第十》，四库全书本，第14页。

升了社会管理的效能和教化的执行力度。

皇家祭祀也称宫廷祭祀，属于"大祀"，主要包括孔子所说的"郊社之礼"。朱熹《中庸章句》注："郊，祭天；社，祭地。"①周代冬至祭天称"郊"，夏至祭地称"社"。商周之际确立了郊天祭地之礼。今北京天坛、定安门外的地坛等保留了祭祀古制遗存的痕迹。程式化的古代宫廷祭祀礼仪与色彩、时节、方位关联，主要以阴阳五行体系为依据，并综合皇帝的五行、王朝色尚等因素来确立，这牵涉到中国传统文化的根本——五行说理论构建的宇宙框架。

> 为坛于国外，以命事。宫，谓壝土以为墙处，所谓为坛壝宫也。天子春帅诸侯拜日于东郊，则为坛于国东。夏礼日于南郊，则为坛于国南。秋礼山川丘陵于西郊，则为坛于国西。冬礼月与四渎于北郊，则为坛于国北。既拜礼而还，加方明于坛上而祀焉，所以教尊尊也。《觐礼》曰"诸侯觐于天子，为宫方三百步，四门，坛十有二寻，深四尺"是也。②

> 王巡守殷国而同，则其为宫亦如此与？郑司农云："三成，三重也。《尔雅》曰："丘一成为敦丘，再成为陶丘，三成为昆仑丘。"谓三重。③

《三礼图》记载明堂辟雍祭祀的情况："明堂者，周制五室。东为木室，南火，西金，北水，土在其中。"④四方代表了四季，中堂和四厢象征五行。王莽每一季节着对应色服，在相应的厅堂内举行祭祀。《逸周书·作雒解》记载："乃设丘兆于南郊，以祀上帝，配以后稷，日月星辰先王皆与食。……乃建大社与国中，其遭东青土，南赤土，西白土，北骊土，中央釁以黄土。"⑤周朝祭祀天地和四方神明时，在祭坛中心放置"方明"（中国色彩立体柱子），《仪礼·觐礼》记载："方明者，木也；方四尺，设六色：东方青，南方赤，西方白，北方黑，上

---

①　[宋] 朱熹：《四书章句集注》，四库全书本，第14页。
②　[明] 黄道周：《表记集传》卷一，四库全书本，第74页。
③　《周礼注疏》卷三十八。
④　[清] 张英：《渊鉴类函》，上海：上海古籍出版社，2008年版，第33页。
⑤　《逸周书集训校释》卷五。

玄下黄。设六玉，上圭下璧，南方璋，西方琥，北方璜，东方圭。"①
木质方明有四方和上下共六个面，底部之外的五个面分别涂青、赤、
白、黑、黄五色，对应东、南、西、北、中五个方位，以祭祀五方神灵
与天地。《周礼》依据方明的颜色，将祭祀对象和祭品安放有序，同时
规范四方来朝的诸侯所站的方位。②以方明五色为轴心的色彩象征体系
（如图 4-9），强调色彩在祭祀活动中的对应、联想与交感效应，其关
键因素在于"色"。显然，色彩在特定文化寓意的识别和传播上具有优
越性，便于祭祀群体遵循，体现了色彩的文化属性、宗教意味、社会
功能。

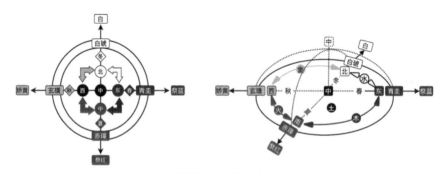

图 4-9　古代祭祀瓷器五色伦理框架图

六色玉器③与方明五方五色对应的伦理体系中，东方对应"青圭"，
而青瓷通过"青"色实现对青玉的仿制，位居祭器之列。在五行说以
对应与象征为原则的伦理框架内，"色"代表着方位，对应着"绝地通
天"的特定内涵。在这一宇宙体系中，色既是序列人伦物序的符号，
也是一种天人交流、人神感应中所用的语言。礼祭之色，早已超越了审
美特征。无独有偶，布达拉宫以红、白两色庙宇来区分宗教和议政两大

---

① 《仪礼注疏》卷二十七，见《十三经注疏》。

② 彭德：《中华五色》，南京：江苏美术出版社，2008 年版，第 113 页。周朝天子祭祀
天地和四方神明，接见诸侯，同别国结盟，通常在国都郊外的水边修建一个立方体。立方体
六个面分别涂：青赤白黑玄黄。上面玄，象天；下面黄，象地；左面青，右面白，前面赤，
后面黑，象东西南北四方。这个六色立方体的安放，便于确定祭祀对象和祭品的摆放，便于
四方来朝的诸侯及卿大夫，在举行仪式之前，以方明的颜色，确定自己应该站在哪个方位。
这个方位仪名为方明，顾名思义，是让人辨明五方位置的彩色立体。

③ 《周礼·春秋·大宗伯》载："以玉作六器，以礼天地四方。以苍璧礼天，以黄琮礼
地，以青圭礼东方，以赤璋礼南方，以白琥礼西方，以玄璜礼北方。"是为"六器"。

功能区域，体现了色彩在佛教文化中的宗教意味，也体现了宗教语言在不同语境中的差异性。

早在周代，五行伦理框架已经作用于皇家祭祀的色用制度，在"对应—通感—如愿"的天人交感体系中，颜色的作用不可替代。色彩具有表达上更简单、直观的优点，更适宜于特定文化寓意的识别和传播。作为一种显性的表征符号，色彩在识别度、区分性、持久性、传播性方面都远优于文字、饰纹、音乐、造型等，成为一种更易于对应和区分社会等级的关键要素。正因如此，祭祀瓷器色彩的选择和应用，体现的文化内涵和社会关系，构成了介于有无之间、井然有序的伦理序列。祭器色彩至关重要的象征。从逻辑学角度来看，色彩制度所具有的相对的稳定性和延续性是祈愿实现的必要条件和基本前提，如若朝令夕改，文化意涵频繁改变乃至颠覆，甚至出现文化承传的断层，那么祭祀的主体势必会在理解上出现偏差。因此，祭祀文化始终保持相对的延续性和连贯性。

色彩伦理体系植根于华夏儿女对应、象征、隐喻的思维模式。这种思想根源于原始信仰，先人早已关注事物之间的内在关联。这种以对应与象征、感应与通感为模式的思维方式带有一定的主观倾向，是中国传统文化的典型特质之一。在祭祀文化中，通常将眼前色彩、形态、材质与祭祀对象的特征相关联，隐喻某种本质属性。这一中国式思维模式的关键在于内在关联的构建，这一过程建立了事物由表及里、由此及彼、由浅入深的逻辑体系。这种具有浓郁的东方意蕴的思维模式，在祭祀文化和传统思想中表现得非常明显，并且作为一种文化基因持久而深邃地发挥着作用。

从祭祀心理与祭祀效果的角度来看，祭祀之器需要反映祭祀主体无比虔诚、恭敬的态度。祭祀主体需要以"上贡"的标准来制作祭器，不仅色彩、造型要符合伦理体制，关乎"质"的材料选择更要以最贵重、最珍稀为准则。历代的祭器往往是当时技术和工艺的创新或领先产品，这也决定了祭器材质的优越性、更迭性、丰富性。纵览古代祭祀器物的材质，经历了木、陶、青铜、玉、瓷的材料演进脉络（详见2.2.1.1)，也出现了同一朝代几种材质礼器共存的情况。祭祀之器的造型、纹饰也体现了宗教文化的特征，陶器、青铜器"藏礼于器"；远古彩陶极富韵律的红、黑、白等色，以及形式多样的几何纹、人面纹、舞蹈纹等装饰纹样，或有审美意味，但更多的是先民观念的反映。"考古资料所表现出的龙山时代明显的社会分化、人殉和战争的出现。我们现在知道，当时已有制作陶礼器和玉器的专业工匠，致力于礼仪用具的精工细作，也有一些能够熟练地运用动物骨骼进行占卜的祭司巫师，墓内的随葬品的多寡优劣，证明了贫富差异的悬殊；筑有高墙的城堡、战争或人殉的遗骸，显示出暴力已经制度化。"① 张光直认为史前的龙山文化时期，已经出现了墓葬分化、阶级区分的现象，同时带有礼器特征的陶器（蛋壳陶，精细制作的杯、浅盘）已经广泛应用。② 由陶铜而瓷的祭祀之器的材料演进，首先通过青瓷与祭祀伦理体系相联结。

先民自发、自愿地设计制作祭礼之器，以期达到更好的祈福效果。祭祀之器成为青瓷最初、延续时间最为长久的形态，礼器功能始终与青瓷如影随形。早期青瓷常被用于宗教仪式，其初衷或许与瓷器变土为金的神奇造化不无关联，先民希望借助具有"神性"色彩的青瓷来传达意念，得到某种神秘力量的恩泽。就材料学的角度而言，瓷器的发明是一种新物质的诞生，青瓷坚硬的质地、玻璃状的色泽与质感呈现出明显有别于烧成之前的泥质状态。在原始先民看来，这一瓷化的过程具有强烈的巫术化色彩。当明清正色瓷器出现在礼祭事务中，与五色伦理体系相互关联时，青瓷最初模糊性的祭祀内容也逐渐具体化。虽然青瓷伦理体系与五色瓷体系在祭祀礼仪中有区别，但二者都是以"色"的指示功能和象征意味来延续色彩伦理的宗教传统。

从原始瓷到东汉青瓷的演进过程中，青瓷逐渐替代了青玉，成为重要的祭祀之器。汉代至宋代的一千多年间，这一祭祀文化的参照标准也成为人们对青瓷的审美追求。从汉代稀薄的淡青色，到唐代越窑的艾色和湖水绿，五代后周世宗的"雨过天青"，北宋的汝窑、官窑、哥窑的天青，南宋龙泉窑粉青和梅子青等瓷色，渐进地实现了厚润青翠的玉质感。直至明清，青花、祭蓝等正青色祭祀瓷器的问世，实现了理想的正青之瓷。青瓷与五方之东、五色之青匹配的历程，体现了五色体系的连

---

① 〔美〕巫鸿：《礼仪中的美术》，郑岩等译，北京：生活·读书·新知三联书店，2021年版，第26－27页。

② Wu Hung, "The Great Beginning ancient: Chinese Jades and The Origin of Ritual Art", K. C. Chang, ed. in *The Archeology of Ancient China*. New Haven: Yale University Press, 1977, pp. 152 – 153.

贯性和思维方式的承传、延续与一统。随着蓝色祭器的应用，五色之"青"的瓷色出现了祭祀之色和审美之色的分野，明清以后，青瓷回归为唐宋时期文人雅客审美观照的对象，多作为一种审美陈设或彰显风雅之器而存在；而祭蓝、洒蓝等蓝色瓷器跃居为清朝皇室专用祭器，几乎隔绝于普通民众的视野之外。伴随着审美与宗教的分野，青瓷和祭蓝流向各自的使用群体，姗姗来迟的五色祭祀瓷器盛行明清宫廷数百年。总之，从华光初现的商周原始青瓷直至元明龙泉青瓷，青瓷与玉币、觥爵一样，始终都是皇家祭祀重器。青瓷延续了五方之"青"的符号象征意义，成为维护古代序列社会伦理秩序不可或缺的重要组成。而在青瓷基础上产生的五色瓷器长久留在了古代国家祭祀的舞台之上。

4.1.4.2　象征功能：身份之器

随着社会发展，祭祀的主要对象从神灵发展到祖先，祭祀主体由早期的通灵之人逐渐演化为帝王，祭祀对象和祭祀主体由"神"到"人"的改变，使得信仰内容逐渐具体化。同时，祭祀礼仪逐渐固化为音与舞、器与咒相交织的场景。从陶而瓷，陶瓷器物作为伴随人类早期文明的物质文化载体，其发展衍进始终与宗教祭祀密不可分。在"器物序列伦理"作用下，用作祭器的青瓷产生了象征含义，当青瓷与帝王产生关联，其象征意味愈发强烈。以"礼"为核心的儒家伦理观深化了社会等级观念，形成了一套标准化的伦理制度。不晚于三代，器物的阶级属性已经展现出来，青铜之鼎、玉质礼器、陶质礼器，都在品第层阶的社会生活中充当"物序人伦"的象征物。随着阶级的出现、国家的诞生，瓷器与贫富、等级等的关联度日益提高，瓷器因色、质的优劣以及形、饰的赋义，产生了阶梯式的器用层级。在以"色度"和"物序"来序列人伦的伦理体系中，材质光泽和质感差异、造型范式体现了等级意味。

光洁致密的青瓷推动了人类文明的进程。青瓷走入人们的生活，但这并不意味着瓷器彻底取代了陶器，事实上，在很长一段时间，陶器与瓷器共同满足人们存储、炊煮、餐饮、丧葬的器用之需。瓷器因材料的优越性能、良好的使用感受和更高的身份等级象征而备受青睐，售价常高于陶器。汉代陶器售价昂贵，据出土器物的铭文记载看，一具陶灶

"值（钱）二百"，与二石米或两亩地等价①，非普通民众可以企及。可想而知，制作难度更大的汉代青瓷，并非民众消费品，而是少数王侯贵族才可以拥有的高档奢侈品。如果说交易价格是衡量器物社会层级的根据之一，那么某些器物不会出现在普通民众的消费市场中，它们是为特权群体专门制造的，这体现了器物另一层面的价值体现——身份象征。瓷器的伦理属性早在原始青瓷时期已见端倪。据文献记载，在奴隶社会，北方奴隶主的墓葬中出土了大量的原始青瓷，但是学界至今并未找到此期北方生产原始青瓷的相关证据，因此推测这些原始瓷是由南方浙江、江西等地生产，运往北方供奴隶主使用的。商代由高岭土制成的胎质洁白、花纹精细的白陶仅供奴隶主专享。② 在原始瓷出土稀少的北方地区，表面透明光亮、不吸水的原始瓷只有高贵的奴隶主才能拥有。③ "即使是这些奴隶主对这些原始瓷器也是另眼相看……甚至当原始瓷豆的豆柄折断后，还将豆盘底部经过修整，装入嵌有蚌泡的漆器托盘内继续使用。"④ 这些原始瓷珍稀难得的程度可见一斑。综上可见，不晚于汉，青瓷器具与金银铜玉一样属于贵重之物，原始瓷器皿与玉器、金银器物同样成为统治阶层的高端随葬品。

从白陶、原始青瓷发展到汉代真正的青瓷，由陶到瓷的质变，体现在烧成温度的升高、胎质吸水率的降低、釉面清亮光泽的提升等方面，附着在器表的青色瓷釉则成为这一质变的外在标志。青瓷釉面材质通透莹润的色彩与光泽，也象征着更为高贵的品质、出身，具有身份象征的文化内涵和社会属性。从文化确证的角度来看，青瓷器物的拥有者和使用者可以经由"色序—物序—人伦"的关系，对应于伦理序列中的社会阶层。古代社会使用融合了青玉色泽和青铜礼器造型的青瓷来祭祀先祖，按照养器与用器不容混用的原则，除礼祭器物外，王室还需要大量品质精良的日用器物，即所谓"燕器"。瓷器必然作为宫廷用器的首选。宋以前青瓷一枝独秀，用器与养器莫不以青瓷为尊。

---

① 叶喆民：《中国陶瓷史（增订版）》，北京：生活·读书·新知三联书店，2011年版，第89页。

② 叶喆民：《中国陶瓷史（增订版）》，北京：生活·读书·新知三联书店，2011年版，第58页。

③ 李家治主编：《中国科学技术史·陶瓷卷》，北京：科学出版社，1998年版，第112页。

④ 张剑：《洛阳西周原始瓷器的探讨》，《景德镇陶瓷》，1984年第S1期，第87-94页。

隐喻是实现象征的必要条件，这种由表及里、由此及彼的思维模式，是在社会生活中逐渐形成的。人类通过外在的某种服饰色彩、纹饰符号来表明所属的社会阶层，这是人的社会性需求。溯其根源，在原始社会被发文身的阶段，先民以不够精美的文身、刺青来表明自我身份归属，以获得族群的认可和保护，二者具有本质意义上的一致。诚如易中天所言："当图腾制度建立起来以后，胞族、部族和氏族，就主要的不是以血缘而是以文化来加以确定、区分和认同了。"① 从这个意义上来说，当青瓷器物外化为一定时期身份阶层的符号之后，它便具有"神化"象征和文化图腾的属性，作为象征符号的青瓷虽不同于浸润着动物表征的神圣信仰图腾符号，但是与青瓷的专属性、垄断性伴生的等级象征意味，和图腾在某些非洲族群里的社会功能、心理属性和思维模式较为相似。这种物与人之间的象征性关联，并不局限于瓷器领域，在服饰、建筑、工艺美术中同样存在。贵重金属材料制成的器物，如金银器的身份象征功能与青瓷具有相似的伦理属性，它们都是建立在物的稀缺性之上的，以此隐喻拥有者的尊贵身份。历代宫廷盛行的无关实用、极尽奢靡之能事的金银错器、金镶玉等则更是以过度华贵、精巧的堆饰方式，体现至高无上的身份等级，这种于方寸之间展现无人可及的工艺技术极致之物，展现了使用主体的权力或财富。这种不可为而为之的"工之极"，使得华美之器位居器物层级的顶端。如果说，和氏璧玉因天赋的珍稀而获至尊美玉之位，那么"工之极"则展现了另外一种珍稀。

青瓷精品因为万里挑一的极致，获得了皇家供器的身份。根据《宋史·吴越钱氏世家》② 和《册府元龟·纳贡献》的记载来看，五代钱元瓘进贡的"金棱秘色瓷器"的"金棱"和钱俶所贡"金扣越器"的"金扣"为相同的金饰工艺。"扣"是以金银材质在器物口沿、边棱装饰的手法③，应用在瓷器上时，与"棱"是同一种工艺。"扣"是一

---

① 易中天：《艺术人类学》，上海：上海文艺出版社，2020年版，第55页。

② 《宋史·吴越钱氏世家》："（太平兴国三年三月，钱）俶贡白金五万两、钱万万……越器五万事……金扣越器百五十事……"

③ 《后汉书·邓皇后纪》："其蜀汉扣器、九带佩刀，并不复调。"李贤注："扣，音口，以金银缘器也。"［宋］戴侗《六书故》卷二十二："扣器皿之上廉者亦曰棱。"

种极度奢侈的装饰手法，具体工艺种类很多，① 至汉代已经成熟，多用于漆器。五代时期"金棱"装饰的瓷器，如"金棱含宝碗之光，秘色抱青瓷之响"所描绘，彰显了金"扣"之青瓷如"金镶玉"般的华美，以"金"镶饰"瓷"，瓷之贵重可见一斑。唐人喜金银，这种奢华的"金镶玉"工艺愈发兴盛，体现了繁盛的盛唐气象。进而言之，青瓷仿美玉，并结合金饰工艺，将天然之赐和人工极致凝聚于一器，使"金扣越器"拥有者的特权等级身份进一步被强化。在这里，金与瓷、色与质构成了极具标识性的身份符号，并逐渐从帝王阶层辐射到贵族、官僚、文士群体，形成了等级品第序列。

器用功能的分层，是瓷器伦理框架的重要组成部分。从神灵祭祀到祖先崇拜，陶瓷器承载了原始宗教的巫术性功能，同时象征性和审美性的功能则从原始社会延续至今。南宋龙泉窑的民窑身份，注定了青瓷制品既受到宫廷礼器的影响，又需要找到自我风格。作为达官贵人身份象征之器的高端南宋龙泉青器，以文人的审美和意趣表现为主要宗旨，这种风格取向也成为青瓷艺术的风尚指引。

除去部分为官窑"代工"的产品，龙泉窑器物多数流向民间，进入市井街巷内的万户千家，或远涉重洋高价售往海外。按照市场价值规律，商人在有限的季风周期内，抵御恶劣天气、冒着生命危险运抵各大港口再输入各国市场的龙泉青器，其售价往往是中国市场青瓷价格的数倍甚至数十倍之多。这里的销售价格除了进货和运输成本，还有很多风险回报和机会成本。但是，即使面对如此高昂的售价，在西方尚不能烧制瓷器且没有其他获取渠道的 12—13 世纪，龙泉青瓷还是供不应求。其独具东方意蕴的审美品格和青瓷材质之美深深地撼动了西方审美，这种与欧洲古典风格和写实主义截然不同的稀缺之物一经投入市场便备受追捧。售价也区分出了海外青瓷购买者的阶层，他们主要为国王贵族、富商豪门。龙泉外销瓷在传播其工艺性和审美性特征的同时，器物的符号化象征功能和伦理化功能在域外文化中被重构。如果说青瓷成为中国君王贵胄炫耀身份的奢侈之器，那么国外的青瓷象征意义有过之而无不及，"以物序人"是中外共同的伦理符号，且在西方文化语境中日益凸显。文献记载，大航海时代到来之前，西方人对青瓷的向往甚至达到神

---

① ［汉］扬雄《蜀都赋》："雕镂扣器，百伎千工。"

化的地步，他们陈列龙泉粉青、梅子青时，不会让器物的底足直接接触台面，而是以黄金镶饰，以避免磨损；甚至连破碎的瓷片也被赋予了神秘的色彩，他们认为青瓷碎片磨成的粉末可以治疗疾病。当然，这种夸张的青瓷崇尚，或许是因为当时西方对瓷的未知和对东方的向往，也反映出青瓷所代表的中国瓷器在西方社会无与伦比的至高地位。这或许就像中国奴隶主获得原始青瓷的心理一样，具有人无我有的优越感以及由此伴生的身份象征意味。

4.1.4.3　审美功能：赏玩之器

宋人创造的物质文明和精神文明在中国古代社会达到了空前绝后的高度，尤其是精神文明方面。在宋时文治兴盛的背景下，人们的日常生活充满诸多无用之"闲事"。南宋《梦粱录》云："烧香、点茶、挂画、插花，四般闲事，不宜戾家。"① 哲人学者的书房雅事也成为一种"艺事"，成为社会各阶层的潮流风尚。宋瓷的艺术风貌和器用形制与文人雅集紧密相关，点茶之事于瓷杯注壶中展露茶器、香器喜用铜瓷，斜插的鲜花在青瓷映衬下别具神韵，瓶花古器和文人雅趣又会成为宋画元素，用以装点书斋雅舍。

就文人雅尚的角度而言，宋人的生活从华夏五千年文明史中脱颖而出，宋代也被誉为"史上最有品位的朝代"。受到程朱理学的影响，宋代文人重视理性思考和探究事物的本质，倡导以简胜繁的尚简审美。南宋龙泉青瓷纯净、清逸的色彩意境，与宋画的简洁构图和淡雅设色、文人水墨情怀，具有相似的意象审美特征。返璞归真、自然之美的青圭色泽，素雅无纹的装饰风格，简约凝练的造型，较为符合文人士大夫阶层的审美心理。宋瓷呈现的抽象、简雅之美，较明清以后瓷上盛行的具象图案式叙事表现风格，更具东方文化的风格。"简"的哲学意蕴在宋代青瓷审美观念中得到了很好的诠释。这种倡导适度、提倡节俭、反对缛饰的思想，在《墨子·辞过·节用篇》中有系统论述，中国传统哲学观认为，少即是多。简雅比华丽更能通向宽广无束的意象空间。文士品鉴与赏玩青瓷器物之时，也是一个物我参照、自省的过程，可以达到一

---

① ［宋］吴自牧：《梦粱录》卷十八之"民俗"条，杭州：浙江人民出版社，1981年版，第68页。

种物我两忘、天人合一的理想状态。青瓷深沉、浓郁、厚重、宽广的调性，使得文人的审美联想、审美观照进入更为持久、深远的境界。

从器物的伦理属性以及青瓷功能演进来看，五代以降，青瓷在作为皇家礼器、日用器具的同时，也服务于广大的文人、富商阶层。偏安一隅的南宋，经济昌盛，民间市井的奢华风气日盛，陈设赏玩、文房雅器、餐饮器用都有龙泉青器的身影。宋代的文人审美观念引导着青瓷器物的风尚，礼制重建背景下产生的金石学研究也直接推动了礼器鼎彝化的趋势，宫廷礼器元素渗入青瓷造型，产生了形式多样的陈设装饰性器物。诚如巫鸿先生所言，"金石学对艺术生产不断加深的影响也预示了仿古器物开始超越礼仪的限制，而越来越成为文人品味的表现并最终变成大众通俗文化的一部分。这个转变在宋代已经开始发生：四川遂宁的一个大型窖藏里发现了一千多件瓷器，可能属于当地一个贸易进口中介"①。这些出土的数量众多、风格统一、成色上佳的龙泉窑青瓷和景德镇窑青白瓷器具，现藏于四川省的宋瓷博物馆。青瓷瓶以贯耳长颈瓶居多，另有各式香薰、水注、魂瓶等，都明显融入了上古礼器造型元素，莲瓣纹是出现最多的纹饰。有学者认为，特定的古代青铜礼器在设计商业产品时被作为流行模本，另外，这些仿古器物在人们的生活中履行了新的功能，如鼎、鬲、簋被改造为香炉，插花的盛器模仿古代玉琮的造型。这些转变表明仿古器物有了新的使用环境，包括文人的书斋和其他室内空间。② 笔者认为，龙泉青窑器型中的鼎彝元素，是器物发展过程中不同的材质、造型与纹饰互鉴的一种表现形式，陶器、瓷器的造型和装饰可能拓展到青铜，反之也同样可行（如彩图 39 所示）。南宋瓷器上简化的鼎彝元素，是宋代仿古风尚和时代审美相结合的产物。较之日用的碗、盘、盏、执壶，这些花插、香炉等赏玩器物融汇了更多的制瓷技艺，制作成本更高，还承载了更多的审美期许，也对应于更高的器用层级。这些青瓷雅器成为文士赏花、焚香、吟诗等雅集中的重要组成部分（详见 4.2.2）。

不同于上古礼器的沉冗之风，赏玩宋器于古风古韵中呈现出一种轻

---

① 〔美〕巫鸿：《时空中的美术》，北京：生活·读书·新知三联书店，2021 年版，第 12 页。

② 〔美〕巫鸿：《时空中的美术》，北京：生活·读书·新知三联书店，2021 年版，第 19 页。

盈之态、简雅气韵。无论是作为观赏的龙凤附耳棒槌瓶，还是兼具雅事功能的花插、文具功能的水滴，香事所需的香炉，都以高雅的体态凝汇古今于一器。如果说唐人爱花，服饰上竞放的繁花、美人眉间绽放的娇艳"花钿"无不彰显富贵气韵，那么宋代爱花之情不亚于唐，种花、插花、簪花、画花成为宋人不可或缺的生活仪式。"独坐闲无事，烧香赋小诗，可怜清夜雨，及此种花时。"每到洛阳牡丹盛开的季节，"都人士女载酒争出"，"倾城往观，乡人扶老携幼，不远千里"。庭院赏花不仅是文人的雅尚，也进入寻常百姓的生活，宋代雅文化之盛达到历代前所未有的高度，甚至出现了付费观花的现象。① 南宋观花风气浓厚，江南时令鲜花成为从皇室至平民的审美视野的中心，正如杨万里诗言："春色何须羯鼓催? 君王元日领春回。牡丹芍药蔷薇朵，都向千官帽上开。"宋人鲜花雅事中，瓶花和盆花并重，因瓶插鲜花更轻便、显优雅，加之宋代桌椅高度和人们坐卧方式的变化，瓶花走进室内装饰空间，佛前灯侧的供桌、富贵庭堂的几案、文人雅士的书房、闺阁小姐的妆台都可见到瓶花点缀其间，意趣盎然。在南宋花气日盛的背景下，彰显花之美、器之韵的龙泉青瓷花器应运而生，例如由插花功能演化而成的长颈贯耳瓷瓶，青绿一色的直筒状长颈在左右贯耳的衬托下，充满生命力，斜插一枝应季花朵，花与器的色彩、线条形成节奏韵律，体现了极简美学与仿古气韵的融合和统一。

不晚于魏晋南北朝，瓶花出现，其肇始与祭祀、佛供有关，其后演进为居家点饰。花器初为青铜材质，后多用陶瓷。"铜器之可用插花者，曰尊，曰罍，曰觚，曰壶。古人原用贮酒，今取以插花，极似合宜。"② 关于赏花瓷器的品鉴，明人认为："古无磁瓶，皆以铜为之。至唐始尚窑器，厥后有柴、汝、官、哥、定、龙泉、均州、章生、乌泥、宣、成等窑，而品类多矣。尚古莫如铜器，窑则柴、汝最贵，而世绝无之。官、哥、宣、定，为当今第一珍品。而龙泉、均州、章生、乌泥、

① ［宋］张邦基《墨庄漫录》卷九："政和壬辰春，予侍亲在郡，时园户牛氏家忽开一枝，色如鹅雏而淡，其面一尺三四寸，高尺许，柔葩重叠，约千百叶，其本姚黄也，而于葩英之端有金粉一晕缕之，其心紫蕊，亦金粉缕之。牛氏乃以缕金黄名之，以蘧篨作棚屋围幛，复张青帏护之，于门首遣人约止游人，人输千钱，乃得入观，十日间，其家数百千。予亦获见之。"

② ［明］张谦德，［明］袁宏道：《瓶花谱·瓶史》，南京：江苏凤凰文艺出版社，2016年版，第20页。

成化等瓶，亦以次见重矣。"① 又有："尝见江南人家所藏旧觚，青翠入骨，砂斑垤起，可谓花之金屋。其次官、哥、象、定等窑，细媚滋润，皆花神之精舍也。大抵斋瓶宜矮而小，铜器如花觚、铜觯、尊罍、方汉壶、素温壶、匾壶，窑器如纸槌、鹅颈、茄袋、花樽、花囊、蓍草、蒲槌，皆须形制短小者，方入清供。不然，与家堂香火何异，虽旧亦谷也。"② 前文充分肯定了官器、哥器、宣器、定器为第一珍品的地位，龙泉器紧随其后，位于次之层列之首，这种瓷器窑口的分层标准，是两宋瓷业大致格局的反映。而位列官、哥、宣、定等窑之前的江南人家所藏青翠入骨的旧觚，又是何窑之器呢？按照"青翠"的标准，推测其应为南宋龙泉梅子青之色，抑或是元明时期的龙泉青器。成书于明代的《瓶花谱》总括性地品鉴明之前的历朝瓷瓶，其中的赏花鉴器、瓶花选择的经验，也是对唐宋以降瓶花雅事审美品格的积累和体现。

宋代插花器具种类繁多、器型多样，风雅之士多依据季节而选择铜、瓷花器。古人认为："古铜瓶、钵，入土年久，受土气深，以之养花，花色鲜明如枝头，开速而谢迟，或谢则就瓶结实，若水锈、传世古则尔。陶器入土千年亦然。"③ 从户外观花到雅室赏花，与自然相接的花事反映了宋代文人常态化生活艺术的一个侧面。宋时琮式瓶、直颈贯耳瓶等都用作花器，不仅铜瓷材质依时而定，花器的体量也有其标准。通常室内插花器具不宜过大，明代《瓶花谱·瓶史》中记载："大都瓶宁瘦毋过壮，宁小毋过大。极高者不可过一尺，得六七寸，四五寸瓶插贮，佳。若太小，则养花又不能久。"④ 宋代盛行的"一枝瓶"口部仅能插入一枝鲜花，可见其小巧精致，深受诗人赞咏。

杨万里的《瓶中梅杏二花》写道：

梅花耿耿冰玉姿，杏花淡淡注燕脂。

---

① ［明］张谦德，［明］袁宏道：《瓶花谱·瓶史》，南京：江苏凤凰文艺出版社，2016年版，第27页。

② ［明］张谦德，［明］袁宏道：《瓶花谱·瓶史》，南京：江苏凤凰文艺出版社，2016年版，第31页。

③ ［明］张谦德，［明］袁宏道：《瓶花谱·瓶史》，南京：江苏凤凰文艺出版社，2016年版，第24页。

④ ［明］张谦德，［明］袁宏道：《瓶花谱·瓶史》，南京：江苏凤凰文艺出版社，2016年版，第16页。

两花相娇不相下，各向春风同索价。

折来双插一铜瓶，旋汲井花浇使醒。

红红白白看不足，更遣山童烧蜡烛。

从器物设计形、色、饰、质的关系来看，前三者的变化性体现在装饰和审美的层面，而"质"则决定了器物的材质与种类，材质不同，形、色、饰相同之器混用的情况在三代以来普遍存在。如果说三代陶铜互鉴，受材料和工艺的限制，彼时陶器的体量小于铜器，那么两宋时期二者尺寸基本一致，这一点可以在大量出土器物中得到证实。宋代造型、纹饰、体量相当的瓷器与铜器，因材质不同而产生了对比的效果，对于用作观赏的插花之瓶、品香之炉，人们会根据季节、使用需求而择器。与宋人风雅生活相伴的器物表征，提供了探析器物内在关系的思路。从器物造型和装饰的角度来看，同时期互鉴的现象普遍共存于青铜器、瓷器、漆器、木器、丝织品等姊妹艺术之中，即使是自前朝承袭而来的样式，也会依据当朝的审美、文化、习俗做出相应的调整。总之，无论是新创之器还是承继之器，都展现出一种典型的时代审美风貌，形成有别于前朝的时代特征。

4.1.4.4　实用功能：日用之器

青瓷的发明加速了人类文明进步的步伐，当华夏先民在享受瓷器文明的时候，世界多数国家还处于陶器阶段，西方直到19世纪才创造了"真正"的瓷器。青瓷作为瓷之始祖，从原始瓷开始就以其优良属性让人们感受到了瓷的先进性。瓷器表面光洁油亮，容易清洗，美观卫生；瓷的吸水率较陶器大为降低，在生活日用中，更适宜保存酒、稀饭、汤汁等液态流质食物（如彩图40所示）；与青铜器皿相比，瓷器不易氧化而生锈；瓷器质轻，便于日常使用和提携搬运；制瓷成本低，工序流程相对简单、易操作。因此，从材料制作和使用层面而言，从原始青瓷出现开始，人类文明程度已经得到提升，原始青瓷成为人类进化史和古代陶瓷史上极为重要的转折点。

如前所述，青瓷发展到南宋时期，一家独大的龙泉青器称誉天下，备受统治阶级和达官贵人的青睐，一时间国内外市场需求激增，龙泉窑址扩充。烧制成本决定了器用等级，典范的瓷色龙泉精品主要作为官宦、贵族的奢侈消费品或高价远销海外；市场规律作用下，剩余品相较差、数量最多者，售价低廉，出现在普通民众的案头。于劳苦大众而言，能够使用次色次品瓷器，获得优于陶器的使用体验，也是一种满足。对于经济薄弱的平民而言，以满足实用需求为上，审美功能居后。庞大的龙泉窑产出色彩丰富、品类众多的青瓷器具，以合理的价格销售给不同经济状况的民众，市场售价反映了青瓷的优劣，审美取向与价值标准高度重合，逐渐形成了以色、质为序的器物层级，展示了器物文化的伦理属性。与官宦之家注重以器物彰显身份的象征模式不同，价格成为大众青瓷"器物伦理序列"形成的关键要素。

总之，通过对青瓷伦理机制和伦理秩序的梳理可见，瓷器作为一种象征符号，具有强烈的等级区分和身份象征的功能，这也是龙泉青瓷能达到艺术高峰的重要文化动因。依托南宋临安富庶活跃的商业环境，优质龙泉粉青、梅子青瓷器的使用群体不乏商贾贵胄和官僚文人。如果说宫廷器物等制主要通过政治力量来实现，那么非宫廷范围内的伦理序列则通过价值来实现。民间的瓷色等制则更多取决于价格因素，有经济实力的达官贵人和商贾贵胄可以购买宫廷次色瓷器，满足追崇心理；文人士大夫阶层更多地因审美喜好来选择瓷器；普通民众只能使用成色更差、质量低劣的瓷器。各消费层级在价值作用下勾勒出了一个丰富全面的器物与社会等级体系。如此，在礼制与财富、物序与人伦的综合作用下，"祭祀之器—身份之器—赏玩之器—日用之器"的瓷器色彩伦理序列便得以形成[①]。需要说明的是，不同时代，受瓷色工艺条件的影响，四个序列可能出现重合、交错的情况。通过对这一具有典型性和代表性的伦理体系的挖掘，青瓷与使用群体之间的关系得以建立，一条井然有序、运转自如的伦理脉络渐而清晰，这是深含在青瓷审美特征之下的社会伦理网络。青瓷功能演进和形色变迁的内在动因，植根于中华民族意识形态里的伦理观念，映射的是华夏民族以隐喻与象征为特征的思维模式。

---

① 蔡花菲等：《禁与不禁：从明清官窑制度看"五行说"下的瓷器色彩伦理》，《艺术百家》，2022年第2期，第200页。

4.2　文人情怀

长期饱受外族威胁的赵宋王朝在政治军事上并不强盛，国土面积较唐代缩小了三成，但是在文化艺术方面却接近古代中国之最高。陈寅恪先生在 20 世纪 40 年代初指出：

华夏民族之文化，历数千载之演进，造极于赵宋之世。①

宋史专家邓广铭先生写道：

宋代是我国封建社会发展的最高阶段，两宋期内的物质文明和精神文明所达到的高度，在中国整个封建社会历史时期之内，可以说是空前绝后的。②

封建社会文化艺术的兴盛及其发展方向，很大程度上受统治阶级意志的左右。赵宋王朝"欲以文化成天下"，开国皇帝赵匡胤确立了"兴文教，抑武事"③的国策，后世君主莫不延续文人治国理政的方针。文治之风更甚的南宋，堪称"皇帝与士大夫共治天下"的时代，规定"不得杀士大夫及上书言事人"④。宋代广开科举、优待文人，破除门第界限，采取广纳寒门入仕的人才策略，社会上掀起了空前的读书风气。较之秦代"焚书坑儒"、明清"文字狱"等抑制文化自由的封闭性政

---

① 陈寅恪：《金明馆丛稿二编》，北京：生活·读书·新知三联书店，2001 年版。

② ［元］脱脱：《宋史》卷九十八，北京：中华书局，1997 年版，第 2421 页。其中记载："五代之衰乱甚矣，其礼文仪注往往多草创，不能备一代之典。宋太祖兴兵间，受周禅，收揽权纲，一以法度振起故弊。即位之明年，因太常博士聂崇义上《重集三礼图》，诏太子詹事尹拙集儒学之士详定之。开宝中四方渐平，民稍休息，乃命御史中垂刘温叟、中书舍人李昉、兵部员外郎知制诰卢多逊、左司员外郎知制诰扈蒙、太子詹事杨昭俭、左补阙贾黄中、司勋员外郎和岘、太子中舍陈鄂撰《开宝通礼》二百卷，本唐《开元礼》而损益之。"

③ ［宋］李焘：《续资治通鉴长编》卷八"太平兴国二年正月丙寅条"，北京：中华书局，2004 年版，第 392 页。

④ ［元］陶宗仪：《说郛》卷三十九上，台湾商务印书馆 1986 年影印文渊阁《四库全书》本。

策，两宋统治集团始终坚持"崇尚文治"的开明思想，将文人士大夫的社会地位推向前所未有的高度。两宋的政策对经济、社会、文化发展起到了积极的促进作用。①

宋代位于中国封建社会发展的转折点。这一时期，儒、释、道"三教合流"之势渐成，形成了程朱理学②与儒学各派互争雄长、百家争鸣之态；在文化兴盛的背景下，产生了许多影响后世的理论巨著，王国维指出，"宋代学术，方面最多，进步亦最著"，"近世学术多发端于宋人"。宋代程朱理学的精神以及"天人合一"的哲学思想，形成了与唐代繁华富贵、花团锦簇截然不同的审美风尚。

两宋当属封建社会文化环境最为宽松的时期，这种相对自由的氛围对于士人阶层而言至关重要，是到达文化艺术高峰的必要前提和重要保障。两宋开明的文化土壤，滋养了李清照、辛弃疾、陆游等著名词人。据统计，南宋有留存作品的诗人数量，大大超过了北宋。③ 这从一个侧面反映了南宋精神文化的繁盛程度。南宋都城临安（今杭州）因地缘优势，商贾兴盛，手工业极度发达，人民安居乐业。关于当时杭州的市井生活，《梦粱录》中有详细描述："凡百货卖饮食之人，多是装饰车盖担儿，盘盒器皿新洁精巧，以炫耀人耳目，盖效学汴京气象，及因高宗南渡后，常宣唤买市，所以不敢苟简，食味亦不敢草率也。"④ 川货担之人尚且如此，更何况高档商铺。物质文明发展的同时，人们的精神需求日趋强烈，权贵和文士热衷于古物雅玩的收藏与品鉴，品茶听琴、赏古鉴今的闲适生活与文士风雅、细致、内敛的精神品格相一致。文人阶层以收藏、品鉴古雅之器为尚，古物珍品自然被奉若瑰宝，本朝色雅器朴、温润如玉的仿古青瓷成为文人高士品茶、焚香、把玩的重要对象。文人淡泊悠远、平淡天真的审美情怀成为两宋审美品格的主流，理

---

① 参见郭学信《试论两宋文化发展的历史特色》，《江西社会科学》，2003 年第 5 期，第 128 – 130 页。

② 南宋时期，程朱理学最终形成，出现了以朱熹为代表的主流派道学，以胡安国、胡宏、张栻为代表的湖湘学，以谯定、李焘、李石为代表的蜀学，以陆九渊为代表的心学。

③ 葛金芳：《南宋手工业史》，上海：上海古籍出版社，2008 年版，第 38 页。据唐圭璋先生所辑《全宋词》统计，在所收籍贯和时代可考的作家 873 人中，北宋 227 人，占 26%；南宋 646 人，占 74%。

④ ［宋］吴自牧：《梦粱录》卷十八之"民俗"条，杭州：浙江人民出版社，1981 年版，第 161 页。

性、内蕴的审美趋向也从文人阶层传播到民间，凝聚成一种时代风格，深深地烙刻于中华民族的审美文化之中。

青瓷简雅之韵与宋代文人审美意趣相合。北宋艺术皇帝宋徽宗的审美品格成为文人阶层时代风尚的引领，他自创的"瘦金体"遒劲有力，又别具傲然风骨，从中可以体味到其身居逆境、期待涅槃的心态和追求彼岸之花的超然心境。徽宗设色偏爱青冷，这一色彩取向不仅体现在北宋五大名窑雅器之中，在宋代许多传世画作中也展现得淋漓尽致。两宋文人阶级注重追求内心的超然和精神自由，喜欢寄情于自然山水和花鸟虫鱼，其审美意趣和美学思想表现出一种孤傲、清冷、伤感和忧郁的格调。如彩图41所示，徽宗赵佶的《瑞鹤图》与宋时盛行的淡赭绢面为底的设色全然不同，其特写式的构图聚焦于宫苑屋顶上方，左右各停歇一只白鹤，屋顶将画面分为蓝、金两大色块。画面上方那深邃的蓝绿背景下展翅而飞的翩跹白鹤，与画面下部金碧辉煌沉静的皇宫，形成了鲜明对比的节奏美。这种高雅含蓄的设色及简洁明快构图方式，一洗唐时绚烂浓艳的气息，颇具现代审美的格调。徽宗的一笔一色展露了他希冀脱离现实之境的心态，这种不便直言的苦楚、纠缠而难以自拔的心理，这种隐喻的表达方式，未尝不是宋时文人雅士、君子大夫的观念和审美的一种体现。

就色彩冷暖属性而言，青瓷色属于冷色系，宁静沉着、清冷寂寥的审美色尚是宋朝时代心境的写照。在南北对峙的政治环境下，帝王不喜大红大绿，崇尚沉静肃穆、自然天成、清逸雅致之美，这是有别于绚烂盛唐风采的另一种审美，也是绚烂至极之后复归平淡的一种风格选择。两宋社会背景和文化基调造就了两宋瓷业与前朝后世截然不同的格调。宋瓷之素、之简、之雅，与工艺限制和技术实现无关，是不想而非不能。这种审美品格成为后世致敬和效仿的经典，成就了至今不可逾越的艺术巅峰。

青瓷器物深入社会生活的方方面面，进一步推动了古雅之尚在两宋文化领域的传播。文人倡导的风雅情趣及其生活方式的影响不仅仅表现在审美文化上，从青瓷与历史文化的关联来看，文人阶层的参与还赋予青瓷更深的文化意涵以及更为长久、深远的影响力。在文人高士的审美与品鉴过程中，青瓷蕴含的审美意象和身份象征的功能，被赋予了"器以藏礼""器以载道"的哲学意蕴。可以说，文人阶层将器物文化

"发扬古意、传诸后世"的历史使命推向了高潮。

4.2.1 "玉德"与青瓷质尚

4.2.1.1 以玉比德

"比德"有多重意思①，比德的对象通常为德行高尚的伟人或明君，如《史记·商君列传》将殷周作为比德的对象："故吾以强国之术说君，君大说之耳，然亦难以比德于殷、周矣。"② 或者以某个贤明君王作为比德的对象，范晔《后汉书·杨震传》载："拟踪往古，比德哲王。"③ 明代何景明有诗《玉冈黔国地种竹》云："比德亮无瑕，抱节诚可久。"④ 以玉比德是中国传统文化的习俗，《礼记·玉藻》记载："君子以玉比德焉。"⑤ 可见，在古人的心目中，玉有和明君或君子同样崇高的道德品质，二者可以相提并论、相互比照。

"玉德"之说经历了从先秦至汉的漫长历程，逐步发展成熟。从《礼记》的"十一德"⑥，到《管子》的"九德"⑦，再到《荀子》的"七德"⑧ 的演进过程，可以看出先秦到战国时期，"玉德"说日趋精炼，玉的天然质地所展现的物质属性与玉德标准的匹配度日益增长。诚然，各朝社会文化背景有异，"玉德"思想也不尽相同，其内涵主要随着儒家学派的观点发展演进，但是古人以玉比德、以玉载道的思维方式

---

① "比德"的前两种意思：一指结党营私的行为。如《尚书·洪范》："凡厥庶民无有淫朋，人无有比德，惟皇作极。"二指同心同德。如《国语·晋语八》："君子比而不别。比德以赞事，比也。"又如《楚辞·大招》："比德好闲，习以都只。"王夫之通释："比德，同心。"

② [汉] 司马迁：《史记》商君列传第八史记六十八，百衲本，第1—2页。

③ [南朝宋] 范晔撰，[唐] 李贤注：《后汉书》列传卷第四十四"杨震"，百衲本，第2—5页。

④ [明] 何景明：《大复集》卷十"玉冈黔国地种竹"，四库全书本，第5页。

⑤ [汉] 郑玄注，(唐) 陆德明音义，《纂图互注礼记》卷之九"玉藻批十三"，四部丛刊景本，第8—9页。

⑥ 《礼记》记载中，玉有"十一德"之说，即赋予玉器以儒家的仁、知、义、礼、乐、忠、信、天、地、德、道"十一德"。

⑦ 《管子·水地》篇中，把玉之德归纳为"九德"。管子的"九德"说和《礼记》的"十一德"说相比，去除了一些抽象的形而上的"德"，更多从玉的"九德"出发，将美玉的自然物质属性与人的德行加以比附。

⑧ 《荀子·法行》篇又将玉德概括为仁、知、义、行、勇、情、辞"七德"，并阐述了孔子提倡的"君子贵玉"的原因在于玉能比德的特征。

不晚于商周已基本固定。至汉代，许慎的"五德"①说标志着儒家"玉德"思想的成熟。作为"玉德"思想集大成者，"五德"说规范了"玉德"的基本内容和"玉德"思想的基本范畴，并提出了玉乃"石之美者"的观点。这个观点不仅是对此前"玉德"思想的发展和补充，也是"玉德"说深刻性的所在。确立这一范畴的意义，不仅在于肯定了玉的"比德"功能，而且肯定其具有"美"的客观属性，对后世审美产生了深远的影响，实现了玉的物质属性和文化观念的统一。总之，许慎的"五德"说与流传至今的"玉德"观最为接近。美玉是儒家载道之器，也是审美之对象，成为比德之物的基本前提在于它符合了人们的审美标准。由此可见，以玉比德的文化基于审美活动而出现，这也为青瓷"类玉"、青瓷"比德"的审美观和象征含义提供了理论可能性。

中国传统文化含蓄深邃、意蕴深远，传统思维方式尤为注重事物之间的内在联系。玉器在原始社会被视作天赐之物，只有品德高尚、德才兼备的神人，才能成为琢玉师，亲手打磨、雕琢玉质礼器。这种物与人相互匹配的思维模式，早在天地乾坤既定时就已确立。《周易·系辞上》记载："天尊地卑，乾坤定矣。卑高以陈，贵贱位矣。"②这种通过外在表征示意身份等级的思维逻辑，与文人阶层的思想惯性相吻合。文人士子常通过以物喻人、以物比德、借物抒怀、托物言志的方式，来实现与审美对象的内在观照。"以玉比德"的思维逻辑和《诗经》中的赋比兴的手法有异曲同工之妙。这种中国式的思维方式不仅直接作用于作为审美对象的"玉"，也影响到"玉"所象征的审美品格、审美意象。从文化属性和意识根源的层面来说，青瓷因"类玉"而优的审美标准，君子"以玉比德"的评价都是这种思想观念的产物。"可以说，陆羽对越器的爱慕，伏根于上千年来文人士大夫阶层对玉的崇仰意识。在中国文化史上，玉有着特殊的文化地位。'以玉比德'是文人雅士的行为指南。"③由此可见，玉作为比德的标准和审美对象，是一种衡量君子品

---

①　两汉时期的"玉德"说，以西汉刘向的"玉有六美"说和东汉许慎的玉的"五德"说为代表。刘向在《说苑·杂言》篇中记载"玉有六美"，即玉的"六德"说，是对《荀子·法行》"七德"的概括和调整。东汉时许慎在《说文解字·玉部》中，提出了玉之"五德"说。至此，中国玉德思想基本成熟。

②　［宋］司马光：《温公易说》卷五《系辞上》，四库全书本，第1页。

③　李砚祖：《装饰之道》，北京：中国人民大学出版社，1993年版，第401页。

德的尺度，指导和约束君子的思想和言行。所谓君子，在玉德思想的话语体系内，应自发选择符合正确道德规范的人生道路和言行模式。在选择的过程中，君子不仅获得了美德，还能够自我实现、自我认可和自我升华，以玉之"美"观照我之"德"。在这一比德过程中，虚空的道德规范与可视、可触、可感的青玉建立了一种兼具"无形"和"有形"的连接模式，实现良性循环互动。这种从有限的物象转而获得无限的审美观照，实现人格道德的崇高化、理想化的过程，一定程度上体现了中国古典美学对于"道"的追求。

《礼记·玉藻》载："天子玉藻①，十有二旒，前后邃延，龙卷以祭。"② 在王权世袭下，帝王冕冠上挂饰的配色也被纳入典章制度。孔颖达疏："天子玉藻者，藻，谓杂采之丝绳，以贯于玉，以玉饰藻，故云玉藻也。"③ 冕冠的使用表现了古代国君"明有所不见，聪有所不闻，举大德而放小过，无求备于一人"的政治哲学。帝王冕冠上的五色玉石与五彩丝绳的搭配有制可循，彰显了玉的使用规范和等级制度的关系。日常佩戴之玉饰与绶带的配色制度与皇家规范一脉相传，其佩戴形式、位置都有规范。《礼记·玉藻》确立了"衣正色，裳间色"的服色制度，规定朝服与官阶搭配的制度④，其中包括配玉与绶带的色彩搭配细则。总之，朝服、冕冠、服饰、绶带等构成的视觉礼仪之色，成为"人伦物序"的重要参照。

美玉质地纯粹、坚不可摧、叩之如磬，其清脆悦耳之声也成为"玉德"比拟的一个方面。《礼记·聘义》记载：

---

① 藻又作璪，玉藻是将玉珠穿在五色丝线上做成的垂饰，也叫垂旒。本天子所戴的冕冠上前后各悬挂 12 串玉旒，每串玉旒上穿有 12 颗玉石，共长 12 寸。周代的玉旒是用红、白、苍（深蓝色）、黄、黑这五种颜色的玉石互相隔穿成的，汉代以后的玉旒就全部使用白色的珍珠来穿了。冕版要前俯后仰，表示君主有谦恭的美德；12 串玉旒是极数，表示君主的地位最高，玉旒则是遮蔽脸面，提醒君主要学会有所察而有所不察，以免政治流于严酷；耳边的垂饰是在提醒君主不可听信谗言，对逸言要"充耳不闻"。

② ［汉］郑玄注，［唐］陆德明音义：《纂图互注礼记》卷之九《玉藻第十三》，四部丛刊本，第 1 页。

③ ［唐］孔颖达：《礼记正义》卷二十九《玉藻》，四部丛刊日本景印旧钞本及宋刊，第 3 页。

④ 《礼记·玉藻》，见秦川主编《四书五经》，北京：北京燕山出版社，2007 年版，第 1156 页。"士不衣织。无君者不贰采。衣正色，裳间色。非列采不入公门，振绤绤不入公门，表裘不入公门。袭裘不入公门。纩为茧，缊为袍，禅为絅，帛为褶。朝服之以缟也，自季康子始也。孔子曰：'朝服而朝，卒朔然后服之。'曰：'国家未道，则不充其服焉。'"

子贡问于孔子曰："敢问君子贵玉而贱珉者何也？为玉之寡而珉之多与？"孔子曰："非为珉之多，故贱之也，玉之寡，故贵之也。夫昔者君子比德于玉焉。温润而泽，仁也；缜密以栗，知也；廉而不刿，义也；垂之如队，礼也；叩之其声清越以长，其终诎然，乐也……①

《礼记·经解》将与天子德行相配、礼义相符的秩序，和国家礼度、社会秩序、国事昌顺联系在一起，其中玉佩之音也成为德行重要的组成部分。《礼记·经解》载：

天子者，与天地参，故德配天地，兼利万物，与日月并明，明照四海，而不遗微小。其在朝廷，则道仁、圣、礼、义之序；燕处，则听雅、颂之音；行步，则有环佩之声；升车，则有鸾和之音。居处有礼，进退有度，百官得其宜，万事得其序。②

《礼记·玉藻》对环佩之音进行了阐释：

古之君子必佩玉，右徵、角，左宫、羽，趋以《采齐》，行以《肆夏》，周还中规，折还中矩，进则揖之，退则扬之，然后玉锵鸣也。故君子在车，则闻鸾和之声，行则鸣佩玉，是以非辟之心，无自入也。③

在行进中，玉佩会随着人体行动、姿势而发出铿锵优美的鸣声。古代将君子所佩之玉碰击之音律，与宫、商、角、徵、羽五个音级相合。这种与《采齐》《肆夏》之乐相应的礼仪，体现出周礼的威严庄重。君子步行时，听到玉佩碰撞的五音之声；乘车时，听到车上銮铃的乐音，以此驱散一切邪僻的杂念，使心灵澄净透彻。玉佩韵律之美令人陶醉，

---

① ［明］梁宇乔纂述，［清］吴民泰重校：《五经类语》卷三《修齐门之三》，康熙果亲王府钞本，第31–32页。

② ［明］黄道周：《孝经集传》卷二《大传第九》，四库全书本，第44页。

③ ［东汉］郑玄注，［唐］陆德明音义：《纂图互注礼记》卷之九《玉藻第十三》，四部丛刊景宋本，第8页。

不过在特定情况下要避免玉佩发出声响:

> 君在不佩玉，左结佩，右设佩。居则设佩，朝则结佩。斋则绪
> 结佩而爵韠。凡带必有佩玉，唯丧否。佩玉有冲牙；君子无故玉不
> 去身，君子于玉比德焉。天子佩白玉而玄组绶，公侯佩山玄玉而朱
> 组绶，大夫佩水苍玉，而纯组绶，世子佩瑜玉，而綦组绶，士佩瓀
> 玟，而缊组绶。孔子佩象环五寸，而綦组绶。①

所谓"君在不佩玉"，是指上朝面君时，文士大夫需要把左边的玉佩用丝带系起来，以免发出声响。祭祀时佩爵色的韠，不但要把玉用绶系住，还要向上收绶带，确保万无一失。这种对玉叩之声的控制，既是一种礼仪规范，也是对君子行事尺度的规范，即通过声音来警醒和约束自我。这种谨小慎微的行为礼仪，将人性中自我放纵、超越界限的思想扼杀于萌芽状态。古人认为，只有能够在语言、行动、思想上实现自我控制、戒除不良欲望的人，才能成为真正的品德高尚的君子。这种德行追求，将个人身心的修为引入崇高的精神境界，言行的谨慎自持逐渐内化为真正的有"玉德"之君子。

玉可比德的观念使得玉成为古代礼仪文化的重要组成部分，上至帝王、文人，下至黎民百姓，佩玉成为一种传统习俗得以延续。其浓厚的身份意味日益彰显。从"天子玉藻"到"君子佩玉"都说明冠冕上的美玉代表着至尊皇权，而且玉与绶的配色规范也将"色"凸显为"比德"的核心线索。随着玉饰的普及，所谓"君子无故，玉不去身"，日常佩玉使"玉德"潜移默化地进入普通大众的观念中，时刻警醒人们以君子德行标准自我垂范。此外，"玉德"说的信、义等高贵品质是古代"君子之交"的行为典范，教导人们如何遵循诚信的道德标准，成为具有君子品质的高尚的人。②

---

① 《礼记·玉藻》，见秦川主编《四书五经》，北京：北京燕山出版社，2007年版，第1158页。

② 如《仪礼注疏》卷二十三《聘礼第八》记载："已聘而还圭璋，此轻财而重礼之义。又云：'夫昔者君子比德于玉焉。'是其义也。云还之者，德不可取于人，相切厉之义也者，既以玉比德，德在于身，不取于人，彼既将玉来，似将德与己，己不可取彼之德，故还之，不取德也。既不得取，而将玉往来者，相切磋，相磨厉以德，而尊天子，帮用之也。"

4.2.1.2 青瓷仿玉之尚

青瓷仿青玉的时代风尚，既有其物质基础，又受观念因素的影响，主要体现在以下几个方面。

第一，二者在色彩、光泽、质地等物理属性方面基本接近。青瓷从诞生之初就因类玉的风貌而备受称赞，成为历代文人雅士歌咏的对象。唐代的顾况在《茶赋》中赞誉"越泥似玉之瓯"，越器从骨子里就拥有美玉的质感。明代宋应星的《天工开物·陶埏》指出："陶成雅器，有素肌玉骨之象焉。"① 古雅之瓷，素来就有玉质之美，被誉为"假玉器"的景德镇"陶窑"青白瓷展现了色质如玉的独特美感。《处州志》评南宋龙泉青瓷："极青莹，纯粹无暇，如美玉。"（详见2.1.1）

第二，二者叩击时产生的妙音相似。在文字产生之前的漫长时期，"乐"承担着记录文明和传播文明的使命，文字产生以后，"乐"也成为礼乐文化中不可或缺的部分。先民很早就掌握了制作乐器的方法，最初的乐器材质有铜、玉、瓷等。古人也划分了根据不同器物的声音来辨别其质地优劣的标准，正如《礼记》记载，玉的声音是"玉德"的标准之一。从科学角度来看，叩击时声音越清脆，意味着物体的密度和硬度越高，杂质越少，质地越纯粹。

青瓷声韵是文人风雅生活的重要组成部分，唐代段安节在《乐府杂录·击瓯》中记载了乐器"瓯"的演奏方法：乐师郭道源用邢瓯、越瓯加水后敲击成乐，"武宗朝，郭道源……善击瓯，率以越瓯、邢瓯共十二只，旋加减水于其中，以箸击之，其音妙于方响"②。唐代一南一北的越瓯和邢瓯，因烧成温度和胎质的差异以及器内水位的高低而产生起伏的音律。唐代杜甫有诗《大邑白瓷》云："大邑烧瓷轻且坚，扣如哀玉锦城传。"诗句含蓄地写出用手指叩白瓷碗发出的玉鸣般飘荡的音响，也反映出瓷质精良、胎质轻薄。五代时以"金棱含宝碗之光，秘色抱青瓷之响"歌颂瓷之天籁妙音；"声如磬"用于赞誉景德镇瓷器铿锵美妙之声音，并衍生为评判瓷质优劣的标准之一。从物理学的角度来看，瓷之声属于一种回音效应，受到敲击的瓷壁产生振动，由此产生

---

① ［明］宋应星：《天工开物》卷中《陶埏》，刻本，第3页。
② ［宋］高承：《事物纪原》卷二《乐舞声歌部十一》，四库全书本，第54页。

的声波作用于人耳。高岭土含量较高的瓷泥，经 1200 摄氏度以上的高温煅烧后，成质地纯粹、细腻致密、胎体轻薄、胎壁均匀之瓷，其叩击之声清脆悦耳、回音悠长。而陶器叩击之声沉闷，主要因其烧成温度较低（通常在 800℃～1000℃），胎骨厚重、胎质粗糙。从这个角度来看，声音确实可以作为衡量瓷质的指标之一。文人雅士吟诗作赋时，常和乐唱诵，这种活动也助推了以瓷作乐器的风尚。这种风雅潮流为民间所效仿，《邵氏诗词库》记载了李户曹小妓善于用越器演奏乐曲的典故①，可以说青瓷乐器也是唐代辉煌礼乐的组成部分。

第三，二者的成器的工艺难度相似。远古时期的玉器常被视作天赐之物，用以祈福纳祥，要求加工玉器的琢玉师既要有德行，还要有"沟通三界"的灵异本领。在机械化尚未实现的古代社会，玉之成器需要经由手工削凿、雕刻、打磨、抛光等一系列复杂流程。从手工制作层面来看，玉石加工是一个只能做"减法"的过程，雕刻、剔除绝不可随意为之，而只有经验丰富、技艺高超之人才能把握。玉的硬度极高，通常辅以水磨雕琢法、水银腐蚀法成型。在某种程度上，"玉德"说也包含了玉器精雕细琢的艰辛历程及形成的坚毅的道德品质，即所谓"玉不琢不成器"②。瓷器经 1200 摄氏度以上的温度煅烧，具有浴火重生、去伪存真的意味，与玉器的成型内涵有相似之处。从发生学的角度来看，先民赋予"变土为金"的瓷器烧造活动以巫术的意味，瓷器历经几个昼夜的窑火幻化，实现升华与再生。

第四，青瓷对玉质礼器造型的模仿。如本书 2.2.1 所述，从南宋龙泉青瓷礼器造型中可见玉制礼器和陶铜礼器形制的踪迹。玉质的圭、璋、琮③等器型在设计之初就不是出于实用的考虑，而是满足祭礼之需。如果说瓷和玉在物质属性和加工方式上的相似为青瓷"类玉"提供了物质基础，那么大量的仿玉质青瓷礼器造型的出现，则更多地展现了主观模仿的意图。这也是瓷逐渐替代陶、铜、玉，成为祭礼之器主体的重要原因之一。

---

① ［唐］方干《李户曹小妓天得善击越器以成曲章》："越器敲来曲调成，腕头匀滑自轻清。随风摇曳有余韵，测水浅深多泛声。昼漏丁当相续滴，寒蝉计会一时鸣。"见《邵氏诗词库》卷九百四十一。

② 《礼记·学记》："玉不琢，不成器，人不学，不知道。"

③ 据《辞海》，圭呈上圆下方的形状，璋为圭的一半的形状，琮为外方内圆的造型。

青瓷仿玉一方面表现为对"色"的追求，青瓷丰富的色阶变化，提升了青瓷伦理框架在实际对照中的合理性。另一方面表现为"尚质"的趋势，青瓷釉面润泽、细腻、金光内蕴的玉质感能够彰显玉的品质。就某种层面而言，青瓷之美在"色"更在"质"，"质"比"色"更难实现。如果说君子佩玉更多体现了文人群体的精神愿景和人格追求，那么青瓷类玉之尚则体现了以转换和替代来实现玉饰"比德"的观照逻辑。这种由审美文化上升到器型层面和自我认知层面的观念，是一种注重自省的民族性格的体现，是深入骨髓、发自内心的真正的高与贵。当青瓷器物或作为典礼重器，或陈设于书斋雅舍、桌椅案头，它们不同于玉饰，而是以外露和醒目的呈现方式，伴随着人们的生活起居、饮食日常。当青瓷器物更为广泛地融入和改变人们的社会生活方式时，色彩伦理蕴含的精神追求与外化的形制特征相一致的模式也悄然发生在器用与赏玩的点滴日常之中。这也成为中国瓷色伦理的重要特征之一。

总之，"类玉"的特征以及"仿玉"的工艺追求，赋予了青瓷更高的社会认可和文化价值，推动了瓷文化的国际传播。青瓷仿玉的传统自东汉肇始，至五代、唐发展成熟。当青瓷逐渐替代青玉之时，也具备了后者的象征含义。南宋中期龙泉青瓷对玉的模仿达到了高超的境界，粉青、梅子青佳器，色泽极富玉之沉稳、含蓄之美，几乎与绿色宝石——翡翠无二。南宋龙泉青瓷成就辉煌，达到青瓷类玉的巅峰，南宋也代表着古代中国青瓷史上的鼎盛阶段。

4.2.2 "雅集"与青瓷品鉴

文人雅趣在唐代作为一种自上而下的生活方式风靡开来，至宋代则更盛。如果说李白令宦官脱靴的典故成就了帝王爱才的笑谈，千古风流佳句展现了盛唐恢宏潇洒之气度，那么两宋帝王抑武重文的程度则堪称史上高峰，徽宗更是将文人逸趣推向极致。文人茶、酒、诗等风雅之事中，择器自有标准。《瓶花谱》评述了铜质、瓷质花器的差异与使用方式，记载了赏花鉴器背后的选择规制；《茶经》中以瓷色是否益茶为标准，全面评析了越窑、邢窑等窑口所出的青瓷茶具，得出越窑青瓷为上的结论①；唐诗宋词闪耀着赞誉青瓷的熠熠光辉，反映了唐宋文人的生活意趣和审美品位，推动了青瓷的发展。

古代对青瓷之色的阐释与文人的风雅生活、高雅审美有着千丝万缕的关系。第一，青出自玄，有虚无、缥缈、深邃的特征，符合文人澄怀观道、至虚无境界的哲学理念；第二，青色属于冷色系，高远清幽、平淡天真的气息契合文士远离热闹世俗生活的心理需求；第三，青通"清"，"清"常与纤弱、清逸的形象相联系，体现了一种超越尘世、轻盈洒脱的心境。可以说，对文士群体而言，青瓷雅器不仅是文化和审美追求的对象、君子比德的载体，还可以成为多思善感的文人墨客在宏图大志无法实现、对理想与现实产生落差时的精神寄托。两宋文人集团的社会地位进一步提升，他们的社会活动增多。在文人士大夫的集会中，品茗、赏花、饮酒、赋诗成为必不可少的活动。

4.2.2.1　茶文化中的青器

茶乃国饮，种茶、制茶、饮茶的习俗都起源于中国。茶之为饮，发乎神农氏。茶首先因药用价值而被先民接受，《神农本草经》认为："茶味苦，饮之使人益思，少卧、轻身、明目。"② 茶饮在西汉时已经出现，中国饮茶之风"兴于唐，而盛于宋"③。

江浙自古盛产名茶，以日铸茶④、天台山茶和径山茶最负盛名，越州（今宁波、绍兴一带）所产的"日铸茶"曾有"江南第一"⑤ 的美誉。唐至五代，浙茶成为贡品。据记载，950 年吴越王钱俶曾一次向后汉进贡茶叶三万五千斤⑥，数量惊人。北宋浙茶备受宫廷钟爱，《梦溪笔谈》记载："章献太后垂帘时，溥因奏事，盛称浙茶之美，云：'自

①　[唐] 陆羽《茶经》："若邢瓷类银，越瓷类玉，邢不如越，一也；若邢瓷类雪，则越瓷类冰，邢不如越，二也；邢瓷白而茶色丹，越瓷青而茶色绿，邢不如越，三也。"

②　《神农本草经》首次记述了茶饮起源的传说："神农尝百草，一日而遇七十二毒，得茶而解。"

③　"茶之尚，盖自唐人，至本朝为盛，而本朝又至佑陵时益穷极新出，而无以加矣。"见 [宋] 蔡絛《铁围山丛谈》卷六。

④　杨彦龄：《杨公笔录》，《文渊阁四库全书》本，第 863 册，第 195－196 页。"世传越王铸剑，他处皆不成，至此一日而铸成，故谓日铸。或云日注，非也。山有寺，其泉甘美，尤宜茶……茶尤奇，所收绝少，其真者，芽长寸余，自有麝气息。"

⑤　嘉泰《会稽志》卷九《山》。

⑥　《十国春秋》卷八十一《吴越·忠懿王世家》。

来进御，唯建州饼茶，而浙茶未尝修贡。本司以羡余钱买到数千斤，乞进入内。'自国门挽船而入，'进奉茶纲'，有司不敢问。"宋初两浙设立"榷货务"官管茶务，"采茶之民皆隶焉，谓之园户，岁课作茶输租，余则官悉市之"①。宋崇宁元年（1102 年），朝廷在上虞、余姚、诸暨等地设置官办茶场②。可见，北宋时宁波、绍兴一带茶叶生产在整个农业中占有仅次于粮食生产的重要地位。③

宋代茶业蓬勃发展，茶叶贸易的利润成为政府的主要收入来源之一。政府一方面向茶户征税，"世传算茶有'三说法'最便"④，"国朝茶利，除官本及杂费外，净入钱禁榷时取一年最中数，计一百九万四千九十三贯八百八十五，内六十四万九千六十九贯茶净利，卖茶，嘉祐二年收十六万四百三十一贯五百二十七，除元本及杂费外，得净利十万六千九百五十七贯五百八十五"⑤。朝廷还通过榷货务等机构专门管控茶政，"本朝茶法，乾德二年始诏在京、建州、汉、蕲口各置榷货务；五年，始禁私卖茶，从不应为情理重。太平兴国二年，删定禁法条贯，始立等科罪。淳化二年，令商贾就园户买茶，公于官场贴射，始行贴射法。淳化四年，初行交引，罢贴射法。西北入粟给交引，自通利军始。是岁罢诸处榷货务，寻复依旧"⑥。茶业的繁荣助推了饮茶文化的市场化发展，孟元老《东京梦华录·朱雀门外街巷》记载："以南东西两教坊，余皆居民或茶坊，街心市井，至夜尤盛。"⑦饮茶文化之繁荣可见一斑。当时临安城物质生活极为丰富，商铺林立，商品应有尽有，一派繁华风光，出现了"南西东北各数十里，人烟生聚，民物阜蕃，市井坊

---

① 《宋史》卷一百八十三《食货志·茶》。

② 《宋史》卷一百八十三《食货志·茶》。

③ 李刚：《论越窑衰落与龙泉窑兴起》，《文博》，1987 年第 2 期，第 73 – 77 页。

④ 《梦溪笔谈》卷十一《官政一》。所谓"三说"，读作"三悦"，指的是官府征税的一种措施。

⑤ 《梦溪笔谈》卷十二《官政二》。其中亦载："客茶交引钱，嘉祐三年，除元本及杂费外，得净利五十四万二千一百一十一贯五百二十四。四十四万五千二十四贯六百七十茶税钱。最中嘉祐元年所收数，除川茶钱在外。通商后来，取一年最中数，计一百一十七万五千一百四贯九百一十九钱，内三十六万九千七十二贯四百七十一钱茶租，嘉祐四年通商，立定茶交引钱六十八万四千三百二十一贯三百八十，后累经减放，至治平二年最中分收上数。八十万六千三十二贯六百四十八钱茶税。最中治平三年，除川茶税钱外会此数。"

⑥ 《梦溪笔谈》卷十二《官政二》。

⑦ ［宋］孟元老：《东京梦华录》卷二之"朱雀门外街巷"条。

陌，铺席骄盛，数日经行不尽"①的景象。饮茶及其他与茶相关的活动都是人们的日常所需，点缀着江南国都的社会生活。

茶文化之于中国文化的独特意义，在于茶文化与礼仪文化、中国古典美学、古典哲学在文化形态上的共通性。从皇家到民间，自古茶礼就是社交活动的重要组成部分。《仪礼·既夕》记载："茵著用茶，实绥泽焉。"②意思是将茶用作婚姻聘礼和祭祀供品（茶祭）。《武林旧事》记载了南宋皇家礼仪中的与茶相关的行为："御药传旨宣坐，赐茶讫。舍人赞躬身不拜，各就坐。分引升堂席后立，两拜，各就坐。翰林司供御茶讫，宰臣已下并两廊官赞吃茶讫，宰臣已下降阶，北向立。御药传旨不拜，引两廊官北向各再拜讫出。"③在封建社会"学而优则仕"的体制下，圣贤之书铺就了文人群体入仕的道路。皇室、贵族与文士本就共存于同一个教育体系和文化传统中，他们在价值判断、文化品格、审美体验等诸多方面具有一致性。可以说，正是因为在文化根源上相同，历代君王中更不乏文化修养和艺术造诣极高者，他们受同种教化和价值引导，拥有相似的审美品位。帝王的审美行为虽然有展露财富的一面，但是心底的文人雅趣仍然会被唤起，文人雅尚也成为帝王内心向往和追求之彼岸。由此可以更好地理解，文士的雅集意趣不仅在坊间流传，还成为官宦的推崇对象。

作为文人风雅生活的重要组成部分，品茶早已超越了"饮"的层面，上升到"品"的境界。茶，味略苦、回甘。善品茶之人乐于享受回甘之妙。初尝时在口腔舌尖的"苦涩"转而成为一种意味深长、回味悠久的"甘甜"，与之伴随的是由鼻腔沁入的自然之香。仔细品味这种无与伦比的美妙之"味"，可以通往清净、无为、淡泊、致远之境界。"味"是一个中国美学概念，它的含义是通过审美感知获得精神愉悦、自我修炼和思想提升，从而体悟空无辽阔之境界。所谓

---

① ［宋］吴自牧：《梦粱录》卷十九之"榻房"条，杭州：浙江人民出版社，1981年版，第180页。

② ［宋］李如圭：《仪礼集释》卷二十四《既夕》，四库全书本，第30页。

③ ［宋］周密：《武林旧事》，北京：光明日报出版社，2014年版，第147页。

"禅茶一味"①，主要指以禅宗无欲无求的理念来品茶，讲求达到内心虚空、沉静、笃定的空灵之境。二者可以视作一种殊途同归的道德修行。中国禅茶文化讲求"正、清、和、雅"，这种精神属性赋予的社会化育功能，更容易接近君子修身养性之境界。对于文士群体而言，茶文化不限于品茗听禅、吟诗和乐、清谈赏鉴等活动，还包括依托茶文化直抵观念层面的神思遐想。文人高士在烹茶、敬茶、品茶的过程中，审美感兴，畅谈古今之事，引发禅思；通过提升自我修养，澄澈内心，逐渐接近儒家所倡导的澄净之境。君子俯观青幽葱胧之色，仰望苍山云海、茂林修竹，视线之所及，一片安详静怡；俯仰坐卧之间，吟诗品茗、赏鉴雅瓷之时，犹如置身自然山川，能观照内心，顿悟人生。

　　文人爱茶，正所谓"居不可无竹，饮不可无茶"。雅集之中，茶与青器营造的清澈之境，有助于文人士大夫寄情山水、吟诗唱和、弄墨抒怀。青色历来在文人的审美观照中充当重要的角色。青瓷、茗茶与茂林修竹、山峦峻岭的色彩风貌相似，文人于手中把玩、指尖触碰青瓷，通过味觉感知、嗅觉品味茗茶，如置身山水丛林之间、湖光山色之畔，清新雅韵、微风拂面，令人仿佛归隐田园、栖居幽谷。从魏晋时期竹林七贤的居山林之隐逸之心，到北宋山水牧歌、林泉之致，文人风骨中凝练出的青色象征其人格品质，隐喻不受权贵羁绊的独立精神和高昂意志。文人通过品茗活动，从生理感受触及心理机制，由审美联想获得精神慰藉，把青瓷的纯净、清幽、空远和青色的勃勃生机、纯真品格融为一体。这是历代文人孜孜以求的中国文化精神，也是每一个具有赤子之心的文士内心崇尚的清雅风骨，也是青瓷艺术审美价值的重要方面。

　　作为社会风尚的雅集成就了青瓷茶具在茶事中的地位。宋代文豪苏轼爱茶，提出了"饮茶三绝"之说，即茶美、水美、壶美。相传他曾设计了一种提梁式茶壶，题有"松风竹炉，提壶相呼"，这种提梁式茶壶也被称作"东坡壶"。苏轼《望江南》中写道："寒食后，酒醒却咨嗟。休对故人思故国，且将新火试新茶。诗酒趁年华。"其弟苏辙《水

----

　　① 禅茶是指寺院僧人种植、采制、饮用的茶，主要用于供佛、待客、自饮、结缘赠送等。禅是一种境界。禅宗讲究在坐禅中凝神屏虑，以达到无欲无念，无喜无忧，梵我合一之境。为防止未入禅定，先人梦寐，故需饮茶提神。晚唐时，夹山寺开山祖师善会首倡"茶禅一味"之说，两宋之际的圆悟克勤禅师将其发扬光大，并传到日本，对日本的茶道文化产生了深远影响。

调歌头》中写道："轻动黄金碾，飞起绿尘埃。"此情此景，茶与器、形与色、味与思都成为审美观照的对象，美好茶事激发了人们心中对风雅生活的向往。这种充满了仪式感的茶事，展露了宋人于方寸之间体味世象万态的情怀，于茶香、花气、琴韵、雅器之间，可以领略其高雅的精神世界和美学风尚。

随着唐代"限铜令"的推行，瓷器成为器用之首选，文人雅士对各色瓷器的选择颇为讲究，风雅茶事之器更有一套兼顾使用与审美的标准。按照《茶经》"邢瓷白而茶色丹，越瓷青而茶色绿"的色彩准则，北方的邢窑白瓷被排除在品茶雅器之外。笔者推测，除去色彩因素，内丘白瓷瓯"天下无贵贱通用"的器用等级，是其难登大雅之堂的隐含因素。陆羽的"益茶"观成为选择茶器的重要标准。从色彩与审美的关系分析其原因，越窑青瓷胎体轻薄，呈现的艾色有一种古拙雅韵，较同期的瓯窑、婺州窑更符合文人阶层的审美取向。更为关键的是，越窑青瓷能很好地彰显茶色的青翠和嫩绿，透明无色之水盛放在青瓷内会呈现出瓷之"青"色，煎煮后的茶汤呈青绿色，二色相互叠加愈显茶汤之浓郁。同时，茶的嫩绿叶芽在青雅之器的衬托之下，更显自然之美和风雅之韵。唐宋之间，随着茶文化的普及，盛产茶器佳品的越窑呈现在一派繁荣盛景，反映了饮茶文化在当时社会生活中的重要地位。南宋龙泉青器延续了唐代越窑、北宋汝窑"尚青"的审美传统，且突破工艺的限制，以"至青"衬托"至雅"。

在宋代茶文化兴盛的背景下，饮茶之风遍及宫廷、达官贵人、文士、普通民众，饮茶器具的社会需求高涨。离都城仅几百里的地理优势，助推了龙泉窑的发展。杭州文化繁荣、经济富庶，催生了饮茶器具的专门化和精致化发展趋势。《茶经》记载了唐代煎茶、煮茶等不同饮茶方式及由此产生的25种饮茶器具，后者包括"煎煮"所用的风炉、镬以及盛汤的托盏，配套使用的碾、盆、匙、碟、带盏小罐以及茶床等。传为唐代阎立本所绘的《萧翼赚兰亭图》描绘了唐代煎茶场景，画中各式茶器和茶具的使用方式一目了然。北宋赵佶的《文会图》（如彩图42所示）描绘了文人学者于丛林深处饮酒品茗的闲逸场景，画面上部为文士主体活动区域，杯盏层叠、菜品丰盛，下部为点茶备食区，设有茶床、茶炉、茶箱。三位仆人正在备茶，一名侍者侧立等候。最左侧的仆人面前有燃烧的火炉，两个执壶正在炉上煮水候汤，以便点茶。

中间的仆人正在茶床上备茶，他一手持黑色盏托，一手用长柄茶匙将茶舀入茶盏之中，从黑色盏托与茶杯大小来看，其与主桌同色的杯和盏有所区别。最右侧的仆人面前有两个温酒执壶，与主桌右上角的形制一致。南宋刘松年绘制了多幅茶文化题材的画作，反映了南宋的点茶流程和器用，如《撵茶图》《卢仝烹茶图》和《茗园赌市图》等，其中《撵茶图》（如彩图43所示）描绘了文人于户外雅会品茗焚香的场景，画面分左右两个区域构图，右侧描绘儒释道三教合流，于书案上笔墨交流的场景，左侧两名仆人一人在茶床上以执壶注入热水点茶，另一人则正在转动碾磨磨茶。茶床上放置了若干层叠的盏托和杯盏待用。书案上焚香袅袅，周边茶香四溢，实为风雅乐事。总之，这些细致而完备的图像资料和文字记录，展示了唐宋煎煮、冲点茗茶的规范和流程，也清晰再现了唐宋茶具的形态和样式。对比彩图42以及彩图43，可见器物由圆润而清秀的变化。不过"点茶"流程和茶器的功用与形制基本保持传承之势。

　　古代的主要茶饮方式由汉代煮茶发展到唐代煎茶、宋代点茶，不断衍进。宋徽宗所著的《大观茶论》是关于宋代点茶的集大成之作。从唐代的煎茶到宋代的点茶，茶事用器也发生了变化（如图4-10所示）。宋代煎茶有两种方式：一种是对唐代煎茶饮茶法的继承，把团茶或草茶磨成茶末后煎煮；另一种是不经研磨，直接把草茶或茶叶投釜煎煮，并由此发展为明代的瀹（即煮）泡饮茶法。宋时饮茶具主要有茶壶和品茶杯盏。宋代瓷执壶较唐代有所发展，整体造型由圆润转为清瘦，执壶之流也发生了变化。徽宗赵佶在《大观茶论》里写道："注汤害利，独瓶之口嘴而已。嘴之口差大而宛直，则注汤力紧而不散。嘴之末欲圆小而峻削，则用汤有节而不滴沥。盖汤力紧，则发速有节，不滴沥，则茶面不破。"对于"流"的诸多考量主要受到宋代的点茶方式的影响，"点"是对注汤动作的概括，是茶膏稀释、茶味彰显、茶沫形成的关键环节，而"流"的设计决定了注汤的缓急、多少，流的高度、弧度、内空、长短要与壶身比例匹配，最关键的是要使液体流淌时尽可能聚力，使得沸水最大程度冲泡茶膏，而获得理想的茶汤。除此之外，理想的流应该便于使用者把控壶内液体倾倒时的速度，结束时使液体迅速回流，不会洒落。宋代执壶之流，多呈向流口部渐细的C形圆柱状，这种造型设计更多是出于使用功能考虑。

图4-10　点茶器具

随着宋代茶文化深入地渗透到社会日常生活，茶饮方式日趋多样化，出现了斗茶与茶百戏等茶娱乐活动。这种带有竞赛游戏意味的习俗逐渐在全国各阶层流行，成为宋时茶业之风尚。黑盏因便于呈现白色泡沫而成为斗茶之器，由此产生了宋代茶器的另一种品鉴体系，不过这并不影响唐代以来以青瓷品茶的做法，也不曾改变国人将青瓷作为茶具首选的惯性。

茶叶、瓷器、丝绸沿着丝绸之路，走向世界。茶文化传播域外，令世界人民的生活方式大为改观。东西方不同地区对中国茶文化吸纳的方式不同。从整体来看，日本、韩国以全盘接受式的仿效为主，而以欧洲为代表的西方则采取了融合与改造的方式。或许是因为文化的相似性和地域的连接关系，日韩的制茶、烹茶、品茶过程与中国茶文化基本保持一致，甚至在茶文化的内涵方面也是对中国的承继与发展（如彩图 44 所示）。表现比较突出的是日本，他们吸纳了中国茶文化的精髓，并融合东方特色将茶礼、茶道推向深远。根据日本《类聚名物考》记述，"茶道之起，由宋传入"。茶文化传到日本，影响了他们的饮食文化以及餐饮模式，也在一定程度上改变了日本人的文化形态和生活模式。日本禅寺庭院中的"茶亭""茶寮"是以我国禅寺为原型发展而来；日本跪坐的传统深受唐宋文化的影响，其中不乏受茶礼姿态的影响；唐宋"撵茶"习俗和"点茶"技艺传入日本，发展为如今仍流行的"抹茶"，这种粉状茶叶将茶之味注入菜品、糕点、饮品等多元餐饮领域。

东西方的饮茶品茗活动都具有社会属性，在文化交流、情感沟通、自我净化的氛围里，瓷器成为日用茶器的首选。从味觉偏好来看，东方人更习惯于茶的清淡微涩、满口回甘之感，而西方人更喜欢苦中带甜、浓郁厚重之味。欧洲人习惯将红茶与奶调和后饮用，这可能与西方饮食对奶油的偏好有关。这种味觉偏好和对茶器的选择差异，折射了东西方生活方式和文化观念的不同。东西茶文化形成了各自的器用模式，东方经典茶具以青瓷为上，素雅无饰，讲求一种简约宁静之美；西方惯用的白瓷咖啡具或茶具常以釉上彩绘装饰，与欧洲装饰和审美风格相关，双方都注意到了器物的搭配关系。饮食器物之"形"与"色"能彰显饮品和食物的"色"与"味"。这种色与味的呼应、食与器的互动在长期的文化习俗中成为固定样式流传至今。

综上，茶文化的发展受益于文人阶层的推动，在宋代茶风日盛的背景下，文人尚简、尚素的审美偏好，成为南宋龙泉青瓷艺术特征形成的重要因素。龙泉青瓷普遍用于生活各领域，不仅用作茶器，还包括酒具。

4.2.2.2　酒文化中的青器

宋代酒文化的兴盛与宋代酒政相关。酒税是两宋政府重要的财源，酒的生产与销售、酒库管理由国家统一掌控。北宋初年实行禁酒政策，不许私人酿酒，政府规定，对私自制曲 5 斤者判处死刑，后放宽到对私自制曲 15 斤者判极刑。相对于北宋禁止性的政策导向，南宋采取缴纳头子钱（附加税）、按米计收酒税等更灵活的策略以增加税收，同时南宋酒价较北宋大幅上涨，提高了酒税在国家税收中的占比。《宋史·食货志》记载："渡江后，屈于养兵，随时增课，名目杂出。"① 南宋初期对金作战，军费剧增，建立了多个以赡军为目的的酒库，包括赡军酒库、赡军犒赏酒库、回易酒库、公使酒库等。南宋酒库一般直隶于户部或官府诸司，部分军队直接经营酒库，这是南宋榷酒制度的一大特色，例如抗金名将岳飞、韩世忠所在军队均经营了十数个酒库。南宋以浙江为中心的南部地区，延续了北宋酒业昌盛之势，造酒作坊星罗棋布。上至皇家宫廷，下至市井村寨，其分布之广，辐射之大，数量之众，盛况空前。

酒业兴盛之势与宋代城市布局的变化密不可分。唐代市坊分离的城市格局在唐后期逐渐被打破，两宋街市的住宅和商业区域不再严格区分，商业经营分布在城市的各个角落，集市贸易空前发达。政府解除宵禁制度，允许商业活动通宵达旦进行，夜宴笙歌、灯红酒绿，都城愈加开放和包容。北宋市井生活的盛况在风俗画卷《清明上河图》中可窥见一二，人头攒动的汴河两岸，商铺繁盛，酒肆林立，临街小吃、茶坊、药铺、食店、染店及陶瓷铺应有尽有，其中描绘茶楼、酒肆的场景最多。画中的"正店""脚店"等招牌分别指兼具造酒权、售酒权的酒肆和从"正店"批发酒的酒肆。隶属北宋官府的造酒地点遍布都城的东南西北中五处，相当规格的酒楼有 72 处，至南宋更甚，《武林旧事》卷六《酒楼》记载了南宋临安城著名的酒楼情况，"属户部点检所"的官署酒楼有和乐楼、和丰楼、春风楼等 11 处。"每库设官妓数十人，各有金银酒器千两，以供饮客之用。"② 民间酒肆中的佼佼者有熙春楼、三元楼、五间楼、赏心楼等 18 处，"每楼各分小阁十余，酒器悉用银，以竞华侈"③。临安城手工业和商品经济发达，《梦粱录》记载了市井百态，夜晚人们常去商业区的酒楼欢聚。《武林旧事》记载："都城自旧岁冬孟驾回，则已有乘肩小女、鼓吹舞绾者数十队，以供贵邸豪家幕次

---

① ［元］脱脱：《宋史·食货志》，百衲本，第 7–10 页。
② ［明］解缙：《永乐大典》卷之七千六百二十八"杭"，嘉靖副本，第 2–15 页。
③ ［宋］周密：《武林旧事》，北京：光明日报出版社，2014 年版，第 109–110 页。

之玩。而天街茶肆，渐已罗列灯球等求售，谓之'灯市'。自此以后，每夕皆然。三桥等处，客邸最盛，舞者往来最多。每夕楼灯初上，则箫鼓已纷然自献于下。酒边一笑，所费殊不多。往往至四鼓乃还。自此日盛一日。"① "天府每夕差官点视，各给钱酒油烛，多寡有差。且使之南至升旸宫支酒烛，北至春风楼支钱。终夕天街鼓吹不绝。"②

《武林旧事》卷六《酒楼》记载了临安民间酒肆下酒菜肴和食用流程："又有卖酒浸江蟾、章举蛎肉……诸海味者，谓之'醒酒口味'。凡下酒羹汤，任意索唤……酒未至，则先设看菜数碟；及举杯，则又换细菜，如此屡易，愈出愈奇，极意奉承。……歌管欢笑之声，每夕达旦，往往与朝天车马相接。"③ 可见，宴饮中下酒菜肴品类丰富，非常讲究，如此规格的消费颇为昂贵。这反映了南宋社会经济的繁荣盛况，也说明了酒在餐饮文化、社会交往中的作用。施耐庵所著小说《水浒传》中记载的"醉里乾坤大，壶中日月长"，"世间无比酒，天下有名楼"等，可能有艺术创作的痕迹，但也反映了宋时饮酒已经融入了社会生活，也成为文士关注的重要内容。

酒，由五谷、蔬果等原料经发酵等特殊工艺酿制而成，因工艺和酒精浓度的高低而口味各异。《战国策》载："帝女令仪狄造酒，进之于禹。"④ 由此可以推测中国不晚于夏代已经掌握人工酿酒技术。晋代江统《酒诰》记载："酒之所兴，肇自上皇……有饭不尽，委余空桑，郁积成味，久蓄气芳。本出于此，不由奇方。"⑤ 先民由"剩饭"偶成的"酒"逐渐发展为"酿酒"技术，产生了源远流长的酒文化。酒能强身健体，活血通络，《礼记·射义》写道："酒者。所以养老也，所以养病也。"⑥ 可见古人已意识到酒的药用养身价值。宋代的酿酒工艺发达，据清朝人郎廷极《胜饮编》统计，宋朝是历代编撰酒经——制曲、酿酒工艺理论最多的王朝，比较著名的有：苏轼的《东坡酒经》、朱肱的

① ［宋］四水潜夫：《武林旧事》，杭州：浙江人民出版社，第30页。
② ［宋］周密：《武林旧事》，北京：光明日报出版社，2014年版，第141页。
③ ［明］解缙：《永乐大典》"杭"条，嘉靖副本，第2–15页。
④ ［宋］寇宗奭著，［宋］许洪著：《图经衍义本草》卷之三十八，正统道藏本，第12–13页。
⑤ ［明］梅鼎祚：《西晋文纪》卷十九《酒诰》，四库全书本，第18页。
⑥ ［汉］郑玄注，［唐］陆德明音义：《纂图互注礼记》卷第二十《射义第四十六》，四部丛刊景宋本，第11页。

《北山酒经》、林洪的《新丰酒经》、李保的《续北山酒经》、范成大的《桂海酒志》、窦革的《酒谱》等，其中《北山酒经》最为著名。宋代酿酒技术发达，饮酒风气日盛，张能臣《酒名记》、周密《武林旧事》、吴自牧《梦粱录》等文献记载了宋代名酒 280 多种，① 《武林旧事·诸色酒名》记载了令人遐想的风雅酒名 54 种。② 按照酒的种类大致分为黄酒、果酒、药酒和白酒四大类。无论何种酒类，都以清透为佳，古有"缩酌"的做法，即用茅束过滤掉原酒中浑浊的酒糟，使得酒质清澈透亮，获得"澄酒"。《礼记·郊特牲》记载：

> "缩酌"③ 用茅，明酌也；盎酒涗于清；汁献涗于酒。犹明、清与盎酒于旧泽之酒也。祭有祈焉，有报焉，有由辟焉。④

《礼记·礼运》记载：

> 夫礼之初，始诸饮食，其燔黍捭豚，污尊而抔饮，蒉桴而土鼓，犹若可以致其敬于鬼神。
> 故玄酒在室，醴盏在户，粢醍在堂，澄酒在下。⑤

酒在宫廷和民间、祭礼和日用的礼仪之度，体现了人们的崇敬之情。不晚于周，酒已成为礼仪的重要组成部分，《礼记·玉藻》：

> 凡尊必尚玄酒，唯君面尊。⑥

---

① 李华瑞：《中华酒文化》，太原：山西人民出版社，1995 年版，第 32 - 34 页。
② 蔷薇露、流香（并御库）、宣赐碧香、恩堂春（三省激赏库）、凤泉（殿司）、玉练槌（祠祭）、有美堂、中和堂、雪醅、真珠泉、皇都春（出卖）等。见 [宋] 周密《武林旧事》，北京：光明日报出版社，2014 年版，第 118 页。
③ "缩酒"一词始见于《左传·僖公四年》："尔贡包茅不入，王祭不共，无以缩酒。""缩酒"又名"缩酌"，旧时有沃酒说。《周礼·天官·甸师》郑兴注："束茅立之祭前，沃酒其上，酒渗下去，若神饮之，故谓之缩。"杜预也赞成此说："束茅而灌之以酒为缩酒。"
④ [清] 方苞：《礼记析凝》卷十二《郊特牲》，四库全书本，第 13 页。
⑤ [东汉] 郑玄注，[唐] 陆德明音义：《纂图互注礼记》卷之七《礼运第九》，四库丛刊景宋本，第 2 - 3 页。
⑥ 《礼记·玉藻》，见秦川主编《四书五经》，北京：北京燕山出版社，2007 年版，第 1156 页。

《周礼·春官·司尊彝》记载：

> 凡六彝六尊之酌，郁齐献酌，醴齐缩酌。①

商人嗜酒，以青铜作酒器、礼器的传统在周代有文字记载。尊、爵、鼎、彝等青铜器本就是礼仪重器，用青铜"献酌"体现了祭礼之器在国家典礼上的统一，也反映出酒本就是祭祀活动重要的组成部分。"酒以成礼"（《左传》）的传统自古有之，酒礼提升了酒文化的崇高性。《礼记·乡饮酒义》记载民间礼仪中的饮酒之礼，主要是为了明辨长幼之序；饮酒之礼则是卿大夫在举行射礼之前应进行的礼仪②。琼浆成为社交宴饮中不可或缺之物。唐代社会进步、经济富庶、对外贸易频繁，上至统治阶级，下到黎民百姓，"无酒不成礼仪"，"有礼之会，无酒不行"。酒文化延续到宋代，不仅有"杯酒释兵权"，也有文人墨客饮酒作赋的畅意之举，酒成为宋代文人情怀的符号表征之一。

两宋三百多年，酒文化空前发展到了前所未有的高度，饮酒之风盛行于社会各个阶层。文人在诗书雅集上，畅谈古今，诗作唱和，尽显诗酒风流。酒能助兴，文人士大夫赋诗撰文之时，觥筹畅饮，借酒抒怀，别有风雅情趣。文人多壮志，壮志未酬的遗憾或人生不如意的惆怅，能在酒精的作用下得到片刻的消解，酒带来的微醺或浓醉成为情绪宣泄的出口，从建安七子到竹林七贤莫不如此，即所谓"何以解忧，唯有杜康"。文人多豪情，酒能壮胆识，很多在常态下不敢做、不能做的事皆可发生，豪情万丈、酣畅淋漓，不禁令人感叹"对酒当歌，人生几何"。酒是餐桌宴饮中的必备之物，也是情感、志向得以抒发的重要催化剂，这种借酒抒怀的诗酒情节早在盛唐已成为一种风尚，李白留下"斗酒诗百篇"的美谈，唐代诗人王翰《凉州词》写道："葡萄美酒夜光杯，欲饮琵琶马上催。醉卧沙场君莫笑，古来征战几人回？"可见壮士惜别，前途未卜，仗剑走天涯的侠骨豪情。甘醇美酒、觥筹交错之时，人的味觉、嗅觉、视觉融为一体，更增长了家国情怀和个人惆怅相

---

① ［汉］郑玄注，［唐］陆德明音义：《周礼》卷第五《春官宗伯第三》，四部丛刊明翻宋岳氏本，第29－31页。

② 《礼记·乡饮酒义》："古者诸侯之射也，必先行燕礼，卿大夫之射也，必先行乡饮酒之礼"。

互交织的别样心境。宋代诗酒文化更为普遍。宋代政治家、文学家欧阳修，自号"醉翁"；一代文豪苏轼，更是因酒酣之时落笔而闻名；陆游的《思蜀》中有"未死旧游如可继，典衣犹拟醉郫筒"[①]；宋代女词人李清照爱酒，留下了"常记溪亭日暮，沉醉不知归处"等佳句。这些描绘见证了饮酒作为一种社会时尚融入文士社交的同时，也使文人放松心性、回归真我，激发文人灵感。这些广为流传的诗词歌赋中或隐或现的酒文化，以及文士阶层审美文化和生活方式交织而成的时代风向标，进一步推动了酒文化的繁盛之势。

"上古之人临池用手掬捧而饮，草莽英雄瓢舀碗盛豪饮，文人雅士持杯把盏酌饮。"不同的饮酒方式展露的个性与情怀，也反映了其与社会交往的方式。恩格斯说："人是劳动的产物。从根本上说，人类文化伏根于生产劳动，远古先民在满足生存需求的过程中，音乐、建筑与绘画等艺术孕育而生。"[②]"作为人类生存的首要条件之一的食物在人类社会的发展过程中起着很大的作用，其中饮食时所需器具又是其物质文化的核心所在。"[③]人们需要饮食保障生存的基础，在对食物加工、盛放、食用的活动中，饮食器物也日趋成熟。饮食器经历了由共用到专用的过程，从历史的发展来看，茶、酒器具共用的情况持续了一段时间，这种情况在当今某些物质匮乏的地区仍然存在。伴随着物质文化和精神文化的发展，器物的使用功能逐渐细化，专门的盛酒、饮酒、温酒的酒具也孕育而生。正所谓"非酒器无以饮酒，饮酒之器大小有度"。甲骨文中已有酒具的相关记载，青铜酒器上古已有，龙山文化遗址中已出土陶酒具，说明不晚于新石器时代，先民已开始使用专门的酒器。

酿造而成的酒需要密封贮藏或埋入地下存放，视其工艺和品质可以贮存几年至几十年不等，陈年佳酿口感醇厚，更为珍贵。三代斟饮酒器以青铜为尊，至唐宋逐渐被轻巧的瓷器取代。酒需酿制、存储的特点决定了酒具应有特殊的性能。密封性高、耐酸、耐碱、抗腐蚀的陶瓷器成为酒具的首选，可以保障这些玉液琼浆数十年不变质，而且清冽醇厚，

---

① 《剑南诗篇》卷二三，《陆放翁全集》，第397页。

② 〔德〕马克思、〔德〕恩格斯：《马克思恩格斯全集》第3卷，北京：人民出版社，1972年版，第508、515页。

③ 宗椿理：《从礼仪到致用——古代饮食器具的审美走向》，《中国社会科学报》，2015年7月23日第773期。

历久弥香。陶瓷器作酒具的传统由来已久。《礼记·礼器》记载："君尊瓦庑，鹿，置酒五斗缶。"① 《仪礼·士丧礼》："东方之馔，两瓦甒，其实醴酒。"② 《礼记·礼器》："君尊瓦甒，此以小为贵也。"③郑玄注："瓦甒，五斗缶。"孔颖达疏："此瓦甒，即燕礼公尊瓦大也。"④ 唐李贺《箜篌引》："陇亩油油黍与葫，瓦甒浊醪蚁浮浮。""瓦"本是汉字的一个部首，本义为"已烧土器的总称"。瓦庑、瓦甒是一种小口短颈，半腹敛腰，圈足，有盖的陶制酒器。《诗经》中有"清酒百壶"，可见春秋时期已经使用酒壶来斟酒，这也暗含了当时酒的贮存与斟饮分离的情况。从某种意义而言，器物的选择和使用反映了群体的文明程度和审美需求，也反映了材料的革新。瓷成为酒器专属材质，这不仅在文献记载中得到证实，也可以根据材料工艺发展变迁史得出同样的推断。陶质酒具的出现早于青铜、玉器、金银器，随着汉代瓷器的发明和普遍应用，表面光滑致密、吸水率低、易清洗、便于携带、储物保质长久的瓷器取代其他材质的酒器，成为酒具的首选。潘岳的《笙赋》中记载：

披黄包以授甘，倾缥瓷以酌酃。⑤

这里的缥瓷指的是浅青色酒瓶。邹阳《酒赋》中写道：

醪醴既成，绿瓷既启。⑥

宋应星《天工开物》中记载：

泥瓮坚而醴酒欲清，瓦登洁而醯醢以荐。⑦

① ［汉］郑玄注，［唐］孔颖达疏：《礼记·正义》，武英殿十三经注疏本，第27页。
② ［清］蔡德晋：《礼经本义》卷十二《士丧礼上》，四库全书本，第30－31页。
③ ［汉］郑玄注，陈戌国点校：《周礼·礼仪·礼记》，长沙：岳麓书社，2006年版，第320页。
④ ［汉］郑玄注，［唐］孔颖达疏：《礼记·正义》，武英殿十三经注疏本，第29页。
⑤ ［宋］吴淑：《事类赋》卷二十七，四库全书本，第5－6页。
⑥ ［梁］萧统：《六臣注文选》卷十八《笙赋》，四部丛刊景宋本，第34－36页。
⑦ ［明］宋应星著，潘吉星译注：《天工开物译注》，上海：上海古籍出版社，2013年版，第140页。

酒具包括盛储器、斟饮器以及酿制器，早期三者并没有专属化，因为酿制和盛储的过程融为一体，所以酿制和存储之器常合二为一。"醪醴既成，绿瓷既启"反映了酒是在瓷器中完成由谷物到酒的重要转化，也说明陶瓷器的使用早于酒的诞生。从朦胧的"缥瓷"到发色明显的"绿瓷"，不晚于汉，人们已经意识到青瓷之质与酒液之清的内在关联，青瓷逐渐成为酒具首选。宋元是我国酒业发展的重要历史阶段，也是青瓷酒具的兴盛时期。究其原因，一方面，汉代至两宋之间，城市发展、商业繁荣，酒文化的发展激活了酒具市场。从陶瓷发展史来看，青瓷在陶瓷竞技场上一枝独秀，几乎占领了中高阶层的日用器具市场，瓷质酒具以青瓷的数量最多、品质最优。另一方面，青瓷之色能够彰显美酒的色与味，体现酒之清冽与澄澈，又有助于渲染氛围。随着酒文化的成熟和瓷器设计生产的完备，瓷质酒具也逐渐呈现专属化的趋势，餐饮时最常出现的酒器是斟饮器。从汉代的兽首仿生酒具，魏晋南北朝的鸡首壶酒具，隋唐之际的小口鼓腹、圆融敦厚的梅瓶，到宋元盛行的玉壶春、执壶、温酒壶，器物文化记录了瓷质斟饮酒器的发展历程，反映了酒文化在社会发展中的轨迹。

两宋"武功不足，文治有余"，儒家复兴、理学思想诞生的社会背景，激发和调动了文人阶层的无限潜能，他们的社会文化生活极度丰富。在这种文风日盛的社会背景下，人们的生活方式也发生了改变。从"席地而坐"到"垂足而坐"的划时代转变，提升了"坐"的舒适性，拓宽了人们社交活动、饮食文化中的活动范围、社交形式。最为重要和关键的意义在于，带来了家具、器用、建筑等诸多方面的变革，以及人们的生活方式的改变。唐代适宜跪坐的低矮桌椅逐渐被宋代适宜垂足而坐的桌椅所取代，而且宋朝确立的家具标准沿用至今。从器物文化的发展来看，坐具、坐姿的改变也影响了器用。从盘腿而坐转为垂足而坐，人们视点提高了，由"俯视"变为"平视"或"仰视"；垂足而坐之后，双腿解放，客观上导致餐饮活动中起身频次增加，活动范围也相对扩大。桌椅高度的增加，使得站立或垂足而坐的人们拿取酒壶、倒酒的方式也发生了改变。宋代盛酒器由早期的手捧改为手执，因采用执的方式而对壶身、倾倒顺畅度进行优化，导致了壶把位置、大小、弧度等的变化，从而演化出了经典的执壶样式（如彩图45到50所示）。宋代对器物的审美也随着提拿方式的改变而发生变化，唐代敦厚、饱满的器型逐渐被宋代修长、轻盈的器型所代替。常见的斟酒具——执壶，器身日趋挺拔修长，同时把手部分的空间加大，更便于提拿和斟酒。随着社会生产力的发展和制酒工艺的提高，宋朝成功酿造出蒸馏酒——白酒。白酒性烈，酒精度数高，此时的执壶瓶颈较长，可以降低酒精挥发的速度，避免酒因酒精挥发而改变味道；同时，执壶的容量减小，便于起身斟倒，执壶多与容量小的杯盏配套使用，这种酒器形制延续至今。小酒杯更适宜饮用高度酒，觥筹交错之间尽显优雅礼度。南宋时期较有特色的酒杯造型有海棠杯、束口杯、莲瓣盏、莲子盏等；另有改良的唐代盛酒器皿造型，如带勺的樽、各式酒杯，包括高足杯等。① 这些杯盏造型上承北宋，同时又融合了南宋官窑器型，各式酒杯与执壶共同反映了宋代酒文化。

　　宋朝注重经济发展，"此时人口增长，至晚宋已达1亿，商业发达，城市扩展，尤其商业都市化导致专业分工和新兴社会关系。经济繁荣为文化开辟了新场所，书画作品展示于酒肆、茶馆，出自流行戏剧的词曲在市井流传"②。人民安居乐业，饮食文化昌盛。《梦粱录》记载："凡百货卖饮食之人，多是装饰车盖担儿，盘盒器皿新洁精巧，以炫耀人耳，盖效学汴京气象，及因高宗南渡后，常宣唤买市，所以不敢苟简，食味亦不敢草率也。"③ 临安城物质生活极大丰富，商铺林立，商品齐备，一派繁华风光，出现了"南西东北各数十里，人烟生聚，民物阜蕃，市井坊陌，铺席骈盛，数日经行不尽"④ 的景象。宋人喜吃羊肉，"饮食不贵异品，御厨止用羊肉，此皆祖宗家法所以致太平者"。《都城纪胜》记载："都城食店，多是旧京师人开张，如羊饭店兼卖酒。"⑤《梦粱录》记载："又有肥羊酒店，如丰豫门归家、省马院前莫家、后市街口施家、马婆巷双羊店等铺，零卖软羊、大骨龟背、烂蒸大

---

① 陈雨前：《中国陶瓷文化》，北京：中国建筑工业出版社，2002年版。

② 〔美〕杜朴、〔美〕文以诚：《中国艺术与文化》，张欣译，北京：北京联合出版公司，2014年版，第199页。

③ 〔宋〕吴自牧：《梦粱录》卷十八之"民俗"条，杭州：浙江人民出版社，1981年版，第161页。

④ 〔宋〕吴自牧：《梦粱录》卷十九之"榻房"条，杭州：浙江人民出版社，1981年版，第180页。

⑤ 〔宋〕周辉：《清波杂志》卷一。

片、羊杂熠四软、羊撺四件。"① 可见在北宋开封和南宋临安，以经营羊肉并兼卖酒的食肆相当普遍，这是饮食口味和生活习惯的一种延续。

当时上至国宴，下及家宴，无不彰显着礼仪风范。宋宴中，美味佳肴繁多，令人瞠目，各式瓷质杯盏壶碟之器陈列有序，琳琅美食点缀其间，赏心悦目，正如宋徽宗《文会图》（彩图 43 所示）。古代的"科举四宴"是皇家以宴饮笼络人才的一种方式，其中的"鹿鸣宴""琼林宴"两个文科宴分别源自唐代和宋初，反映了自古延续而来的饮食文化在社会生活和人际交往中的重要意义，而酒器则充当着文士宴饮社交的媒介。按照中国古代的习俗，宴席上杯盏之数也代表着宴饮的隆重程度。宋代是一个文治的时代，也是一个注重礼仪的时代，不仅皇家盛宴需要通过器物来营造仪式感，社会各层都专注于此。北宋孟元老《东京梦华录》载："凡酒店中不问何人，止两人对坐饮酒，亦须用注碗一副，盘盏两副，果蔬碟各五片，水菜碗三五只。"这种规格反映了宋代酒礼之盛。南宋酒文化繁荣，车水马龙的都城临安更是酒肆林立。加之江南气候温暖，相比北方有更长的外出社交的时间，也更适宜于文人雅士聚集一处饮酒畅谈、品鉴赏玩。

宋代酒文化的繁荣丰富了宴饮内容和饮酒方式，酒具的功能日趋细化，分类越发完善，造型更为多样。根据《梦粱录》《武林旧事》② 记载来看，两宋宫廷和民间高档场所的酒器以金银器和瓷器兼而有之，南宋出现了包括租赁酒器在内的宴饮食器的情况③，为各种餐饮场合提供便利，这也反映出"酒器"对于提升宴饮档次的重要性。相对于金银酒器的固定形制，文人阶层以及民众生活用瓷，则不受约束、自由发展。酿酒技术的成熟带动了以酒为核心的系列产业，瓷业得到长足的发展。南宋都城临安的官家酒库附近通常设有瓷窑，专门烧造酒瓶以供使用，每库一年消耗的酒瓶数量达数百万乃至上千万之多。宋瓷清秀典雅、平淡天真的艺术风格和美学气质，在龙泉酒器上得到了充分展现。

---

① ［宋］吴自牧：《梦粱录》卷十六之"酒肆"条，四库全书本，第 2—4 页。

② ［宋］周密：《武林旧事》，北京：光明日报出版社，2014 年版，第 111 页。其中载："凡酒器、沙锣、冰盆、火箱、妆合之类，皆已金银为之。"

③ ［宋］周密：《武林旧事·卷六·赁物》，北京：光明日报出版社，2014 年版，第 112 页。其中载："花檐、酒檐、首饰、衣服、被卧、轿子、布囊、酒器、帏设、动用、盘合、丧具。凡吉凶之事，自有所谓茶酒厨子专任饮食请客宴席之事。凡合用之物，一切赁至，不劳余力。"

南宋龙泉青瓷酒具造型主要有三个来源：第一，沿袭前朝茶具或酒具的造型；第二，在前朝基础上改良的造型；第三，结合本朝酒文化新创的特色造型。

下面就几种代表性酒具进行解读。

"罍"最早见于《汉书·赵广汉传》，书中记有"椎破卢罍"。① 颜师古注："瓨，长颈罍也。"② 《说文解字》载："罍，缶也。"③ 罍是一种盛贮器，敞口、长颈、鼓腹、平底，可以配盖使用。不晚于汉，罍既用来汲水、存水，也用来存放粮食、茶叶、酒液等。至宋代，粮罍瓶用于随葬，这种将粮食装入陶瓷器皿用以随葬的习俗在江浙地区非常盛行④。早期的酒由粮食谷物发酵而成，敞口带盖的器型便于粮食的盛放和发酵，利于酒液的储存，又能保持洁净，避免挥发。前蜀贯休《樵叟》诗云："担头担个赤瓷罍，斜阳独立濛笼坞。"唐代杜甫的《进艇》留下了"茗饮蔗浆携所有，瓷罍无谢玉为缸"的佳句。唐代李匡义《资暇集·注子偏提》载："元和初，酌酒犹用樽杓……居无何，稍用注子，其形若罍，而盖、嘴、柄皆具。大和九年后中贵人恶其名同郑注，乃去柄安系，若茗瓶而小异，目之曰偏提。"清代吴允嘉的《浮梁陶政志·景镇旧事》记载："万文恭士和，故师事唐荆川，其莅江西饶州任，唐赠以双瓷罍。"⑤ 由此可见，汉时用于储酒的瓷罍到了唐代，成为贵重之器，甚至被作为重要礼物赠送友人。随着酒器向专门化、精细化、系统化发展，宋代罍在用作盛酒器皿的同时，也成为酒的容积计量单位。《梦溪笔谈·技艺》记载："隙积者，谓积之有隙者，如累棋、层坛及酒家积罍之类。虽似覆斗，四面皆杀，缘有刻缺及虚隙之处，用刍童法求之，常失于数少……假令积罍：最上行纵广各二罍，最下行各十二罍，行行相次……"⑥ 历代的罍盎、罍瓶泛指盛酒器（如彩图51

---

① ［汉］班固撰，［唐］颜师古注：《汉书·赵尹朝张两王传》，百衲本，第4页。

② ［汉］班固撰，［唐］颜师古注：《汉书·货殖传》，百衲本，第6-7页。

③ ［五代］徐锴：《说文解字系传》通释卷第二十八《系传》，四库丛刊景述古堂景宋钞本，第3-6页。

④ 宁波的绍兴地区盛行将粮食装入罍瓶中陪葬的习俗。绍兴市文物管理委员会藏有一件青瓷粮罍瓶，器腹刻有："上虞窑匠人项霸造粮罍瓶一个，献上新化亡灵王七郎，咸平元年七月廿日记"。

⑤ ［清］吴允嘉《浮梁陶政志》，北京：中华书局，第6页。

⑥ ［宋］沈括：《梦溪笔谈》卷第十八《技艺》，四部丛刊续编景明本，第2-3页。

所示）。宋代瓷罂造型具有明显的时代特征，口部宽大，盖子嵌入颈部，盖纽较大，颈部细短，便于酒液的保存。浑圆的器腹转折处有四个对称的弧形把，连接到瓷罂口部。这一形制设计体现了器物的适用性原则，把的设计能较好地满足提携、搬运和倾倒的需求，从力学原理来看，较长的把更为省力。

梅瓶，小口、瘦颈、鼓腹、细腰，因瓶口处仅能插一朵梅枝而得名。梅瓶又称"京瓶""经瓶"，作盛酒容器。历代文献不乏梅瓶作酒器的记载，宋人赵令畤《侯鲭录》卷三载："陶人之为器，有酒经焉。晋安人盛酒以瓦壶，其制，小颈、环口、修腹，受一斗，可以盛酒。凡馈人牲兼以酒，置书云酒一经，或二经至五经焉。"① 袁文《瓮牖闲评》卷六说："今人盛酒大瓶谓之京瓶。"② 现藏于上海博物馆的两件北宋磁州白地黑花铭文梅瓶，器腹开光墨彩书写"清活美酒""酒乡醉海"。现藏于桂林博物馆的250多件明代青花梅瓶中不乏酒器，其中温裕王朱履焘夫妇合葬墓中的嘉靖青花双龙戏珠纹高腰带盖梅瓶（如彩图52所示）出土时，器内残存着酿制好的滋补乳鼠酒，香气四溢，这佐证了古代桂林以三花酒泡制乳鼠的药酒秘方的存在。桂林博物馆镇馆之宝——宣德青花携酒寻芳（携琴访友）图梅瓶一对（如彩图53所示），其中携酒寻芳梅瓶纹饰中，策马高士旁的担食随从，其担上一头为三层食盒，另一头则是带盖的青花梅瓶。这一梅瓶上绘梅瓶的巧妙"瓶中瓶"设计，反映出酒在明代文士生活中的重要性，以及梅瓶用作酒器的传统。从功能与结构力学的角度来看，梅瓶之颈和底部为绳索固定的主要承力点和平衡点，挑担时瓶颈刚好成为垂直绳索的延伸，成为稳定瓶身的关键，让人不得不惊叹古人的设计智慧。梅瓶雅器随文人墨客共赴雅宴，觥筹交错之中，尽显诗酒风流。

这一明代文士雅集场景可视为唐宋社会生活的一种延续，携带家中珍藏的陈年好酒在乡野设宴笔会，是古代文人生活中的乐事。无论是品茗还是饮酒，文士都喜爱在风光秀丽的山林草地上进行。虽在郊外设宴，但所用之物丝毫不能马虎，杯、盏、碗、碟一应俱全，南北菜式口味丰富，茗茶酒饮应有尽有。这种风雅生活在宋代尤为盛行，赵佶

---

① ［宋］赵令畤：《侯鲭录》卷三，四库全书本，第13-14页。
② ［宋］袁文：《瓮牖闲评》卷六，四库全书本，第4页。

《文会图》所展现的场景，正是徽宗在山水丛林中宴请名臣高士的盛况，且不论美食美酒之众，单就器具功能之完备就已令人瞠目，展示了宋代器物文化兴盛的局面，以及器物对饮食文化的重要性。

出土器物与文字记载从两个层面进一步明确了梅瓶的酒具功能。梅瓶始于唐，流行于宋元，明清发展成熟。《饮流斋说瓷》载："梅瓶，口细而项短，肩极宽博。至胫稍狭，于足则微丰。口径之小仅与梅之瘦骨相称，故名'梅瓶'也。宋瓶雅好作此式，元明暨清初历代皆有斯制。"① 两宋梅瓶多呈窄肩、瘦长的鸡腿式，宋元龙泉窑烧制了大量典雅、纤丽的青瓷梅瓶，这种风格延续至明清。历朝梅瓶造型变化体现了时代审美，也与功能密切相关。从器用的角度而言，梅瓶瘦高的瓶身使得重心较高，纤细的圈足减少了接触面积，稳定性相对较弱；器腹浑圆、重心居中的器型更适合盛储酒，瘦高的梅瓶则更多作为观赏瓷而存在。本书认为，梅瓶兼有作为酒器或陈列器的功能，梅瓶器型之变充分体现了器用形态是在社会生产生活中产生，并随时代审美和使用需求的改变而发展的规律。

玉壶春瓶，撇口，细长束颈，胆腹，圈足。许之衡《饮流斋说瓷·说瓶罐》载：玉壶春口颇哆，项短腹大，足稍肥，亦雅制也。"② 玉壶春瓶常被理解为酒器，用于斟酒。唐代司空图《诗品典雅》言："玉壶买春，赏雨苑屋。"春，有春露、酒的意思，又有"玉壶先春""玉壶春酒"的说法。玉壶春瓶造型优美，其口部与青铜礼器的觚口部弧度有相似之处，非常适宜酒液的顺畅倾倒。两宋有大量以玉壶春瓶的器型为主体制作的执壶，这种融合了瓶与壶造型的执壶是陶瓷器型发展中的常见现象，也体现了器物造型发展的规律。南宋龙泉窑的玉壶春执壶，莹润的粉青、梅子青之美恰好与"玉"相吻合，彰显了玉液琼浆一词的意味。

执壶，亦称"注壶""注子""带把壶"，主要用于盛酒、斟酒。宋高承约《事物纪原》载："注子，酒壶名，元和年间酌酒用注子。"③

① ［清］许之衡著，叶喆民译注：《〈饮流斋说瓷〉译注》，北京：紫禁城出版社，2005年版，第61页。

② ［清］许之衡著，叶喆民译注：《〈饮流斋说瓷〉译注》，北京：紫禁城出版社，2005年版，第117页。

③ ［宋］高承：《事物纪原》卷八，四库全书本，第17页。

唐代中期流行的执壶，由魏晋南北朝及隋代盛行的鸡首壶演变而来，在唐代《资暇集》中被称为"注子"和"偏提"，宋代仍被称为"注子"。宋代执壶器型在唐代基础上有所发展，器身挺拔纤长，颈部细长，呈花觚状，流长而弯，腹部有圆腹式、扁腹式、瓜腹式等样式。瓜腹式执壶在南宋中晚期龙泉窑创烧，产量巨大。南宋时期的执壶口部变小，一般有盖（为子母口），部分盖上设有系孔，可以穿绳，将壶盖固定于把手。茶、酒二器同为斟倒液体的壶类器具，早期混用，随着器物的精细化发展，才逐渐分离。以执壶为例，对比茶壶和酒壶器型变化，可以发现器物功用与造型衍进的互动关系：第一，就整体形态而言，茶具低矮而酒具修长，前者或许受到器身高度限制，没有明显的器颈和器身的分界；第二，从流的形态来看，茶壶之流短而粗，酒壶之流细而长，多数酒壶之流的弯曲弧度较茶壶大；第三，从容积来看，酒壶通常大于茶壶。饮酒器具见证了酒文化的发展，反映了适用性原则对器物造型演变的影响。"唐代长沙窑出土的注子上铭有'陈家美春酒''酒温香浓'，应为酒器。"① 南宋执壶腹部形制（特别是瓜腹式注子）的形成受到唐代金银器以及宋代模具制作的影响，"这类用模子成型的水注、小罐，腹部有模印的菊瓣、莲瓣、云龙等纹饰的，大部分是龙泉溪口窑生产的"②。

温酒器是宋代根据当朝饮酒习俗新创的器型，常以温酒壶配温酒大碗组合而成。白酒问世之前，人们多饮用发酵而成的酿造酒，属于黄酒。黄酒酒精度低，盛行于南方，浙江绍兴等地的"女儿红""花雕"就属于此类，冬日加热后饮用，可疏通血络。早在商代已经出现了青铜温酒器——爵、斝、角等，此后陶瓷温酒器应运而生。造型优美、设计精良的宋代温酒壶由碗（温酒具）和壶（注酒壶）组合而成，二者配套使用。外部的碗盛装热水，酒壶置于碗内，通过水温来提升壶内酒的温度，温碗常为莲瓣式、菊瓣式。为了匹配温碗的高度，注酒壶的肩部高度通常与温碗持平，壶身较执壶低矮，且呈饱满浑圆状。我们推测这种与宋器修长风格略有不同的造型，是出于增加注酒壶容量的考虑。宋

---

① 耿东升：《冰清玉洁的越窑青瓷——中国国家博物馆藏越窑瓷器》，见沈琼华主编《2007'中国·越窑高峰论坛论文集》，北京：文物出版社，2008年版，第148页。

② 朱伯谦：《龙泉窑青瓷》，台北：艺术家出版社，1998年版，第170页

代青白釉温酒器如彩图51之⑥所示。在安徽宿松县出土与大英博物馆收藏的两件温酒器，其形制、装饰、体量基本相同。温碗和酒壶的外形都为瓜棱形态，高足碗呈花口，衬托出内部的注酒壶精致优雅，酒壶嘴曲而流畅，与扁平状的壶把左右呼应，显示出宋器内蕴的力量感，壶盖为帽状叠插式①，除了顶盖部分，还往下延伸，可以更好地保温和密封，盖纽处的狮子是器物最生动之处，憨态可掬，体现了宋代造器的精妙。

　　总之，宋代瓷业兴盛，备受文人青睐的青瓷不仅作为礼器、陈设器、乐器，还因与茶文化、酒文化相融合，成为雅士墨客品茶、饮酒之器。从文明初始到道器之辨产生，饮食器物从实用性往装饰性、审美性的方向融合发展，凝聚了华夏儿女传统造物的经验，闪耀着先哲的智慧光芒。"饮食器具作为物质载体体现了造型艺术、工艺制作、风俗习惯、社会功能、社会等级等，因而又是精神文化和制度文化的具体体现，正因为如此，饮食之道也被誉为人类的最高文化。"如果说饮食器物反映了人类生产生活方式的发展，那么茶文化、酒文化的物质载体——茶具、酒具，不仅仅保有饮食之器的功能，还是时代审美观念的产物，体现了器物所承载的文化性和社会性功能，与人们的生活方式息息相关。

4.2.2.3　唐诗宋词中的青瓷

　　两宋文化艺术昌盛，文人士子的社会地位显著提升，社交活动增加。文人墨客的雅集包含了饮酒品茶、吟诗唱和等内容，也包括了对瓷器的鉴赏、品评。兴致浓时，文人雅士常借诗词歌赋抒发情感，那极富意蕴、引发审美联想的品评瓷色的佳句，总能广为流传，传诵千古。诗人、词人描绘青瓷之美的同时，也构建出了颇具神秘色彩的想象空间，引发了世人的无限向往。这些歌咏之词蕴含的审美倾向会成为一种具有引导性的瓷色评定标准，作用于瓷器的生产与销售环节。就某种意义而言，一方面，青瓷的色彩倾向成为唐诗宋词瓷色品评的内容；另一方面，文人的品评又会引导着瓷色向"类玉""尚青"的标准逐步发展，

① 高纪洋：《形而下——中国古代器皿造型样式研究》，济南：山东美术出版社版，2014年版，第169页。

二者相互依存、互相作用。

随着唐宋茶、酒文化的发展，瓷器与人们的社会生活产生了密不可分的关系。青瓷茶具、酒具成为日用生活和风雅集会时不可或缺的用具。至宋代，在文化艺术兴盛的大背景下，瓷文化与茶文化、酒文化、诗词文化互相交融。文人雅士在抚琴、品茶、赏花、饮酒、作诗的艺术活动中，对所用青瓷器物的鉴赏、品评也成为一种雅事。这些对青瓷充满了赞美之情的诗词歌赋，不仅是文人雅士审美心境的流露，也助推了瓷色审美标准的传播。从审美的纯粹性来看，唐宋文人以青瓷为主体的瓷文化审美，更多展现了自由情怀和田园雅趣；反观明清以后，随着彩绘瓷器艺术的兴盛，陶瓷则侧重于展现世俗景观，体现出伦理教化的色彩和身份象征的功能，其连绵繁缛的祥瑞纹饰和各种鼎彝造型，与封建社会的帝王意志密切相关。就这个意义而言，青瓷所蕴含的文人气韵、凝聚的东方意蕴最为浓烈，成为中国陶瓷史上不可复制的东方典范。

"色"是瓷器的典型特征之一，古瓷独特的色彩意蕴是瓷器艺术的重要组成部分。当文人的政治抱负无法实现时，可能会转而追求闲情雅趣，以获得另一种人生快慰。青瓷是文人清逸追求的体现、君子比德的载体，自古以来备受文人墨客的青睐，青通"清"，文化意蕴一脉相承，颇能代表脱俗之辈的品格意志。文人墨客求雅求美，诗词歌赋中的瓷色成为抒发情感、托物言志的载体。无论是"雨过天晴云破处，者般颜色做将来"的柴窑青器，"巧剜明月染春水"的秘色瓷，"九秋风露越窑开，夺得千峰翠色来"的越窑青器，还是"古墨落幽芳"的青花瓷，吟咏陶瓷的诗句中的色彩借喻，反映了瓷色与中国艺术含蓄、诗性的特质相吻合。如果说服色中的正青色，是一种与身份、权力相对应的功能化符号，那么青瓷的雅致格调和诗意，莹润透彻、平淡恬静的色彩风貌与文人崇尚的删繁去奢、凝练含蓄的审美意象相合，折射了文人士子所代表的精英阶层的审美品位。

纵览陶瓷发展的历程，文人士大夫的审美取向成为青瓷色彩衍进的动力之一，也是成就青瓷审美格调和艺术品质的重要因素。两宋文人阶层影响的提升，以及宋徽宗赵佶审美取向对两宋文化艺术的影响，确立了雅文化的价值导向和审美尺度，简雅是文人情怀与境界的客观流露，也是他们内在情愫的生动写照。他们留下的意蕴深长的文字，极尽描述之能事，并通过物象与意境、审美与心境之间的观照实现审美通感。

文士雅集不限于书斋，泛舟山水、纵情林泉之时更能激发诗酒情怀，在诗词唱和中融入趣味性的游戏环节更添兴味。如"羽觞随波泛"所指的"曲水流觞"就是一种尽显诗酒风流的娱乐活动。暮春时节，文士牧野赏春之后，闲坐河渠两旁，通过上流"觞"（酒杯）顺流而下停留的位置来决定饮酒之人，畅饮之时吟诗作赋，兴之所至，意趣盎然，兰亭水畔一派雅韵氤氲。这种兼具仪式感和趣味性的雅事，是文士短暂的避世之举，也成为他们心中无法替代的精神依托。溪畔青草之侧、觥筹交错之时，留下千古风流佳句，传为美谈。

青瓷之色作为瓷器最初的色彩样貌，在中国人的审美意识中留下了深沉而持久的印记。青瓷之色的含蓄与沉稳，故青瓷成为文人雅士比德、抒怀、托物言志的绝佳对象。在现有歌咏瓷器的诗词中，歌咏青瓷的数量最多，作者常通过比兴的手法，将青瓷色彩与审美意境相关联。代表性作品如表4－1所示。

表4－1 代表性的歌咏青瓷的诗赋

朝代及作者	题　名	内　容
［唐］ 陆龟蒙	《咏秘色瓷器》	九秋风露越窑开，夺得千峰翠色来。 好向中宵盛沆瀣，共嵇中散斗遗杯。
［唐］ 陆龟蒙	《茶瓯》	昔人谢堀埞，徒为妍词饰。 岂如珪璧姿，又有烟岚色。 光参筠席上，韵雅金罍侧。 直使于阗君，从来未尝识。
［唐］ 徐夤	《贡余秘色茶盏》	捩翠融青瑞色新，陶成先得贡吾君。 巧剜明月染春水，轻旋薄冰盛绿云。 古镜破苔当席上，嫩荷涵露别江渍。 中山竹叶醅初发，多病那堪中十分。
［唐］ 孟郊	《凭周况先辈于朝 贤乞茶》	道意勿乏味，心绪病无踪。 蒙茗玉花尽，越瓯荷叶空。
［唐］ 顾况	《茶赋》	谓我何求？可怜翠涧阴，中有泉流， 舒铁如金之鼎，越瓷如玉之瓯。

续表

朝代及作者	题　名	内　容
［唐］ 许浑	《晨起二首》	桂树绿层层，风微烟露凝。 檐楹衔落月，帏幌映残灯。 蕲簟曙香冷，越瓶秋水澄。 心闲即无事，何异住山僧。 残月皓烟露，掩门深竹斋。 水虫鸣曲槛，山鸟下空阶。 清镜晓看发，素琴秋寄怀。 因知北窗客，日与世情乖。
［唐］ 施肩吾	《蜀茗词》	越碗初盛蜀茗新，薄烟轻处搅来匀。 山僧问我将何比，欲道琼浆却畏嗔。
［五代］ 柴世宗		雨过天青云破处，者般颜色做将来。
［南宋］ 杨万里	《烧香》	琢瓷作鼎碧于水，削银为叶轻如纸。 不文不武火力匀，闭阁下帘风不起。 诗人自炷古龙涎，但令有香不见烟。
［清］ 乾隆	《题鸡缸诗》	李唐越器人间无，赵宋官窑晨星看。
［清］ 乾隆	《乾隆御制诗三集》卷九十二	古宋龙泉世颇稀，云何外域尚或有。 吐鲁番器昔讶看，霍罕包贡今复走。 不宝厚往致频来，所嘉彼亦知献寿。 质厚色葱弗茅蒐，定窑之下斯抡首。 赵家幅员未逮彼，彼何以得故难剖。 长言纪实非玩物，更廑深意慎所守。

　　由上表可见，诗人的描绘对象以秘色瓷为最多，其次是越窑青瓷；对龙泉青瓷的歌咏，不限于民间，还见于宫廷诗词，其数量以唐宋为最。对这一现象的解读或许可以从青瓷发展的历史切入。从时间上来看，诗歌最盛的唐代也是越窑青瓷、秘色瓷盛行的时期，当时的龙泉窑以越窑为标杆，尚不能与之比肩；这些聚焦于秘色瓷、越窑青瓷的诗歌也与陶瓷发展史互为印证，证明了龙泉青瓷的辉煌期不仅在唐代到北宋之间，其艺术魅力还从宋代延续至明清，明清帝王仍然喜爱龙泉青器。

在唐宋元明之后的清朝，可以更好地审视前朝青瓷的艺术高度，如果说清朝宫廷诗词对龙泉青瓷的赞赏反映出其时对青瓷艺术的审美偏好和对龙泉青瓷的认可，那么清代作为中国最后的一个封建王朝，乾隆帝对于唐宋瓷器艺术水准的评价，何尝不是以后世审美的视角综览中国古代瓷器发展史后得出的最高评价？李唐越器和北宋官窑青瓷、南宋龙泉青器，三者可问鼎青瓷之最，这个观点与当今主流的陶瓷审美和评判基本一致。《乾隆御制诗三集》卷九十二中的"古宋龙泉世颇稀，云何外域尚或有"，对于古龙泉青瓷在当时的珍稀程度及其在域外的传播提供了有力的证据。

如果说《茶经》对茶器之色的品鉴成为瓷器色尚的审美标准，那么唐宋歌咏青瓷的诗词则进一步强化了茶器尚青的观念，使之延续至今。唐宋文人尤为珍爱青瓷，聚焦于青瓷之美而留下了诸多千古佳句，这些饱含着诗人美好情感的赞美之词也将文人倡导的青瓷色尚上升到了前所未有的高度。从最初对缥瓷的色彩描述，到历代诗词歌赋中不胜枚举的关于秘色瓷、越窑青瓷、柴窑青瓷的赞美之词，尚青、尚雅、尚古的风雅品格代表着精英文士阶层的审美理想，成为瓷器品鉴的审美趋势和价值标杆。南宋龙泉青瓷典范性的粉青、梅子青瓷温润如玉、宁静悠远、浑然天成之美，很好地吻合了风雅之士对清逸、空灵之境的追求，也是天人合一境界的哲学追求、平淡恬静的人生态度和社会理想的集中反映。

宋瓷器型与细节的巧妙结合、釉色与无饰的相得益彰，尤其是南宋龙泉粉青、梅子青瓷充满联想空间的意境美，已经将青瓷与美玉融为一体。可以说，南宋龙泉青瓷作为青瓷的集大成者，将唐宋文人审美推向了高潮。与明清彩绘瓷器华丽精巧之美相比，青雅风韵始终是文人阶层向往的理性之境。时至今日，在多数具有中国情怀的文化群体中，青瓷依然是不可或缺的审美对象，它的空逸、宽广、深邃所带来的艺术审美体验，是其他任何一种瓷器都很难替代的。

4.3 宗教观念、民族审美心理

4.3.1 宗教观念

如前文所述，伦理属性成为中国传统文化的典型特征，积淀为一种华夏文化的思维方式。在封建社会的等级制度下，伦理观念成为统治阶级稳定社会、治理民众的思想武器。作为在全社会推行的准则，伦理观念与宗教文化交融发展，更容易被接受。魏晋以降，在域外宗教的渗透与影响下，古代中国产生了具有本土特征的宗教思想。宗教文化的民间性和普世性特征，使宗教成为封建政权重要的统治工具。

因文化传统、社会习俗、思想观念的差异，中国古代宗教的结构与内涵有其自身的发展特色，主要表现为"政教合一"，而以"三教"统称儒释道，始于北周。三教中孔子开创的儒家学派，最早成为治国之道，至周代已位居主流思想的地位。古代中国的宗教体系体现了包容含蓄的特质，亦较早展露出政教合一的属性。儒教与源自古印度的释教（佛教）①、以老庄为代表的道教②各循其脉，延续发展。唐高祖、明太祖③，都倡导"三教归于一统"的观念，"三教合流"之态在北宋成型。不晚于元，民间设"三教堂"，将孔子、释迦牟尼、老子的造像并祀一堂，三教合一成为中国意识形态的理想状态④。明代中后期，僧道信仰逐渐泛化，影响力愈加扩散，至清代乾隆帝通过恢复前朝的度牒制度对僧道"正本清源"，以杜绝泛滥。就某种意义而言，禅宗思想与士大夫的人生追求有相通之处。封建社会推崇"学而优则仕"，科举是士

---

① 佛教讲求遵守固定的仪式、戒律，慧能以后中国禅宗从仪式感的礼拜转向注重自身的觉悟，强调人的本心。参见汤一介著《儒释道耶与中国文化》，易璐译，北京：外语教学与研究出版社，2016年版。

② 融合古代的神仙思想、道家学说、鬼神祭祀、占卜、谶纬、符箓、禁咒等思想。

③ 唐高祖李渊下诏，称"三教虽异，善归一揆"。宋孝宗写《原道论》，提倡"以佛修心，以老治身，以儒治世"。明太祖朱元璋在《三教论》中说："于斯三教，除仲尼之道祖尧舜，率三王，删《诗》制典，万世永赖；其佛仙之幽灵，暗助王纲，益世无穷，唯常是吉。"

④ 《三教论》："三教之立，虽持身荣俭之不同，其所济给之理一。然于斯世之愚人，于斯三教，有不可缺者。"

人实现政治理想和人生抱负的捷径，寒窗苦读只为"一举登科"，入朝为官。但仕途起伏绝非单纯取决于学问的高低，文人崇尚"达则兼济天下，穷则独善其身"的人生信条，归隐山林的风尚历朝有之。考核的方式不仅被应用于科举取士，亦是僧道获得官方身份认可的重要途径。度牒①是僧人通过佛法考试获得的文书证明，也是正式出家、继承佛法的标志。文士与僧道在精神上容易产生共鸣，自古士人与僧、道相交是不争的事实。

不晚于唐，以青瓷作为供奉佛祖圣器的典制，已在帝王阶层实行，宋元明清继之。陕西法门寺地宫出土的 14 件秘色瓷体现了皇家供奉的规模，造物帐的详细记录证实了秘色瓷的存在，也部分揭开了它的神秘面纱，不过青瓷"形"与"饰"所蕴含的宗教意义仍待深度解读。今日从陶瓷工艺与审美的视角审视这些皇家供奉于佛寺的秘色瓷，其造型之精到、瓷色之沉稳、纹饰之适配都堪称绝佳之作。无论是以佛莲入器的秘色莲花座碗，还是盛装佛家圣水的净瓶，其造型转折、装饰线条无不彰显着典型的佛教气息，清雅尊贵，不容丝毫亵渎。以最佳之物供奉的做法暗含着精神层面的敬仰，这种从思想到行为的自觉统一反映了宗教文化的共性。宋代以来，三教融合，僧侣文化与儒家教义之间的界限日益模糊。随着宋瓷的蓬勃发展以及"三教合流"之制的推行，两宋诸多与宗教相关的瓷器应运而生，那些高洁清远、色泽内敛的青瓷供器，散发出强烈的佛教审美风格；两宋龙泉涌现了大量的青瓷佛像，通常体量在 20～30 厘米，供民间祭祀供奉。这些小型瓷佛像与庙窟陈列的大型石、陶质佛像共同构成了较为完整的佛教造像体系，从不同侧面反映了两宋瓷器与宗教文化的互动关系。

徽宗年间，正值五大名窑盛期，作为史上知名的道教痴迷者，宋徽宗的审美取向对宋瓷的宗教意味的表达起到了一定的推动作用，宋代文化艺术的宗教意味也影响着时代风格。从阴阳太极图的黑白构成关系来看，讲求事物之间的内在关联和循环往复，恰好能够与黑白两色的图式转化关系相对应，与先哲天人合一、相互转化的思想相一致；道教讲求自然和谐，认为人体与万物同源，都是自然的缩影，体现了"天之道"，这种观念与老庄道法自然的哲学观一脉相承；传统道教通过胎

① 度牒是古代中国用于管理僧道而颁发的一种文书，类似今日的资格证书。

息、引导、行气之术来实现内修，将人体的生理调养与内在修为、体悟、提升相融合，这种笃静、空幽的心灵幻化活动与中国哲学思想有着相似的智慧高度。就某种意义而言，宗教文化与哲学思想具有相通性，这也是中华文化博大包容且延续发展的根本原因之一。

自古礼佛祭神的宗教器物多采用天然之质，周代以来概莫能外。从木质文明到神行之六器，都以天赐和神性为共同的择器标准。象征富贵的金银不在此列，玉之所以能作为礼佛之器，一定程度上与玉器之珍稀有关，即所谓"黄金有价玉无价"。南宋龙泉青瓷之清、静、雅、润与青圭之意境相合，符合道教的文化精神，并逐渐成为青圭的替代品，与五色伦理框架中的"东"相对应。龙泉青瓷礼器成为宗教祭礼活动的重要组成部分，其"形""色"与宗教文化、祭祀礼仪相关联，下面主要从以下几个方面进行解读。

首先，缘于青瓷具有"尚青"和"类玉"特征。作为瓷器之肇始的青瓷，很长一段时间主要供特权阶层享用或用作权贵的随葬品，并非平民百姓器用之物。在原始观念中，玉器象征着神的威力，"类玉"的青瓷让人联想到"神性"，具有一定的巫术色彩。在上古时期，制度、戒律被神秘化和神圣化后更具约束力和执行性，这是一种在特定阶段主观先行的唯心主义行为。在科技尚不发达的原始社会，某些情形下，唯心与唯物会产生某种混淆，客观现实与主观观念会出现一定的重合，人们将巫术性等同于"科学性"。这种思维方式并非个案，而是成为一种思维逻辑，深深地扎根于华夏文明的土壤中。早期青瓷的青幽色泽和坚毅的品质符合先民的祭祀心理和宗教氛围。早期青瓷瓷屋、瓷猪圈、魂瓶等明器记录了先民的日常生活，反映了人们"事死如事生"的观念，佐证了青瓷和丧葬文化的密切关系。

其次，"火"影响青瓷主要体现在两个方面。一方面，如前所述，青瓷的构成因素——"金""木""水""火""土"与五行伦理框架相对应。五行之"火"，与五方、五色相互影响，持续运转。明清以前青瓷是"礼东方"的祭祀器物，符合祭祀文化的伦理特征。泥做火烧的工艺属性进一步激发了青瓷作为礼器的神性光辉。另一方面，火在五行说中的意义，赋予火烧之器重生的意味。瓷是火与土完美升华的产物，瓷器在烈火中实现质变。在古代祭祀活动中，通过火来"通达"上天，完成对上天表达敬意、祈求赐福的重要宗教仪式。就这个意义而言，

"火"具有能够超越物质时空的能力，是祈愿实现的重要媒介。

再次，青瓷转化为更具识别度和辨识性的伦理符号。从视觉因素来看，色与形比文字更具有传输和识别的优势，可以表示某些约定俗成的观念和语言，而对文字的识别受到观者所处的位置和文化背景的影响。色彩的伦理特征符合中国人含蓄地表现品阶身份的心理特征。以服色为例，龙袍传递出帝王身份的信息，而品官服色依据各朝典章制度代表不同的品阶等级，这种建立在共同文化背景下的伦理序列，反映在器用等诸多层面。在祭祀活动中，显性特征可以传递某些不便用语言表述的信息，青瓷可视化的色彩、造型符号与象征意义成为观念与信仰的物质载体。"青"象征着东方，寓意着万物复苏和生命的希望，烧制难度极高、万里挑一的青瓷代表了对神灵的崇敬之心。而南宋仿鼎彝形制的青瓷礼器显然是有陶玉礼器器同等的威仪，同时在"色"的维度，更为稳定的连接于祭祀伦理框架之中。各朝代典章制度对品官服色和器用的等制规定，体现了中国传统文化的特色，青瓷礼祭的伦理框架实现了观念与信仰的物质化。

4.3.2 民族审美心理

每一个族群和民族的形成都经历了漫长的发展历程，族群或民族内部有着生理和心理以及文化上的共性。其不仅具有外貌、体形、语言上的共性，还因生活方式、成长环境、风俗人情的共同经历，在文化观念和审美层面上趋同，我们称之为族群或民族的审美心理。

民族审美心理可以理解为以族群为单位的某些共有的文化、思想观念和思维模式。这些个性化的特色植根于由家族传统、饮食习惯、习俗等构成的民族文化之中，体现了该民族共同的文化认知和审美心理。时至今日，某些少数民族依然延续着独特的文化传统和审美习俗，保留着对某些装饰形式、色彩的特殊审美倾向。各民族有着独特的家庭构成和情感表达方式，例如走婚的摩梭人，是母系氏族的传统族群；黑衣壮等西南少数民族的"尚黑"审美延续至今……这些外族所不能理解的习俗和观念，本族人却习以为常。各民族的审美风尚和民族观念成为中华文化重要的支流，生生不息。汉民族文化与少数民族文化交相辉映，构成了丰富多彩的文明社会。从民族认同的角度而言，"所谓'勃兴'的集体记忆研究通常强调的就是民族记忆，所指的也就是被有意识地从一代人传到另一代人的传统"①。从原始蒙昧到钟鸣鼎食、礼仪教化的社会进程中，中国逐渐形成了多民族聚居格局，汉民族的文化传统、生活习惯和审美为少数民族所借鉴。可以说，中华民族的审美心理的发展，主要体现在以汉族为主，兼容吸收纳少数民族文化的趋向上。

在中国历史上，华夏儿女有着共同先祖的观念，奠定了多民族一体的格局。封建社会时期，以汉族为主体的统治阶层以及以儒家礼教为核心的治理体系，加强了汉文化的影响成为一种正统，为元朝、清朝所采纳。从统治者的种族归属来看，元、清均为少数民族政权，虽然两朝自上而下的审美观念中包含着少数民族文化的元素，但是整体上始终延续着汉族文化和审美。其原因在于稳定政权、便于治理，此外汉族审美文化的独特性也是重要的影响因素。古代对于青瓷色彩的追求受五色观的引导，这种由唐宋知识分子倡导的审美传统在元明清继续发展，并未因蒙元和大清统治者的少数民族身份而中断。诚然，因审美品格和个人喜好的差异，南宋中晚期龙泉窑获得的理想之清雅瓷色，在元代发展为另一种"青绿"的追求。虽然元时的青瓷色尚、装饰风格与文人审美不相吻合，但元代依然遵循了瓷色"尚青"的宗旨。从清代对古代青瓷仿烧目标的选择来看，清代依然偏重于北宋汝窑、官窑器及南宋龙泉粉青、梅子青瓷，延续着华夏民族数千年历史积淀而成的色彩观念，体现了清朝统治者对于汉族文化和审美的认可和推崇。或许拥有汉族统治王朝同样的瓷色象征着文化的传承，可以强化民众对国家的文化和身份认同。就政权稳定性的角度而言，蒙元和大清都不约而同地采取接纳和学习汉族文化传统的政策；就治理的层面而言，少数民族统治者对汉族文化的包容，有助于社会的稳定。少数民族对汉族文化的吸收，既是对汉文化深入了解的过程，也是统治者客观评估汉族文化优长之后的选择。不晚于唐，跨民族的通婚、派遣汉族与少数民族混居的政治行为，有助于加强民族融合。少数民族从汉族习得劳动经验和文化知识，有助于提升能力、激发智慧、提高生产效率、提升生活的文明程度，进一步促进民族融合。

---

① 〔英〕彼得·伯克：《什么是文化史》，蔡玉辉译，北京：北京大学出版社，2020年版，第133页。

以文人士大夫为主导的审美观念在延续发展的同时，正色之尚也在延续。追求正色的本质在于色彩背后附着的文化内涵，以及正统瓷色象征的身份等级。少数民族统治者拥有与汉族帝王同样的珍贵瓷器，可以产生身份趋同效应，强化其正统性。从某种角度上看，这种文化的延续也意味着观念的承继，更为重要的是可以在观念上将通过战争等"非道德"手段获取王位的方式阐释为"合理"承继大统、顺应民心。虽然武力夺权的本质难以改变，但是可以从"善意"和"天命"的立场，粉饰政治争夺的血腥本质。唯有如此，才能使得政权的获得合理化、合法化。古代社会的正统贡瓷之色通过官窑运作而实现，保其专属性；民间商品流通中的正色瓷器有着类似于今日奢侈品的象征意味，二者虽然语境不同，但都是以各自族群的身份认同和阶级定位为目标的。这种以某一共同特征为标志而生的群体归属关系和认同感，早在原始图腾时期就已体现出来，如早期文身的出现，就是出于获得族群认同、寻求群体保护的目的①。在某种程度上，正色瓷器与族群的文化图腾具有相同的文化符号属性。当这种超越血缘关系的认同需求成为一种固定的思维模式时，会产生巨大的社会效应。周代祭祀中的青瓷早已超越了部落象征物的功能层面，拓展为在礼祭中为万物祈福的纳祥之器。肩负祈愿使命的帝王作为族群的代表，将自我视作宇宙的中心，能感应万物之灵性。在五行说衍生而来的色彩观念体系中，青瓷所代表的东方之色在中国文化中极富象征意味，寓意万物生长的无限潜能，更凝聚着华夏文化深邃、含蓄的民族审美精神，回荡在文化赓续之中。

青瓷艺术的民族性内涵巧妙地融合在瓷色身份象征和审美品格的实现过程中，龙泉青瓷通过丝绸之路向世界输出物质文化的同时，中国的审美文化也传播到西方世界。南宋龙泉青瓷作为中国青瓷的典型代表，成为中国三大外销瓷之一。不同于外销釉下青花瓷、釉上彩绘瓷直白的绘画表达，南宋龙泉青瓷仅凭借高度凝练的色彩、光泽、造型之韵，就实现了东方审美意蕴的自我风格建构。就三者被国际化传播后，从中国风貌在域外的延续性来看，龙泉青瓷保留了最本真和最纯正的中华民族

---

① "文身是一种认同、认可的符号。它既是部落对个体的认同，也是心灵对肉体的认可，即人作为自己外在现实和外部自然的身体的认可，实质上也就是对自己的肯定。"见易中天《艺术人类学》，上海：上海文艺出版社，2020年版，第32页。

审美的原貌。对于其他两类外销瓷品种，西方瓷业匠师主要从技术仿制和图像参照两个层面进行本土化的模仿与改造，从画面母题到绘画风格都融入了西方的元素，西方设计师把他们想象的"中国元素"纳入模式化"中国构图"的时候，也改写了中国外销瓷器的文化原意，偏离了中国文人士大夫青睐的雅文化。这种文化的转义也催生了欧洲"中国风"的发展，如英国、荷兰出现的青花或者釉上彩绘纹饰的田园牧歌题材，就体现了中国风景画和西方园林审美的融合。反观南宋龙泉青瓷，可谓最大程度地彰显了中国瓷器的民族气质，其含蓄内蕴的中国样式作为一个范本矗立在世界瓷器之林。南宋龙泉青瓷代表的东方性审美以及民族精神，对西方制瓷业和设计文化影响深远，其简约之美的设计智慧以及尚质的风格之源，不仅是中国瓷器走向世界的"名片"，也成为各国陶瓷艺术的标杆。尽管西方曾一度大量出现仿制南宋龙泉青瓷之作，从造型到釉色都力求相似，但难得其神韵。宋瓷承载的审美品格以一种超越俗尘的姿态，深深震撼了写实主义的西方艺术观念。虽然西方从未真正实现对龙泉窑粉青、梅子青瓷的模仿，但却发展出诸多本土制瓷品牌，如英国韦奇伍德瓷厂的"杰斯"（Jess）绿宝石系列（详见本书5.2.3.2）。总之，龙泉外销青瓷在域外发展的风格走向，也反映了由中国风格和中国气派汇聚而成的华夏民族精神。

南宋龙泉青瓷青葱苍翠的色彩，温润如玉的光泽，简约凝练的造型，通体一色、完美无瑕的品质，成为中国精神和民族审美的高度写照。其审美过程体现了从视觉享受到审美联想，再由审美联想达到审美观照的全过程。青润雅致的龙泉瓷色彰显着中国文化精神，尤其是墨客雅士倡导的"含蓄""内敛""克制"的行为方式和处世之道，体现了华夏民族文化的内核。不放纵、不张扬、润物无声的民族精神，未尝不是最具东方意蕴的中国传统文化和处世哲学的缩影。正如以佩玉时刻提醒佩者作为君子的行事准则：一切都在可控范围内，坐卧行走、言谈举止都彰显出一种不超出节度的自制。文人士子的审美心理在宁静的青瓷世界里同频共振，实现灵犀相通。就这个意义而言，龙泉青瓷所代表的东方情怀的典型性不言而喻。

受清代复古潮流的影响，龙泉青瓷的仿烧从未停歇，这既体现了中华民族的文化传承，也彰显了传统色彩审美标准的连续性。在文化、审美的传承过程中，其表现为一定的民族性和族群性特征，即在某些特定群体中，文化和审美自然具有趋同性；反之，差异性也随之而来。某些艺术形式在特定民族和族群中能得到较好的发展，而在其他的群体中却不尽然。艺术虽无国界，文化却有边界，文化艺术的民族性特质不会消散，这也是文化艺术百花齐放、文化之花次第而开的根本原因。

我们可以思考以下三方面的问题。

第一，为何南宋粉青、梅子青的色彩跨越了千年的历史，至今仍然被广大人民认可？为何数百年前的审美风格仍然吻合当代国人的审美标准，具有极高的审美价值？这种文化艺术基因传承是以何种内在机制运转自如的？

第二，为何中国古代青瓷在东方邻国，如韩国、日本等国获得较大的发展，其风格在延续中有所创新？韩国青瓷是如何结合本民族的文化特色，将青瓷艺术推向新的高度？

第三，为何西方国家烧制的青瓷难以超越中国的"南宋样式"？为何龙泉青瓷在欧美的传播与流布程度，远不及青花、彩绘瓷的本土融合度？

第一个问题牵涉到民族学、心理学、审美文化等多方面，其中民族审美观念的影响非常重要。从遗传学的角度来说，或许种族基因在生理上世代传递的同时，审美文化、心理机制、思维模式等隐形基因也代际相传。因而，青瓷色尚在国人的审美观念中传承有序。加之后天受共同民族文化的熏陶，和对长期固定的民族生产生活习俗的耳濡目染，以民族文化为基石的审美心理成为审美惯性形成、文化传承的内在因素。从图腾制度的身份标识，到器物等制的阶层认同，以图像或视觉认同的形式烙印在人类思想的深处，作用于群体性的文化认同模式之中。族群还可以通过文化与教育、生活与实践等方式，逐步强化这种共同性的观念和思维方式。从这个意义而言，祖辈承传后世的青瓷审美标准，以显性和隐性两条路径在中华民族文化的代际传递中生生不息，随着人类的繁衍而承继后世。

第二个和第三个问题本身就说明了种族和民族文化对不同民族、国家审美文化的作用力。东方邻国因其同属于亚洲大陆，都经历了长期的农耕文明，处于相似的地理面貌，拥有相似的生理特征，在漫长的人类进化过程中，也孕育了相似的文化传统。历史表明，中国作为四大文明古国之一，对于东方文化和艺术审美风格的形成，具有重要的引导作用。尤其是开放包容的大唐盛世和古雅的两宋，成为中国艺术两大高峰。唐宋是古代日本和韩国文化建设取法的对象和参照的目标，其文化艺术与中国唐宋传统一脉相承。但是，欧美国家与中国相距遥远，其民族特性和文化传统也与中国有着天壤之别，因而在文化与审美倾向、思维方式上会产生巨大的差异。西方的理性思维和具象表现，更适宜于理解和欣赏彩绘瓷的魅力，更擅长将西方的人文景观融入具象的彩绘纹饰；而对于抽象凝练的青瓷之美，西方则更多作为"标本"原貌保存。除了深层的文化因素，这一现象的形成，或许还有西方无法突破龙泉青釉技术壁垒因素，也与西方瓷器创烧的起步与发展期恰逢中国明清彩绘瓷蓬勃之时不无关系。当时龙泉窑已逐渐凋零，而景德镇窑仍夜以继日烧造，为欧洲学习中国的制瓷技艺、彩绘瓷技法提供了便利条件，并使其融汇本土文化。

综上可见，民族审美心理的形成建立在不同民族的生理和文化特征之上，以固定的文化和族群关系为纽带，可以达成区域性的文化共识。人类进化历程中逐渐形成的审美观念，会通过血缘、种族关系固化为相对稳定的文化样态和传播语言。被奉为中华经典的南宋龙泉青瓷以其相对固定的审美范式、作用于中国人的审美心理和思想观念。青瓷"尚青""类玉"的审美观念，与传统中国文化中含蓄、深沉的东方意蕴一脉相承。从色彩发展的角度来解读，或许中华五色观所蕴含的审美观念在中华民族代际相传的人类生命传承中，积淀为一种文化基因，薪火相传、延绵不绝。

4.4　本章小结

凝聚着两宋审美文化的南宋龙泉青瓷艺术，是各种因素共同作用的产物。早期瓷色受材料工艺的限制较大，到明清技艺成熟后，瓷色发展主要受到观念的影响。如果说技术是南宋龙泉青瓷艺术特征形成的物质基础，那么文化因素则成为其中的观念引导，以及制瓷技术创新的驱动力。文化观念处于意识形态层面，它的作用形式和表现方式不及技术层面直接、明显，而以一种隐形、间接的形式，作用于青瓷产生、发展的全过程。在青瓷极富东方意蕴的含蓄、内敛的风格特征的形成过程中，文化因素较技术成因更为复杂。

本书研究认为：在"义"这个核心板块所对应的文化层面中，南宋龙泉青瓷的形制、色尚明显体现了两宋的复古倾向；在造型风格上表现为礼制观念下的"仿古之风""器以藏礼""以简胜繁"；在色彩品格、材质追求上体现了文士大夫阶层追求的"尚青""类玉"风尚；在思想观念上渗透了程朱理学中的理性精神与探究特点；在审美理念上，因势利导地发扬窑口工艺优长，以"重色轻饰""通体无纹"的装饰风格引领南宋青瓷艺术的审美高度。①

本章从"伦理观念""文人情怀""宗教观念和民族审美心理"三个层面，来阐释南宋龙泉青瓷艺术特征的文化成因。

从唐代张彦远《历代名画记》中"助人伦，成教化"的表述来看，艺术是政治教化的途径之一，它仍以文化工具的从属性身份而存在，而非纯粹的艺术表现和情感表达。作为器用之物的瓷器，服务于社会各阶层，伦理观念对其艺术特征的形成意义重大，但是这一方面的研究目前尚处于被忽视的状态。瓷色伦理是封建社会政治文化的衍生品，通过伦理观念、伦理制度、伦理秩序的相互作用形成的伦理机制，实现了传统礼制"明贵贱、辨等列"的教化目标。如果说宫廷瓷器色彩用度主要反映使用者的身份和官阶，那么民间的瓷色等制则主要取决于价格因素。当青瓷进入五色伦理框架之中时，人们依据质与色的优劣、"造型赋义"而将其与不同的社会等级相对应，"物序人伦"，实现秩序井然。在礼制与财富、物序与人伦的综合作用下，形成了"祭祀之器—象征之器—赏玩之器—日用之器"的序列，反映了封建社会的政治文化和社会生活。

艺术品中的风格和品味可以作为身份和财富的标示，但也反映了知识趣味，甚至道德诉求。皇室和贵族亲眷延续了历朝既有的宫廷品位，大多数热衷于选用最珍贵的材料、最精湛的技术工艺和最华美的设计，推崇彰显皇家权威的审美风格。然而，与前朝相比，宋代皇家的宫廷趣味并不单纯地表现为沉迷于奢侈之风、极工之器，他们还关心高雅文化品位的展示，这表明文人风尚已渗透到宫廷审美。

---

① 〔美〕杜朴、〔美〕文以诚：《中国艺术与文化》，张欣译，北京：世界图书出版公司，2011年版，第210页。

　　由于宋代文人士子阶级地位提高，赵宋王朝的瓷器审美体现出强烈的文人气息和高雅的审美品格。文人阶层的审美取向、道德高度、风雅生活都成为南宋龙泉青瓷艺术特征形成的重要影响因素。文人士子通过茶、酒、诗的风雅生活，"以玉比德"的观照，实现文人阶层的审美交流，达成审美共识，并通过诗词歌赋的传播，影响更大范围的群体。文人士大夫似乎有意识地寻求能将自身与上层宫廷以及下层市井趣味区分开来的模式，作为宋代新兴的重要权力和利益群体，文士阶层重视确立其在文化层面的权威性和引导性。他们提倡的"自然"和"平淡"，除了具有纯粹的美学价值，还传达出的道德立场和品格特征：避免人工造作或华而不实的展示。受到宋代程朱理学的影响，宋人重视理性思考、探究事物本质，他们倡导以简胜繁的审美品格，喜爱纯净、清逸的色彩感受，宋画的简洁构图和淡雅设色，也是这一审美观念的彰显。

　　宋代瓷业成就，是社会主流审美意志的高度凝练，与统治阶层良好的文化和艺术修养、审美品质、民族观念密切相关。赵宋王朝统治者属于汉族，深谙传统文化精髓的徽宗对于两宋文化艺术的突出贡献，不仅表现在他自身的书画造诣上，还通过其主导的五大名窑及其影响辐射到后来的工艺美术乃至审美文化体现出来。宋之后的蒙元、大清政权都由少数民族统治者来领导，虽然元明龙泉青瓷内产外销剧增，但是其审美格调已与两宋不可同日而语。从这个意义而言，南宋龙泉窑最大程度表现了中国青瓷的文化气质，龙泉青瓷以其温润如玉的色光、简约古雅的造型、完璧无瑕的品质，成为古代中国思想观念和民族精神的写照。

　　钱穆认为，"论中国古今社会之变，最要在宋代。宋以前，大体可称为古代中国。宋以后，乃为后代中国……宋以下，始是纯粹的平民社会"[①]。纵览中国文化艺术的变革，宋代为一个里程碑式的转折点。从文化层面来看，艺术形式和装饰手段都是这个时代文化精神的外在表现，瓷器作为统治阶级审美意志的表征，承载着民族文化的内涵。器以载道，南宋龙泉青瓷映射了厚重的历史文化和审美内涵，也将官家、文人的审美观传递给大众。南宋龙泉青瓷集中反映了两宋倾向于重神韵、轻装饰、重联想、享虚无的意境之美。

---

　　① 钱穆：《中国学术思想史论丛》，北京：生活·读书·新知三联书店，2009 年版，第233 页。

　　从文化确证的角度而言，无论是伦理观念、文人审美，还是民族审美心理，都体现了群体在伦理序列下以器物为载体实现身份认同和文化认同的思维模式。瓷器的伦理属性和文化确证的特征，在华夏文化传承中融入文化的血脉，世代相传。发展到现今的消费社会背景下，瓷器伦理转化和表现为商品的价值，依然作用于瓷器生产、流通、销售等各个领域。

5 南宋龙泉青瓷的历史地位及影响

青瓷历史悠久、绵长，也被称为"瓷器之根"。我们可以毫不夸张地说，一部中国陶瓷史包含了半部青瓷史[1]，而青瓷史几乎有半部在龙泉。邓白先生高度肯定了龙泉青瓷的艺术价值和对人类文明所做出的贡献，认为龙泉青瓷的艺术价值不仅是中国第一，而且是世界第一。[2]"所有这些名窑中，尤以龙泉青瓷最为杰出。它后来居上，超越群伦，直登青瓷的高峰"[3]，结合龙泉窑的发展史和南宋龙泉青瓷的艺术成就，笔者推测这一评价应该针对的是龙泉青瓷的辉煌时期——南宋中晚期。

5.1 在中国陶瓷史上的地位及影响

5.1.1 地位

5.1.1.1 龙泉窑是中国瓷业史上历史最长、窑口众多的青瓷窑系

龙泉窑与北方的汝窑、官窑和南方的越窑、瓯窑、哥窑、耀州窑等窑口共同构成了中国青瓷体系的主体。作为中国历史最为悠久的青瓷窑址，龙泉窑所烧青瓷设计之精巧、工艺之精湛、瓷色之纯正、风格之独特、数量之丰富令人称赞，堪称青瓷之典范。根据陆续更新的考古资料来看，龙泉窑始创于西晋[4]，历经五代、北宋的发展，至南宋而鼎盛，元、明代渐衰，清代灭亡。1949 年中华人民共和国成立后，熄灭的龙

---

[1] 周武主编：《上手：一场关于青瓷的跨界对话》，杭州：中国美术学院出版社，2016年版。

[2] 邓白：《中国龙泉青瓷·序》，杭州：浙江摄影出版社，1998年版，第1页。

[3] 邓白：《中国龙泉青瓷·序》，杭州：浙江摄影出版社，1998年版，第1页。

[4] 朱伯谦：《龙泉青瓷简史》，见浙江省轻工业厅编《龙泉青瓷研究》，北京：文物出版社，1989年版，第1页。

泉窑火重新点燃①。古代龙泉窑跨五朝，历经七个多世纪，延续时间达一千五百年之久，居中国历代瓷窑之最，在中国陶瓷史上实属罕见。

龙泉青瓷的中心产区位于浙江省南部的龙泉，窑址分布广泛。20世纪50年代以来，考古工作者在龙泉、庆元、云和、遂昌、松阳、丽水、缙云、武义、永嘉、泰顺、文成等市、县发掘各时期窑址共四五百处②，其中大窑、金村、溪口地区窑址最为密集，产量最为集中，工艺最为高超，窑址达350多处，仅大窑到坳头村沿线5公里，就有瓷窑遗址53处。③

青瓷，对瓷器的产生和发展做出了特殊的历史贡献。在青瓷基础上，衍生出了黑、白、蓝、红、黄等缤纷的瓷色，不仅让中国"瓷之国"的美誉实至名归，也加快了世界瓷器文明的进程。融汇南北青瓷技艺的龙泉窑可谓集大成者，将青瓷艺术推向了前所未有的高度。陈万里先生在《中国青瓷史略》中写道："南宋的龙泉窑，在中国陶瓷史上是一个辉煌的时期，也是南方青瓷最重要的时期。"④ 宋代龙泉窑的成就备受学界关注，"（宋代）南方也形成了几个瓷系，主要是龙泉窑。它除了影响浙江省外，江西、福建、广东也都受到影响。泉州也出现了模仿龙泉青瓷的釉色品种，有的连造型、装饰也模仿，是当时出口的。可见龙泉青瓷在南方几个省影响比较大，形成了以龙泉窑为中心的体系。"⑤ 至南宋中晚期，龙泉窑的设计与制作属当时的行业翘楚，其设计风格至今仍是青瓷艺术风格的标杆。根据笔者在浙江上林湖、慈溪等地的实地勘察，许多越窑、龙泉窑址可见大量的瓷片和窑具堆积层，窑址周边仍有窑火延续，说明了浙江在青瓷史上的辉煌和今日的瓷脉传承。纵观中国乃至世界瓷器史，没有其他任何一种陶瓷能够像青瓷这般如此广泛、深远、普遍地流传，也没有其他任何一种陶瓷瓷色如此延续周期长、辐射范围广、影响人群大。总之，南宋龙泉青瓷凝聚了中华文化的民族精神，充分展现了青瓷的艺术价值、历史价值、文化价值，集

---

①　《辞海》（1999年版缩印本），上海：上海辞书出版社，2000年版，第1339页

②　朱伯谦：《龙泉青瓷简史》，见《朱伯谦论文集》，北京：紫禁城出版社，1990年，第150页。

③　郑宏尖：《身边的非物质文化遗产》，杭州：中国美术学院出版社，2006年版，第218页。

④　陈万里：《中国青瓷史略》，上海：上海人民出版社，1957年版，第23页。

⑤　冯先铭：《冯先铭谈宋元陶瓷》，北京：紫禁城出版社，2009年版，第244页。

中反映了处于封建社会上升时期的赵宋王朝在陶瓷艺术领域的杰出成就。

从学术研究的角度而言，因龙泉窑一脉的历史延续性以及出土、出水实物材料的丰富性，考古学、材料学、器物学等领域的诸多学者，都将其视作一个极具研究价值和研究空间的对象，许多谜团有待进一步挖掘。从瓷文化和瓷艺术的历史衍进来看，南宋龙泉青瓷的艺术特征反映了一定时期、一定民族、一定文化区域的艺术高度及渐进轨迹。这些青瓷的变迁和发展过程清晰而完整地反映了中国历代封建帝王的审美文化和各个朝代的典章制度，为我们探究历史，讲述中国故事提供了重要素材。

5.1.1.2　达到了审美文化和工艺技术难以跨越的高度

青瓷研究专家邓白先生高度认可龙泉青瓷在中国陶瓷发展中的贡献：

> 从上虞窑、越窑、瓯窑、婺州窑到秘色窑、龙泉窑、郊坛下官窑，全属于庞大的青瓷窑系……所有这些名窑中，尤以龙泉青瓷最为杰出。它后来居上，超越群伦，直登青瓷的高峰，以其绝代的风姿和极高的艺术造诣，蜚声中外，誉满艺林。[1]

青瓷艺术表现始终与中华民族的时代精神互为表里，青瓷在供人们日常生活和宗教祭祀之用的同时，还承载了厚重的历史文化和审美内涵。古瓷"尚青"的观念使得青瓷长期居于瓷色审美的主导性地位，成为中国瓷艺术的翘楚。从本质来看，在宋以前"尚青""尚玉"的观念影响下，青瓷的色彩风貌符合宋代名士与脱俗之辈求雅、求美的审美品位，最能体现中国传统文化的精神内涵和艺术追求，反映了东方意蕴和文化情怀。南宋龙泉青器敦厚静穆、清瘦挺拔的瓷礼器型，反映了文人墨客对古雅之美的崇尚，实现了"器以藏礼"的文化赋义。

南宋龙泉青瓷不断被后世追捧、仿制，甚至作为一种文化符号流传海外，既受审美文化、工艺技术多重因素的影响，也是审美与设计匠

---

① 邓白：《中国龙泉青瓷·序》，杭州：浙江摄影出版社，1998年版，第1页。

心、技艺突破完美融合的产物。即便在科学技术和窑炉数据化控制高度发达的今天，仿烧南宋龙泉青瓷仍是一项极具挑战性的工作。一方面，为了让仿制品尽可能接近龙泉青瓷的原貌，需要还原当时的胎釉原料及烧成条件，而许多古龙泉窑的胎釉配方和关键工艺基本失传，这无疑在操作上增加了难度；另一方面，仿烧其器易而传其神难，创作者的心境很难有南宋工匠在寂静村庄农舍之中、绿树环绕之下、远离物欲纷扰的沉静状态，很难像古代窑工一样经几代传承而得一器。特殊目的和效率驱动下烧成的青瓷，即使胎釉型饰都能接近，也很难得其精髓。这一判断或许受今人心理因素的影响，略带主观性，不过客观而言，历经数百年沧桑的龙泉佳器，其瓷色光泽经过历史的积淀，非今日仿品可以比拟。从这个意义而言，南宋龙泉青瓷的艺术成就铸造了一座难以跨越的历史丰碑。

三上次男在《陶瓷之路》中肯定了浙江青瓷在南方青瓷发展中的主体地位。① 浙江是中国早期陶瓷的发源地，从原始青瓷到真正意义上的青瓷经历的漫长过程，曾发生在江浙大地上。根据目前的考古资料和出土实物来看，浙江地区留下了4000多年前的印纹陶和原始青瓷时期的生产印记，大窑、金村等地的窑址周边的田间地头、溪边菜地更是随处可见两宋龙泉窑的瓷器碎片，包括粘附在匣钵上烧坏或破损的青瓷。浙江早期的瓯窑"缥瓷"、越窑秘色瓷、婺州窑为其后迅猛发展的龙泉窑打下了坚实的基础，这些南方青瓷名窑共同书写了浙江早期青瓷的壮阔历史篇章。浙江作为中国早期制瓷水平的代表，对青瓷色彩的发展起到了重要的作用，不仅早期青瓷的制作方法在普通民众之间传播，更使有血脉或师徒关联的浙江瓷人通过"父传子""师传徒"的形式，将代表中华民族智慧结晶的制瓷工艺代际相传。正是这一条瓷业血脉保障了华夏文化的传承有序，深深影响着中国制瓷业，也对世界制瓷业产生了巨大影响。

---

① 〔日〕三上次男：《陶瓷之路》，李锡经、高喜美译，北京：文物出版社，1984年版，第12页。书中载："以后中国的灰釉陶器，以华南为中心有了显著的发展。四世纪初在浙江出现了半瓷体的青瓷系统陶器。这种技术被杭州湾南岸的越窑所继承。从隋（589—618）、唐（618—907）、五代（907—960）时期一直到十一世纪的北宋初期，都有大量制作。这种橄榄色或青绿色的青瓷系陶器，就是向中东地方输出的越窑瓷。在唐、五代和北宋（960—1127）时期，福建地区也能制作同一系统的陶瓷了。"

青瓷雅器不仅是一种美好事物的代表，也是追忆过往、缅怀经典的物质载体，更是国人心中无可替代的中华艺韵。纵观青瓷的发展历史，从五代秘色瓷，备受文人墨客赞誉的唐宋越器，到传播四海的两宋瓷器中，南宋龙泉粉青、梅子青瓷被公认为难以超越的巅峰。

5.1.2 影响

从某种意义上看，青瓷对丰富多样的瓷色格局的形成功不可没，原始青瓷具有作为瓷器开端的里程碑意义，青瓷也是其他瓷色和陶瓷装饰产生、发展的基础，在中国乃至世界瓷器史上意义重大。

5.1.2.1 形成了相对稳定的"南青北白"的瓷色格局

中国幅员辽阔、地大物博，南北纬度跨越近50度，南方和北方在气候、日照、土壤、植被等方面的情况各不相同，因而农作物生长周期和人们的饮食习惯、地方风俗各异。这种差异早在农耕文明阶段已经显现，北方日照时间短、土壤丰沃，植物生长周期较长，农作物生长更为壮硕。南北精神文化的熏陶也影响了南北方差异：北方人的高大威猛、直接豪爽；南方人的娇小玲珑、细腻含蓄。对于地理环境对审美偏好与艺术风格的作用，梁启超较早关注到，并在《饮冰室文集》中提出，自然景物风光的差异，影响着理性与感性不同的发展方向，表现为人们的审美情趣，形成雄浑悲壮与秀逸纤丽两种迥异的意象与风格。各朝之气象格局（审美风貌）也因环境不同而异彩纷呈，"燕赵多慷慨悲歌之士，吴楚多放诞纤丽之文，自古然矣。自唐以前，长城饮马，河梁携手，北人之气概也；江南草长，洞庭始波，南人之情怀也"。

全球一体化发展的今天，南北差异逐渐缩小甚至消失，但是数千年来南北文化滋养形成的地域性文化艺术特征依然保留。从某种意义上看，植物、动物、人、艺术、文化，都是汲取某一方土壤营养的产物，因而自成一派，各有千秋。人们长期生存发展的自然环境和人文环境产生特定的地域性文化艺术形态，陕北民歌和江南小调各有所长，南腔北调唱响了地域文化的独特风韵；南北宗绘制了或"青绿"或"水墨"的大好河山；南北建筑成就了雄浑与秀丽之美……正是因为地域差异孕育出了差异性文化，人类社会的自然风光和人文艺术才展现出多元的魅力。在以家庭作坊为单位的手工业生产模式下，地理条件、人文环境为地域性文化的形成提供了可能，长久形成的地域性基因及文化艺术风格在历史车轮中日趋固定为一种风格样式、时代经典。初唐时期风行全国的"陵阳公样"、元代浙江嘉兴的髹漆，以及清代苏州的丝绸都在地域历史上留下了深刻的印记。

古代陶瓷艺术受到统治阶级主观意志的影响，呈现出相对统一的时代风格，而南北方的陶瓷文化又展现出风采迥异的地域特色。陶瓷是一种泥做火烧的手工艺产品，因为就地取材、就近烧制、因地制宜的工艺特点，各大窑口形成了别具特色的地域性瓷业文化，陶瓷从诞生之初就有这一特征。新石器时期各具特色的仰韶文化、河姆渡文化、大汶口文化、庙底沟文化等彩陶装饰艺术，也多以地域区间为风格划分的基点。"素有"瓷之国"美誉的中国，历史上北有定窑、汝窑、耀州窑、磁州窑等，南有越窑、龙泉窑、景德镇窑、吉州窑、长沙窑等。这些大名鼎鼎的历史名窑以及诸多散落各地的小窑口，星罗棋布地镶嵌在祖国大地上，共同谱写了中国陶瓷业辉煌的交响乐曲。

唐代，瓷器呈色的地域特征集中表现为"南青北白"。这一陶瓷色彩发展的有趣规律，主要是指在原料特性、温度气候、烧成工艺等共同影响下，瓷色呈现出明显的南北差异，表现为南方以浙江、江西为主要产区，盛产青瓷；北方以河南、河北等为主要产区，主攻白瓷。这种在漫长中国瓷器衍化中自然形成的瓷业格局，是瓷业发展、市场机制、社会文化综合作用的结果。

纵览中国瓷业"南青北白"格局的形成，大致经历了以下四个历史阶段。

第一阶段，唐宋之间，瓷业生产格局主要由南方的浙江青瓷系和北方的河北白瓷系构成，不晚于隋唐，已形成了南方以瓯窑、越窑为主的青瓷产区，以及北方以邢窑、定窑为代表的白瓷产区，呈现"南青北白"瓷业格局。唐代青瓷和白瓷的工艺水平较前朝显著提高，邢窑"透影白瓷"更是精美绝伦，受到当时人们的认可和喜爱。根据唐代"盈"字款和"翰林"字款邢窑白瓷实物来看，邢窑白瓷和越窑青瓷都曾被进献给皇帝。皮日休的《茶瓯诗》写道："邢窑与越人，皆能造瓷器。圆似月魂坠，轻如云魄起。"① 茶圣陆羽的《茶经》写道："邢瓷类银似雪。"② 因市场需求量大，邢窑售价低廉的日用白瓷极其畅销，即所谓"内丘白瓷瓯……天下无贵贱通用之"。③ 总之，与浙江青瓷在南方的繁荣场景相对应的是，唐代邢窑、定窑为代表的北方白瓷有了一定的技艺积累，两方都为宋代制瓷业的扩张与辉煌发展奠定基础。这个阶段南北青、白二瓷平分秋色，并驾齐驱。

第二阶段，两宋之间，在皇帝宋徽宗的主导与支持下，汝窑、官窑等北方瓷窑迅速崛起，与浙江越窑、龙泉窑等以及渐起的景德镇窑，形成"南北共青"的对峙局面。宋代五大名窑④中汝、官、哥三窑专烧青瓷，钧窑也有天青釉等产品。从地理位置上，汝窑和官窑毗邻北宋京城——河南开封府，拥有南方瓷窑无可比拟的地缘优势，从原料到人力和审美品位都受宋徽宗的关注，所烧制出的青瓷成为青瓷艺术的典范，其含蓄典雅、雄厚刚劲之美，与宋代推崇的理学精神、雅文化不谋而合。将北方汝窑、官窑青瓷与南方越窑、哥窑青瓷相较，前者釉面乳浊、哑光质感，展现出一种沉稳内敛的色彩风貌，不似南方浙江青瓷光亮细润、青翠甜嫩。从文化品位来看，北方青瓷的发展略胜一筹。这个阶段依然呈"南北共青"的局面，不过艺术格调上北高于南。

第三阶段，南宋时期，随着大宋王朝的军事失利，北宋亡而南宋起。宋室南迁，制瓷重心也随之转到浙江。受到战争破坏的北方名窑江河日下，大批窑工南下谋生，北方青瓷的技艺输入浙江。南宋官窑、龙泉窑高速发展，扭转了北宋汝窑、官窑造就的青瓷中心在北方之格局，恢复并进一步稳固了唐代已有的"南青北白"瓷色格局。而放眼广袤的北方大地，在辽金的统治下，草原民族大力宣扬的审美文化与宋大相径庭，其青瓷造器风格脱离了汉族传统的雅文化范畴，敦实厚重的造

---

① ［唐］皮日休，［唐］陆龟蒙：《松陵集》卷四《奉和酒中六咏》，四库全书本，第25页。

② ［唐］陆羽：《茶经》卷中《四茶之器》，四库全书本，第6－7页。

③ ［唐］李肇：《唐国史补》卷下，四库全书本，第16页。

④ 宋代五大名窑的说法，最早见于明代皇室的收藏目录《宣德鼎彝谱》："内库所藏柴、汝、官、哥、钧、定名窑器皿，款式典雅者，写图进呈。"清代许之衡《饮流斋说瓷》中写道："吾华制瓷可分三大时期：曰宋，曰明，曰清。宋最有名之有五，所谓柴、汝、官、哥、定是也。更有钧窑，亦甚可贵。"但因柴窑至今没有发现窑址，也没有实物参照，因此我们通常将钧窑与汝窑、官窑、哥窑、定窑并称为"宋代五大名窑"。

型、浓郁鲜艳的瓷色、繁缛具象的装饰深受统治者青睐。在这种审美风格的主导下，北方创烧的凤首壶、鸡冠壶、皮囊壶等适宜于草原民族马上生活的造型，其瓷色多为豆绿、深绿、褐黄，南宋粉青、梅子青的高雅审美不复存在。这个阶段的瓷色格局呈"南强北弱"。

　　第四阶段，元、明、清三朝，南方瓷业蓬勃发展，北方瓷业日趋衰落。受到蒙元文化的影响，元代瓷色尚红，推崇具象的图案装饰，瓷业审美风尚逐渐转向。虽然元代龙泉青瓷在南宋瓷业的基础上以及外销利益的推动下持续发展，但至中晚期，龙泉窑昔日兴盛之势已不复存在，取而代之的是景德镇窑。如果说景德镇窑烧制的青白瓷逐渐取代龙泉青瓷在青瓷领域的霸主地位，那么符合蒙元草原民族的审美色尚的青花彩绘和釉里红装饰，则进一步占领了南方瓷器的市场。明清景德镇发挥官窑优势，成功地将制瓷中心留在了南方，南方青瓷重镇也从浙江转移到江西景德镇，直接导致了龙泉窑的衰亡。"瓷都"景德镇制瓷的辐射力、南方经济和地理优势等因素，推动了江西、福建、广西等地瓷业的延续性发展。反观北方瓷业窑基破坏、原料损失、人员流失的衰败景象，与南方瓷区的蓬勃之势已不可相提并论。明、清两朝，景德镇御窑承担宫廷用瓷烧制使命，从某种意义而言，以景德镇窑为代表的南方制瓷工艺的飞速发展，使得此期瓷业与前三个阶段大为不同，瓷色不限于青白之间，而呈现出"五色竞放"的多元盛况，南方瓷业一枝独秀于中国瓷业之林。

　　总之，从上述"南青北白"的瓷色发展轨迹来看，宋代是重要的转折点。华夏"尚青"理想在南宋瓷窑得以实现，扭转了第二阶段"南北共青"的瓷色格局。南宋龙泉青瓷的艺术成就不仅助力青瓷产区回归南方，也树立了青瓷审美的标杆。诚然，第三阶段"南强北弱"局面的形成，还应考虑到社会动乱等因素，但是南宋龙泉窑对南方青瓷的典范和辐射作用毋庸置疑。同时，临安城的经济基础、龙泉窑的地理优势、文人风雅生活产生的青瓷消费需求等因素，强化了这一格局。

5.1.2.2　建立了青瓷典范，拉开了纯色瓷器发展的序幕

　　"李唐越器，宋之龙泉，共谱青辉。"① 龙泉青瓷与越窑青瓷以及北

---

① 陈万里：《中国青瓷史略》，上海：上海人民出版社，1957年版，第11页。

宋汝、官窑青瓷，成为中国古代青瓷的代表。北宋以后，以龙泉瓷器最负盛名。[①] 南宋龙泉青瓷色泽柔和、葱翠雅润。因为有了越器，有了龙泉，有了南宋官窑，浙江的制瓷业，可以说到达了一个黄金时代。[②] 研究南宋龙泉青瓷，不仅要研究其艺术本体，更要研究它对后世中国瓷器生产、瓷器审美的重要影响。它不仅创造了青瓷艺术的高峰，更为后世青瓷建立了一个实现"尚青"目标可供参照的范本。融精华于一炉、表清雅于万世的南宋龙泉青瓷至今依然是效仿的经典。

南宋龙泉古器与汝窑、官窑器同为宋瓷谱系中后世的模仿对象，清代摹古风气不亚于宋，对前朝名窑皆有仿烧，其中包括古龙泉窑器物。《宣德鼎彝谱》[③] 记载：

> 端拱堂西便室，陈设双鱼耳彝，仿宋女窑款式，……十二炼洋铜铸成，淡藏经纸色，绕腹填以赤金、错缕云气，名金带围，陈设端拱堂西便室御几。端拱堂东暖阁，陈设防鱼耳彝，仿宋汝窑款式大小如图，重六两二钱，十二炼洋铜铸成，蜡茶色腹以，下填以赤金，名涌祥云，陈设端拱堂东暖阁御几。

上文关于清代的古器记录，将龙泉窑与五大名窑等量齐观，龙泉青器的艺术价值早已超越了官民的界限。清代历史文献以及景德镇窑相关瓷业相关章节的记述，也反映了龙泉窑与汝窑、官窑比肩的瓷业地位。《景德镇陶录》卷六《镇仿古窑考》论及定窑、汝窑、官窑、龙泉窑、哥窑、钧窑等，分别记述了各窑口的发展与特色，龙泉窑在中国陶瓷史上的地位和影响可见一斑。虽然后世不乏仿烧宋代龙泉青瓷者，但是在外观和意韵上都很难触及其核心，彰显其神采。陈万里先生在《瓷器与浙江》中解析如下：

> 明仿龙泉窑与宋无甚大异，惟其色略淡，其釉略薄耳。仿龙泉者曰丽水。刘瓷仿哥之鲜艳，厂人俗谓之绿郎窑……雍正仿龙泉，

---

① 陈万里：《瓷器与浙江》，北京：中华书局，1946 年版，第 10 页。
② 陈万里：《瓷器与浙江》，北京：中华书局，1946 年版，第 11 页。
③ 陈万里：《瓷器与浙江》，北京：中华书局，1946 年版，第 62 页。

皆无纹者也，制佳而款精。清唐英在景德镇所仿，胎釉乃迥乎不同，大抵豆绿色有暗花者，即唐英所仿也。[①]

由上文可见，继南宋后，明代龙泉窑发展较成熟，仿龙泉瓷色较为接近。根据"惟其色略淡，其釉略薄耳"的描述推测，其参照对象为南宋龙泉厚润的梅子青瓷；清代仿品或过于鲜艳，或无开片特征，督陶官唐英仿品之胎釉都与南宋龙泉青瓷有别，呈现出一种豆绿暗花的效果，与南宋厚釉无饰的风格渐行渐远。以唐英之作为代表的清代仿品，融入了清朝具象风格特征，终究与宋代龙泉尚质尚色之审美不尽相同。"豆绿"为明清龙泉窑对南宋龙泉青瓷的一种变体，其呈色略显轻浮、质地不够澄澈。同为青瓷单色釉，龙泉粉青和梅子青瓷灵秀、典雅，而元明清发色较好的龙泉青瓷几乎以"豆青"称之，后者整体发色呆板、釉层偏薄，南宋龙泉经典二色几乎无法仿制成功。

历代青瓷通体无纹，以瓷"色"作为装饰手段的，有北宋汝窑、官窑和南宋龙泉。龙泉窑以瓷色追求为己任，历经几朝，直至南宋才建立起的青瓷色彩典范，成为后世效法的目标。这种开创性、典范性的纯色瓷釉装饰风格，引导了后世瓷器色彩发展的方向。在明代时，祭红、祭蓝等纯色逐渐创烧，至清代更是出现了颜色釉瓷五彩斑斓、纷繁竞艳的局面。这种纯色瓷釉之美，是经历了线刻与堆饰等具象表达之后的一种装饰语言选择和审美回归。而南宋龙泉窑为陶瓷史上这种简雅之风、纯色之饰提供了传扬和推广的平台和基础。

5.1.2.3 强化了瓷色伦理观念

如本书第 4 章所述，因为瓷器工艺属性的限制，虽然南宋龙泉青瓷制品普遍采用釉厚工艺，整体发色浓郁度明显提升，但一窑之中仅有极少数精品能够呈现理想之瓷色。这些碧绿温润、色比美玉的精品往往供给皇家或贵族使用，而同一窑诞生的普通青瓷制品，则依据瓷色优劣按价销售。在这个不以金钱为唯一标准的瓷器分配过程中，"瓷色序人"的伦理属性日益凸显。

瓷器的色彩伦理观在封建王朝的社会更迭中形成、发展并得以固

---

① 陈万里：《瓷器与浙江》，北京：中华书局，1946 年版，第 48 页。

定。色彩伦理制度在社会生活中的应用集中表现为"正色为尊、间色为下"，服色、建筑领域尤为直观；瓷色与五色伦理框架的对应有所不同。如前所述，明代之前青瓷一统天下，"淡绿"成为"正青"之色的阶段性替代品。面对这种"不能"而非"不想"的局限性，五方瓷色的对照转换为"青"瓷色的浓郁程度。由"青圭"到"青瓷"的过渡阶段，客观而言，二者之青都非正色。按照"青圭礼东方"确立的原则，越接近"青玉"之瓷色，器用等级越高。基于"物序"与"人伦"相互匹配和色质相合的原则，使两宋青瓷居于明清以前青瓷色彩伦理秩序最顶端。如果说伦理秩序成为帝王在道德层面对统治制度的阐释，那么青瓷"以玉比德"的优势则进一步将这种制度化的管控附着于人之"成器"的需求。对文人士大夫阶层来说，"类玉""尚青"是与等级身份象征相符的，更是一种审美格调、君子雅尚的体现，相对于青灰、黄绿等青瓷之色，粉青、梅子青瓷色更能吻合文人清雅脱俗的审美取向、君子比德的尚质追求和淡泊悠远的澄澈情怀。

瓷色伦理的文字性总结与管理制度，远远滞后于在现实生活中的执行。从五代"臣庶不可用"的秘色瓷到宋徽宗专设御窑烧制宫廷礼器，以及明代青花梅瓶等级化的随葬制度，清代景德镇御窑生产的次品都要就地摔碎、掩埋，绝不流入民间，这些都反映了瓷器因色而贵、按色对等、不容僭越的伦理界限。从瓷色伦理的实现轨迹来看，如果说粉青、梅子青瓷成功烧制以前，还缺乏具体的参照标准，那么以南宋中期为界，理想之"青"开始以一种色标式的经典瓷色，垂范后世。不同于北宋汝、官窑青器在民间的隔绝状态，龙泉窑的民窑身份以及巨大产量，无疑将"以色序人"的伦理制度推广到更大的社会层面，也更为清晰地区分出了青瓷色系等制，强化了青瓷色彩伦理制度。

伦理是文化的属性之一，是人类社会从低级阶段向高级阶段发展的必然产物。等级化、差异化的器物设计与生产以及等级化器用规定是人类文明进程中的重要内容。等级与伦理是所有阶级社会的共性特征，不仅存在于中国，西方国家也是如此。早在17世纪，荷兰、英国等欧洲商人通过中国外销瓷贸易牟获暴利，导致外销瓷器价格高昂。与中国的器用伦理相似的情况也出现在西方，瓷器早期仅为欧洲帝王和少数贵族所用。1562年在纽伦堡首次出版的《山间邮车》一书中，马德休斯

（Mathesius）写道："瓷器精美而昂贵，只有达官显贵才买得起。"① 17
世纪中晚期的欧洲，外销的青瓷和白底彩绘瓷器价比黄金，权贵富人以
此作为身份象征，甚至借款购置。"三十年战争"后，政治局势平缓，
瓷器的使用从皇室贵族扩大到富裕的市民家庭，但是售价昂贵，非普通
市民可以承担。"对于那些买不起瓷器的人，那时可以使用价格较为合
理的彩陶和精陶。"② 这段文字反映了欧洲有着与中国相似的"以物序
人"的社会伦理特征。客观而言，这种等级化的物序并非某人或某个
群体的主观意志决定的，它是等级观念在物体系中的反映。可见，瓷器
区分社会等级的现象共存于东西方文化之中。中国瓷器经丝绸之路输入
外国的同时，其色彩伦理观也潜在地融入了西方文化。西方通过价格来
体现的瓷器伦理，与中国传统色彩观的文化内涵已大相径庭，体现了中
外色彩伦理的差异性。在 19 世纪之前的西方，无论是中国外销瓷器，
还是集该国最新科技创烧的优质瓷器，都是作为一种奢侈品而存在的，
距离实现瓷器为全民使用还有较长的路程。在东西方文化差异化的背景
下，伦理文化的内涵和表现形式有所区别，但是"瓷器物序人伦"的
社会功能、用于区分等级的属性异曲同工，反映了人类器物文化发展的
共性特征。

5.2　域外传播及影响

日本陶瓷理论家三上次男先生，对中国陶瓷的世界传播和交流的研
究成果颇丰，他在《陶瓷之路》一书中写道：

（中国）经过十世纪前半叶的五代到了宋代（960—1279），社
会安定下来，从而迎来了陶瓷器生产质量飞跃发展的新时期。于是
烧制出迄今为止世界上最优秀、最精美的青瓷器。具体地说，到了
这时，青瓷生产的中心就转移至浙江省的龙泉县……这条漫长的

---

① 陈万里：《瓷器与浙江》，北京：中华书局，1946 年版，第 9 页。
② 陈万里：《瓷器与浙江》，北京：中华书局，1946 年版，第 9 页。

"陶瓷之路"，实际上就是中国陶瓷，特别是龙泉青瓷开拓出来的。[1]

中国瓷文化对世界的贡献很大程度上表现为瓷器技艺与设计文化的传播，三上次男也肯定了青瓷尤其是龙泉青瓷在唐宋外销瓷过程中里程碑式的意义。如果说明清外销彩绘瓷的灿烂篇章引发了世界范围的经济战，那么唐宋以浙江青瓷为主要类型之一的陶瓷外销贸易已经吹响了中国进军世界的号角。胎质细腻、釉色莹润的越窑青瓷，不晚于唐已成为朝廷贡瓷[2]，也备受国外人士的喜爱和追捧，创造了盛唐外销瓷的辉煌历史。1973 年底至 1975 年间，在宁波市和义路唐代海运码头遗址出土的唐代越窑青瓷器，经鉴定是准备海运的外销瓷器[3]。这批越器多为生活用器，主要包括壶、碗、盆、钵、罐、杯、灯盏等，推测由外国商人集中采购再运输回国销售。北宋末期，越窑衰、龙泉窑起，凝聚了东方意蕴的南宋龙泉窑青瓷成为青瓷艺术的高峰，取代越窑青瓷，并成为宋元外销瓷的主要类型。龙泉窑青出于蓝而胜于蓝，龙泉青瓷作为明清海禁之前外销瓷的主流产品，其创造的外汇超过唐代越窑，成为宋元外贸收益的重要组成。

5.2.1　主要路径和方式

古老的东方对于欧洲而言，具有神秘的吸引力，中国文化艺术成为东方的代表，吸引了世界关注的目光。《创世纪》中上帝在靠东的地点开辟了伊甸园，欧洲中世纪的宇宙哲学把人间天堂定位于东方东端，因此欧洲人眼中的东方世界充满了美好与希望。[4] 凝聚了东方文化艺术精华的中国手工艺品，向西方传播的脚步从未停歇。唐代之前，瓷器、丝绸、茶叶已外销四海，三者中的瓷器历经时间洗礼，仍岿然不变，作为

---

① 〔日〕三上次男：《陶瓷之路》，李锡经、高喜美译，北京：文物出版社，1984 年版，第 13 页。

② 《新唐书》卷四十一《地理志》。

③ 林士民：《试谈越窑青瓷的外销》，见中国古陶瓷研究会、中国古外销瓷研究会编《古陶瓷研究》第一辑，北京：文物出版社，1982 年版。

④ 牟晓林：《海外需求对明清景德镇瓷器的影响》，中国艺术研究院博士学位论文，2014 年，第 21 页。

古代物质文化的活化石、精神文明的物质载体，具有极高的研究价值。纵览东西方文化的世界影响力，鸦片战争之前，主导权更多由东方掌握，以中国为代表的东方艺术成为西方人眼中的异域情怀，中国成为西方世界向往的"理想国"，外销瓷器作为彼时西方接触到的为数不多的东方事物，承载了以欧洲为主体的西方社会探究中国的热情，"中国风"潮流影响了世界文化艺术的发展方向。鸦片战争改变了中西格局，西方逐渐成为统领世界艺术的话语制造者和评判者，由此导致了审美取向和评判标准的变化，但是西方在文化上对于古代中国艺术的热情从未消减，对中国文化艺术的优越性和独特性的认可始终如一。

5.2.1.1 宋元龙泉青瓷主要路线

作为一个文化大国与强国，唐宋时期，中国海外贸易高度繁荣。随着越窑青瓷拉开瓷器大量外销的序幕，中国外销瓷器贸易一发不可收。"早在唐代，中国瓷器即以新兴的商品畅销国外，东销日本、高丽，西销印度、波斯直至埃及。宋代，瓷器是主要出口商品，贸易数量超过唐，尤其南宋是龙泉青瓷鼎盛时期，外销产品都以龙泉青瓷为主。"[①] 两宋政权重视海外贸易的发展，宋宁宗在嘉定十二年（1219 年）为防金银外流，《宋史·食货志》载，"命有司止以绢帛、锦绮、瓷、漆之属博易"，[②] 进一步刺激了瓷器的出口。国外遗址多处出土了北宋龙泉青瓷多管瓶、注子等器物，如菲律宾、日本福冈大宰府遗址等曾出土双面刻花越窑青瓷碗；宋代"南海一号"沉船[③]中有大量的浙江龙泉窑系的青瓷划花碗、青釉盏等，其形制多为日用器具。"关于元代龙泉窑青瓷的海外贸易，据当时汪大渊的《岛夷志略》记载，曾经通商的国家与地区有几十个之多，大部分在东南亚、东亚和西亚、东非一带……在书中多次提到'处州瓷器'或'处州青瓷'，是因为龙泉窑所在的龙泉

---

① 邓白：《中国龙泉青瓷·序》，杭州：浙江摄影出版社，1998 年版，第 4 页。
② ［元］脱脱：《宋史》卷一百八五《食货下》，百衲本，第 24 – 25 页。
③ 1987 年，交通部广州救捞局与英国某潜水打捞公司在广东省发现宋元时期运载瓷器的沉船，据考这艘船就是"南海一号"。打捞出水的瓷器和其他物品有二百多件。沉船中装载着一大批宋时期的珍贵文物，瓷器主要为四个窑系的日用瓷器：一是浙江龙泉窑系的青瓷，如划花碗、青釉盏等。二是景德镇窑系的影青瓷，有划花碗、小瓶、葫芦形瓶等。三是福建德化窑系的以印花粉盒为主白瓷等。四是福建磁灶窑系的绿釉碟、碗等。1997 年在韩国木浦市附近海底又再次打捞出元代的沉船，出水了一万多件瓷器，以青瓷和青白瓷为主。

县古属处州，所以一些文献将龙泉窑器称为'处器'或'处瓷'。"①
当时的荷兰商人来泉州贩运青瓷至欧洲销售，青瓷与黄金等价，荷兰东
印度公司在中国外销瓷贸易中牟利极其巨大，也引发了欧洲各国对东方
瓷器的痴迷。由于18世纪前，中国以外的其他国家还未能烧制出瓷器，
中国瓷器供不应求，海上货船在两次季风期之间跨越半个地球，将中国
瓷器源源不断地运往海外。元、明两朝，外商涌入广州、温州、泉州等
口岸，贩运大量外销瓷器至欧洲各国，世界范围内如此宏大壮观的外销
瓷景观，促进了东西方经济贸易的同时，也使东西方文化艺术的沟通、
交流与融合日趋密切。当隽秀莹澈的龙泉青瓷首次公开在法国亮相，法
国人立即为之倾倒。"②

晚唐、五代至宋初，是中国瓷器大量外销的第一个阶段，主要的海
运路线为：自广州港出发到达东南亚各国，或者经马六甲海峡，进入印
度洋，再经斯里兰卡、印度、巴基斯坦到达波斯湾地区。宋元到明初，
是龙泉青瓷的鼎盛时期，也是中国瓷器大量外销的第二个阶段，外销范
围、港口和线路有所扩展。此期穿越八百里瓯江的龙泉青瓷国内水上运
输线路衔接了"陶瓷之路"，构成一条颇为壮观的"青瓷之路"。关于
南宋和元代龙泉青瓷外销情况的重要文献，主要有南宋赵汝适所著的
《诸蕃志》③ 和元代汪大渊所著的《岛夷志略》。④

两宋时期，陆上"丝绸之路"被隔断，东南方向的海路成为对外
贸易的唯一通道，南宋海外贸易之盛有三大原因。其一，对外贸易港口
众多。广州、泉州、明州（今浙江宁波）等大规模港口发展，对外港
口接近二十处，形成了北起淮南、东海，中经杭州湾和福州、漳州、泉

---

① ［元］汪大渊：《岛夷志略》"无枝拔"条，四库全书本，第11页。贸易之货，用西
洋布、青白处州瓷器、瓦坛、铁鼎之属。

② 叶喆民：《中国陶瓷史（增订版）》，北京：生活·读书·新知三联书店，2011年版，
第480页。

③ 《诸蕃志》是记载我国宋代瓷器对外贸易输出地区的重要文献，根据该书所记海外商
人兴贩瓷器博易诸条，可以清晰了解宋代青瓷外销的数量和国家。《诸蕃志》成书于南宋理宗
宝庆元年（1225年），这时龙泉青瓷已达到繁盛发展阶段，被大量销往世界各地。因此，书
中所指的青瓷无疑也包括当时在海外贸易瓷器中占主要地位的龙泉青瓷。

④ 《岛夷志略》是记载我国元代与海外国家贸易、外交情况的重要资料，其中涉及陶瓷
器外销的记载有47条，"青瓷"在书中被称为"青瓷""青瓷器""青处器"以及"青盘"
或"青碗"，《岛夷志略》成书于元顺帝至正九年（1349），此时青瓷与青花瓷并驾齐驱，大
部分外销青瓷产自龙泉窑，这也在新安海底沉船等打捞记录中有所印证。

州，南至广州和琼州海峡的绵长海岸线。其二，通商的地区和国家增多。数量由宋之前集中在中南半岛和印尼群岛一带的二十处，发展到南宋时期六十处以上，中国与南太平洋、印度洋直至波斯湾、地中海和东非海岸都建立了贸易关系。"从中国东南沿海各港口起，循海道一直到印度洋沿岸的波斯湾、阿拉伯海、红海和东非沿海……无一处没有龙泉青瓷的踪迹。"① 其三，出口商品附加值高。宋代外贸范围扩大、出口数量增加，因进口商品以原材料与初级制品为主，而出口商品多为手工业品，外销商品的附加值大幅提高，增加了贸易顺差，开辟了古代中国海外贸易的新纪元。

13 世纪末，元王朝势力影响亚欧，政府极其重视对外贸易。元代外销瓷贸易延续了南宋的辉煌，并呈现出更为兴盛的局面。龙泉青瓷外销到亚非许多国家和地区，遍及日本、菲律宾、越南、印度尼西亚、埃及、柬埔寨、泰国、马来西亚、缅甸、斯里兰卡等国。1976 年在韩国新安海底发现一艘沉船，九年间共打捞了各类文物 22000 多件，其中青瓷 12359 件，青白瓷、白瓷 5303 件。② 青瓷中除数件高丽瓷器和元代哥窑瓷器外，都是龙泉青瓷。"1950 年在索马里和埃塞俄比亚交界处的三个古城废墟中，发现过 13 世纪至 16 世纪早期的中国瓷器，其中青瓷比青花瓷为多，也有少量釉里红。这些瓷器大概是由索马里的红海沿岸蔡拉港附近的沙埃丁岛起岸运入的，因为在这岛上发现了很多同样的中国瓷器碎片。怯尼亚麻林附近的给地（Gedi）古城和其他几个遗址，也发现明代的青瓷。"③埃及阿尤布王朝创建者萨拉丁，曾将四十件龙泉青瓷作为高级礼品，送给大马士革苏丹诺尔丁。为满足本国内需，泰国、越南均向中国学习建窑烧造青瓷，前者所制瓷器在中国瓷器减产时成为国际外销市场的替代品。这些例证从不同角度反映了龙泉青瓷随着海外贸易渗透到世界各国人民的生活，器物承载的审美文化也会对世界文化艺术和制瓷业产生直接推动力。

从宋元外销龙泉青瓷器型与装饰来看，其中不仅有龙虎瓶等随葬器物，更多的是碗、盘等日用器，如各式刻花碗，内底常刻印"金玉满

① 龙泉县地名委员会办公室：《浙江省龙泉县地名志·前言》，1984 年，第 8 页。
② 韩国文化公报部文物管理局：《新安海底遗物·综合篇》，首尔：同和出版公社，1998 年版。
③ 中国硅酸盐学会编：《中国陶瓷史》，北京：文物出版社，1982 年版，第 412 页。

堂""河滨遗范"和"昆阳片玉"等铭文,还有些刻缠枝花纹的折腹平底盘等。这些远涉重洋、售价高昂的精品龙泉青瓷主要作为随葬品或用来满足权贵奢侈日用需求,具有身份标识的功能。

中国青瓷文化受到世界的认可和关注,众多国外博物馆都收藏的龙泉青器与景德镇青白瓷、青花瓷、釉上彩绘瓷等,共同构建了中国作为瓷器强国的形象。土耳其的伊斯坦堡博物院因收藏了中国古代瓷器而闻名,1万多件藏品中,包括宋、元、明初的龙泉青瓷1350件以及明代青花及五彩瓷器2600余件。① 荷兰国立陶瓷博物馆②及阿姆斯特丹国家博物馆(Rijksmuseum Amsterdam)、海牙市立博物馆(Gemeentemuseum Den Hang)和格罗宁根博物馆(Groninge Museum)联合举办的名为"莱瓦顿公主的神秘青瓷"的亚洲青瓷展,集中了馆藏的中、韩、日、东南亚的150多件青瓷藏品,包含龙泉青瓷30余件,其中北宋龙泉窑盘口盖瓶与南宋龙泉窑蟠龙盖瓶,为古代浙江墓葬出土的典型瓷器类型。

总之,以南宋龙泉青瓷为代表的中国瓷器受海外市场热捧,丰富了世界文化艺术宝库。瓷器运输路径的演变,反映了陶瓷贸易与交通的关系。宋元龙泉青瓷内销器物运往临安,外销产品则用船筏沿瓯江顺流而下运到丽水、宁波、温州等地的港口,经瓯江出海,再通过广州、杭州、泉州等地的港口转运,远销亚洲其他国家、欧洲,乃至非洲东海岸。南宋龙泉窑成就了青瓷之路的海上辉煌,也建立起青瓷文化大国、强国的国际声望,反映出了12—16世纪中国以青瓷为主要类型的陶瓷外销瓷的情况。

5.2.1.2 海外贸易及主要港口

宋元是中国古代海外贸易发展的高峰。宋代立国之初为"三冗"所累,重视海外贸易,朝廷颁布多种政策来推动商品出口。不同于北宋的限制性和变化性的贸易政策,南宋采取更为自由和稳定的鼓励性外销策略。《宋史》记载南宋初期,外国商人或者国内贸易的官员,凡是交

---

① 陈万里:《中国青瓷史略》,上海:上海人民出版社,1957年版,第53页。
② 荷兰国立陶瓷博物馆又称"公主博物馆",原是玛丽·路易丝(Maria Louise van Hessen-Kassel)生前的住所,这位德国公主嫁到荷兰菲仕兰(Friesland),其子为荷兰国王威廉四世,即是今日荷兰女王碧翠丝(Beatrix)的先祖。

税超过标准的，可以奖授官。① 可以说这有效地调动了民众对海外贸易的积极态度，一时间海外贸易繁荣兴盛。

20 世纪的国际贸易主要依托海运，通达四海，走向世界。唐代国力强盛，造船和航海技术都居当时世界领先的地位，《唐大和上东征传》② 以及《苏莱曼东游记》③ 等文献中均记载了唐代船舶的优势。宋代科技发达，造船术较唐代更进一步，吴自牧的《梦粱录》记载：

> 海商之舰，大小不等。大者五千料，可载五六百人。中等二千料至一千料，亦可载二三百人。余者谓之钻风，大小八橹或六橹，每船可载百余人。④

船舶制造业的成熟发展保障了宋代在国际海洋贸易中长期占有重要地位，从而为外销陶瓷产品走向世界提供了重要的条件。

赵宋王朝深知运输工具对海外贸易的意义，政府极为重视造船业和对外交流，宋应星著的《天工开物》记载：

> 宋子曰，人群分而物异产，来往贸迁以成宇宙。……四海之内，南资舟而北资车。梯航万国，能使帝京元气充然。⑤

---

① 一个卖香料的阿拉伯商人交税 30 万缗，就被授了官。按交税 5 万贯、10 万贯或者 30 万贯等等级，授给不同官职，凡对进出口贸易有贡献的，不管是外国商人，还是本国商人，都授以官职，予以奖励。参见冯先铭《冯先铭谈宋元陶瓷》，北京：紫禁城出版社，2009 年版，第 246 页。

② 〔日〕真人元开：《唐大和上东征传》，汪向荣校注，北京：中华书局，1979 年版，第 47 – 51 页。多次东渡的日本鉴真和尚，用 80 贯钱从岭南采访使刘巨鳞处买得"军舟"一艘，船上所载除了大量什物外，有船工 18 人，僧人 17 人，各种工匠 85 人。

③ 〔阿拉伯〕苏莱曼：《苏莱曼东游记》，刘半农、刘小蕙译，北京：华文出版社，2016 年版，第 19 页。书中载"唐时中国海船特别大，波斯湾风浪险恶，只有中国船航行无阻，阿拉伯东来的货物都要装在中国船上。"又说："……大部分中国船都是在席拉夫（伊朗港口）装货启程的，阿曼和巴士拉口岸的货物都是运到席拉夫，然后装到中国船上。"该书名一译《中国印度见闻录》，记载了 9 世纪阿拉伯商人苏莱曼（Suleiman）来华见闻，成书于 880 年，早于《马可·波罗游记》约 4 个半世纪。

④ 〔宋〕吴自牧：《梦粱录》卷十二"江海船舰"条，丛书集成初编本。

⑤ 〔明〕宋应星著，潘吉星译注：《天工开物译注》"舟车第十五"，上海：上海古籍出版社，2013 年，第 183 页。

这段文字充分肯定了车船等交通工具的重要性，也展现了宋人开放、博大的视野，他们强调通过相互往来和贸易来促进交流。宋代的航海技术在唐代的基础上日益发达，进一步促进了出口贸易的迅速发展。北宋朱彧的《萍洲可谈》写道：

> 深阔各数十丈，商人分占储货……货多陶器，大小相套……海中不畏风涛……舟师识地理，夜则观星，昼则观日，阴晦观指南针。①

海运货物中多数是瓷器，因其重量和耐水防潮的特征，瓷器常作为船只的压舱石。为了增加存储量，通常大小相套，再将香料、丝绸、茶叶等物品装入瓷器内部，如此一来，船舱内几乎没有多余的空间，可以最大化地利用船舶空间。这种瓷器装放方式也带动了多种商品的大量出口。在南方经济和港口优势等的作用下，民窑身份的龙泉窑制品甚至很少流入国内市场，更多供外销，这种盛景一直延续到元明两朝。"南方的龙泉窑成为全国最大的窑业中心，在青瓷上的成就及影响，远过于临汝窑（北方战乱和环境的关系）。龙泉青瓷在南宋成为对外贸易输出的主要物品，直到明代郑和七次下西洋，龙泉瓷器还是占据着重要的位置。《马可·波罗游记》中记录的龙泉青瓷，使欧洲各国朝野大为震惊，激起了西方世界对东方神秘瓷器的好奇心和占有欲，一时间中国瓷器成为西方世界重视的珍品。《葡萄牙王国记述》赞美中国龙泉青瓷"是人们所发现的最美丽的东西……看起来比所有的金、银或水晶都更可爱"②；波斯哲学家爱尔托西记录了青瓷的功效：青瓷餐具能将有毒食物转化为无毒，将青瓷碎片碾碎成末，可以用来医治牙病，抑止流鼻血。这种略具迷信色彩的夸张描述，虽与事实不符，但流露出西方人对中国青瓷、东方文化的无限向往之情，中国瓷器的绝妙可见一斑。

宋代海外贸易通达繁盛，瓷器、丝绸、茶叶等流通域外，政府重视

---

① ［宋］朱彧《萍洲可谈》，于宣和元年（1119 年）成书，是记录典章制度、风土民俗及海上交通贸易等的笔记体著作。内容是朱彧记述其父在广州为官时的见闻和蕃坊情况，包括高丽、三佛齐等地的地理风貌，并首次记载我国将指南针用于航海的史实。

② 龙泉县志编纂委员会：《龙泉县志》，上海：汉语大词典出版社，1994 年版，第313 页。

海外贸易中所获的利益，在主要港口设市舶司专门管理海外贸易。"（北宋）开宝四年（971 年）先在广州设立市舶司，以后明州（宁波）、杭州、泉州也先后设立，港口逐渐增多。"① 不同于唐代市舶使"使职差遣"的模式，宋代市舶司管理主要港口的贸易往来，成为海外贸易的固定机构，元代继续沿用，体现了国家对经济的整体把控。宋代编定了"舶户"户籍，修订的《元丰市舶条法》成为中国目前所见最早的系统的市舶管理制度，明确了商人出入港口的手续办理、抽税和官买的办法、外商的待遇、进口品营销管理等各方面的具体措施。② 宋代市舶管理主要通过两个方式：抽解和博买。抽解指的是对进口品征税，博买收入主要是通过经营进口品获得。高宗绍兴七年（1137 年）下令："市舶之利最厚，若措置合宜，所得动以百万计。"③ 绍兴十六年（1146 年）下令："市舶之利，颇助国用，宜循旧法，以招徕远人，阜通货贿。"为了避免对外贸易中金、银、铜等金属货币流往国外，宁宗嘉定十二年（1219 年）下令，"凡买外货以绢帛、锦绮、瓷、漆为代价，不用金银、铜钱"④，由此规定了对外贸易中以瓷器等物博易的方式，这种将瓷器作为等价物的导向，进一步刺激了龙泉青瓷的发展。绍兴末期（1160 年前后），广、泉二市舶司的税收所得，每年达 200 万缗之多，由此可见当时海外贸易量的巨大。

南宋龙泉青瓷在国外颇受欢迎，也用作相互馈赠的国礼，在此需求下催生了西方定制中国瓷器、参与外销瓷设计的合作方式。根据海外遗址出土、出水龙泉窑青瓷器型、装饰风格来看，有"来样定制"的情况出现。龙泉窑常沿着河岸设置窑址，水运方式降低了运输时的破损率，也便于衔接海外航线。南宋造船技术非常成熟，广州、杭州、明州、泉州等东南沿海的口岸停泊着许多运送瓷器的船舶，这些体量巨大、设备先进的船舶体现了宋代科技的先进性。据文献记载，宋代民用船只可以载重 2000 斛，船上装备包括抛锭、起锭、驾驶。

中国瓷器外销创汇的同时也向世界传播了中华文化，跨越半个地球的器物和文化传播是人类文化交流史上的一大创举。极具智慧的古人将

---

① 冯先铭：《冯先铭谈宋元陶瓷》，北京：紫禁城出版社，2009 年版，第 245 页。

② 黄纯艳：《宋代海外贸易》，北京：社会科学文献出版社，2003 年版，第 12 页。

③ ［清］徐松：《宋会要辑稿》职官四四。

④ ［元］脱脱：《宋史》卷一三八《食货志》，百衲本，第 25 页。

易碎的瓷器通过海上丝绸之路送达世界各地。浙江的海运优势促进了宋代龙泉青瓷的外销，通常邻近港口的瓷窑外贸相对兴盛。杭州、明州与广州为宋代主要贸易港口，《元丰市舶条法》规定："诸非杭、明、广州而辄发过南海船舶者，以违制论。"[①] 三港成为当时中国与海外各国贸易的交通枢纽，并在宋朝政府的有序管理下持续发展。

南宋都城的临安稍晚于广州设立市舶司的贸易港口。根据《宋会要辑稿》记载，宋太宗于端拱二年（989 年）五月诏："自今商旅出海外蕃国贩易者，须于两浙市舶司陈牒，请官给券以行，违者没入其宝货。"[②] 由此推测，当时临安已设立市舶司，与南部的泉州港、广州港互为补充。

明州（今宁波[③]）是宋元时期重要外贸港口之一，于淳化三年（992 年）设市舶司。宁波自古土地肥沃，物产丰富。从地理位置来看，宁波地处东海之滨，航道畅通，位于甬江、奉化江和余姚江的交汇处，向北沿甬江入海，临海的舟山群岛是重要海防要地；向西顺着余姚江到上虞，经过曹娥江往西，渡钱塘江到杭州，再连贯运河，衔接江淮京津，实为内河外海联运的理想港口。元丰三年（1080 年）后，明州成为到高丽、日本等地贸易的唯一合法港口。随着三大主要港口地位的确立，宋代海运也逐渐形成专线专运的体系化运营方式，海外贸易发展日趋成熟与规范化。

此外，还有青龙镇、温州、江阴军、澉浦等港口承担主要的海运任务，机构较市舶司简化，仅设市舶务和市舶场。青龙镇"南通漕渠，下达松江"，政和三年（1113 年）"于秀州华亭县兴置市舶务"，管理青龙镇贸易，后因明州港的发展而逐渐失去贸易地位。绍兴十五年（1145 年）"江阴军依温州例设置市舶务，以见任官一员兼管"。温州位于瓯江南岸，东临东海，是连通杭州与泉州的中间港口，于绍兴元年（1131 年）设立市舶务。温州是浙南的经济文化中心，贸易活跃，除瓷器外，瓯江流域的漆器、刺绣、造纸等手工业制品以及农副产品都汇集于此，正所谓"一片繁华海上头，从来唤作小杭州"。温州在当时全国

---

① ［宋］苏轼：《苏东坡全集》卷五十八《乞禁商旅过外国状》，四库全书本。

② ［清］徐松：《宋会要辑稿》职官四四之二，北平图书馆影印本，1936 年。

③ 宁波在唐代开元二十六年（738 年）称为明州；南宋庆元年间改明州为庆元府；元代改府为路，称庆元路；明代洪武十四年（1381 年）改为宁波府。

造船业中位列前茅，南宋后期每年造船量以 600 艘为额，由此可见其海上贸易量之盛。元代周达观前往真腊（今柬埔寨）的船只就是从温州港开洋。澉浦港位于钱塘江口，一直作为杭城附属港口的身份而存在，用以降低将都城杭州作为进出港的安全风险。

5.2.2　东方各国

四大文明古国之一的中国，是东方的文化艺术中心，尤以书画、手工制品的艺术成就最为显著，中国瓷器作为稀缺性产品，名扬海外，传播四方。

青瓷作为瓷器最初的样态，是中国瓷传播海外的先行者。从地理位置来看，中国青瓷文化对同处亚洲大陆的东方各国影响更为直接，主要体现在两大层面。其一，外销龙泉青器的传播、流布与影响。海外出土、出水以及博物馆和民间收藏的中国古代龙泉青器，不仅仅是中国对外贸易的见证，也反映了中国瓷文化对他国经济、文化艺术及社会生活的影响。其二，青瓷技艺的对外传播。夏商周时期，中国已产原始青瓷。与中国接壤的朝鲜半岛和一衣带水的日本，有着与中国相似的制瓷原料、燃料等物质资源，人员交流往来中，制瓷技艺也自然输入。根据现有资料来看，早在三国时期，中国青瓷已传到朝鲜半岛，高丽青瓷深受唐代越窑、龙泉窑青瓷的影响。日本的瓷业技术、造器文化和装饰风格都效法中国，两国部分瓷器风格很难区分。总之，青瓷承载的中国传统文化和审美风尚，深深地影响了朝鲜半岛、日本等地的审美文化，也成为这些地区制瓷工艺技术的来源和青瓷艺术的重要参照。

5.2.2.1　在朝鲜半岛的传播及高丽青瓷的发展

朝鲜半岛与我国北部接壤，深受中国文化和艺术的影响。中国与朝鲜半岛地理上毗连，文脉上相通，自古文化交流、贸易往来频繁。从史料来看，早在 828 年，高丽王朝就开始种植来自中国的绿茶种子，中国品茶饮酒的文化传统也就成为高丽精英阶层文化活动的重要组成部分。"北宋的宋神宗到南宋的理宗（1063—1255 年）之间，商人来往不绝，有官商，也有许多私商"①。在两国官商交易和茶酒文化传播的过程中，中国的器用礼仪、陶瓷技艺也随之传到了高丽。南宋时期，两国交往密切，在杭州著名的高丽寺（原名惠因寺），元丰年间高丽王子僧统义天入贡②，受到中国陶瓷技艺的影响，高丽较早开始冶陶制瓷③。

南宋龙泉青瓷在朝鲜半岛流布久远、传播广泛，主要表现在遗址的出水、出土器物数量和种类上。如今韩国的南宋龙泉青瓷藏品，以韩国国立中央博物馆为主，还有湖林博物馆、涧松美术馆、湖岩美术馆等机构。这些以南宋龙泉青瓷为代表的青瓷收藏，日益正规化和系统化，为相关研究建立了基础。

20 世纪 80 年代以来，韩国陆续出水大量元代瓷器，其中龙泉青瓷占大多数。④ 1976—1977 年，新安海底沉船出水的 6000 多件陶瓷器中，龙泉青瓷最多，达 3406 件。器型既有日用的碗，盘、洗、钵、盏托、高足碗、执壶、长颈瓶、砚滴等，也有陈设用的炉、花盆、花插和菩萨像等，基本延续了南宋龙泉青瓷的面貌。新安海底沉船，推测船内 12000 多件龙泉青瓷是由龙泉运到温州再运往庆元起航，其中 183 件乳浊釉瓷（《新安海底遗物》称"钧釉系"）是浙江金华琅琊乡铁店窑生产的，它们由船经金华江、富春江、钱塘江运到庆元。

如果说这些出水、出土器物⑤从不同的侧面反映了古代中国与朝鲜半岛的贸易往来，显示了宋元龙泉青瓷在韩国的流布情况，那么古代朝鲜半岛对中国青瓷技艺的借鉴、吸纳和本土化历程，则体现了中国瓷文化另一层面的影响。

9 世纪高丽创烧了高丽青瓷。高丽（918—1392 年），又称高丽王

---

① 冯先铭：《冯先铭谈宋元陶瓷》，北京：紫禁城出版社，2009 年版，第 249 页。

② ［宋］周密：《武林旧事》，北京：光明日报出版社，2014 年版，第 92 页。

③ 中国对朝鲜半岛冶陶制瓷的影响，可以上溯到公元前 12 - 前 3 世纪的朝鲜半岛无纹土器时代。文献记载，朝鲜半岛三国时期，已经具有一定的制陶技术，当时已经输入了中国原始青瓷器，原始青瓷的色泽颇受新罗人的喜爱。9 世纪末，新罗已经开始建窑仿造原始青瓷。

④ 参见王瑞成、孔伟《宁波城市史》，宁波：宁波出版社，2010 年版，第 100 页。

⑤ 朱伯谦：《中国龙泉青瓷》，杭州：浙江摄影出版社，1998 年版，第 23 页。1978 年至 1979 年发掘浙江东门口码头遗址，在堆积层中出土了大量的龙泉青瓷、景德镇青白瓷和少量婺州窑、吉州窑瓷片，以及其他窑口的黑釉瓷、黑绘瓷残片等。1993 年冬季，在宁波东渡路遗址发掘时，于宋元堆积层中发现了大量龙泉青瓷、景德镇青白瓷和白瓷，以及婺州窑、江西吉州窑瓷器等，其中不乏大量的南宋龙泉青瓷。

朝，是朝鲜半岛历史上新罗和李氏之间的王朝。结合文献和中韩两国青瓷考古发掘资料来看，高丽青瓷深受越窑、汝窑、龙泉窑、定窑、耀州窑等青瓷风格的综合影响，经五代至北宋，逐渐完成了对中国青瓷的模仿，窑炉构造、胎釉配方、烧制工艺等基本承继了唐代和北宋青瓷的传统。在相当于中国南宋时期，它逐渐形成融合本土民族的风格，达到了高丽青瓷乃至朝鲜半岛古代陶瓷艺术的巅峰。其造型、色彩、装饰特征，经历了北宋及之前模仿中国青瓷，以及南宋时期的实现本土化艺术风格的两大阶段。

高丽时代的精英阶层深受唐宋茶酒文化的影响，对青瓷器具非常重视，其国内窑口满足了对品质茶餐具的庞大需求，生产了数量众多的仿宋瓷的注子、茶杯、茶托等青瓷制品。造型优雅、设计巧妙的各种器皿，不仅丰富了他们品茗、饮酒的体验，更彰显了他们的精致品位。在高丽时期，菊花和叶子被制成茶和酒。高丽人有喝菊花酒的习俗，祈求长寿。

从造型来看，高丽青瓷与两宋青瓷礼器极为相似。无论是鼎、尊、炉式陈设器型，还是兽形底足、青铜附耳，都有明显的宋瓷礼器的风格，日用的茶酒器具更是与宋代青器一脉相传，如彩图 54 之⑤所示的执壶与注碗的组合以及盏托与杯盏的配套使用方式，秉承了中国五代以来的传统。器物的外形以及瓜棱状器身与中国同期同类器物如出一辙，反映出此期高丽对唐宋文化的接收与学习状态。

从色彩上来看，高丽青瓷以粉青和翡色为主调，釉面有光泽感，伴有细小开片。其粉青接近龙泉青瓷，明朗深切的翡色最为著名。

宋人在诗中评论：

　　汝窑土脉偏滋媚，高丽新窑皆相类。①

清代梁同书的《古窑器考》对高丽窑的记载：

---

　　① ［宋］佚名：《青器》，选自《百宝总珍集》卷九。全诗为："汝窑土脉偏滋媚，高丽新窑皆相类。高庙在日煞直钱，今时押眼看价例子。"

> 出高丽国，与饶相似。色粉青者似龙泉。有细花者，仿佛北定。①

从上文的记述可见高丽青瓷与中国古代诸多窑口青瓷工艺一脉相承。从两地青瓷发展周期来看，高丽青瓷的鼎盛时期，恰好是两宋制瓷业空前发展的时期。宋代北方青瓷的辉煌——北宋汝窑、官窑青瓷与12世纪的高丽青瓷几乎在同时达到顶峰，高丽粉青瓷器与龙泉窑粉青瓷器相似。所以，虽然从时间上来看，高丽青瓷在北宋已基本成熟，但是两地自古交往频繁，高丽青瓷受到南宋龙泉窑工艺和创新理念影响，也是有可能的。高丽青瓷亦为中国统治者和官僚所喜爱，12世纪以来输往中国。据南宋《袖中锦》记载，被南宋誉为"天下第一"的物品中，就有"高丽秘色"的大名。宋人徐兢（宋徽宗派遣到高丽的使臣随员）的《宣和奉使高丽图经》写道：

> 陶器色之青者，丽人谓之翡色。近年以来制作工巧，色泽尤佳。……高丽燕（宴）饮器皿多涂金或银，而以青陶者为贵。有狻猊出香，亦翡色也。上有蹲兽，下有仰莲以承之。诸器惟此物最精绝。其余则越州古秘色、汝州新窑器，大概相类。②

从装饰上来看，早期高丽青瓷基本延续了唐宋青瓷的刻绘手法，后期创新了极具本民族特色的镶嵌青瓷工艺。青、黑、白色植根于他们的民族色尚，镶嵌黑、白仙鹤纹饰的装饰风格也发展成高丽青瓷的典型代表，如彩图55所示。在青灰色青瓷釉中，镶嵌而成的白色仙鹤纹样，古雅灵秀，与北宋画中经典仙鹤的造型特征和表现方式都极为相似，可以看到高丽青瓷对中国文化的主动吸收及与本民族文化、艺术的融合。如彩图55之⑥所示，注子的流部呈金色，这或许是因口部破损而进行的修缮，可能是当时制作已有此惯例，至少这等富贵气息的执壶，反映了高丽青瓷在当时社会的珍稀程度。

---

① ［清］梁同书：《古窑器考》，见熊寥等《中国陶瓷古籍集成》，上海：上海文化出版社，2006年版，第268页。

② ［宋］徐兢：《宣和奉使高丽图经》卷三十二《器皿三》。

总之，高丽青瓷受唐宋龙泉青瓷工艺的浸润，并融合本民族文化，创造了独具特色的翡色青瓷，是学习中国青瓷技艺并自成一家的成功范例。高丽青瓷成为东亚古代瓷业史上的一道独特景观。时至今日，青瓷艺术始终是韩国瓷文化非常重要的组成部分。

前引《宣和奉使高丽图经》中对宋徽宗喜爱高丽青瓷的描述，不仅充分反映了高丽青瓷的艺术魅力和制瓷水平，也展现出高丽青瓷的身份象征功能。优质的高丽青瓷大多数用于满足统治者或贵族的需求，种类有茶碗、茶盏、茶壶、砚滴、油壶、笔筒、香炉、粉盒、花瓶、陶枕等，甚至还用青瓷制瓦建房，奢靡程度可见一斑。高丽青瓷中供普通百姓日用者朴素无华，被称为"绿青瓷"。通常胎土粗糙，瓷色为褐绿色，主要有碗、杯、盘、罐、广口瓶等造型，多为素面瓷色，或者表面以阴线刻纹饰，镶嵌工艺非常罕见。高丽青瓷清冽的翡色和繁缛的装饰风格反映了色彩伦理，成为一种符号化的象征。

从中国青瓷外销朝鲜半岛、高丽青瓷输入中国的进程中，我们不仅看到了宋朝统治者对青瓷的热爱以及两地尚青审美的一致性，也看到了器物文化作用的渐进过程。在这里瓷器色彩伦理观念跨越了国界，实现了与域外文化的交融，可以说，伦理作为社会化的产物，是等级社会共同的文化特征。宋代极为重视礼制，在中原地区以礼为核心的儒家文化的辐射下，古代东亚诸国先后接受了儒家思想和礼乐文明，并将儒礼制度运用在政权统治之中。

5.2.2.2　在日本等国的传播及影响

日本收藏的龙泉青瓷数量和质量都非常突出，日本东京国立博物馆、中村纪念美术馆、日本颍川美术馆、箱根美术馆、大和文华馆、梅泽纪念馆、松岗美术馆都珍藏了一定数量的龙泉青瓷，其中以南宋龙泉青瓷为上品。

龙泉青瓷向日本的出口量，到十四世纪后半期数量大增，达到了龙泉青瓷对日出口的高峰。[1] 日本沿海港湾出土中国瓷器集中在镰仓，主

---

[1]　叶文程、芮国耀：《宋元时期龙泉青瓷的外销及其有关问题的探讨》，《海交史研究》，1987年第2期，第6页。

要品种为青瓷，包括宋元浙江龙泉青瓷和福建篦划纹青瓷。① "据日本的太宰府发掘报告，其地层堆积为唐、宋、元三层，唐层是唐后期，宋层不分北宋南宋。……宋代瓷器出土地点不仅是太宰府，还包括了福冈、长崎。这些地方出土的中国瓷器同镰仓出土的相接近，也是以龙泉窑为主，福建的篦划纹青瓷也很多……"② 日本本州、九州、四国沿岸及中心区域的40个县市，都出土了宋代瓷器，青瓷之中绝大部分为龙泉青瓷。大批龙泉青瓷流向日本，对日本青瓷产业发展影响深远。

中日文化交流历史久远，早在汉武帝时期，日本就已经通过乐浪郡与中国进行贸易往来。《后汉书·光武帝纪》记载"东夷倭奴国王遣使奉献"。③ 在六世纪末，曾向日本天皇推荐中国文化。日本在隋朝时期派遣使者来中国学习政治制度和文化。汉唐以来两国交往日盛，日本对唐宋之间的社会文化、艺术风尚都有吸收。

日本与中国同处东方，共属于亚洲。与中国一水相隔的日本，深受中国陶瓷技术的影响。中国制陶技术很早就通过朝鲜半岛传到了日本，绳纹、弥生、古坟三个古陶器时期的产品已经有中国技艺和风格的痕迹。受中国尚青观念的影响，日本人民对龙泉青瓷情有独钟，日本古文献中的"七官""砧青瓷""天龙寺手"等瓷器术语，专指我国宋、元、明三代的龙泉青瓷。不晚于宋，日本多次派专人来华学习制瓷技艺，其中高僧道元和荣西的工匠从宋朝习得制瓷经验，促进了镰仓时代瓷业的发展。濑户加藤四郎④被尊为日本"陶祖"。来华学习的制瓷经验促进了日本青瓷的发展，其青瓷主要沿袭宋制，在烧制工艺上基本模仿龙泉窑的制作工艺与烧制方法，釉色与造型样式都广泛吸纳龙泉精髓，并结合本域资源和审美创烧了一种苍翠浑厚的青绿色，这一风格延续至今，成为日本青瓷独特魅力之所在。

龙泉青瓷作为宋代外销瓷的主流产品，受到世界人民的追捧，产品供不应求。唐宋时期，中日贸易商品包括珍珠、琥珀、金、银、铜等，

---

① 冯先铭：《冯先铭谈宋元陶瓷》，北京：紫禁城出版社，2009年版，第246页。

② 冯先铭：《冯先铭谈宋元陶瓷》，北京：紫禁城出版社，2009年版，第246页。

③ ［南朝宋］范晔：《后汉书》帝纪，百衲本，第31页。

④ 加藤四郎，为日本镰仓幕府时代的陶瓷工，别名加藤四郎卫门景正，生卒年不详。原籍大和国，幼学陶工。1223年（南宋嘉定十六年）3月，随遣宋高僧道元来中国浙江，学习黑釉陶器的烧制技术五年之久。归国后，在濑户存建窑烧陶，被尊为"日本陶祖"。在几代陶工努力下，烧成了日本国宝级文物"濑户天目"。

还有丝绸、陶瓷、茶叶等手工艺品。唐代以来，茶文化流传到日本，成为一种时尚潮流，推动了日本青瓷茶具和日本茶道的发展，茶道逐渐演化为日本不可或缺的一种生活方式并沿袭至今。总之，唐宋的茶文化、青瓷饮茶习惯在日本的推广，两国人员频繁来往，不仅推动了唐宋青瓷器的外销，影响了日本的瓷器色尚，也成为日本茶道发展的重要基础。

茶最早由日本遣唐僧人从中国传入，其后与瓷器同为输往日本的贸易产品。茶叶传入日本后，最开始被当作药用。日本在平安时期，效仿中国，兴起品茶之风。名僧荣西曾两次来到中国，不仅把禅宗输入日本，还将茶种带回日本，并著有《吃茶养生记》二卷，宣传茶的功效与作用。根据《玉海抄》记载，承安六年，白河上皇五十寿辰时派人至鸟羽宝库提取煎茶器，因煎茶器丢失而提取仁和寺园堂收藏的器具使用。仁和寺由宇多天皇创建，丢失的"煎茶器"或许是天皇遗物，而"煎茶"则是唐代盛行的饮茶方式。《仁和寿御室御物实录》记载了日本茶具的种类和数量，还区别了青茶碗、白茶碗和青瓷茶具，长谷部乐尔和龟井明德认为上述实录记载的青茶碗、白茶碗为中国输入日本的青瓷茶碗和白瓷茶碗，青瓷则是指日本本地烧制的"青地"铅釉陶。《君台观左右帐记》记载，陶瓷收藏主要有唐宋名器和明初制品，器物以茶陶为主，茶碗居多，其次是茶罐、香炉、香盒、杂器等器。

日本创烧瓷器之前，主要从中国进口，大量中国瓷器外销日本。[①]日本还采用来样定制的方式满足个性化的瓷器之需，如 2007 年景德镇观音阁出土的"天文年造"款（天文年，1532—1554 年）瓷片[②]，这表明了器物使用者来自日本。17 世纪中叶，日本瓷器生产迅猛崛起，由进口中国瓷转为仿烧中国瓷，创烧的伊万里彩绘瓷颇具东方情调，由此迅速成长为国际市场上中国外销瓷最有力的竞争对手[③]。

---

① 参见熊寰《日本瓷器初期发展研究》，《故宫博物院院刊》，2013 年第 11 期，第 92 页。见诸众多的日本考古发掘报告及相关研究文章和图录，如〔日〕小野正敏：《14～16 世纪の染付碗、皿の分类とその年代》，见〔日〕上田秀夫：《15～16 世纪の染付碗、皿の分类とその年代》，《贸易陶磁研究》第二辑，1982 年；〔日〕长谷部乐尔、〔日〕今井敦：《日本出土の中国陶磁》，东京：平凡社，1995 年。

② 景德镇市陶瓷考古研究所：《景德镇观音阁明代瓷窑址考古发掘》，《文物天地》，2008 年第 7 期，第 92 页。

③ 明清之际，日本对中国外销瓷产生了巨大冲击，中国主要的购买商荷兰转向从日本进口瓷器。

关于日本瓷器的创烧时间，学界主要有两种看法。① 一种观点认为1616 年左右，壬辰战争后日本炼制出了瓷器。日本瓷器的产生始于对中国青瓷的模仿，究其原因主要有以下三点：第一，发掘本国资源烧制青瓷，比远涉重洋从浙江进口青瓷的成本要低；第二，尽管大量中国瓷器外销日本，但是仍然难以满足本国人民之需，特别是日用瓷器的需求量非常大；第三，日本人在 17 世纪中叶多次赴浙江龙泉窑学习交流经验，已有一定的制瓷条件，日本瓷窑仿烧中国瓷器成为必然。"仿制青瓷与我国龙泉瓷极为相似，精品能乱真，难以辨认，可以说达到了很高水平。仿宋的器形有花觚，盘口长颈双凤、双鱼耳瓶，高式炉，折沿双鱼洗，刻菊瓣纹碗，笠式碗等。其制作工艺都较精细，釉色因烧结还原关系，色泽出现有深有浅、褐暗与青翠。一般胎体稍薄，露胎之足亦有带火红色或较深褐色。唯有胎质的坚硬程度，以手指扣敲，其声响过于尖锐。釉的外观和宋代龙泉青瓷区别不大。以鬲式炉为例，唯釉稍光亮外，确是难以辨认。"②

很长一段时间内，中国输往日本的龙泉青瓷碗、盘、瓶、炉、盒、罐等器虽然符合日本饮茶和生活所需，但始终不能与本土文化产生深入关联。随着中日通商口岸的增加，侨居商人增多，经贸往来更加频繁。日本的镰仓幕府时期，城镇繁荣，京都和镰仓聚集了大量的商人和手工业者。随着制瓷技艺的精进，本土青瓷逐步摆脱对"唐物"的单纯仿制，形成了有民族风格的"和物"茶器。日本瓷业创造了大量富有民族风格的特色陶瓷制品，日本茶会的"宗易形茶碗"造型，融合了中国天目茶碗和高丽茶碗的优点，瀬户窑在室町末期烧造的茶叶壶、茶罐、天目茶碗成为日本茶道流行的证据；彩瓷类的伊万里瓷、柿右卫门

---

① 学界主要有两种观点。其一，认为日本瓷器创烧于 17 世纪初，即 1616 年。《金ケ江家文书》（见《有田町史·陶业编1》第 544－546 页）记载，这一说法的主要来源是日本承应二年（1653 年）李参平的家书，家书中记录了李参平于丙辰之年（1616 年）迁移到有田皿山，"先祖朝鲜人陶工参平在锅岛军回国时被带到日本，他起初寄居于多久长门长官那里，之后移居到有田，发现了泉山的陶土场，并在白川天狗谷里建窑"。三上次男在报告书中称："天狗谷古窑至迟始创于 1616 年，并实际上有可能更早。如果更早，那么传统看法上的'1616 年'可能是对有田瓷器或李参平的一个纪念性的时刻。"其二，另一种观点依据《皿山代官旧记觉书》记载，有田瓷器大约在日本庆长年间（1596－1615）始烧，书中记录家永壱岐守比李参平更早进入有田并在天狗谷开窑。

② 耿宝昌：《对日本陶瓷的初步探讨》，《故宫博物院院刊》，1986 年第 1 期，第 26 页。

瓷、古濑户瓷、九谷烧、祥瑞手茶具等，成为东方陶瓷艺术中的一道独特风景线。

纵观世界瓷器史，多国制瓷都从青瓷始，其中或许有中国青瓷的影响，抑或是制瓷技术规律使然。关于东西方瓷器创烧时间，朝鲜半岛的高丽王朝在10世纪陆续烧造青瓷，日本也在17世纪初成功烧制青瓷，比以1709年德国的德勒斯登（Dresden）烧制出欧洲最早的瓷器早了近一个世纪，而更大范围的欧洲制瓷，都是19世纪以后的事情了。这一东西制瓷的时间差，与瓷器发明者——中国制瓷技艺的传播路径不无关联。从某种意义而言，中国青瓷传播到日本、朝鲜半岛、东南亚、中东，而至欧洲对世界瓷器艺术作出了重大贡献。

综上，在地理位置和文化传承上与中国最为接近的朝鲜半岛、日本两地，受青瓷的影响最为直观与深远。时至今日，青瓷艺术仍然是两地陶艺创作的主流之一。一衣带水的日本对中国古代文化吸收较多，其器物文化对宋代文化艺术也有较多模仿与借鉴，当今日式餐饮文化中所展现的食与器的相得益彰和茶道之尚都可以视作受到中国瓷文化的影响。

在亚洲的其他国度，如东南亚地区出土、出水的文物中，中国瓷器不计其数，菲律宾一带亦出土了大量中国古代外销瓷，瓷器品类丰富、分布广泛。

这些外销菲律宾的瓷器以宋元明清时期的瓷器为主，少数唐瓷不是中国外销至此，而是本地人与途经的阿拉伯商人交换所得。[①] 由此推测，中菲瓷器贸易不晚于宋，一直延续到清代。[②] 文献记载，中菲直接贸易始于北宋初年，菲律宾在很长一个时期是通过占城（位于今越南）来获得中国外销瓷器的，因为占城早在6世纪就已开始与中国通商，而菲律宾与占城之间的贸易来往很密切，所以很早就已经与中国建立了一种间接的贸易关系。在菲律宾发现的唐、宋、元瓷器中90%左右为墓葬出土物，造型以多管瓶、龙虎瓶、注子为主，这与社会官贵阶层以及

---

① 少数唐瓷不是中菲直接贸易品，而是由当时称霸于海上的阿拉伯商人途经菲律宾群岛时用来与当地人交换粮食的瓷器，或是商船上用于盛装生活用品后被弃留下来的，或是由邻近的占城商人带进来的。

② 根据文献记载，中菲直接贸易始于北宋初年。1225年，赵汝适的《诸蕃志》对于12至13世纪输入30～40个国家的各种瓷器的情况有很详细的记载。菲律宾有7个岛屿，三屿（今巴拉望附近）、麻逸、巴拉望等被列举在内。1359年，汪大渊在《岛夷志略》里除记载麻逸与三屿外，尚提到菲律宾其他岛屿，如苏鲁、棉兰佬等。

土著崇尚厚葬不无关联。菲律宾与中国由宋至清的外销瓷历史，侧面反映出古代菲律宾本地制瓷业水平有限，主要通过外销满足本地用瓷需求的情况。发现于菲律宾的宋元时期外销瓷以越窑青瓷和龙泉青瓷居多，还有景德镇青白瓷、福建等地所产青瓷、建窑黑瓷等。

5.2.3　西方各国

5.2.3.1　在西方的传播情况

宋代诸窑系中，龙泉青瓷兴起较晚，却迅速发展壮大。这一局面既得益于地利优势和南方日用瓷需求的激增，也受海外贸易繁盛的影响。由于北方战乱与环境的关系，南方的龙泉窑成为全国最大的窑业中心，在青瓷上的成就及影响，远过于临汝窑。龙泉青瓷在南宋财政困难的情况下，成为对外贸易输出的主要物品。一直到郑和七次下西洋，龙泉瓷器还是占据着重要的位置。龙泉青瓷的影响不亚于青花瓷，这是中国青瓷在充分掌握了烧造的技巧以后所产生的对外影响。[①]

南宋中晚期，在龙泉青瓷内销出口的利好局势下，江西吉安永和窑、福建泉州碗窑都有仿烧龙泉青瓷。宋元时期，龙泉窑替代越窑的地位，内销运往临安，外销经瓯江出海，远销东南亚、东非和阿拉伯等地。龙泉毗邻南宋都城临安（今杭州），外销贸易促进了水上交通的发展，一时"窑群林立，烟火相望，江上运瓷船往返穿梭，日夜繁忙"。南宋中后期国力逐渐衰弱，政府通过外销恢复财力，实施外贸奖励政策，瓷器作为重要的输出品，除了一部分白釉瓷以外，就是龙泉的青瓷。[②]

5.2.3.2　对西方制瓷业和设计文化的影响

作为宋元外销瓷的主流，龙泉青瓷的艺术风格极具域外辐射力。聚焦于陶瓷领域的承接关系，由青瓷发展而来的景德镇青白瓷后来者居上，青花瓷和彩绘瓷成为明清外销瓷器的主体。随着法国传教士殷洪绪将获取的景德镇制瓷机密传到欧洲大陆，以英国、法国、德国等为核心

---

① 陈万里：《中国青瓷史略》，上海：上海人民出版社，1957 年版，第 57－58 页。
② 陈万里：《中国青瓷史略》，上海：上海人民出版社，1957 年版，第 52 页。

的西方制瓷业渐起。就某种意义而言，中国瓷器在西方瓷业形成、发展过程中的作用毋庸置疑。被奉为稀世之珍的南宋龙泉青器经"海上丝绸之路"传播域外的同时，潜移默化地对世界制瓷业及设计文化产生了深远的影响。

西方人足足花了近一个世纪去破解制瓷之谜，直到18世纪才烧制出真正意义上的瓷器。1709年，德国的迈森瓷厂，拉开了欧洲制瓷的序幕。早在几个世纪以前，媲美宝石的南宋龙泉青瓷已经成为西方世界重视的珍品，也成为西方制瓷的主要实物参照。"当龙泉青瓷大量输入欧洲时，法、德、英、意等国先后兴起仿造中国瓷器的热潮，其中如著名的德国迈森瓷厂，早期所烧的瓷器都带有浓厚的中国风格，可以说，全世界的制瓷工业，都是吸收了中国制瓷技术而逐步发展起来的。"[1]德国现代釉上彩绘瓷设计与制作居世界前列，迈森公司至今仍是世界知名的制瓷企业，以优秀品质和卓越设计闻名于世。法国的"瓷都"利摩日（Limoges）是较早的瓷器制造基地，当地著名的哈瓦龙（Hayiland）瓷厂的工艺和流程与中国龙泉青瓷如出一辙。厂方肯定这种工艺经验来自中国青瓷的制作工艺，所产的青瓷制品采用了浮雕工艺，制作较为细腻，釉面如镜，与元代龙泉青瓷风格较为相似。该厂瓷器图案设计采用的是中国传统的锦鸡葵花等吉祥图案，与南宋龙泉青瓷相比，仿品瓷色稍淡，器物的造型以西方盛行的巴洛克、洛可可式盘的多角造型为主。

英国较早参与争夺世界瓷器市场的竞争，在瓷器发明方面投入的人力、物力和财力极其可观。如果说欧洲国家的瓷器脱胎于中国瓷业，那么英国、德国的制瓷业不仅以颇具现代气息的设计风格引领了日用瓷器的潮流，还在制瓷特种材料方面有所突破，占据了现代瓷业领域的一席之地。如英国的韦奇伍德（Wedgwood）瓷厂至今仍保留着与中国景德镇格局极为相似的手工生产车间，包括原料、成型、装饰、烧成等主要流程区域，车间整体呈现出现代化瓷业生产的体系化和科学化风格，而景德镇现存私人作坊依然残留着家庭手工作坊的一些缺点。

历经几个世纪的发展更迭，韦奇伍德瓷器既保留了中国瓷文化的审美风格，又散发着浓郁的西方风情，在日用瓷方面尤为突出。韦奇伍德

---

① 邓白：《中国龙泉青瓷·序》，杭州：浙江摄影出版社，1998年版，第5页。

品牌瓷器的产品品类包括茶具、餐具、陈设器具，涉及青瓷、白瓷、彩绘瓷等多种类型；多采用模具成型，生产和绘制也以机械化为主，设计管理较中国更为科学严谨、规范。该厂对模具的科学管理令人惊叹，几乎所有销售过的产品的模具都保留完备，消费者可以按需配补破损。该厂独创的骨质瓷，在瓷土中添加适量的动物骨粉，提升了烧制温度、工艺精良，硬度高于一般白瓷制品，更加经久耐用。

1774年，韦奇伍德发明了"绿宝石"（Jasper Ware）系列瓷器，"韦氏绿色"成为韦氏的独创色彩。此系列瓷器采用绿宝石作为原料，是一种非常坚硬的无气孔粗陶器，它并不似瓷釉光滑透亮，以乳浊质感展现出难以言喻、美丽又内敛之感（如彩图56所示）。韦奇伍德经过万余次试验创烧的"韦奇伍德蓝"（Wedgwood Blue），成为英国瓷器的经典色，粉蓝招牌色即由此发展而来。此外还有黑色、粉红、粉绿、粉黄等不同色调，这些色调主要用作乳白色浮雕装饰的底色，将生动写实的人物或风景形象映衬得愈发精美绝伦。

"绿宝石"系列瓷器的生产动因不得而知，但是从"绿宝石"的命名及其与梅子青瓷色的重合度来看，应该是受到了南宋龙泉窑的影响。根据器型和装饰风格来看，韦奇伍德瓷厂的制品有龙泉青瓷的痕迹，偏青草绿色的梅子青、沉稳的翠绿色，都可以在龙泉瓷色中找到对应的颜色。瓶身的横向线状装饰与南宋龙泉窑盛行的弦纹如出一辙，而瓷瓶边缘颇具形式感的同心圆弦纹，则是工业化模式下等线分割装饰的应用。随着英国本土瓷业模仿中国青瓷替代品的产生，两宋青瓷的简约审美风格也逐渐融入西方，催生了极具现代工业风格的茶具、餐具设计，如彩图57至60所示。20世纪中叶，西方现代主义浪潮席卷全球，并一洗洛可可式的繁缛之风，简约风格成为20世纪器物设计的主流。那么，600年前传入英国的南宋龙泉青瓷"无饰之饰"的风格是否对西方现代主义风格的形成起到了某种作用？虽然目前尚无证据，但是根据中国瓷在欧洲备受热捧、风靡一时的历史，以及在不少国家和地区制瓷初期都可见的中国瓷原型，至少可以推断，12—13世纪热销的南宋龙泉青瓷对西方制瓷和设计审美都产生了深刻的影响。就某种意义而言，英国韦奇伍德瓷厂生产的纯色日用瓷器可以视作中国青瓷技艺与西方审美相互融合的产物。

韦奇伍德瓷厂的彩绘瓷制品既有匠师手绘的观赏性瓷瓶，也有机械化批量生产的日用器具。如彩图61、62所示，其釉上手工装饰区域流程完备，保留着与中国景德镇窑手工作坊相似的流程格局，不过根据笔者现场考察的情况来看，韦奇伍德瓷厂所用的釉料和工艺手法方面有所改良。该瓷厂对贴花装饰流程的改进较大，他们将中国传统手工贴花优化为机器化生产，针对花纸贴附到瓷器相应位置这个环节实现了机器生产，大大提高了效率和准确性，使得装饰部位整齐划一。彩绘生产流程中，采取硅胶般柔软的载体承托和压合花纸，既能牢固地贴合器物部件，解放人手，又避免了人工贴制可能产生的差异。在欧式贴花瓷器使用普遍而欧洲人力成本相对高昂的背景下，贴花工艺实现机械化有益于保障厂家经济利益的最大化和产品的标准化。

在作为现代设计发源地的欧洲，简洁明快的单色釉瓷器的需求量始终居于前列。简约洗练的龙泉青瓷始终是欧洲制瓷业效仿的范本，韦奇伍德瓷厂博物馆的藏品中，不乏仿品，但是其釉色品质无法与南宋龙泉青器相较。根据笔者在英国维多利亚与阿尔伯特博物馆（Victoria & Albert Museum）陶瓷馆上手南宋龙泉青瓷仿品[1]的经验，仿品的瓷色介于龙泉青瓷的粉青和梅子青之间，釉层厚度达不到龙泉青瓷厚釉的标准，釉面玻化程度不高，呈暗哑色泽，胎体呈暗紫泛红，叩击声沉闷。结合这些特征，本书推测其胎体含高岭土成分较低，烧制温度较低，尚未达到南宋龙泉窑粉青釉的烧成温度，釉层的通透度和堆积叠加不够，其呈色效果主要通过化学材料实现。这种釉面表征，更为接近中国佛山等地生产的中高温瓷釉，即不及1300摄氏度高温瓷釉的视觉效果。

龙泉青瓷翡翠般的梅子青、粉青器尤受西方人士的偏爱。位于伦敦的华勒斯典藏馆（Wallance Collection）是全球艺术作品的顶级藏馆，以古典油画藏品最为著名，其中不乏梵高、莫奈、雷诺阿等大师之作，与世界名画共同展示的还有龙泉青瓷佳作。如彩图63所示，龙泉青瓷陈列于视觉核心区域，配以黄金底座和边饰。这种洛可可式的高底座和附饰赋予中国瓷器西方装饰风格，可以更好地与欧式风格的建筑、壁纸、家具相协调。这种东西合璧的欧洲皇室器用样式，说明当时宫廷贵

---

① 英国V&A博物馆对龙泉青瓷可触摸仿品的介绍中提到：20世纪初，基思·默里受雇于韦奇伍德父子公司（Wedgwood & Sons），负责推出强调现代设计的新型陶瓷器，默里认为雕塑和简洁是优秀设计的关键，在这件作品中，韦奇伍德采用了传统的投掷和车床车削技术，创造出一种带有清晰纹路的坚固、现代的形状。

族对龙泉青瓷制品的珍爱之情，为避免磨损或摔碎而以金饰。如果说南宋龙泉青器翡翠色泽满足了欧洲对"瓷""玉"相合的心理，当这种奢华的"金镶玉"装饰手法运用于龙泉青瓷的陈列时，既展现了欧洲巴洛克审美的影响和奢华风气，也证实了历史奢靡之极的皇室用大量的黄金制作外销瓷底座的情况。[①] 金饰之风与欧洲主流社会的审美风尚相合，体现了中国器物文化融入西方语境时所做的调适。无独有偶，华勒斯典藏馆场景陈设中的沙发椅色泽，与龙泉梅子青颇为相似，点缀其间，相映成趣（如彩图 64 至 65 所示）。

唐代越窑青瓷之后，龙泉青瓷在宋元几百年的传播过程中，成为中国古代皇室贵族生活的重要组成部分，价比黄金的外销瓷作为一种奢侈品，象征着权贵身份。随着欧洲瓷器的发明和东方器物向西方传播，具有浓厚东方韵味的陶瓷茶具、餐具等生活器具影响着西方社会的文化和生活方式。以英国下午茶文化为例，瓷器功能属性之外的器物之美及其代表的生活模式，逐渐给人们的日常生活带来一种仪式感。总之，南宋龙泉青瓷穿越东西文化传播的同时，不仅给赵宋王朝创造了巨额财富，也传播了中华瓷文化、推动了世界文明的进程。其承载的极具东方意蕴的"中国样式"和成就大国风范的"中国经验"，也在很大程度上影响了世界制瓷业，并对现代艺术风格的形成产生了一定的影响。从器物表征来看，南宋龙泉青瓷的简约之美与现代器物设计风格高度重合，而某些南宋龙泉青瓷特有的器型和装饰至今都无法超越。从某种意义上看，古人的设计智慧与造物文化还有很多尚未探究的层面，中国瓷文化的宝库亟待进一步深挖拓掘。

综上所述，深受世界人民喜爱的龙泉青器，成为西方世界珍藏的国宝珍品。在景德镇青花瓷、彩绘瓷盛行之前，西方各国无不以珍藏中国瓷器特别是龙泉青瓷为荣。仅从 50 余个国家博物馆中龙泉青瓷藏品的规模和品质来看，其国际影响力以及对人类文明的贡献不言而喻。作为青瓷艺术集大成者，龙泉青瓷荟萃了北宋汝窑、官窑、哥窑的艺术精华，凝聚了中国设计智慧的龙泉青器行销域外之时，它不仅传递了青瓷艺术，还作为中国文化的典型代表，将影响力辐射到西方乃至世界的文

---

① 〔英〕简·迪维斯：《欧洲瓷器史》，熊寥译，杭州：浙江美术出版社，1991 年版，第 29 页。

化艺术领域。这种影响不仅表现为其制瓷技艺和装饰风格被西方奉为圭臬，还包括其设计对西方有着影响。在中国古瓷"以纹饰器"的传统风尚之下，南宋龙泉青瓷"无饰之饰"和"几何之饰"引领了一种超前的审美，其简雅之饰与挺拔轻盈的造型之韵相得益彰，成为中国旷绝古今之作。从设计文化的角度来看，1000多年前宋瓷的简约之美不仅仅体现了中国陶瓷艺术中独特的清新典雅之风，成为后世冶瓷制器效仿的典范，也影响了西方乃至世界的设计文化。

从巴洛克宫廷风中蜕变出来的"现代风格"，是自包豪斯而起的一种符合工业化生产要求和时代审美的设计潮流。如果说西方现代设计之风从建筑设计领域开始，那么潮流波及器物设计领域时，南宋龙泉窑青瓷凝聚的简雅大气、重质尚简的中国经典风格，必然会对西方造物文化尤其是器物造型产生直接影响。如图5-1英国维多利亚与阿尔伯特博物馆所展示的1851年伦敦万国工业博览会瓷器销售场景，各种设计精良、装饰丰富、造型多样的中国瓷器进入欧洲，成为上层社会的身份象征，也影响了西方审美文化。西方现代风格酝酿的17—18世纪，正是"中国风"在欧洲盛行之时，在对中国风物极端追捧的背景下，外销的龙泉青瓷很可能成为模仿中国的一种重要路径，青瓷也成为西方由传统

图5-1 1851年伦敦万国工业博览会瓷器销售场景

到现代风格转变的重要审美来源。

从时间节点来看，西方破解制瓷技艺的关键期在 16—18 世纪，直到 18 世纪西方才成功烧成瓷器。西方的制瓷配方取法景德镇，受其影响更为直接。从陶瓷艺术语言来看，似乎西方写实审美与明代景德镇窑的彩绘风格更为匹配，但是，早于景德镇青花瓷、彩绘瓷几个世纪已经传播域外的龙泉青瓷对西方瓷文化的启蒙意义毋庸置疑，而经典龙泉青器极具东方意蕴的风格和简约的设计范式，会在西方高涨的陶瓷需求下持续产生影响。

5.3 对后世青瓷的影响

5.3.1 对元、明、清、民国青瓷的影响

南宋在蒙元大军的铁蹄下灭亡。元代龙泉青器风格从意象转为具象。南宋龙泉窑隽秀的器型被元朝的厚大之器所取代，脱离了南宋龙泉青瓷的神韵，经典的无饰之器变为遍布烦琐花鸟虫鱼纹饰的青瓷。此期龙泉青瓷常表现具象内容，出现了荷叶盖罐、菱口盘、环耳瓶、凤尾尊等造型；采用刻、印、贴、塑等浮雕手法和露胎工艺，花纹粗略，线条粗犷，雕刻粗糙。这种世俗化的审美风格逐渐远离南宋文人的高雅格调，更接近于普通民众日用需求，深受大众青睐，制品产量巨大，畅销中外。元代龙泉窑址集中在大窑、金村、溪口、笔架山等处，达 300 余处，江西、福建两省多处窑址也有仿烧。

整体来说，元代龙泉青瓷外销贸易在延续南宋的基础上有所发展，但是制作工艺和审美水平已下滑，其内外需求庞大的表象难以掩盖其日渐衰微的本质。陈万里先生在《瓷器与浙江》中评论道：

> 嗣后历元而明，而清，青瓷之可考者如：龙泉窑在明初移处州府，色青土恶，渐不及前。明正统时顾仕成所制者，已不及生二章远甚，化治以后，质粗色恶，难充雅玩矣。[1]

---

[1] 陈万里：《瓷器与浙江》，北京：中华书局，1946 年版，第 48 页。

　　从龙泉青瓷在北宋—南宋—元代的风格来看，南宋龙泉窑青瓷工艺精湛、瓷色完美、造型典雅，其代表性和典范性的粉青、梅子青二色居于青瓷艺术的高峰。虽然元明龙泉窑青瓷在数量上赶超南宋，但在艺术高度上望尘莫及。

　　明中期之前，龙泉窑获得短暂的辉煌，其后渐衰。明代的龙泉窑以烧造民间日用瓷为主，造型、装饰都不及前朝。明朝商品经济发达，元曲、戏剧等艺术形式广为流传，社会的世俗化进程加剧，这些时代特点也反映在器物之上。在造型表现上，明早期龙泉窑延续了元代的大器风范，器型雄浑厚重；因浮雕有饰纹或需要刻绘，胎体偏厚，与南宋龙泉薄胎厚釉的风格和灵秀纤细的造型风尚大相径庭。在装饰手法上，南宋龙泉经典的无饰之风不符合明代具象化的装饰风格，在明代彩绘青花及斗彩等写实化、图案化釉上彩绘风格的引领下，越窑盛行的刻绘装饰在明代龙泉窑重放光彩，龙泉窑工在唐、北宋阴线刻绘的基础上增加了釉下刻花或模印等浮雕式手法，但线条较呆板，缺乏神韵。而烧制贡器的龙泉枫洞窑产量之众、制作之精、刻绘之繁缛，令人惊叹。在瓷色特征上，伴随着具象化浮雕装饰风格出现的是釉面由乳浊转向清透，这种相对清透的釉色效果，不能简单理解为回归北宋晚期的龙泉风格，而是一种介乎南宋乳浊和北宋清亮之间的全新的瓷釉面貌。将明代与两宋龙泉青器的工艺特征相比，前者继承了南宋经典瓷色的发色较深、显色度高的优势，尤其是发扬了梅子青釉明显的翠绿色彩倾向。明代龙泉窑有一类青瓷，刻绘线条粗、深，线条积釉较厚，色彩浓郁艳丽；还有一类青瓷，薄釉清透，线刻精细，呈现出富丽华贵之感。总体来看，明代龙泉青瓷的造型、装饰、瓷色特征可以视作元代和南宋风格相互调和的产物。

　　如果说，元代和明中期之前，龙泉窑部分延续了南宋的辉煌，那么明晚期龙泉青器"制不甚雅，仅可适用，种种器具不法古而工匠亦拙"，日趋没落。至清初，龙泉瓷窑所剩无几；清中叶，仅剩下南窖、青溪水孙坑村、瀑去埠头村等地 70 余处窑址，所烧青瓷的胎釉极其粗劣，釉色青中泛黄；清代中晚期，龙泉窑日薄西山，逐渐衰落停产；①至清末，曾经在江浙大地燃烧已久的龙泉窑火渐趋熄灭。《古窑器考》

---

　　① 《辞海》（1999 年版缩印本），上海：上海辞书出版社，2000 年版，第 1339 页。

有关于龙泉窑的记载:

> 有一等盆底有双鱼,盆外有铜掇环,器质厚实,极耐摩弄,不易茅蔑,第工匠稍拙,制法不甚古雅。

龙泉窑业的停滞至民国时期,也未见起色,直至中华人民共和国成立后,政府致力于中国文化根脉的承继,恢复各大窑口的传统陶瓷生产,龙泉青瓷才走向新的辉煌。历史上龙泉窑衰亡有多方面的原因,窑口发展到明代已经渐微,清代制品更为粗陋,加之人力、物力等因素都在不同程度上阻碍其发展。此外还有两个方面的原因。

第一,新兴瓷业的冲击。明代景德镇窑的彩绘瓷①成为皇家新宠,无论是叙事性的图像表现要求,还是世俗化的时代审美需求,青花、斗彩、五彩等彩绘瓷艺术具有观达和色调丰富的明显优势。青白瓷的冲击与龙泉窑的凋零也不无关联。宋代龙泉窑兴盛时,景德镇窑的青白瓷已逐步发展壮大,从宋代金鱼村出土的制品来看,两窑的工艺水平、艺术风格有相似之处。随着明代御窑厂的建立,皇家制瓷重心转移到江西景德镇,这对于与龙泉青瓷风格重合度较高的青白瓷是极大的发展契机,加上青白瓷制作的工艺难度和成本消耗都远远低于龙泉青瓷,在此综合背景下,龙泉窑无疑会逐渐远离南方制瓷的中心地带。

第二,时代审美的发展。从汉至明,青瓷主导的单色瓷独领风骚一千多年,随着青花彩绘和白胎彩绘的出现,绘画性陶瓷艺术语言更能实现世俗性的文化表达,更适宜于中国以图寓意的吉祥文化传统。从审美的变化性需求来看,单色青瓷暂时被更为丰富的陶瓷艺术语言所取代是一种历史的必然。就文化和工艺承继的角度而言,某一种形态消失后又会以另一种新的形态出现,这符合事物前进、上升,以新替旧的发展观。在中国瓷器史上留下深刻印记的瓯窑、越窑、龙泉窑并不会"真正"地消失,而是会融入华夏陶瓷文化,以一种适应时代发展的崭新面貌出现,如清代变化丰富的颜色釉瓷,就是由单色瓷审美发展而来的。

---

① Nigel Wood, *Chinese Glazes*, Philadelphia: University of Pennsylvania Press, 1999, pp. 80–81. 此书第四章认为景德镇青花瓷是冲击龙泉青瓷的主要因素。

龙泉窑在浙江大地由星星之火发展起来，再至衰败凋零的过程，值得深思。从艺术风格而言，南宋龙泉窑凝聚了两宋文化艺术的精华，成为龙泉青瓷的高峰；从制瓷工艺和艺术表现来看，南宋龙泉窑融汇南北，树立了青瓷艺术之典范。元明龙泉窑虽然艺术风格有所转向，但是工艺技术、审美表现仍展现了持续的生命力。这一由盛而衰的历程，凸显了技艺与文化的作用。历代龙泉窑工对艺术审美的成功探索，既成就了南宋龙泉窑的艺术风格，也成为后世自发传承的文化基因。从技艺传承的角度来看，窑口衰亡、生产停滞并不会从根本上终止龙泉窑技艺与艺术的传承瓷脉，以家族承袭和师徒传承的方式延续的龙泉制瓷技艺会如火种般保存于民间，唐宋以来龙泉窑的制瓷核心技艺会永远保存在中华民族艺术之林。

5.3.2 当代龙泉青瓷的传承与发展

5.3.2.1 当代龙泉窑区的产业布局

中华人民共和国成立之初，百废待兴。政府重视文化艺术建设。1957 年，周恩来总理作出"抓紧恢复祖国历史名窑，首先恢复龙泉窑"的指示，推动了古代名窑的恢复。在国家轻工业部、浙江省轻工业厅等部门的推动下，龙泉青瓷艺人赓续先辈的工匠精神，对已失传的青瓷生产技术进行恢复性研究，经过数以千计的反复实验和试烧，龙泉青瓷终于焕发昔日风采。1959 年，龙泉瓷厂完成了中华人民共和国成立十周年北京人民大会堂国庆宴会用瓷的设计和生产任务，龙泉窑正式成为国家用瓷的产业基地。

中华人民共和国成立初期，经国家扶持，龙泉窑的窑火被重新点燃。21 世纪以来，在经济发展、国力强盛、交通日益发达的背景下，龙泉窑又逐渐走向兴盛。2003—2007 年，习近平时任浙江省委书记，其间三次到龙泉调研，指出"龙泉青瓷是民族瑰宝，一定要好好保护，继承和弘扬"。在详细了解龙泉青瓷烧制技艺后，他对当代龙泉青瓷的发展给予高度评价，并委托中国陶瓷艺术大师陈坛根、浙江省工艺美术大师李邦强设计制作龙泉青瓷作品 6 件，器底印"习近平赠"和"中国龙泉"款。2019 年在二十国集团领导人杭州峰会上，张守智教授和嵇锡贵大师联袂设计的日用瓷套组作为国宴用瓷，充分彰显了中国的大国风范。该设计一经推出就广受好评，国宴瓷的相关设计元素还被纳入日用瓷设计领域，还在网络上受到了众多关注。龙泉青器这只"旧时堂前燕"已然进入了寻常百姓家，设计的大众化和潮流化趋势，使得融审美与实用为一体的龙泉青瓷成为高端日用瓷的主流，国礼用瓷、宴会用瓷、陈设用瓷、家庭用瓷等社会需求激增。2009 年，"龙泉青瓷传统烧制技艺"被联合国教科文组织列入"人类非物质文化遗产代表作名录"，这是迄今为止世界上被列入此名录的唯一一项陶瓷类项目，反映了龙泉青瓷在世界陶瓷艺术史上的重要地位。

存世的古龙泉窑遗存收藏地，国外主要有英国大英博物馆、维多利亚与阿尔伯特博物馆，美国大都会博物馆等；国内主要集中在故宫博物院、龙泉青瓷博物馆、宋瓷博物馆，其中龙泉青瓷博物馆还陈列了数十位独具特色、传承有序的当代大师的作品。当代龙泉青瓷艺术品聚集区主要在龙泉青瓷博物馆及环绕周边的大师产业园，龙泉宝剑园区成为日用龙泉青瓷生产、流通的主要场所。大师产业园由数十位大师私营的艺术工作室或艺术馆组成，每位大师工作室总占地 300 ～ 500 平方米不等，通常为 3 层左右的小洋楼，装修风格古雅，院落开阔，绿植葱翠，环境优雅。工作室空间主要包括由工作室、展厅两块组成的工作区域，以及生活区域，便于兼顾家庭、全身心投入创作。得天独厚的地理环境和祖辈相传的制瓷基因成就了龙泉制瓷业今日的辉煌。大众市场需求的增加产生了巨大商机，龙泉宝剑园区数百个商铺将销售展示与生产作坊合二为一，这种"前店后坊"的一体化经营模式是龙泉、景德镇等瓷业产区中小型作坊的主要构成方式，既节省了人力、交通、空间等成本，也有助于消费者了解生产的全流程。

在经济利益的驱动下，文化旅游开发机制融入历史文化厚重的龙泉青瓷考古遗址，在国家考古遗址公园、旅游观光胜地项目中，融入了龙泉青器的历史文化和当代制瓷产业。例如被列为国家产区的枫洞岩、大窑窑址的景点，为游客提供了田野考察、实地调研的机会，还陈列了诸多出土的完整瓷器、瓷片，以及技艺精湛、足以乱真的高仿作品。从文化旅游的角度来说，实地考察对于传承中华优秀瓷文化、了解文物背后的故事具有积极意义；上手触摸龙泉经典器物的机会，让更多的爱瓷人士得以近距离、真切地感受其造型、釉色、纹饰、质感、比例的精妙之处，体会龙泉青瓷的艺术魅力。高仿器的制作者在旁详细解读作品艺术特征和制作经验，还会带领有意向的买家去附近的制作基地参观，这种集鉴赏、收藏、销售为一体的情景浸润式运营模式，成为窑口众多的龙泉窑产业的一大特色。这种模式给陶瓷文化的传播与推广提供了全新的立体空间，也有利于让文物真正"活"起来。

地方高校的智力和技术加持，可以从突破与传承的层面，助推龙泉青瓷的当代发展。如中国美术学院手工艺学院、丽水学院青瓷学院设有专门研究青瓷技艺的课程，师生们可以从设计学、材料学等多方面破解龙泉青瓷复烧的密码，把握烧成的稳定性并提高成功率。高校等科研机构的相关研究成果日趋系统化，研究者通过著书立说、授课讲学、讲座交流等丰富的教育研究形式，使得优秀的南宋龙泉青瓷技艺脱离口口相传的形式，保障了龙泉基因的传承有序。

总之，得天时、地利、人和之势，龙泉窑千年积淀的文化逐步复苏。在政府主导下，当代龙泉窑以民间作坊为主力，以高校资源为后盾，带动了传统龙泉窑的复烧和创新发展，产生了多位专攻龙泉青瓷烧制的国家级、省级工艺美术大师，逐渐形成了围绕龙泉产区、辐射全国的青瓷经济带。多方位互联的产业模式带动了龙泉产业经济的发展，龙泉窑与南北各大瓷窑，交相辉映，异彩纷呈。

5.3.2.2 当代龙泉窑作品的艺术特色

在传统文化复苏以及人民群众精神需求日益增长的大背景下，龙泉大师创造了多样的陶瓷艺术品。按照龙泉青器的定位与受众，龙泉青器大致可分为艺术作品、日用器物、青瓷饰品三大类。

第一类为艺术作品。当代龙泉青瓷艺术作品较宋元时期呈现出以下的风格特色。

其一，对经典瓷色把控的精准度、稳定性有所提升。

南宋的粉青、梅子青瓷色为中国青瓷的色彩标杆，但是瓷色区分的模糊性、制瓷工艺流程秘而不宣的保守性、烧制过程中瓷色把控的不稳定性，造成了粉青、梅子青的色彩始终处于一种相对模糊的状态。

从制瓷业科技发展来看，现代窑炉以轻油和天然气为燃料的精确温控技术、电加热电窑的精密温控技术，以及现代陶瓷技术对关键原料元素的提纯与复配，理应为青瓷呈色的操作性、稳定性、准确性提供有力的保障，但是对烧制环境极其敏感的青瓷色彩并没有因现代科技进步而变为"一键可控"的理想状态，这主要是由瓷色工艺的特殊性决定的。将现代电窑和传统龙窑烧成的制品进行比较，前者釉面偏清透、光亮，乳浊感不足，难达南宋龙泉青瓷沉稳雅润的经典瓷色。笔者曾走访龙泉大师和民间高仿者，从业者普遍认为：今日仿烧南宋经典瓷色，仍需要采用矿物质原料制作、匣钵装烧、经传统龙窑"柴烧"才能尽量接近原作；在釉料配方中加入部分化学材料，再结合电子控温来辅助烧成，已是较为理想的捷径。手工艺高仿领域内，这种以无限接近"历史真实"的条件来还原"历史器物"的情况不限于龙泉窑，柴烧已成为仿制古代景德镇窑、汝窑、官窑、哥窑等的必由之路。复原古代材料、制作流程、烧成工艺才可能获得"古器"的观念，这已成为一种共识。从专业标准来看，古瓷风韵目前还不能在现代汽窑内实现，更不要说对还原气氛不便操控的电窑。不过值得肯定的是，现代材料科学的进步、釉料配比的相对固定，一定程度上提高了烧制效果的稳定性。相信在科技日新月异的趋势下，未来电窑技术与传统工艺的结合能够真正提升仿古龙泉青瓷烧制的成功率，释放更多的陶瓷艺术创作空间，提供多种可能性的艺术语言。

其二，形式语言和工艺手法日趋丰富。

随着龙泉窑火被重新点燃，那些曾经暂时隐没在江浙大地的制瓷基因重现江湖，相当于古时作坊的现代青瓷艺术工作室，如雨后春笋一般涌现在瓯江两岸。工作室的经营者，或是制瓷艺人的后代，或是致力于瓷业文化的江南儿女，他们发挥聪明才智和敬业精神成就了诸多艺术佳作。不同于古代窑工的雇佣身份以及按"样"制作的刻板程序，这些工作室更多是根据社会潮流调整艺术方向，具有更高的自主性和创造性。创作主体不乏受过高等教育、专业培训的业内人士，他们创作了诸多具有艺术性和感染力的作品。那些传承有方、技艺精湛、创意巧妙、造诣深厚者获评"龙泉青瓷艺术大师""高级工艺美术师"的称号，其艺术作品的市场收藏行情和价值持续攀升。

下面以龙泉青瓷博物馆部分馆藏的现代青瓷作品为例，剖析其艺术特征与表现语言。这些作品的创作时间集中在 20 世纪中叶，大体可以分为以下几种。

第一，对传统龙泉工艺与文化的传承。

（1）立足中华经典的时代审美之作。此类作品为对龙泉青瓷工艺传承的力作，造型上体现出了融汇多朝形制和现代审美气息；釉色上将窑口最经典的特色巧妙化为个性化艺术语言。陈垕根的《青瓷瓶美人醉》（彩图66），将梅子青之色与梅瓶之型巧妙结合，彰显了线条韵律及瓷色之美；陈爱明的《粉青洗》（彩图67），以至简朴素之美，体现了粉青釉色的纯粹与高雅，彰显了简雅纯粹的审美境界；李邦强的《节节高瓶》（彩图68），利用哥窑开片的重复韵律，形成了黑线、灰线以及本色粉青三个层次，于简约之风中流露出自然裂纹的不规则之美，展现出了人为绘制无法企及的自然天趣。

（2）化传统工艺为艺术表现语言。此类作品充分发扬龙泉工艺之美的优势，并融合多窑口、多种素材和表现形式于一体。李震的《太平有象》（彩图69）是一件将南宋经典的厚釉之美，融合中国祥瑞文化的作品。他从古代中国盛行的吉祥文化题材出发，在以碧绿湖为主体的折沿盘上设置了几只嬉戏的大象，其随意之态仿佛真实自然界中大象的回眸一瞥，不留痕迹地将造型表现与陶艺语言融为一体。毛正聪的《三牛喜庆》（彩图70），采用简化和凝练的艺术表现语言，表现出了寓万象于无形的高超境界。毛松林的《玲珑书法洗》（彩图71），以书法入瓷刻，构图于工整中又有灵秀之美，格调高雅、值得细品。

第二，将龙泉工艺之美与现代陶艺语言融合。

（1）青瓷含蓄之美与泥性的巧妙结合。徐朝兴的《青釉牡丹双耳瓶》（彩图72），器身简洁挺拔，以流畅而含蓄的笔法，在器腹处营造出若隐若现、含蓄深邃的意境之美，于具象与抽象之间巧妙转换，令观者获得一种别样的审美体验。这种源自唐、北宋龙泉青瓷的刻绘手法，已达到了一种浑然天成的审美高度。不同于花鸟虫鱼的阴阳刻绘或堆塑，也不像南宋龙泉的无饰之饰，这种于无声之处的恰当表达，意味深长。

（2）跳刀、露胎等陶瓷工艺融入观念艺术的表达。徐朝兴的《青釉水波碗》（彩图73），内壁从盘心处向外发散的涟漪般的弦纹，营造出了水波清澈之感和雨滴落水的动态美。内壁水平散开的节奏与外壁硬朗的跳刀斜状纹相得益彰，材质和线条走向形成了对比韵律。其青瓷刻绘装饰，突破了传统植物的形态，以一种超然的审美品格打造了自然天趣。作者巧妙把控青瓷釉色与阴线刻绘的微妙变化，并在技术上突破了跳刀工具在弧面上的操作，不露痕迹地实现了道器合一的设计理念，展现了作者对陶瓷语言收放自如的把控艺术。

陈显林的《衣架上的套装》（彩图74），将现代陶艺语言与龙泉传统工艺相结合。造型以服装为原型，再以内外罩衣、领口分割产生了几个相对独立的空间。工艺语言方面，综合了云纹、植物纹、紫金露胎，打造了一种厚重之中隐含细腻柔美的审美感受：领口内的紫金云纹略微凸起，与底部的粉青相互映衬；衣服上的植物装饰纤长的八瓣组成，每一瓣中间裂开，形象生动；略小的花朵则采用阴刻形状，突出阳浮雕表现的稍大花朵，层次丰富。

毛丹阳的《凤阳春韵》文房作品（彩图75），以厚润细腻的粉青与粗糙拙朴的淡赭釉相对比，视觉冲击力极强。如此对比强烈的氛围下，所施粉青瓷釉似玉般温润，更显娇嫩；而露胎处融合西方陶艺语言，着力塑造出粗糙斑驳的质感，更能呼应文房用具象征的耕读精神，也体现了陶瓷艺术表现的万端妙趣。

综观当代龙泉青瓷作品，造型风格日趋凝练、表现语言趋于多元、审美格调愈发艺术性。这些作品在表现语言上特色突出，既展现了对传统龙泉经典工艺的把控，又吸纳了20世纪40年代以来颇受关注的"现代陶艺"的风格，展现出创作者立足艺术创作而非工艺品创作的风格定位。

第二类为日用器物。

满足人民群众日益增长的物质文化与精神文化需求，是时代的召唤。物质生产富足后的精神追求体现在生活物用的诸多方面，当实用的要求满足后，人们对器物的艺术感提出了更高的要求。供大众日用的茶具、餐具、陈设和装饰器具的设计与生产是日用器物领域亟须解决的问题。

不同于古代封建社会的等制化器用准则，现代设计充分体现了为大众服务的主旨。生活的艺术化和艺术的生活化，就在日用器物的审美实践中悄然发生。无论是国宴用瓷，还是大众桌案上的茶具、酒具，都体现了实用与审美的统一。（如彩图76、77所示）

宋瓷无大器，南宋龙泉青器以小件居多，适应于日常生活，这种传统也延传至今，当代龙泉窑出品的日用茶具、餐具走入了千家万户。在现代简约风格引领下，龙泉窑既出产与欧洲设计接轨的现代器型，也设计以古为范或者古今融合的新创器型，林林总总、蔚为大观。地理位置相近的两大南方窑口，龙泉窑与景德镇窑所产青器常被用来相比较，从器型来看，前者胎体更为厚重；从釉色效果来看，景德镇窑仿龙泉者，如采用本地泥料，烧成后仍有青白瓷的风貌，色不够沉，如采用仿龙泉的二元配方烧成者，釉色接近原作，圈足漏胎和底款处几乎可以乱真。

第三类为青瓷饰品。

如前文所述，"尚青""类玉"是青瓷发展的内在驱动。从仿"青玉"效果来看，北宋汝窑已经达到了相当高的境界，而南宋龙泉粉青、梅子青瓷堪称最接近翡翠者。今日龙泉青瓷市场，不乏仿玉石效果制作的项链、手环等首饰。

当代龙泉匠人发挥了南宋龙泉窑薄胎厚釉的"类玉"工艺特征，创作了彰显龙泉青瓷材料美、艺术美、工艺美的青瓷首饰作品。如彩图78至80所示，雨滴状圆润的青瓷釉块被镶嵌于金属底托之中，这种工艺流程和设计思路与翡翠类宝石首饰基本一致。精美绝伦的青玉项链、手环等首饰佩戴于脖颈项间、手腕指尖，散发出典雅气韵，其与翡翠的接近程度几乎可以乱真。这一巧夺天工的唯美背后，是匠人在指甲盖大小的胎体上周而复始地施釉和烧成所付出的艰辛。为了营造釉层浑然天成的视觉效果，匠人最终仅保留那一抹葱翠的厚润釉层，胎体被手工打磨去除。近处细品时，釉层深处那一个个簇拥的微小气泡，在深邃的绿色背景下如水晶，光芒四射。这种巧妙发扬工艺优点、开拓创新的龙泉窑新技艺，不仅实现了青瓷"类玉"的意义，还打通了瓷器与金属装饰的桥梁，丰富了龙泉粉青、梅子青之美的多维展现方式。

5.4 本章小结

宋代是我国古代科技、文化、艺术的高峰。两宋政权都面临南北对峙的局面，无论是北宋与辽还是南宋与金，宋政府始终受到北方异族的武力威胁。南宋都城偏安江南，疆域较小，却是中国最富庶的朝代之一。国家财富积累部分依托海外贸易，因而南宋可以称作古代中国的海洋时代。南宋的科技和造船业发达，转帆、测探、指南针等科技发明居当时世界先进水平，为海外重洋贸易提供了保障。

瓷器、丝绸和茶叶是南宋海上"丝绸之路"的热销产品。瓷器出口贸易繁盛，销至亚洲的东部、南部、西部，欧洲中部，非洲东海岸大部分地区，其中，直接进口的国家和地区达数十个，间接转运到达者数目更大。宋瓷出口品种除龙泉青瓷外，还有景德镇的青白瓷、磁州窑的黑釉瓷、越窑的划花青瓷以及广东和福建等地的青瓷和青白瓷等。南宋龙泉青瓷的辉煌与政府大力发展海外贸易不无关系。在海外瓷器需求增长的刺激下，南宋朝廷重视瓷器外销，促进了龙泉青瓷的发展，全国各地窑场猛增至130多个。同时，南宋龙泉窑毗邻都城临安，临近港口的地理优势，运输便利，以及浙商的有效经营等，都增加了其市场竞争力。当盛极一时的越窑、邢窑等名窑淡出历史舞台，龙泉青瓷便登场。

从龙泉青瓷对东、西方域外制瓷业的影响来看，考虑到文化背景、地理位置和繁盛时间，龙泉青瓷对东方的影响较西方更为直接。宋代的龙泉青瓷裨益了古代朝鲜半岛、日本瓷业的发展与兴盛，一衣带水的地理优势使得东方邻国领先世界其他地区的国家创烧瓷器，对龙泉青瓷审美风格的延续性传承更为持久。南宋龙泉的经典釉色和器型成为他国追捧效法之物。日本伊万里等彩绘瓷后来者居上，至明清成为与中国彩绘瓷争夺世界外销市场的主要力量，与之汲取了早期中国制瓷技艺的精华不无关联。以欧洲为代表的西方制瓷业，一方面通过景德镇窑来实现了工艺突破，其中不能忽视龙泉青瓷对南方制瓷业中技艺、人力的铺垫作用；另一方面，南宋龙泉审美风格对西方设计文化、审美理念的影响更为深层、持久和广泛。这种影响力不限于陶瓷领域，还涉及玻璃艺术等诸多器物文化品类，如英、法、德等国造物就有南宋龙泉的简雅风格痕迹。

外销产品通过对外贸易传播域外，推动了东西方文化的交融与互鉴，南宋龙泉青瓷在全球范围内传播中国瓷文化、搭建东西文化交流平台方面的作用不容小觑。三上次男的《陶瓷之路》① 较为全面地记录了早期中国瓷器外销的路径与情况，充分肯定了青瓷，特别是龙泉青瓷在中国瓷器外销史上的地位。近年出水的"南海一号"沉船，在世界航海史上堪称一大奇迹，也填补了南宋"海上丝绸之路"历史的一些空白②。沉船出水的大量南宋龙泉青瓷以及景德镇窑、福建窑口的外销瓷

---

① 〔日〕三上次男：《陶瓷之路》，李锡经、高喜美译，北京：文物出版社，1984年版。
② 李刚等：《"南海一号"成功出水》，《人民日报》，2007年12月23日。

器，不仅反映了南宋经济和文化的繁荣程度、南宋社会的开放与对外交流的频繁盛况，也从一个侧面佐证了南宋曾引领世界文化艺术发展方向的史实。总之，南宋龙泉窑成就了青瓷在海外的辉煌，也树立起古代中国作为青瓷文化大国、强国的国际声望。

6 结　语

综合前文所述，本研究的初步结论、创新点以及局限如下。

6.1　初步结论

6.1.1　南宋龙泉青瓷的艺术特征与成就

在赵宋王朝"袭京师（徽宗）旧制"的国策、礼制重建的背景和复古风尚导向的多重影响下，南宋龙泉窑延续了北宋名窑瓷礼器的造型风格和艺术神韵，粉青、梅子青等经典二色成就了一个辉煌绚烂的瓷器时代。作为可以与北宋的汝窑、官窑以及南宋官窑比肩的青瓷民窑，南宋龙泉窑模仿、融合、含化、超越了青玉色彩和上古礼器造型，克服了玉的色彩缺陷和青铜器繁缛制作的工艺缺点，展现出了"重色轻饰""器以藏礼""通体无纹"的艺术特征，实现了青瓷"尚质""本色""天趣"的审美追求，引导人们通向澄怀观道的境界。

本书从色彩、造型、装饰三个层面，探究了南宋龙泉青瓷的艺术特征与成就。

色彩特征集中表现为以"尚青""类玉"为标杆的瓷色风尚、丰富性与典范性并存的瓷色表现、观物取象与意象特征的瓷色命名。从陶瓷色彩文化的角度来看，将介于蓝、绿之间的瓷色纳入序列化的"青瓷体系"，体现了中国传统造物文化的哲学智慧。从瓷色命名和分类的角度来看，青色和青瓷共同植根于中国传统色彩理论，二者弹性的色域空间是瓷色对照的前提。就审美文化与美学观照而言，国人的色彩心理和审美文化相交融的特征，使得青瓷色彩审美达到了"眼中之竹"和"心中之竹"的统一。

关于造型特征，本书从古雅端丽、承创并举的仿古礼器，隽秀挺拔、灵巧清逸的陈设之器，龙虎升腾、洗练生动的冥界礼器的品类着眼，通过绘制经典案例图谱来深度阐释造物规律、推演形制衍变逻辑，动态还原古器之韵、造物之美。针对龙泉青瓷礼器为代表的古器"元形态"及生成法则，本书认为，颈、肩、腹的动态组合是历代器物之形的文化基因和造型元素，多种重组方案可以推衍出新器型；针对礼器之"形""饰"传衍而材质更替的规律，探讨器物设计的互鉴范围与形式；针对藏形于器、挺拔清逸的棒槌附耳瓶，隽秀灵逸的琮式瓶，贯耳瓶形制的形成与嬗变，以可视化图谱还原其前世今生，在彰显龙泉青瓷艺术魅力的同时，丰富了器物研究分层剖析的方式。

围绕其装饰特征，本书从线刻为本、以面辅线的瓷饰之源，梳理出南宋龙泉青瓷"雕琢有度，去繁就简"的素雅之风和浑然天成、抱朴处素的"无饰之饰"；通过对审美风格和文化内涵的研究，解读其繁华过后、复归平淡的装饰选择，"出色而本色"的尚质审美，进而探掘其审美境界和哲学意蕴。这种个性化的简饰之风，主要源于观念影响下的技艺选择，是"不想"而非"不能"。两宋推崇的自然本色之美，契合文士阶层认可的审美尺度，成为华夏造物思想的物质体现和审美思想的生动写照，"本色之尚"引领着青瓷最高的审美潮流，成为中国人审美景观中最难逾越的高峰。南宋龙泉青瓷的装饰表征，遵循的是一种自然天成的审美体系，追求的是万物同源、相生相克的理想境界，从中观照的是文质彬彬的理想。南宋龙泉经典的梅子青、粉青瓷名，本身就具有一定的意象特征。将自然界的"梅子之青"引入经典青瓷色名，首先是因为客观上二者的极度接近，以含蓄色名给予人们无垠的联想空间，将瓷色审美观照和意象体悟的活动延展到更大的范围。南宋龙泉青瓷等浑然天成、质朴无纹的色彩风貌，体现的正是墨客雅士所推崇的简约玄澹、超然绝俗的意境之美。

6.1.2　南宋龙泉青瓷艺术成就的成因

南宋龙泉青瓷的艺术成就是社会、文化、科技、艺术等方面综合作用的产物。整体来看，主要归因于工艺技术和文化观念两个方面。

技术革新和工艺突破是南宋龙泉青瓷成功的核心因素。博采众长、吸纳南北是技术革新的内在驱动力，龙泉青瓷以南方青瓷为基础，吸纳北宋汝窑、官窑等青瓷名窑的技艺精华，经过近 200 年的工艺探索，终于能够"成一家之器"，在中国青瓷史上占据了一席之地。开拓创新、自成一家是技术成熟的关键，是其在众多青瓷窑口中脱颖而出的源动力。它"承"与"创"并举、"古"与"今"相融，其材料配方、施釉方法、制作工艺、烧成气氛、窑炉结构、装烧工艺都有所改良和突破，从纵向的历史脉络和横向的南北地域两方面采纳融汇。至南宋中晚期终于创烧堪比绿宝石的粉青、梅子青瓷，趋于中国乃至世界青瓷最高的审美境界。这种自我突破、不断创新的工匠精神，对现代设计和艺术创作仍然值具有借鉴价值和启发意义。

从技术与观念的关系来看，文人审美和伦理观念推动了南宋龙泉青瓷的技术革新和工艺创造。"尚青""类玉"是历代青瓷生产的终极目标，为了实现"五色观"下身份象征的理想瓷色，历代窑工发挥了聪明才智，激发了无限的潜能，通过不断地进行工艺变革来获取理想之色。就某种意义而言，南宋龙泉青瓷的艺术成就，不限于色，尚质之美反映了中华文化深层的"比德"追求。总之，技术改良是艺术特征形成的必要前提和重要保障，而"尚青""类玉"观念和伦理等制的引导作用也不容小觑。由技术与观念的关系所引申出来的物质与精神何为第一性的问题，是东西学者辩之不明的学术难题。我们认为，观念引导了技术革新，同时技艺的提高反作用于观念的更新，二者相互作用、互相影响，又互为因果，成就了中国瓷器发展的辉煌。

6.1.3　南宋龙泉青瓷的文化意蕴

南宋龙泉窑作为承接御器烧造任务的民窑，同时满足了皇室审美与大众需求，其青瓷雅器，足以媲美官窑，堪称东方意蕴的典范之作。南宋龙泉青瓷独具魅力的艺术特征反映了南宋社会文化和审美风尚，蕴含了深厚的文化观念。

（1）承载了华夏文明的"五色"观念。

鉴于瓷色呈现与工艺技术的密切关系，本书认为"尚青""类玉"的色、质追求是瓷色技术改良的内因。这种孜孜以求的目标，在南宋龙泉窑青瓷上最为接近。"五行说"作用下，瓷器的色彩心理与审美象征、伦理观念一脉相承。从陶瓷发展历史来看，早期瓷色受到工艺技术和材料等因素的制约和推动，在技术成熟后，瓷色的选择和传播受五色伦理框架的影响更为明显。明清制瓷技艺精进，瓷色与伦理制度的对应关系得以实现。这些瓷色变迁的过程清晰而完整地映射了中国历代封建帝王的色尚、审美和伦理制度的衍进，成为探究历史、讲述中国故事提供了重要素材。

　　五色的隐喻内涵触及中国传统伦理制度最核心的"文治"和"教化"。古代帝王也称君王，这个与"君子"共享"君"字的称谓，本就指德才出众、品质高尚之人，君王作为君子中的佼佼者，理应时刻自省自律，博大宽广的胸怀和崇高的道德品质，是君王必备的修为。从儒家社会治理格局来看，帝王不仅要有政治、军事方面的过人胆识和能力，更要从精神上"统帅"全民。儒家推崇以一种"教化""感化"的方式达到"自发""自觉"的"无为而治"，因而需要建立与伦理观念相吻合的理论体系，实现"成教化，助人伦"的政治理想。

　　（2）承载了中华哲学"天人合一"观念。

　　从文化观照的角度而言，青瓷审美活动是"眼中之竹"和"心中之竹"的统一。心中之"青"存在于臆想的空间和虚幻的维度里；眼中之"青"虽固定，但也会因时节、气候的变化而产生改观，二者总能调适匹配达到"眼"与"心"的合一。瓷色审美作为一种极具联想特征的艺术活动，打通了依据物性来实现人的审美层级的渠道，色彩的客观性和青瓷审美的意象性在融合与转换中实现统一。

　　从某种意义而言，青瓷审美无不体现瓷色与自然的相互吻合与协调，彰显中华先贤观物取象的趋向和于俯仰之间体察万物的哲学智慧。这一植根于中华文化的思维模式也作用于传统瓷器色彩的命名之中。孔子这种以自然物的生长规律和人性关怀为出发点的生态观，是中国传统文化仁爱、礼制观念的反映。在农业文明的格局下，唯有顺应和遵循"天意"才可获得丰收的回馈。这条熔刻在先民观念之基的行为准则，亦是儒家文化的自觉遵循，统领着封建社会的主流认知。传统文化中"天人合一"的理念，体现了"人"与天道自然和谐统一的观念，也反映了人们朴素的生态观和审美观。当源于自然的色名宣之于口的时候，仿佛熟悉的自然物仍在身畔。先贤睿智的目光，总是善于发现万物互联的规律，并以此作为智慧之"道"来指引人生，正如老子所说："道法自然。"看似自然而然的寻常花木草树都遵循其"道"，天地间的万千物象蕴藏着深奥的哲学事理，宇宙之道的法则深蕴其中。

6.1.4　南宋龙泉青瓷的国际影响

"兴平冶陶，始于汉室"。中国的瓷器的发明与对外交流肇始于同期，或属偶然，而从两汉时期就开始在国际交往中承担着重要使者作用的中国陶瓷，到龙泉青瓷繁荣之时，不仅遍及东南亚，而且远达欧洲、非洲东海岸。从某种意义上看，青瓷之所以在全球盛行，与东方文化的底蕴和审美密切相关。西方的瓷文化，更多受到景德镇窑青花、彩绘瓷器的影响，且更偏重具象的特征。就这个意义而言，对瓷器的研究早已不再是以物论物，而是将瓷器视作与绘画、雕塑具有同等价值的时代印记和文化基因的载体，并挖掘器物文化所反映的审美内涵、设计智慧。作为青瓷艺术集大成者，龙泉青瓷行销域外之时，不仅传播了青瓷艺术，而且作为中国文化的典型代表，辐射到了西方乃至世界的文化艺术领域。这种影响不仅体现在中华制瓷技艺和装饰风格被西方奉为圭臬，还体现在更为深层的设计文化领域，作用于建筑空间，社会乃至生活方式。

6.2　创新性研究成果

本研究的创新之处在于从"色""形""制""义"四个独立又相互关联的动态解码图，探究南宋龙泉青瓷艺术特征及成因，进而探寻中华造器规律，挖掘传统造物的设计智慧。从"技术"与"文化"两条路径切入艺术特征的深层成因，这一逻辑，可以引申为表征（现象）、技术（物质）、观念（精神）三者的关系，构建起由器物层级、逻辑结构、哲学本质为一体的理论模型，重点讨论了"三者"与"三维"的互动和影响。

本书创新地提出了"瓷器伦理"观念。南宋龙泉青瓷的伦理特征及其实现"物序人伦"的社会功能，映射了封建统治集团的政治文化和社会生活的重要方面。伦理与瓷色特征的关系，是一个尚未引起充分的学界关注但却深刻影响了瓷器色彩特征的学术问题，对其忽略，使近千年来对瓷器伦理本质的理解总是处于一种呼之欲出而又含糊不清的状态。在某种意义上，只有对这一问题有充分的学术认识和理论解决，华夏文明的瓷色理论、伦理观念和审美文化才会真正走向成熟。可以说，对瓷器伦理的历史行进、文化形态的考察，也是为现代瓷器的应用与表现寻找出路。基于田野调研、实物分析、谱系绘制，本书构建了"祭祀之器—象征之器—赏玩之器—日用之器"的伦理序列，抽丝剥茧地解读器物文化的深层内涵。

本书的研究路径是一种对器物研究分层级的方法尝试，也是溯源造物范式与设计智慧的可行之路。本书从设计学视角出发，结合经典案例进行深入阐述和逻辑推演。如针对古器的"元形态"及器型生成法则，认为颈、肩、腹的动态组合，是历代器物之形的文化基因和造型元素，多种重组方式可以推衍出新器型；针对礼器之"形""饰"传衍而材质更替的规律，探讨了器物设计互鉴的范畴与形式；针对藏形于器、挺拔清逸的棒槌附耳瓶，隽秀灵逸的琮式瓶，贯耳瓶的形成与嬗变，以可视化图谱还原其前世今生，在彰显龙泉青瓷古器之韵、造物之美的同时，丰富了器物研究分层剖析的方式；针对南宋龙泉"无饰之饰"审美风格，挖掘其文化内涵，解读其抱朴处素、复归平淡的装饰选择、"出色而本色"的尚质审美，进而挖掘其审美境界和哲学意蕴。

6.3　局限及后续研究

本书立足于设计学，将"南宋龙泉青瓷"作为研究对象进行系统研究，尚属首例。南宋龙泉青瓷并非一个全新的研究领域，本书根据前辈学者搜集的图文资料和取得的理论成果，得出了一些在艺术考古、陶瓷美学、设计艺术等领域有学术价值的观点，但是限于实物资料、研究时间及篇幅的局限，本研究存在以下缺陷和问题，待后续研究。

（1）实物资料研究条件的限制。

主要有两个方面的原因。

其一，现有的南宋龙泉青瓷实物多散落于国内外各大博物馆或民间收藏，对实物资料的收集、整理和研究，不仅与工作量和研究时间、研究资料的开放度有关，而且受到青年学者所能获取的官方或民间学术支持的影响。纵使研究者尽可能通过多方协助，获取考古实物上手的方式，以丰富研究视角，增加一手信息，但是更多情况下是以观众的身份，在隔着博物馆的玻璃罩观看器物，拍摄青瓷实物图片的难度较大。因文物归属和保护问题，本研究局限在某一场馆范围内进行，缺乏将系列的多件龙泉青瓷进行实物比照研究的条件。因此，尽管笔者走遍中国八成以上省级博物馆，并对英国九成以上的博物馆、艺术馆、收藏机构的南宋龙泉青瓷藏品进行了现场考察、研究、图片收集，但是仍深感资源有限。最为遗憾的是，原定赴境外考察的计划，因新冠疫情之故被搁浅，对国内北方青瓷窑口的考察，也多次受阻，这些非个人所能改变的客观现实，在一定程度上影响了本研究的推进。

其二，两宋留存的关于龙泉青瓷的文献不多见，很多记载或许因缺乏考证而失真。因缺乏足够的史料支撑，学界对龙泉青瓷的断代较为粗略，诸多出土龙泉青瓷仅能界定在北宋或南宋的较大的时间范围内，难以将其定位到如南宋的早、中、晚期这样精确的时间坐标中。这种在时间界定上相对的模糊性，对于南宋龙泉青瓷的艺术特征及其演变规律的探究有所影响，使相关观点很难言之有据。这些都给本研究带来了一定的困难，部分研究只能靠对现有文献的推测。鉴于这一局限，虽然经过旁证等多重方法进行论证，但仍不可避免会有以偏概全之嫌。

（2）文献资料的缺乏。

古代社会重道轻技，工艺难登正史，陶瓷至多作为装点宫廷的附属品记录在册。陶瓷工艺缺少专门的理论著作，不及绘画早在魏晋就有相关著作，这或有工艺属性的原因，陶瓷的手工艺性质和私人作坊的经营方式，素有陶瓷工艺不能外传的古训，古代许多陶瓷制作经验和关键诀技，多作为家族秘方，仅仅在家庭内部通过"父传子""师传徒"的形式，口口相传，即"巧者述之，守之"。另一方面，制瓷艺人通常为文化水平不高的"奴""卒"等，并未有著书立说的意识和能力。目前尚未发现关于南宋龙泉青瓷的艺术风格、工艺特征的专题性古籍文献，仅在明代《天工开物》等较为宏观的工艺古籍中有点滴的相关内容。

总之，复原南宋龙泉青瓷艺术特征产生的真实的时代景观文化环境已不太可能，只能根据相关概述性古籍，将现代对龙泉青瓷的考古发掘和文献资料真实的时代呈现和互为考证，因而对某些问题的剖析不够深入、透彻，存在一些缺陷。

（3）研究主客观条件之局限。

从主观条件来看，南宋龙泉青瓷艺术特征及其成因研究，是一个"系统庞大的工程"，它要求研究者有艺术、考古、历史、工艺、科技、色彩学、美学、哲学等诸多领域的人文与科学知识之基础，还需要有陶艺实践、陶瓷工艺原理、陶瓷材料科学等陶瓷工艺及自然科学等方面的积累，而笔者的团队哲学社会科学为主的学术背景，也在一定程度上影响了本书的研究。从客观条件来看，笔者在景德镇陶瓷大学设计学专业攻读博士，陶瓷实践环境、图书资料与其他的物质保障等研究条件是可遇不可求的，虽然经历了多方"找实物""求资料""问技术"的艰辛历程，但是在短暂的三年时间内，很多问题尚未有圆满解决的方案，得出的研究结论尚显单薄。

鉴于以上研究缺陷、本研究自身容量、笔者的知识储备和研究经验的不足，加上作为个体的研究者，认识存在主观性和局限性是不可避免的。南宋龙泉青瓷作为人类文明的璀璨遗存的古物，而要与古物对话不是一种轻松的事，既要了解前辈学者对它的初步判断，又要有自己的见解和体悟；而面对青瓷经典范本，其艺术高度不容断章取义、草率定论。本书在现有的文献和实物资料的研究基础上，也只是为本专题的研究提供一个大致的框架，要想准确而细致地理解其艺术特征及其成因，有待后续深入研究的内容还很多。因此，希望随着实物资源的增多、博物馆等数据开放度的提升、考古断代的翔实细致，南宋龙泉青瓷研究以及中国陶瓷学研究必将在青瓷色彩学、青瓷文化、南宋龙泉青瓷发展史和技术等众多研究领域取有所突破。

路漫漫其修远兮，吾将上下而求索。本书的初步结论，反映的只是对南宋龙泉青瓷认识的过程而不是最终结果，相关研究，还有待继续夯实。但愿本书的浅显之见，能为陶瓷艺术研究略尽绵薄之力。

参考文献

一、中文文献

1. 史料、古籍类

[1] 郑玄，贾公彦. 仪礼注疏［M］//《十三经注疏》整理委员会. 十三经注疏. 北京：北京大学出版社，1999.

[2] 何彦，邢昺. 论语注疏［M］//《十三经注疏》整理委员会. 十三经注疏. 北京：北京大学出版社，1999.

[3] 戴圣. 礼记［M］//秦川. 四书五经. 北京：北京燕山出版社，2007.

[4] 许慎. 说文解字［M］. 徐铉等校，北京：中华书局，2009.

[5] 陆羽. 茶经［M］. 南京：江苏文艺出版社，2016.

[6] 刘昫等. 旧唐书［M］. 北京：中华书局，1975.

[7] 钱俨. 吴越备史［M］. 北京：中华书局，1991.

[8] 脱脱等. 宋史［M］. 北京：中华书局，1977.

[9] 吴自牧. 梦粱录［M］. 杭州：浙江人民出版社，1981.

[10] 王黼. 宣和博古图［M］. 重庆：重庆出版社，2010.

[11] 吕大临. 考古图［M］. 北京：中华书局，1987.

[12] 庄绰. 鸡肋编［M］. 北京：中华书局，1983.

[13] 周煇. 清波杂志［M］. 北京：中华书局，1985.

[14] 欧阳修. 归田录［M］. 北京：中华书局，1981.

[15] 周密. 志雅堂杂钞［M］. 北京：中华书局，1991.

[16] 陆游. 老学庵笔记［M］. 上海：上海书店出版社，1990.

[17] 周密. 武林旧事［M］. 北京：光明日报出版社，2014.

[18] 赵汝适. 诸蕃志［M］. 北京：中华书局，1985.

[19] 赵彦卫. 石麓漫钞［M］. 北京：中华书局，1998.

[20] 徐兢. 宣和奉使高丽图经［M］. 朴庆辉标注，长春：吉林文史出版社，1991.

［21］朱肱等. 北山酒经外十种［M］. 上海：上海书店出版社，2016.

［22］太平老人. 袖中锦［M］. 北京：中华书局，1985.

［23］陶宗仪. 南村辍耕录［M］. 北京：中华书局，1997.

［24］曹昭. 格古要论［M］. 北京：金城出版社，2012.

［25］宋应星. 天工开物译注注释［M］. 潘吉星译注，上海：上海古籍出版社，2013.

［26］陆容. 菽园杂记［M］. 北京：中华书局，1985.

［27］正德汝州志［M］. 上海：上海古籍出版社，1963.

［28］高濂. 燕闲清赏笺［M］. 李嘉言点校，杭州：浙江人民美术出版社，2012.

［29］佚名. 南窑笔记［M］. 上海：神州国光社，1947.

［30］吴任臣. 十国春秋［M］. 北京：中华书局，2010.

［31］许之衡.《饮流斋说瓷》译注［M］. 叶喆民译注，北京：紫禁城出版社，2005.

［32］徐松. 宋会要辑稿［M］. 北平：北平图书馆影印本，1936.

2. 陶瓷类

［1］毕宗陶. 中国陶瓷在英国（1560—1960）：藏家、藏品与博物馆［M］. 赵亚静，译. 上海：上海书画出版社，2017.

［2］伯仲. 中国瓷器分类图典［M］. 北京：化学工业出版社，2008.

［3］蔡花菲等. 花开盛唐：论葵口器对开光形制的影响［J］. 装饰，2016（06）.

［4］陈进海. 世界陶瓷·第五卷［M］. 沈阳：万卷出版公司，2006.

［5］陈万里. 陈万里陶瓷考古文集［M］. 北京：紫禁城出版社，1997.

［6］陈万里. 瓷器与浙江［M］. 北京：中华书局，1946.

［7］陈万里. 从釉彩方面看我国瓷器的发展［J］. 历史教学，1962（8）.

［8］陈万里. 中国青瓷史略［M］. 上海：上海人民出版社，1957.

［9］陈雨前. 中国陶瓷文化［M］. 北京：中国建筑工业出版社，2004.

［10］邓白. 东瓯缥瓷纪实［J］. 文物参考资料，1956（11）.

［11］邓禾颖，方忆. 南宋陶瓷史［M］. 上海：上海古籍出版社，2013.

［12］范勃. 成器之道：艺术创作中的模仿、融合与创造——以中国古代三个时段的陶瓷造型为例［D］. 北京：中央美术学院，2014.

［13］方李莉.中国陶瓷史［M］.济南：齐鲁书社，2013.

［14］冯先铭.冯先铭谈宋元陶瓷［M］.北京：紫禁城出版社，2009.

［15］冯先铭，叶文程.中国古代陶瓷发掘报告集［M］.北京：文物出版社，1984.

［16］冯先铭.中国古陶瓷图典［M］.北京：文物出版社，1998.

［17］甘雪莉.中国外销瓷［M］.上海：东方出版中心，2008.

［18］耿宝昌.对日本陶瓷的初步探讨［J］.故宫博物院院刊，1986（1）.

［19］耿宝昌.复议宋官窑青瓷［J］.故宫博物院院刊，2005（3）.

［20］耿东升.中国陶器定级图典［M］.上海：上海辞书出版社，2008.

［21］故宫博物院.故宫陶瓷馆［M］.北京：紫禁城出版社，2008.

［22］郭演仪.中国南北方青瓷［M］.上海：上海科技出版社，1985.

［23］国家文化局.中国文化精华大辞典：陶瓷卷［M］.上海：上海辞书出版社，北京：商务印书馆，1995.

［24］何鸿.域外浙瓷［M］.南昌：江西美术出版社，2009.

［25］何翠媚.研究浙江青瓷的困难——泰国南部国克考及林文波遗址为例//［C］.越窑、龙泉窑的新发现——八至十四世纪亚洲各地出土资料.香港：香港大学亚洲研究中心，1994.

［26］黄金谷.光泽与象征：中国传统瓷釉的精神内涵研究［D］.南京：南京师范大学，2013.

［27］金银珍.影响学视阈下的朝鲜白瓷［M］.上海：同济大学出版社，2015.

［28］李刚.论越窑衰落与龙泉窑兴起［J］.文博，1987（2）.

［29］李刚.青瓷风韵［M］.杭州：浙江人民美术出版社，1999.

［30］李刚.中国古代龙窑结构述要［N］.中国文物报，2004-12-10.

［31］李刚.中国古代外销青瓷管窥［C］.//东方博物.杭州：浙江大学出版社，2006.

［32］李国桢，郭演仪.中国名瓷工艺基础［M］.杭州：浙江大学出版社，2012.

［33］李国桢.龙泉青瓷釉的研究［J］.硅酸盐学报，1964（1）.

［34］李家治.中国科学技术史：陶瓷卷［M］.北京：科学出版社，2017.

［35］梁宪华，翁连溪.中国地方志中的陶瓷史料［M］.北京：学苑出

版社，2008.

[36] 林士民.青瓷与越窑 ［M］.上海：上海古籍出版社，1999.

[37] 刘淼，胡舒扬.沉船、瓷器与海上丝绸之路 ［M］.北京：社会科学文献出版社，2016.

[38] 刘涛.宋瓷笔记 ［M］.北京：生活·读书·新知三联书店，2014.

[39] 刘伟.帝王与宫廷瓷器 ［M］.北京：紫禁城出版社，2010.

[40] 吕成龙.故宫陶瓷图典 ［M］.北京：紫禁城出版社，2010.

[41] 吕成龙.中国古代颜色釉瓷器 ［M］.北京：紫禁城出版社，1999.

[42] 吕章申.瓷之韵：大英博物馆、英国国立维多利亚与阿尔伯特博物馆藏瓷器精品 ［M］.北京：中华书局，2012.

[43] 马希桂，熊寥.官窑名瓷 ［M］.济南：山东美术出版社，2005.

[44] 梅国建，等.中国钧瓷釉色分类图典 ［M］.成都：四川美术出版社，2007.

[45] 宁钢.康雍乾景德镇官窑瓷器设计艺术研究 ［M］.北京：清华大学出版社，2013.

[46] 沈岳明，郑建明.北宋龙泉窑纵论 ［M］.北京：文物出版社，2019.

[47] 首都博物馆.首都博物馆藏瓷选 ［M］.北京：文物出版社，1991.

[48] 汤苏婴.全国出土浙江纪年瓷图集：青色流年 ［M］.北京：文物出版社，2017.

[49] 唐俊杰.祭器、礼器、"邵局"——关于南宋官窑的几个问题 ［J］.故宫博物院院刊，2006 （6）.

[50] 王庆斌.钧瓷色彩的特征与分类体系研究 ［D］.无锡：江南大学，2010 （6）.

[51] 王兴尧.中国古代官窑制度 ［M］.北京：紫禁城出版社，2004.

[52] 吴可玲.传统青瓷艺术的当代审美观 ［J］.民族艺术研究，2013 （5）.

[53] 吴越滨.古龙泉窑的"海上之路"考 ［J］.美术观察，2016 （1）.

[54] 吴越滨，何鸿.浙江青瓷史 ［M］.北京：中国文史出版社，2008.

[55] 吴越滨.浙江青瓷色釉工艺史考 ［J］.装饰，2006 （7）.

[56] 项宏金.龙泉青瓷装饰纹样 ［M］.杭州：西泠印社出版社，2014.

[57] 项坤鹏.龙泉窑研究综述 ［J］.东方博物，2008 （3）.

［58］肖绚.中国陶瓷器物色彩的符号学分析［J］.陶瓷学报，2012（6）.

［59］熊寥.陶瓷美学与中国陶瓷审美的民族特征［M］.杭州：浙江美术学院出版社，1989.

［60］熊寥，熊微.中国陶瓷古籍集成［M］.上海：上海文化出版社，2006.

［61］熊寥.中国古代制瓷工程技术史［M］.太原：山西教育出版社，2014.

［62］熊寥.中国陶瓷与中国文化［M］.杭州：浙江美术学院出版社，1991.

［63］杨程，等.龙泉青瓷传统烧制技艺数字保护研究［M］.杭州：浙江大学出版社，2013.

［64］叶宏明，等.浙江青瓷文化研究［J］.陶瓷学报，2004（2）.

［65］叶麟趾，叶锡嘏.古今中外陶瓷汇编［M］.叶麟趾自印本，1934.

［66］叶英挺.中国古陶瓷：龙泉窑［M］.北京：人民美术出版社，2013.

［67］叶文程，芮国耀.宋元时期龙泉青瓷的外销及其有关问题的探讨［J］.海交史研究，1987（2）.

［68］叶文程.中国古外销瓷研究论文集［M］.北京：紫禁城出版社，1988.

［69］叶英挺.梅子初青：龙泉窑青瓷图集［M］.杭州：西泠印社出版社，2005.

［70］叶喆民.中国陶瓷史［M］.北京：生活·读书·新知三联书店，2011.

［71］张福康.中国古陶瓷的科学［M］.上海：上海人民美术出版社，2000.

［72］浙江省文物考古研究所等.龙泉大窑枫洞岩窑址出土瓷器［M］.北京：文物出版社，2009.

［73］浙江省文物考古研究所等.龙泉大窑枫洞岩窑址［M］.北京：文物出版社，2015.

［74］浙江文物考古研究所.龙泉东区窑址发掘报告［M］.北京：文物出版社，2005.

［75］郑宁.宋瓷的工艺精神［M］.哈尔滨：黑龙江美术出版社，2012.

［76］中国古陶瓷学会.龙泉青瓷研究［M］.北京：故宫出版社，2011.

［77］中国硅酸盐学会编.中国陶瓷史［M］.北京：文物出版社，1982.

［78］中国美术全集编辑委员会.中国美术全集·工艺美术篇·陶瓷（中）［M］.上海：人民美术出版社，1988.

［79］中国文物学会专家委员会.中国官窑瓷器：唐—明［M］.济南：山东美术出版社，2011.

［80］周仁，等.龙泉历代青瓷烧制工艺的科学总结［J］.考古学报，1973（1）.

［81］周仁，李家治.中国历代名窑陶瓷工艺的初步科学总结［J］.考古学报，1960（1）.

［82］朱伯谦.龙泉窑青瓷［M］.台北：艺术家出版社，1998.

［83］朱伯谦.试论我国古代的龙窑［J］.文物，1984（3）.

［84］朱伯谦.中国龙泉青瓷［M］.杭州：浙江摄影出版社，1998.

［85］朱广宇.论中国古代陶瓷所体现的造物艺术思想［D］.南京：东南大学，2005.

3.审美文化与设计、工艺类：

［1］陈来.古代宗教与伦理［M］.北京：北京大学出版社，2017.

［2］陈尚胜.中韩交流三千年［M］.北京：中华书局，1997.

［3］陈小鸣.中国古代文化中的"尚青"观念［J］.南通大学学报（社会科学版），2008（5）.

［4］陈彦青.观念之色：中国传统色彩研究［M］.北京：北京大学出版社，2015.

［5］陈彦青.中国色彩系统观念建构一种间色的转换［J］.新美术，2013（4）.

［6］程万里.饮食器物的文化属性［J］.艺术百家，2013（5）.

［7］戴吾三.考工记图说［M］.济南：山东画报出版社，2003.

［8］邓福星.色彩心理学［M］.哈尔滨：黑龙江美术出版社，200.

［9］范明.中国的自然崇拜［M］.香港：中华书局，1994.

［10］葛金芳.南宋手工业史［M］.上海：上海古籍出版社，2008.

［11］郭静云.幽玄之谜——商周时期表达青色的字汇及其意义［J］.历史研究，2010（4）.

［12］郭廉夫，张继华.色彩美学［M］.西安：陕西人民美术出版社，1992.

［13］韩荣.有容乃大：辽宋金元时期饮食器具研究［D］.苏州：苏州大学，2010.

［14］杭间.中国工艺美学史［M］.北京：人民美术出版社，2007.

［15］何宏波.先秦玉礼研究［D］.郑州：郑州大学，2001.

［16］何俊，范立舟：南宋思想史［M］.上海：上海古籍出版社，2008.

［17］胡飞.中国传统设计思维方式探索［M］.北京：中国建筑工业出版社，2007.

［18］姜澄清.佛教传入与中土艺术色彩论的创立［J］.贵州大学学报（艺术版），2005（3）.

［19］姜澄清.中国人的色彩观［M］.南京：江苏教育出版社，2000.

［20］解爽.论宋代茶磨与器物文化［J］.宁夏社会科学，2013（3）.

［21］李广元.东方色彩研究［M］.哈尔滨：黑龙江美术出版社，1994.

［22］李广元，李黎.东西色彩比较［M］.石家庄：河北美术出版社，2006.

［23］李立新.中国设计艺术史论［M］.天津：天津人民出版社，2011.

［24］李砚祖.工艺美术概论［M］.济南：山东教育出版社，2002.

［25］李砚祖.设计之维［M］.重庆：重庆大学出版社，2007.

［26］李砚祖.造物之美——产品设计的艺术与文化［M］.北京：中国人民大学出版社，2000.

［27］李砚祖.装饰之道［M］.北京：中国人民大学出版社，1993.

［28］梁一儒.中国人审美心理研究［M］.济南：山东人民出版社，2002.

［29］林书尧.色彩认识论［M］.台北：三民书局，1977.

［30］刘源.商周祭祖礼研究［M］.北京：商务印书馆，2004.

［31］宁钢.设计色彩教学［M］.南昌：江西美术出版社，1999.

［32］彭德.中华五色［M］.南京：江苏美术出版社，2008.

［33］彭修银.民族美学：第一辑［M］.北京：中国社会科学出版社，2012.

[34] 邱春林.设计与文化 [M].重庆：重庆大学出版社，2009.

[35] 尚刚.中国工艺美术史新编 [M].北京：高等教育出版社，2007.

[36] 宋建明.寻找历史碎片，拼接我国传统色彩文化残留的背景——试论中国传统色彩观念成因 [J].装饰，2008（2）.

[37] 滕守尧.审美心理描述 [M].成都：四川人民出版社，1998.

[38] 田自秉.中国工艺美术史 [M].上海：东方出版中心，1985.

[39] 王美华.唐宋礼制研究 [D].长春：东北师范大学，2004.

[40] 王文娟.论儒家色彩观 [J].美术观察，2004（10）.

[41] 王文娟.五行与五色 [J].美术观察，2005（3）.

[42] 王玉兰.中国古代色彩思维文化考识 [D].南京：南京师范大学，2003.

[43] 吴中杰.中国古代审美文化论 [M].上海：上海古籍出版社，2003.

[44] 奚传绩.设计艺术经典论著选读 [M].南京：东南大学出版社，2002.

[45] 肖世孟."考工记"设色规范研究 [J].装饰，2009（5）.

[46] 肖世孟.先秦色彩研究 [M].北京：人民出版社，2013.

[47] 肖世孟.先秦"五正色"色相考 [J].天津大学学报（社会科学版）2011（5）.

[48] 熊嫕.器以藏礼：中国古代设计制度研究 [M].南京：东南大学出版社，2016.

[49] 徐飚.北宋考定礼器制度论略 [J].新美术，2003（3）.

[50] 徐飚.成器之道：先秦工艺造物思想研究 [M].南京：南京师范大学出版社，1999.

[51] 徐飚.两宋物质文化引论 [M].南京：江苏美术出版社，2009.

[52] 徐飚.宋人对古代器物的研究 [J].南京艺术学院学报，2006（10）.

[53] 徐复观.中国艺术精神 [M].沈阳：春风文艺出版社，1987.

[54] 徐恒醇.设计美学 [M].北京：清华大学出版社，2006.

[55] 徐中舒.古器物中的古代文化制度 [M].北京：商务印书馆，2017.

[56] 杨逸.宋代四礼研究 [D].杭州：浙江大学，2016.

[57] 余雯蔚，周武忠.五色观与中国传统用色现象 [J].艺术百家，2007（5）.

［58］ 张晶.中国古代多元一体的设计文化［M］.上海：上海文化出版社，2007.

［59］ 周跃西.解读中华五色审美观［J］.美术，2003（11）.

［60］ 周跃西.试论汉代形成的中国五行色彩学体系［J］.装饰，2003（4）.

［61］ 朱亮亮.唐代敦煌艺术品中之青色考辨［J］.南艺学院学报（美术与设计），2015（3）.

［62］ 朱渊清.器物学与艺术史［M］.上海：中西书局，2020.

［63］ 诸葛铠.设计艺术学十讲［M］.济南：山东画报出版社，2006.

［64］ 宗白华.美学散步［M］.上海：上海人民出版社，1981.

二、中文译著

［1］ 城一夫.色彩史话［M］.亚健，徐漠，译.杭州：浙江人民出版社，1990.

［2］ 大田登.色彩工学［M］.刘中本，译.西安：西安交通大学出版社，1997.

［3］ 杜朴，文以诚.中国艺术与文化［M］.张欣，译.北京：世界图书出版公司，2011.

［4］ 富田升.近代日本的中国艺术品流转与鉴赏［M］.赵秀敏，译.上海：上海书画出版社，2014.

［5］ 海德格尔.海德格尔选集［M］.孙周兴，译.上海：上海三联书店，1996.

［6］ 简·迪维斯.欧洲瓷器史［M］.熊寥，译，杭州：浙江美术出版社，1991.

［7］ 柯律格.长物：早期现代中国的物质文化与社会状况［M］.高昕丹等，译.北京：生活·读书·新知三联书店，2015.

［8］ 柯律格.中国艺术［M］.刘颖，译.上海：上海人民出版社，2013.

［9］ 柯玫瑰.英国维多利亚和阿尔伯特博物馆中国清代瓷器［M］.南宁：广西美术出版社，1995.

［10］ 李约瑟.中国科学技术史·第六卷［M］.北京：科学出版社，2016.

［11］ 柳宗悦.工艺文化［M］.徐艺乙，译.北京：中国轻工业出版

社，1991.

[12] 鲁·阿恩海姆.艺术心理学新论 [M].北京：商务印书馆，1994.

[13] 马可·波罗. 马可·波罗游记 [M].梁生智，译. 北京：中国文史出版社，1998 年版.

[14] 欧文·潘诺夫斯基.视觉艺术的含义 [M].傅志强，译.沈阳：辽宁人民美术出版社，1987.

[15] 三上次男. 陶瓷之路 [M].李锡经，高喜美，译.北京：文物出版社，1984.

[16] 森达也.日本出土的龙泉窑青瓷 [J].故宫文物月刊，2009 (331).

[17] 苏珊·朗格.艺术问题 [M].滕守尧，朱疆源，译.北京：中国社会科学出版社，1983.

[18] 汪涛.颜色与禁忌——中国古代文化中色彩含意探幽 [M].郭晓娜，译.上海：上海古籍出版社，2013.

[19] 沃尔夫林.艺术风格学 [M].潘耀昌，译.沈阳：辽宁人民出版社，1987.

[20] 巫鸿.礼仪中的美术——巫鸿中国古代美术史文编 [M].郑岩，王睿，等，译.北京：生活·读书·新知三联书店，2005.

[21] 雅克·拉康，让·鲍德里亚.视觉文化的奇观 [M].吴琼，译.北京：中国人民大学出版社，2005.

[22] 约翰内斯·伊顿.色彩艺术：色彩的主观经验与客观原理 [M].杜定宇，译.上海：上海人民美术出版社，1999.

[23] 郑良谟.高丽青瓷 [M].金英美，译，北京：文物出版社，2000.

三、外文文献

[1] 杉山等セラミックカラーデータベースの構築 [J]. Synthesiology，2013，6（2）：84 - 92.

[2] 世界美术大全集总索引别卷. [M].东京：小学馆，2000.

[3] 相贺徹夫编. 世界陶磁全集·12·宋. [M].东京：小学馆，1977.

[4] 小山富士夫.支那青瓷史稿 [M].东京：文中堂，1943.

[5] 小山富士夫.宋磁 [M].东京：聚乐社，1943.

［6］ 구경모; Kyung Mo Koo. 중국 오색 의 문화적 상징의미 고찰 ［J］. 조형미디어학, 2010, 13 (4)：3.

［7］ 노형구. 고려청자와 중국청자 도편의 Color Spectrum 비료에 관한 연구 ［J］. 기초조형학연구, 2014, 15 (4)：109.

［8］ 北京故宫博物院, 东京出光美术馆. 陶瓷之路：中国、日本、中东、欧洲之间的陶瓷交流 ［M］, 东京：出光美术馆, 1989.

［9］ Curtis J B. Trade Taste & Transformation Jingdezhen Porcelain for Japan ［J］. China Institute in America, 2006.

［10］ Jenkes, C. Visual Culture ［M］. London：Rouledge, 1995.

［11］ Kerr R, Chinese porcelain from the Addis Collection : twenty-two pieces of Chingtehchen porcelain presented to the British Museum ［J］. Michigan Law Review, 1979.

［12］ Klein F C. Colour Music, The Art of Light ［M］. London：Crosby Lockwood, 1926.

［13］ Maery A, Paul M. A, Dictionary of Color ［M］. New York：Mc Giraw-Hill Book, 1930.

［14］ Mann S. Writings on Gender in Chinese History ［M］. London：University of Caliafornia Press, 2001.

［15］ Nigel W. Chinese Glazes ［M］. Philadelphia：University of Pennsylvania Press, 1999.

［16］ Palmer. Symbolic Effects on Color Preferences in China and the US ［J］. Journal of Vision, 2015, 15 (12).

［17］ Pfeiffer H. L'Harmonie des Couleurs, cours theorique et pratique ［M］. Paris：Dunod, 1972.

［18］ Rose Kerr, Luisa E. Chinese Export Ceramics ［M］. London：V&A Publications, 2011.

［19］ Rose Kerr. Song Dynasty Ceramics ［M］. London：V&A Publications, 2004.

［20］ Sargent W R. Treasures of Chinese Export ceramics from the Peabody Essex Museum ［M］. New Haven：Yale University Press, 2012.

［21］ Tichane R. Those Celadon Blues ［M］. New York：The New York State Institute for Glaze Research, 1978.

［22］ Vandiver P B, Kingery R D. Song Dynasty Celadon Glazes from DAYAO near Langquan ［M］//Scientific and Technological Insights on Ancient Chinese Pottery and Porcelain, Beijing：Science Press, 1986：187.

插图来源及索引

　　排列顺序为正文插图图号、图名、来源、对应正文页码。未标注来源的图片为作者自制或自摄

彩　图

彩图1　新石器时代青圭

图源：彭德《中华五色》，南京：江苏美术出版社，2008年版，第112页，台北养德堂藏

彩图2　汝窑三足奁

图源：熊寥编著《官窑名瓷》，济南：山东美术出版社，2005年版，第16页

彩图3　南宋龙泉凤耳瓶

图源：〔日〕相贺徹夫编《世界陶磁全集·

12·宋》，东京：小学馆，1977年版，第81页

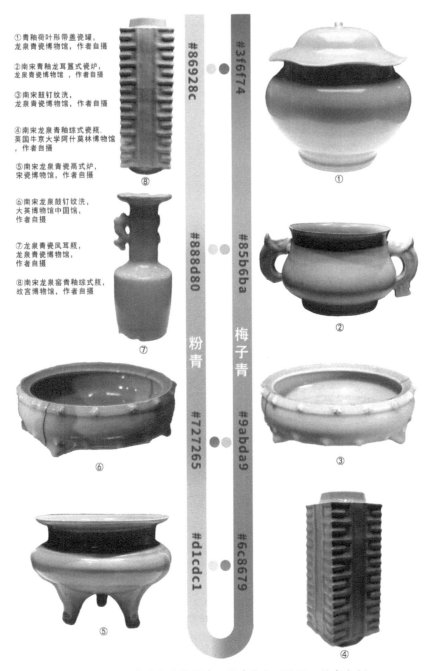

①青釉荷叶形带盖瓷罐,
龙泉青瓷博物馆,作者自摄

②南宋青釉龙耳簋式瓷炉,
龙泉青瓷博物馆,作者自摄

③南宋鼓钉纹洗,
龙泉青瓷博物馆,作者自摄

④南宋龙泉青釉琮式瓷瓶,
英国牛津大学阿什莫林博物馆,
作者自摄

⑤南宋龙泉青瓷高式炉,
宋瓷博物馆,作者自摄

⑥南宋龙泉鼓钉纹洗,
大英博物馆中国馆,
作者自摄

⑦龙泉青瓷凤耳瓶,
龙泉青瓷博物馆,
作者自摄

⑧南宋龙泉窑青釉琮式瓶,
故宫博物馆,作者自摄

#3f6f74

#86928c

#85b6ba

梅子青

#888d80

粉青

#9abda9

#727265

#6c8679

#d1cdc1

彩图4　南宋龙泉梅子青、粉青瓷色对比图,笔者自制

359

①青铜兽面鼎，图源：中国硅酸盐学会编《中国陶瓷史》，北京：文物出版社，1982年版，第22页；
②商代青铜鼎，中国国家博物馆藏，笔者自摄；③北宋汝窑天青釉弦纹樽，故宫博物院藏，笔者自摄；
④青釉兽面鼎，图源：叶喆民《中国陶瓷史（增订版）》，北京：生活·读书·新知三联书店，2011年版，
⑤夏代陶鼎，图源：中国硅酸盐学会编《中国陶瓷史》，北京：文物出版社，1982年版，第28页
⑥西汉彩绘舞蹈人物纹陶奁，图源：王绣、霍宏伟《洛阳两汉彩绘》，北京：文物出版社，2015年版，
第153页

彩图5　新石器时期与夏商陶鼎铜鼎对比

①晚商青铜兽面纹瓴，上海博物馆藏，笔者自摄；②商代黑陶饕餮纹簋，图源：叶喆民
《中国陶瓷史（增订版）》，北京：生活·读书·新知三联书店，2011年版，第58页；
③青铜兽耳壶，中国国家博物馆藏，笔者自摄；④战国刻纹兽耳壶，图源：叶喆民《中国陶
瓷史（增订版）》，北京：生活·读书·新知三联书店，2011年版，第75页；
⑤春秋"陈侯"青铜壶，中国国家博物馆藏，笔者自摄；
⑥战国朱绘陶兽耳方壶，图源：叶喆民《中国陶瓷史（增订版）》，北京：生活·读书·
新知三联书店，2011年版，第76页

彩图6　先秦陶器与青铜器造型、装饰对比

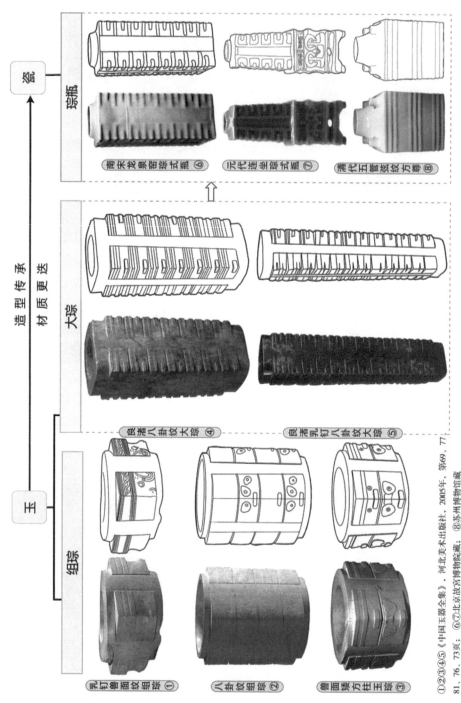

①②③④⑤《中国玉器全集》，河北美术出版社，2005年，第69、77、81、76、73页；⑥⑦北京故宫博物院藏；⑧苏州博物馆藏

彩图7　玉琮与南宋龙泉琮式瓶造型解析，笔者自制

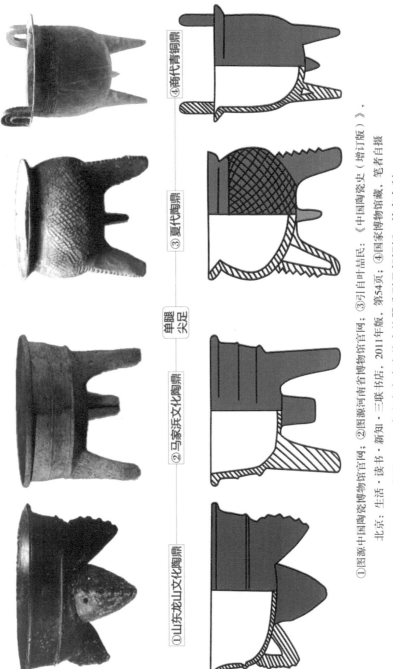

① 图源中国陶瓷博物馆官网；② 图源河南省博物馆官网；③ 引自叶喆民：《中国陶瓷史（增订版）》，北京：生活·读书·新知·三联书店，2011年版，第54页；④ 国家博物馆藏，笔者自摄

彩图8-a　南宋龙泉青瓷仿古礼器造型足部解析，笔者自制

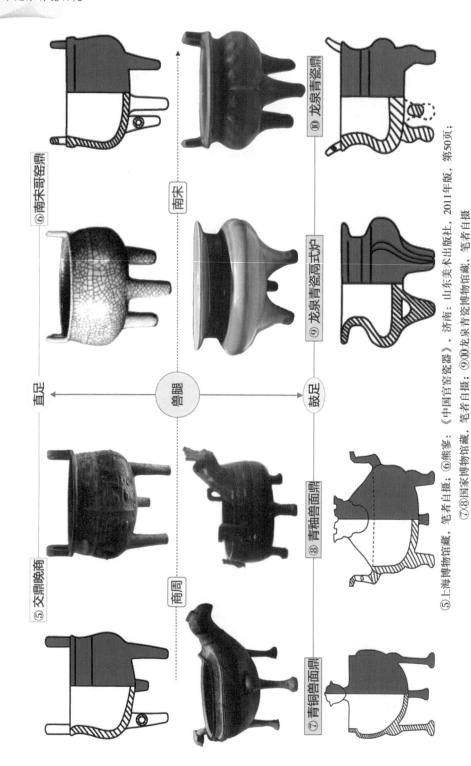

⑤上海博物馆藏，笔者自摄；⑥熊寥：《中国官窑瓷器》，济南：山东美术出版社，2011年版，第50页；⑦⑧国家博物馆藏，笔者自摄；⑨⑩龙泉青瓷博物馆藏，笔者自摄；⑦⑧龙泉青瓷仿古礼器造型足部解析，笔者自制

彩图8-b 南宋龙泉青瓷仿古礼器造型足部解析，笔者自制

364

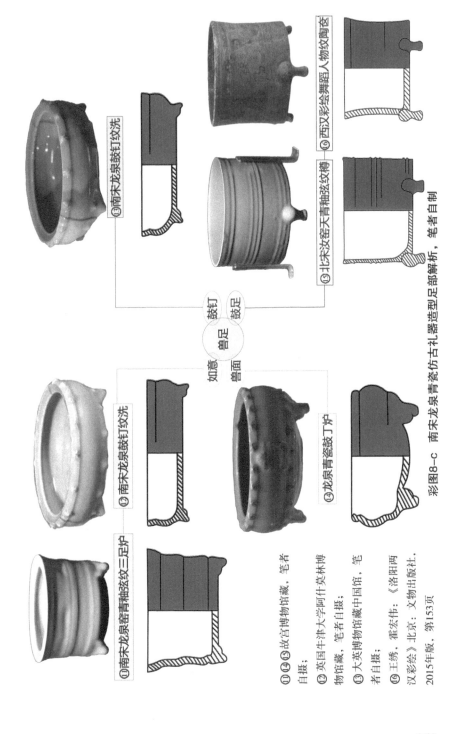

⑫南宋龙泉鼓钉纹洗

⑯西汉彩绘舞蹈人物纹陶奁

⑮北宋汝窑天青釉弦纹樽

⑪南宋龙泉鼓钉纹洗

如意　兽面
兽足　鼓钉　鼓足

⑬南宋龙泉鼓钉纹洗

⑭龙泉青瓷鼓丁炉

⑩南宋龙泉窑青釉弦纹三足炉

彩图8-c　南宋龙泉青瓷仿古礼器造型足部解析，笔者自制

⑩⑭⑯故宫博物院藏，笔者
自摄；
⑫英国牛津大学阿什莫林博
物馆藏，笔者自摄；
⑬大英博物馆藏中国馆，笔
者自摄；
⑮王绣、霍宏伟绘：《洛阳两
汉彩绘》北京：文物出版社，
2015年版，第153页

365

彩图9　东汉越窑黑釉熊形灯盏
浙江省博物馆藏，笔者自摄

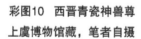

彩图10　西晋青瓷神兽尊
上虞博物馆藏，笔者自摄

彩图11　西晋青瓷狮形烛台
南宋官窑博物馆藏，笔者自摄

彩图12　清绿釉蛙形座瓷帽筒
成都博物馆藏，笔者自摄

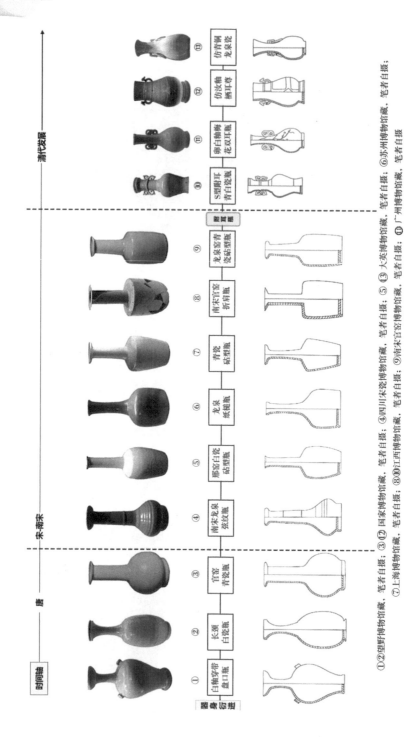

彩图13 南宋龙泉棒槌附耳瓶器型演绎与溯源，笔者自制

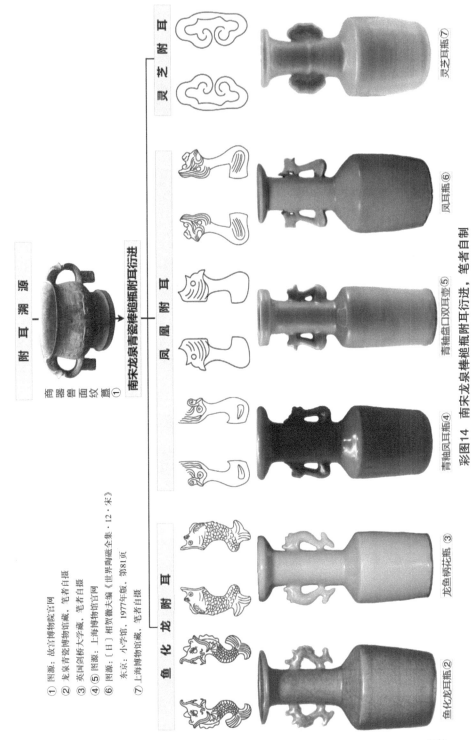

彩图14 南宋龙泉棒槌瓶附耳衍进，笔者自制

① 图源：故宫博物院官网
② 龙泉青瓷博物馆藏，笔者自摄
③ 英国剑桥大学藏，笔者自摄
④⑤ 图源：上海博物馆官网
⑥ 图源：﹝日﹞相贺徹夫主编《世界陶磁全集·12·宋》东京：小学馆，1977年版，第81页
⑦ 上海博物馆藏，笔者自摄

附 耳 溯 源

商器兽面纹斝①

南宋龙泉青瓷棒槌瓶附耳衍进

灵 芝 附 耳

灵芝耳瓶⑦

凤 凰 附 耳

凤耳瓶⑥

青釉盘口双耳壶⑤

青釉凤耳瓶④

鱼 化 龙 附 耳

龙鱼柄花瓶③

鱼化龙耳瓶②

彩 图

369

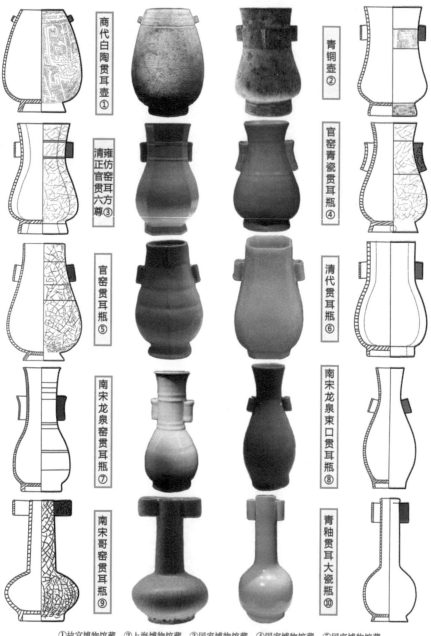

商代白陶贯耳壶①

青铜壶②

雍正仿官窑贯耳六方尊③

官窑青瓷贯耳瓶④

官窑贯耳瓶⑤

清代贯耳瓶⑥

南宋龙泉窑贯耳瓶⑦

南宋龙泉束口贯耳瓶⑧

南宋哥窑贯耳瓶⑨

青釉贯耳大瓷瓶⑩

①故宫博物馆藏　②上海博物馆藏　③国家博物馆藏　④国家博物馆藏　⑤国家博物馆藏
⑥望野博物馆藏　⑦故宫博物馆藏　⑧宋瓷博物馆藏　⑨上海博物馆藏　⑩宋瓷博物馆藏

彩图15　南宋贯耳瓷瓶造型溯源与衍进，笔者自制

①东汉原始瓷五管瓶，上虞博物馆藏，笔者自摄；②西晋越窑青瓷谷仓，南宋官窑博物馆藏，笔者自摄；③东汉青釉堆塑五联瓷罐，故宫博物院藏，笔者自摄；④南宋龙泉青瓷五管瓶，图源：朱伯谦《龙泉窑青瓷》，台北：艺术家出版社，1998年版，第158页；⑤宋代龙泉窑粉青釉五管瓶，广西博物馆藏，笔者自摄；⑥南宋龙泉青瓷五管灯插，图源：朱伯谦《龙泉窑青瓷》，台北：艺术家出版社，1998年版，第158页；⑦南宋龙瓶，龙泉青瓷博物馆藏，笔者自摄；⑧南宋粉青釉堆塑蟠龙瓷瓶，温州博物馆藏，笔者自摄；⑨南宋龙泉窑堆塑螭龙五管瓶瓶，图源：英国牛津大学阿什莫林博物馆官网；⑩南宋龙虎瓶，英国大英博物馆藏，笔者自摄

彩图16　南宋龙泉五管明器造型与附饰演进过程

彩图17　南宋龙泉青瓷线条刻绘装饰的源流与衍进，笔者自制

彩图18　龙泉窑莲花盖盅
宋瓷博物馆藏，笔者自摄

彩图19　景德镇窑莲花盖盅
宋瓷博物馆藏，笔者自摄

①五代秘色瓷莲花碗，苏州博物馆藏，笔者自摄
②宋代景德镇青白釉刻花注壶、注碗，故宫博物院藏，笔者自摄
③宋代莲瓣纹碗，图源：美国克利夫兰博物馆官网
④南朝青瓷莲瓣花尊，湖北省博物馆藏，笔者自摄
⑤南宋青白釉带盖魂瓶，中国陶瓷博物馆藏，笔者自摄
⑥南宋龙泉窑青釉荷叶型盖罐，宋瓷博物馆藏，笔者自摄

彩图20 莲花元素在瓷器装饰中的代表性应用，笔者自制

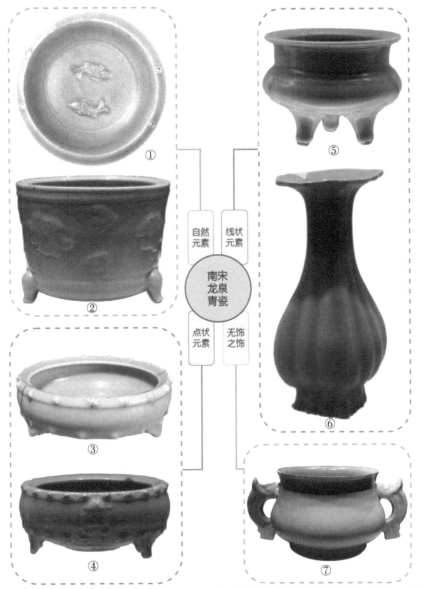

①南宋龙泉窑青釉凸雕双鱼纹洗，图源：中国古陶瓷学会编《龙泉窑瓷器研究》，北京：故宫出版社，2013年，彩图十三，故宫博物院藏
②南宋龙泉窑青釉凸雕缠枝芙蓉纹三足炉洗，故宫博物院藏，笔者自摄
③南宋龙泉鼓钉纹洗，英国牛津大学阿什莫林博物馆藏，笔者自摄
④元代龙泉青瓷鼓钉炉，龙泉青瓷博物馆藏，笔者自摄
⑤南宋青釉龙耳簋式瓷炉，宋瓷博物馆藏，笔者自摄
⑥南宋龙泉瓜棱式瓷瓶，宋瓷博物馆藏，笔者自摄
⑦南宋龙泉窑青釉鬲式炉，上海博物馆藏，笔者自摄

彩图21　南宋龙泉青瓷装饰元素及其特征分析表，笔者自制

①南宋官窑作坊场景之一

②南宋官窑作坊场景之二

③南宋官窑龙窑全貌

④龙窑细节图之一

⑤龙窑细节之二

彩图22 南宋官窑遗址龙窑，笔者自摄

彩图23 龙泉大窑枫洞岩龙窑遗址，笔者自摄

彩图24　大窑枫洞岩外观，笔者自摄

彩图25　龙泉大窑枫洞岩龙窑遗址，
笔者自摄

彩图26　窑前工作面，
笔者自摄

彩图27　窑室，龙泉大窑枫洞岩龙窑，笔者自摄

彩图28　窑壁，龙泉大窑枫
洞岩龙窑，笔者自摄

彩图29　通风道，龙泉大窑枫
洞岩龙窑，笔者自摄

彩图30 排烟室，龙泉大窑枫洞岩龙窑，笔者自摄

彩图31 储泥池，龙泉大窑枫洞
岩龙窑，笔者自摄

彩图32 素烧炉，龙泉大窑枫
洞岩龙窑，笔者自摄

①垫烧窑具，龙泉青瓷博物馆藏；②支具，宋瓷博物馆藏；③支柱，宋瓷博物馆藏；
④⑤支具，龙泉青瓷博物馆藏；⑥龙泉窑青瓷垫烧粘连标本

彩图33　龙泉青瓷窑具及粘连情况，笔者自摄

彩图34　匣钵，宋瓷博物馆藏，
笔者自摄

彩图35　南宋官窑匣钵，
笔者自摄

彩图36　匣钵，龙泉青瓷博物馆藏，
笔者自摄

彩图37　龙泉大窑遗址匣钵，
笔者自摄

彩图38　浙江龙窑匣钵装放方式，宁波博物馆藏，笔者自摄

①三足弦纹奁式铜炉，宋瓷博物馆藏，笔者自摄；②南宋龙泉窑青釉弦纹三足炉，故宫博物院藏，笔者自摄；③铜瓶，四川博物院藏，笔者自摄；④长颈铜瓶，四川博物院藏，笔者自摄；⑤南宋银直口壶，图源：《中国金银玻璃珐琅器全集·金银器》，石家庄：河北美术出版社，2004年，第164页；⑥青釉竹节纹长颈瓶，宋瓷博物馆藏，笔者自摄；⑦青釉长颈瓶，宋瓷博物馆藏，笔者自摄；⑧青釉盘口鼓腹瓶，宋瓷博物馆藏，笔者自摄

彩图39　同形异质：南宋龙泉青瓷与南宋铜器比较

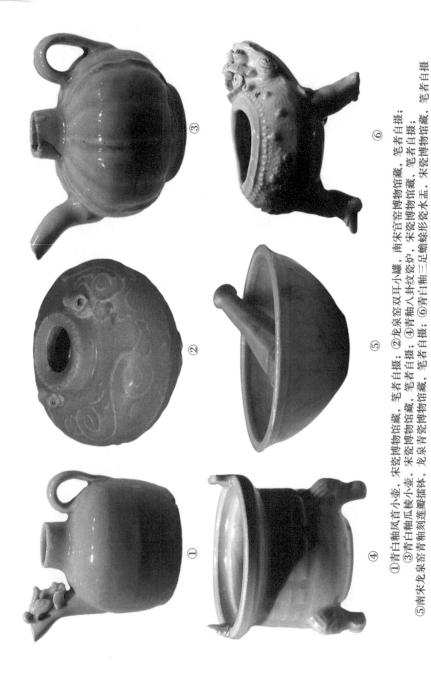

③

②

⑥

⑤

①

④

①青白釉凤首小壶，宋瓷博物馆藏，笔者自摄；②龙泉窑双耳小罐，南宋官窑博物馆藏，笔者自摄；
③南宋龙泉窑青釉刻莲瓣纹撇林，龙泉青瓷博物馆藏，笔者自摄；⑥青白釉三足蟾形瓷水盂，宋瓷博物馆藏，笔者自摄
③青白釉瓜棱小壶，宋瓷博物馆藏，笔者自摄；④青釉八卦纹瓷炉，宋瓷博物馆藏，笔者自摄；

彩图40 南宋青瓷日用器具

彩图 41　瑞鹤图，台北故宫博物馆藏

彩图 42　文会图，台北故宫博物馆藏

彩图43　南宋撵茶图，台北故宫博物馆藏

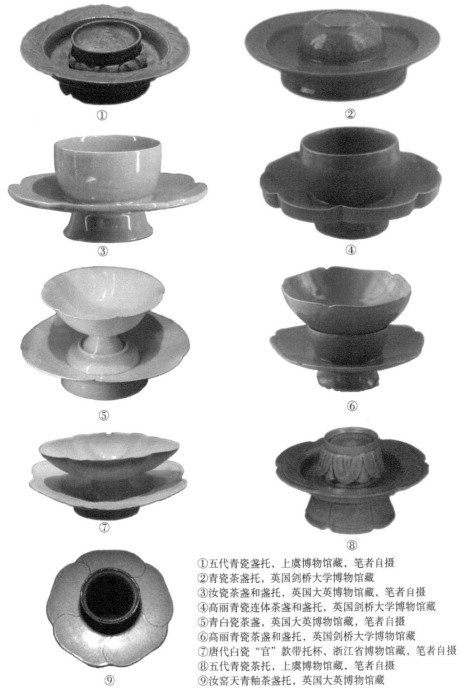

①
②
③
④
⑤
⑥
⑦
⑧

⑨

①五代青瓷盏托，上虞博物馆藏，笔者自摄
②青瓷茶盏托，英国剑桥大学博物馆藏
③汝瓷茶盏和盏托，英国大英博物馆藏，笔者自摄
④高丽青瓷连体茶盏和盏托，英国剑桥大学博物馆藏
⑤青白瓷茶盏，英国大英博物馆藏，笔者自摄
⑥高丽青瓷茶盏和盏托，英国剑桥大学博物馆藏
⑦唐代白瓷"官"款带托杯，浙江省博物馆藏，笔者自摄
⑧五代青瓷茶托，上虞博物馆藏，笔者自摄
⑨汝窑天青釉茶盏托，英国大英博物馆藏

彩图44　茶盏及盏托

彩图45 韩熙载夜宴图（局部之一）
[五代]顾闳中作，宋摹本

彩图46 金执壶
图源《中国金银玻璃珐琅器全集·金银器》，
石家庄：河北美术出版社，2004年版，第8页

彩图47 韩熙载夜宴图（局部之二）
[五代]顾闳中作，宋摹本

彩图48 南宋银莲盖肩执壶
图源《中国金银玻璃珐琅器全集·金银器》，
石家庄：河北美术出版社，2004年版，，第133页

彩图49 文会图（局部）
台北故宫博物院藏

彩图50 北宋影青釉注子、注碗，
安徽博物院藏，笔者自摄

①南朝瓯窑莲瓣纹罍瓶，浙江省博物馆藏，笔者自摄；②北宋婺州窑带盖四鋬壶，南宋官窑博物馆藏，笔者自摄；③北宋越窑青釉刻划花粮罍瓶，上海博物馆藏，笔者自摄；④宋代温酒器，英国大英博物馆藏，笔者自摄；⑤金磁州窑"酒色财气"四系壶，广东省博物馆藏，笔者自摄；⑥元末明初龙泉窑青瓷梅瓶，英国维多利亚与阿尔伯特（V&A）博物馆藏，笔者自摄；⑦龙泉青瓷执壶残片，龙泉青瓷博物馆藏，笔者自摄；⑧龙泉青瓷执壶残片，龙泉青瓷博物馆藏，笔者自摄

彩图51 代表性瓷质酒器

彩图53　青花携酒寻芳图梅瓶，桂林博物馆藏

彩图52　乳鼠酒梅瓶，桂林博物馆藏

①瓜棱形花瓶，美国克利夫兰博物馆藏；②青瓷净瓶，美国克利夫兰博物馆藏；③高丽镶嵌青瓷梅瓶，英国维多利亚与阿尔伯特（V&A）博物馆藏，笔者自摄；④高丽刻划龙纹青瓷炉，英国剑桥大学博物馆藏，笔者自摄；⑤高丽翡色青瓷壶，英国维多利亚与阿尔伯特（V&A）博物馆藏，笔者自摄；⑥高丽温酒青瓷壶，英国剑桥大学博物馆藏，笔者自摄

彩图54　韩国高丽青瓷器对宋代青瓷的传承和发展

③

⑥

②

⑤

①

④

彩图55 韩国高丽青瓷刻绘、镶嵌风格对比分析

①高丽刻花青瓷盒，英国剑桥大学博物馆藏，笔者自摄；②高丽青瓷盏，英国剑桥大学博物馆藏，笔者自摄；
③高丽刻花青瓷壶，英国剑桥大学博物馆藏，笔者自摄；④高丽镶嵌青瓷盒，英国剑桥大学博物馆藏，笔者自摄；
⑤高丽镶嵌青瓷花口盏，英国剑桥大学博物馆藏，笔者自摄；⑥高丽浮雕镶嵌青瓷盘，英国剑桥大学博物馆藏，笔者自摄

①②韦奇伍德青釉器皿，英国韦奇伍德博物馆藏，笔者自摄；③龙泉青瓷复制品，英国维多利
亚与阿尔伯特（V&A）博物馆藏，笔者自摄；④韦奇伍德青釉花器，英国韦奇伍德博物馆藏，
笔者自摄；⑤韦奇伍德"绿宝石"背景人物浮雕，英国韦奇伍德博物馆藏，笔者自摄

彩图56　中国青瓷文化影响下的英国单色器及工业瓷

彩图 57　英国淡蓝釉茶具
英国维多利亚与阿尔伯特（V & A）博物馆藏

彩图 58　英国淡青釉茶具
英国维多利亚与阿尔伯特（V & A）博物馆藏

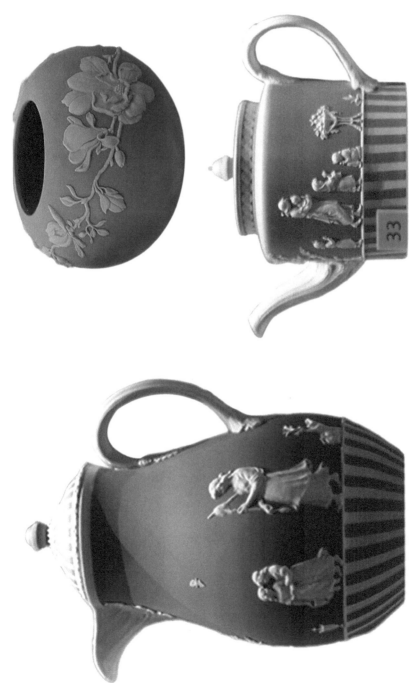

彩图图59　韦奇伍德 "绿宝石" 壶与蓝装饰瓷器　英国韦奇伍德博物馆藏，笔者自摄

33

彩图 60　韦奇伍德绿釉系列瓷盘
英国韦奇伍德博物馆藏，笔者自摄

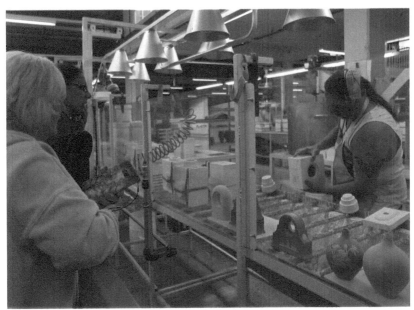

①成型工作区

②韦奇伍德瓷厂车间

彩图61　韦奇伍德瓷厂相关工艺流程概览，笔者自摄

① 彩绘工作区

② 彩绘工作区

彩图62　韦奇伍德瓷厂彩绘工作区，笔者自摄

①英国华勒斯典藏馆龙泉青瓷陈列场景之一

②英国华勒斯典藏馆龙泉青瓷陈列场景之二

彩图63　英国华勒斯典藏馆（Wallance Collection）龙泉青瓷陈列场景，笔者自摄

③英国华勒斯典藏馆龙泉青瓷陈列场景之三

④英国华勒斯典藏馆龙泉青瓷陈列
场景之四

⑤英国华勒斯典藏馆龙泉青瓷陈列
场景之五

彩图63（续）　英国华勒斯典藏馆（Wallance Collection）龙泉青瓷
陈列场景，笔者自摄

彩图64　英国华勒斯典藏馆场景，笔者自摄

彩图65　贝森瓦尔男爵在他的沙龙
英国国家美术馆，笔者自摄

彩图66　青瓷瓶美人醉（陈坛根），龙泉青瓷博物馆藏，笔者自摄

彩图67 粉青洗（陈爱明），龙泉青瓷博物馆藏，笔者自摄

彩图68　哥窑节节高瓶（李邦强），龙泉青瓷博物馆藏，笔者自摄

彩图69　太平有象（李震），龙泉青瓷博物馆藏，笔者自摄

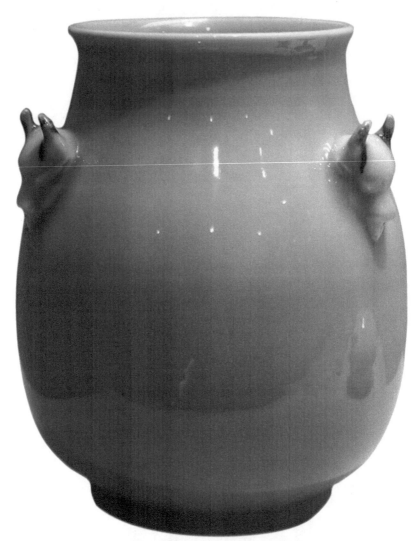

彩图70　三牛喜庆（毛正聪），龙泉青瓷博物馆藏，笔者自摄

彩图71　玲珑书法（毛松林），龙泉青瓷博物馆藏，笔者自摄

彩图 72　青釉牡丹双耳瓶（徐朝兴），龙泉青瓷博物馆藏，笔者自摄

彩图73　青釉水波碗（徐朝兴），龙泉青瓷博物馆藏，笔者自摄

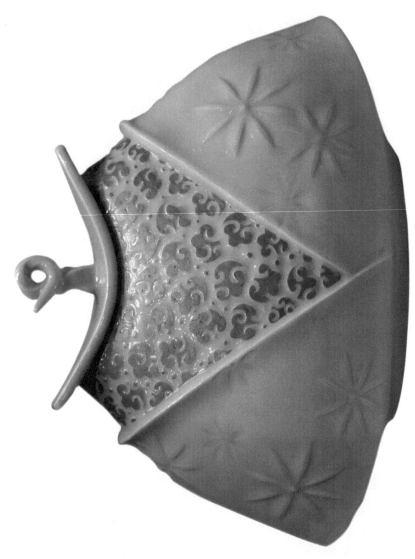

彩图74 龙衣架上的套装（陈显林，龙泉青瓷博物馆藏，笔者自摄）

彩图75　凤阳春韵（毛丹阳），龙泉青瓷博物馆藏，笔者自摄

彩图 76　葫芦酒具，龙泉半闲堂国瓷展，龙泉青瓷博物馆

彩图 77　2016 北京 APEC 会议国宴用瓷，龙泉半闲堂国瓷展，龙泉青瓷博物馆

彩图78　当代龙泉市场青瓷饰品，龙泉半闲堂国瓷展，龙泉青瓷博物馆

彩图79　粉青、梅子青仿翡翠烧制效果
龙泉半闲堂国瓷展，龙泉青瓷博物馆

彩图80　实物尺寸对比

彩图鉴赏

彩图 81　龙泉粉青弦纹对瓶
英国牛津大学阿什莫林博物馆藏，笔者自摄

彩图 82　南宋龙泉窑青釉弦纹三足炉，故宫博物院藏，笔者自摄

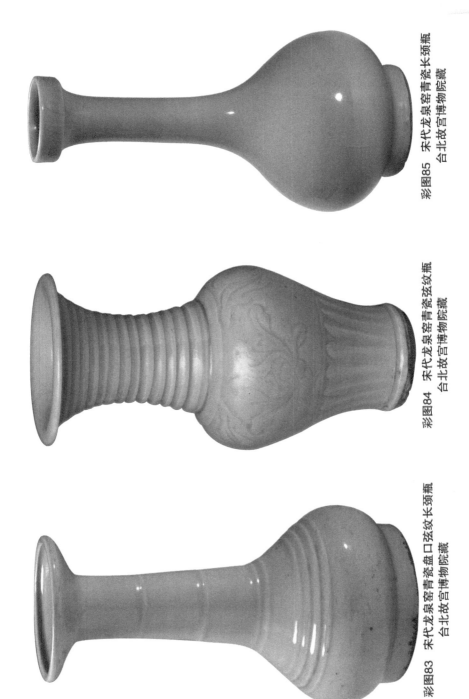

彩图85　宋代龙泉窑青瓷长颈瓶
　　　　台北故宫博物院藏

彩图84　宋代龙泉窑青瓷凸纹瓶
　　　　台北故宫博物院藏

彩图83　宋代龙泉窑青瓷盘口凸纹长颈瓶
　　　　台北故宫博物院藏

415

彩图86　官窑青瓷花式洗，台北故宫博物院藏

彩图87　官窑青瓷印花龙纹洗，台北故宫博物院藏

彩图88　龙泉窑青瓷盏，台北故宫博物院藏

彩图89　元龙泉窑粉青印花凤尾瓶，南宋官窑博物馆藏，笔者自摄

彩图90　元代龙泉窑粉青釉缠枝牡丹纹瓶，中国国家博物馆藏，笔者自摄

彩图 91　元代龙泉窑青瓷缠枝牡丹双耳瓶，浙江省博物馆藏，笔者自摄

彩图92　明代龙泉窑青釉刻花石榴式尊，故宫博物院藏，笔者自摄

彩图 93　元代牡丹纹花瓶，美国大都会博物馆藏

彩图 94　明代青瓷瓶，美国克利夫兰博物馆藏

彩图95　元代龙泉窑龙纹盘，美国克利夫兰博物馆藏

彩图96　明代龙泉窑青釉模印菊瓣纹盘，南宁博物馆藏，笔者自摄

彩图 97　元代双绳耳炉，龙泉青瓷博物馆藏，笔者自摄

彩图 98　明双绳耳刻花大炉，龙泉青瓷博物馆藏，笔者自摄

致　　谢

时光如白驹过隙，本书历经八载春秋寒暑，终于付梓。全书的理论构建依托 2 万多幅一手图片资料和详实而可靠的田野个案数据，得益于国内外相关博物馆和科研机构提供的无私帮助，感恩前辈学人给予一位青年学者的支持。

首先感谢导师宁钢教授的学术高度和创新典范，启迪我植根于传统陶瓷文化精髓，建构自我学术空间；感恩清华大学李砚祖教授、中国美术学院熊寥教授、中国传媒大学周思中教授、景德镇陶瓷大学曹建文教授和金银珍教授提供指导与帮助；感恩母校景德镇陶瓷大学提供学术研究平台，让我有幸立足"China"，利用东西观照的学术链条，仰望国内外的学术高峰，步步攀登。

感谢英国牛津大学柯律格（Craig Clunas）教授给予我的东方艺术史方面的学术指导；感谢牛津大学阿什莫林（Ashmolean）博物馆东方艺术部主任 Sarah 女士与我就宋代陶瓷研究进行学术讨论，并提供实物图片；感谢英国考文垂大学 Imogen Raze，George Ttoouli，Gill Evans 等老师传授我西方论文的写作方法，为我提供外文数据库的资源……是你们拓宽了我的学术视野，赋予我向国际学界探索的勇气。

感谢家人的默默支持、陪伴与守候，给这段学术苦旅注入一丝甘甜。感恩我最亲爱的二叔蔡玉辉教授如父如师的培育。感谢作为团队成员的硕士生徐艳芳、罗浩、王立平、董纤欢、李湘颖、晏欣玥和博士生胡震生协助整理资料、绘制图表。感谢长沙理工大学领导、老师的支持和帮助，特别向设计艺术学院全体同仁、人文社科处致谢！感谢中山大学出版社曾育林等编辑、校对人员。

纸短情长，只言片语恐难表万一，唯有来路继续努力，以报诸君的提携、帮助之情。期待相会在阳光灿烂的明日！